© Edition Raetia, Bozen 2014

Grafisches Konzept: Dall'O & Freunde, Bozen
Fotos: Othmar Seehauser, außer Seite 131: Tageszeitung/Karl Oberleiter
Druckvorstufe: Typoplus, Frangart
Druck: Fotolito Varesco, Auer

ISBN 978-88-7283-500-5

www.raetia.com

Christoph Franceschini

SELfservice

Ein Südtiroler Skandal

Fotos von Othmar Seehauser

Vorwort: Ein Südtiroler Sittenbild

Es ist ein Bild, das den Beginn einer neuen politische Ära symbolisiert. Auf der Bühne des Meraner Kursaals stehen zwei junge Männer dicht beisammen und genießen den Applaus der über tausend Delegierten.

Der 28-jährige Philipp Achammer ist kurz zuvor mit einer überwältigenden Mehrheit von 94,43 Prozent der Delegiertenstimmen zum neuen SVP-Obmann gewählt worden. Die Südtiroler Volkspartei kürt nun auf ihrer 60. Landesversammlung an diesem 3. Mai 2014 den jüngsten Parteiobmann ihrer langen Geschichte.

Neben Achammer steht aber der eigentliche Star dieses Tages: Arno Kompatscher. Kompatscher wurde fünf Monate zuvor mit 42 Jahren zum neuen Landeshauptmann gewählt. Auch er ist der bisher Jüngste im höchsten politischen Amt des Landes. Bei den Landtagswahlen am 27. Oktober 2013 hat der damalige Völser Bürgermeister mit 81.107 Vorzugsstimmen einen überwältigenden persönlichen Triumph eingefahren. Dieser Erfolg rettet die Volkspartei vor einem historischen Wahldebakel.

Arno Kompatscher und Philipp Achammer sind die Gesichter einer politischen Wende. Einer Wende, die so eigentlich nie vorgesehen war. Denn an diesem Samstagvormittag sitzen unter den frenetisch applaudierenden Delegierten im Meraner Kursaal mindestens drei Dutzend hohe SVP-Funktionäre beiderlei Geschlechts, die alles getan haben, damit das Duo Kompatscher/Achammer nicht dorthin kommt, wo es an diesem Tag steht.

Auch wenn sich viele der Hauptakteure heute demonstrativ als glühende Kompatscher-Anhänger der ersten Stunde gebärden, gibt es zwischen 2011 und 2013 doch konkrete personelle Pläne, politische Abmachungen und genaue Schlachtordnungen, wie man das Südtiroler Machtgefüge in der Nach-Durnwalder-Ära aufteilen will. Viele der treuesten Diener Luis Durnwalders sehen endlich ihre Stunde gekommen. Manche können es fast nicht mehr erwarten, den Platz des politischen Übervaters, der 25 Jahre lang das politische Geschehen Südtirols bestimmt hat, endlich einzunehmen.

Luis Durnwalder und Arno Kompatscher: Politische Wende.

Südtirol ist aufgeteilt in politische Seilschaften und finanzielle Interessengemeinschaften, die sich daran machen, ihre Macht zu konsolidieren und noch auszubauen. Es gibt nur eines, was diese Interessengruppen fürchten wie der Teufel das Weihwasser: das Wort Erneuerung.

Denn politische Erneuerung bringt das Machtgefüge nachhaltig durcheinander. Ein perfekt austariertes und geöltes System muss sich dann mit neuen Variablen auseinandersetzen. Variablen, die unbekannt und daher unberechenbar sind. Sowohl in der Politik als auch beim Geschäftemachen goutiert man solche Unwägbarkeiten nicht.

Deshalb wird einer zum Durnwalder-Nachfolger auserkoren, der von der Optik her zwar als neu verkauft werden kann, inhaltlich aber ein Garant dafür ist, dass alles so weitergeht wie im Jahrzehnt zuvor: Richard Theiner. Der Vinschger Landesrat, politisch alles andere als ein Schwergewicht, hat in diesem Sinne als SVP-Obmann seine Feuertaufe bestanden. Theiner darf im Scheinwerferlicht glänzen, während hinter den Kulissen andere lenken und ihre privaten Geschäfte machen. Genau dieses Modell soll nun auf die Landesregierung übertragen werden.

Die echte und auch gefürchtete Erneuerung personifiziert Arno Kompatscher. Besagte Machtblöcke versuchen deshalb alles, um den politischen Aufstieg des jungen Bürgermeisters zu verhindern. Philipp Achammer hingegen steht erst gar nicht auf ihrer Agenda. Der Plan wäre wahrscheinlich auch aufgegangen; doch dann kommt es zu einem Skandal, der das vorbereitete Politdrehbuch völlig durcheinanderbringt: der SEL-Skandal. Die Aufdeckung der größten Affäre im Nachkriegssüdtirol verschiebt das politische Koordinatensystem in und außerhalb der Volkspartei. Dieser Fall macht die politische Wende im Land erst möglich.

Der SEL-Skandal ist eigentlich ein Konglomerat aus verschiedenen Affären. Im Zentrum steht der größte öffentlich gewordene Betrug der Südtiroler Nachkriegsgeschichte: der Schwindel um die Vergabe von über einem Dutzend Konzessionen für Südtiroler Großkraftwerke. Die Werte, um die es dabei geht, lassen die Dimension erahnen: über eine Milliarde Euro.

Der Anfang allen Übels ist, dass man bei der Konzessionsvergabe eine Konstellation zugelassen hat, bei der das Land faktisch gleichzeitig Schiedsrichter und Spieler auf dem Spielfeld des Stromgeschäfts ist. Allein die personelle Vernetzung und die politischen Abhängigkeiten zwischen Landesregierung und SEL, vor allem aber die simple Tatsache, dass die SEL dem Land Südtirol gehört, hätten von vornehrein klar machen müssen, dass es so niemals zu einem fairen Wettbewerb kommen kann. Wer aber in Südtirol rechtzeitig darauf hingewiesen hatte, wurde als lästiger Unruhestifter abgekanzelt. Das Ergebnis sehen wir heute.

Der zweite Hauptstrang des Skandals sind die Machenschaften um das Mittewalder Kleinkraftwerk der Stein an Stein Italia GmbH. Es ist der Versuch öffentlicher Verwalter, über ein Umweggeschäft in die eigene Tasche zu wirtschaften. Dass dieser Fall im Umfeld der SEL nur die Spitze des Eisbergs ist und es andere solche Aktionen gibt, wird in diesem Buch detailliert dargestellt.

Teil des SEL-Skandals sind aber auch die Treuhandermittlungen, in die höchste Landespolitiker verwickelt sind, sowie die Versuche, privaten Konkurrenten auf dem Stromsektor durch Erpressung und finanzielle Daumenschrauben den Garaus zu machen sowie kommunale Energiebetriebe durch politischen Druck in die Knie zu zwingen. Auch die systematische Ausgrenzung einer oppositionellen und parlamentarischen Kontrolle und die Verschwendung von Steuergeldern für politische Verschleierungsaktionen gehören dazu. Beteiligt ist nicht zuletzt auch ein Netzwerk von Direktoren, Präsidenten, Beratern und echten oder vermeintlichen Fachleuten, für die „Interessenkonflikt" ein Fremdwort ist. Öffentlicher Auftrag und private Interessen werden vermischt. Auf der einen Seite kassiert man für Aufträge von der SEL Millionenhonorare, auf der anderen Seite betreut man die privaten Anliegen der Hauptakteure als Wirtschaftsberater oder Anwalt. Getanzt wird hier auf allen Hochzeiten, und zwar gleichzeitig. Ein gemeinsamer Nenner all dieser Affären ist die Unverfrorenheit, mit der die Hauptakteure vorgehen. Manche öffentliche Verwalter sind sich bei den illegalen Machenschaften, bei den Mauscheleien und bei den Straftaten so sicher, dass sie eine Arroganz und Selbstüberschätzung an den Tag legen, die man sonst nur von Vertretern der organisierten Kriminalität kennt.

Über die persönlichen Verfehlungen der handelnden Akteure, den Verstoß gegen Gesetze und das Umgehen rechtsstaatlicher Prinzipien hinaus gibt es eine konkrete politische Verantwortung: das „System Durnwalder" – zwei Worte, die inzwischen für viele zum Synonym geworden sind für alles, was in Südtirol falsch gelaufen ist. Und es ist auch die gängigste Erklärung für den SEL-Skandal.
Luis Durnwalders Regierungsstil braucht an dieser Stelle nicht beschrieben zu werden. Sicher ist: Durnwalder trägt die politische Verantwortung auch für das, was zwischen 1998 und 2013 auf dem Energiesektor in Südtirol passiert ist. Nach außen hin macht der Landeshauptmann die Energiepolitik. Der zuständige Landesrat Michl Laimer ist dabei nur ein Ministrant.
Durnwalder ist der Politiker, der bei den Verhandlungen mit den großen italienischen Stromkolossen auftritt, er ist derjenige, der alles tut, um Private aus dem Stromgeschäft fernzuhalten. Er ist es auch, der die Gemeinden – allen voran die Vinschger – nicht allzu stark am Stromkuchen mitnaschen lassen will. Und er setzt von Beginn an seine Vertrauensleute an die Schaltstellen der neuen Landesenergiegesellschaft.

Heute weiß man: Durnwalder hatte bei allen Entscheidungen einen Einsager, der mit seiner Hartnäckigkeit und Verbissenheit den Weg vorgibt: Maximilian Rainer. Der SEL-Generaldirektor gestaltet über ein Jahrzehnt lang die Südtiroler Energiepolitik weit entscheidender, als es der Südtiroler Landtag, die Landesregierung und die SVP-Parteileitung zusammen tun.

Dennoch greift das „System Durnwalder" als Erklärungsversuch für den SEL-Skandal zu kurz. Es ist ein willkommener Anlass, die Verantwortung auf eine Hauptperson abzuschieben, ganz so, als hätte niemand sonst etwas gewusst, gesehen oder geahnt.

Gewiss: Zwei der Hauptakteure im SEL-Skandal, Franz Pircher und Klaus Stocker, sind enge Freunde von Luis Durnwalder. Stocker kopiert als Präsident im SEL-Reich den Stil des Landeshauptmanns. Was man heute aber ganz bewusst verschweigt: Klaus Stocker und Franz Pircher sind jahrelang Obmänner eines SVP-Bezirkes. Es ist nicht Luis Durnwalder, der sie dort hinsetzt, sondern sie werden von Dutzenden von Parteifunktionären und Ortsgruppen in diese hohen Parteiämter gewählt.

Es ist die SVP, die sich auf allen Ebenen immer wieder von Maximilian Rainer die Energiepolitik „erklären" lässt, und es sind die Parteifunktionäre und SVP-Gremien, die brav und artig all das abnicken, was aus der SEL-Zentrale kommt. Mitglieder der SVP-Parteileitung, ehemalige SVP-Parlamentarier und SVP-Bürgermeister sitzen in den Leitungsgremien der Landesenergiegesellschaft und ihrer Töchter. Der Chef der SVP-Wirtschaft ist Berater und Anwalt von SEL, Laimer & Co in Personalunion.

Kaum jemand unterm Edelweiß traut sich aus dem Jubelmarsch auszuscheren, mit dem man jahrelang die „Heimholung der Energie" zelebriert. Gleichschritt ist angesagt. Wer im wahrsten Sinne des Wortes gegen den Strom schwimmt, der wird innerhalb der Partei isoliert und angefeindet.

Im April 2012 – drei Tage bevor Michl Laimer endgültig als Landesrat zurücktreten muss – behandelt der Landtag einen Misstrauensantrag gegen Laimer. Die gesamte SVP-Fraktion spricht dabei dem Energielandesrat, der durch die polizeilichen Ermittlungen bereits schwerster Vergehen überführt ist, ihr Vertrauen aus.

Luis Durnwalder hatte sicher eine mächtige, aber doch nur eine Stimme. Das vergisst man allzu gern.

In diesem Sinne ist der SEL-Skandal ein Südtiroler Sittenbild. Er ist die direkte Folge eines politischen Systems, in dem eine Partei seit fast sechs Jahrzehnten absolutistisch regiert; einer Situation, in der sich eine Arroganz der Macht herausgebildet hat, die weder Grenzen noch Scham kennt. Die SEL war jahrelang ein Selbstbedienungsladen für eine Clique.

Die Aufdeckung dieses Skandals hat Südtirol gutgetan. Das absurde Bild eines Paradieses, in dem alles anders und besser ist als im Rest der Welt, wurde endlich demontiert. Die lokale Justiz, die in Südtirol jahrzehntelang als verlängerter Arm des Staates betrachtet wurde und dann als willfähriger Kumpan der herrschenden Landespolitik, hat mit der Ermittlung und Aufklärung dieses Skandals jene Unabhängigkeit zurückgewonnen, die ein funktionierendes Rechtssystem auszeichnet.

Auch heute noch gibt es in Südtirol genügend Bereiche, in denen ähnliche Machenschaften zur Tagesordnung gehören. Die Selbstsicherheit der Betrüger im Nadelstreif ist aber deutlich geschwunden. Der schnelle und tiefe Fall einiger Fixsterne am Südtiroler Polithimmel hat nachhaltig Eindruck hinterlassen.

Vor allem aber hat das Platzen der Affäre für jene Frischluft gesorgt, die Südtirols Politik seit Langem gefehlt hat.

Der erste Stein

„Pass auf, was du schreibst.
Ich habe gute Anwälte."

SEL-Generaldirektor Maximilian Rainer
(Oktober 2009)

Maximilian
Rainer

Es ist kein Zufall und keine Marotte, sondern es ist eine bewusste Strategie. Maximilian Rainer kommt grundsätzlich immer zu spät. Der Generaldirektor der Südtioler Landeselektrizitätsgesellschaft SEL lässt alle, mit denen er zu tun hat, erst einmal warten. Bei Aussprachen, Sitzungen oder Verhandlungen: Rainer ist immer der Letzte, der auf der Bildfläche erscheint.

Rainer will damit nicht nur signalisieren, dass er eigentlich wichtigere Dinge zu tun hat, sondern er geht davon aus, dass das Warten Machtverhältnisse etabliert. Mit der Arroganz der tickenden Uhr demonstriert der SEL-Direktor, wer am Steuerrad steht.

Es ist deshalb keine Überraschung, dass Maximilian Rainer mich an diesem Vormittag im Oktober 2009 erst einmal warten lässt. Nicht etwa in seinem Büro, sondern im großen Besprechungszimmer am Sitz der SEL AG.

Ich habe den SEL-Generaldirektor wenige Tage zuvor angerufen und um einen Termin gebeten. Es gehe um eine brisante Recherche für einen Artikel, der auch ihn betreffe. Auf seine Nachfrage hin muss ich genauer werden. „Es geht um ein Kleinkraftwerk in Mittewald", präzisierte ich am Telefon.

Den Namen „Stein an Stein", der drei Jahre später in Südtirol zum Symbolbegriff für einen politischen Skandal werden soll, kennen zu diesem Zeitpunkt in Südtirol kaum ein Dutzend Personen. Ich selbst habe den Namen erst ein halbes Jahr zuvor zum ersten Mal gehört. Es ist der Rechtsanwalt Anton von Walther, der mich auf das Thema aufmerksam gemacht hat. Er erklärt mir im Frühjahr 2009 in wenigen Worten, was er zu diesem Zeitpunkt weiß: Eine Wiener Pflastersteinfirma mit dem Namen Stein an Stein GmbH, die einer gewissen Petra Anna Windt gehört, hat ein Kleinkraftwerk in Mittewald in der Gemeinde Franzensfeste erworben. Die neue Besitzerin wolle jetzt unbedingt eine Erweiterung des Kraftwerks durchsetzen.

Petra Anna Windt hat an der Universität für Bodenkultur (Boku) in Wien studiert, genauso wie Maximilian Rainer. Beide haben 1988 im Fach Kulturtechnik und Wasserwirtschaft promoviert. „Ich glaube nicht, dass das ein Zufall ist", sagt von Walther und stachelt damit meine journalistische Neugierde an.

Auch das Interesse des Rechtsanwalts an der Sache ist kein Zufall. Der Anwalt praktiziert nach dem Studium in einer Bozner Anwaltskanzlei, arbeitet dann jahrelang im Rechtsamt des Landes Südtirol,

Titel der *Tageszeitung* und erste Artikelseite (22. 10. 2009): Beginn einer Affäre.

bevor er sich 2005 selbstständig macht. Von Walther gilt als Verwaltungsrechtsexperte und vertritt als Anwalt unter anderem die Eisackwerk GmbH des Bozner Unternehmers Hellmuth Frasnelli, die sich 2005 als einziges privates Unternehmen an der Ausschreibung der Südtiroler Großkraftwerke beteiligt. Die Eisackwerk GmbH legt außerdem ein Konkurrenzprojekt zu dem von der SEL bei Franzensfeste geplanten neuen Großkraftwerk am Eisack vor. Weil im Einzugsbereich dieses geplantes Großkraftwerks vier kleinere Kraftwerke liegen, die nach den geltenden Bestimmungen entschädigt oder beim Großprojekt beteiligt werden müssen, befasst sich Anton von Walther im Auftrag seines Klienten auch mit den Besitzverhältnissen dieser Kleinkraftwerke. Dabei stößt er in Mittewald auf die Stein an Stein GmbH und Petra Anna Windt.

Das ist der Ausgangspunkt. Eine einfache Internetrecherche im Katalog der Boku in Wien ergibt, dass Maximilian Rainer und Petra Anna Windt am selben Institut und im selben Semester ihr Studium abgeschlossen haben. Ein Auszug aus dem österreichischen Handelsregister und die Bilanzen der Stein an Stein GmbH lassen klar erkennen, dass das Kraftwerk weder finanziell noch unternehmerisch in das Portefeuille der kleinen Wiener Pflastersteinfirma passt.

Im Laufe der Recherche verdichten sich die Indizien immer mehr, dass es sich bei diesem Deal um ein dubioses Geschäft handelt. An besagtem Oktobertag 2009 antwortet Maximilian Rainer in kurzen Sätzen auf meine Fragen. Der noch in Macht und Würden stehende SEL-Generaldirektor changiert dabei geschickt zwischen gespielter Freundlichkeit und der ihm eigenen Arroganz. Rainer ist sich seiner Sache ziemlich sicher. Die Frage, ob Petra Windt eine Strohfrau für ihn sei, beantwortet er sichtlich genervt:

„Ich habe Petra Windt erst wieder gesehen, als sie das Kraftwerk kaufte, und sie hat mich daran erinnern müssen, dass wir zusammen studiert haben."

Während des rund 30-minütigen Gesprächs macht Maximilian Rainer eines mehrmals unmissverständlich klar: Man solle vor jeder „Unterstellung" absehen, denn sonst würde er klagen. „Pass auf, was du schreibst. Ich habe gute Anwälte", meint er wörtlich. Als der SEL-Generaldirektor merkt, dass die Einschüchterung nicht wirkt, beendet er das Gespräch.

Der Artikel

Am 22. Oktober 2009 erscheint in der *Neuen Südtiroler Tageszeitung* unter dem Titel „Mittewalder Mosaik" ein zweiseitiger Artikel. In der Nachschau wird klar, dass in diesem Beitrag das Gerüst des Stein-an-Stein-Skandals, so wie es später auch vor Gericht zutage tritt, recht genau entblößt wird. Vor allem aber sind die Erklärungen, die Maximilian Rainer damals gibt, aus heutiger Sicht mehr als entlarvend.
Deshalb soll hier auch der Artikel nochmals unverändert wiedergeben werden:

„Es ist ein Spiel. Es ist eine Kunst. Und es ist ein jahrtausendealtes Handwerk. Man legt Stein an Stein. Die Steine an und für sich sagen recht wenig aus. Aber richtig angeordnet entsteht ein Mosaik. Am Ende kommt ein Bild heraus. Auch in dieser Geschichte reihen sich Stein an Stein zu einem Bild. Ein Bild, das vielleicht (noch) unscharf ist, das aber einen wirtschaftlichen Deal im Schnittpunkt zwischen Politik und Privatinteresse beschreibt. Einen Deal, der getragen wird von einer ganzen Kette von merkwürdigen Zufällen. Klar ist das Ergebnis. Am Ende steht ein Millionengeschäft.

Der Weiler Mittewald ist mit der Geschichte einer Familie verbunden. Die von Pretz haben weit über die Grenzen der Franzensfester Fraktion hinaus über ein Jahrhundert lang die wirtschaftlichen Geschicke dieser Gegend maßgeblich mitgestaltet. Seit den Dreißigerjahren des vorigen Jahrhunderts gehörten auch zwei Kraftwerke zum weitläufigen Besitz der Adelsfamilie. Jahrzehntelang versorgten sie nicht nur die Kartonfabrik der Pretz mit Strom und Energie. Nachdem die Familie Pretz mehrmals versucht hatte, die Kraftwerke zu erweitern, damit aber beim Land immer abgeblitzt war, verkaufte man Mitte der Neunzigerjahre die beiden Kraftwerke. Das größere Kraftwerk erwarb die Firma Parcheggi Italia Spa. Die Firma des Wiener Unternehmers Johann Breiteneder ist international spezialisiert auf den Bau und die Führung von Parkgaragen. Der italienische Firmenzweig mit Sitz in Mailand besitzt und führt nicht nur Tiefgaragen in mehreren italienischen Großstädten, sondern auch in Bozen. Etwa die Tiefgarage am Waltherplatz.

In den Neunzigerjahren gründet das Unternehmen eine Tochterfirma, die in den Energiesektor einsteigt. Man erwirbt mehrere kleine Kraftwerke. Eines in der Provinz Varese und eben das Kraftwerk in Mittewald.

Das Kraftwerk am Eisack ist aber hoffnungslos veraltet. Deshalb sucht das Unternehmen bei den zuständigen Landesämtern 1999 um eine Erneuerung und Erweiterung des gesamten Werkes an. Das Projekt wird am 20. September 2000 von der Amtsdirektorenkonferenz abgelehnt. Der Grund war ein negatives hydraulisches Gutachten der Abteilung Wasserschutzbauten.

Nachdem weitere Anläufe einer Erweiterung oder eines Umbaus fehlschlagen, beschließt das Unternehmen sich vom Mittewalder Kraftwerk zu trennen. Weil man einen Käufer sucht, werden 2006 die lokalen Energiebetreiber angeschrieben. Die SEL AG zeigt Interesse. Direktor Maximilian Rainer nimmt nicht nur Verkaufsverhandlungen auf. Die SEL lässt über ein Gutachten das Werk auch schätzen. Am Ende scheitern die Verhandlungen aber. ‚Die

Preisvorstellungen zwischen uns und dem Verkäufer gingen eins zu zehn auseinander', begründet Maximilian Rainer die Nicht-Einigung. Am 12. April 2007 wechselt das Mittewalder Kraftwerk dann doch noch Besitzer. Der Kaufpreis beträgt dabei unter 200.000 Euro. Käufer ist die Stein an Stein Italia GmbH. Das Unternehmen mit einem Gesellschaftskapital von 15.000 Euro ist sieben Wochen zuvor in Bozen gegründet worden. Die Stein an Stein Italia GmbH ist eine 100-prozentige Tochterfirma der Stein an Stein Natur- und Systemsteinverlegungen GmbH. Es handelt sich dabei um eine in Wien ansässige Firma, die auf die Verlegung von Pflastersteinen und Platten spezialisiert und vor allem im Bereich Wien, Niederösterreich und Burgenland tätig ist.

Das Unternehmen mit nur einer Angestellten beschäftigt laut Handelsgerichtsauszug 20 Arbeiter und hatte im Geschäftsjahr 2007 einen Umsatz von 312.938,47 Euro und im Geschäftsjahr 2008 von 404.982,73 Euro. Der Bilanzgewinn betrug in diesen Jahren 47.088 und 54.572 Euro. Dass das Kleinunternehmen sich plötzlich im Südtiroler Kraftwerksgeschäft engagiert, das den Jahresumsatz der Stein an Stein um einiges sprengt, dürfte an einer Personalie liegen. Die Wiener Stein an Stein GmbH gehört zu 100 Prozent der Diplomingenieurin Petra Windt. Windt ist auch Geschäftsführerin des Unternehmens, während als Prokuristin Monika Otto geführt wird. Otto ist hauptberuflich in der Buchhaltung einer großen, renommierten Wiener Steuerkanzlei tätig.

Petra Windt ist aber auch eine alte Bekannte von SEL-Direktor Maximilian Rainer. Beide haben zusammen an der Universität für Bodenkultur (Boku) in Wien in den Achtzigerjahren studiert. Windt wie Rainer haben Kulturtechnik und Wasserwirtschaft studiert und beide haben 1988 ihre Diplomarbeit und ihr Studium abgeschlossen. Frauen waren damals in diesem Studienzweig auf der Boku eine Ausnahme. ‚Ich habe mein Studium, als neunte Frau in der 100-jährigen Geschichte des Studiums, 1988 beendet', schreibt Windt in einem selbstverfassten Lebenslauf. ‚Es stimmt, wir kennen uns vom Studium her', bestätigt dann auch Maximilian Rainer.

Nach Informationen der *Tageszeitung* war es der SEL-Direktor, der die Wiener Unternehmerin nach Südtirol brachte, wo sie, nach dem abgeblasenen Kauf durch die SEL AG, das Mittewalder Kraftwerk erwarb. Maximilian Rainer bestreitet diese Darstellung vehement.

,Das stimmt so keineswegs', sagt der SEL-Direktor, ,ich habe Petra Windt 25 Jahre lang nicht mehr gesehen.' Erst nach dem Kauf sei die Diplomingenieurin beim SEL-Direktor vorstellig geworden. ,Sie hat mich daran erinnern müssen, dass wir zusammen studiert haben', sagt Rainer.

Zufälle gibt es im Leben. Als Petra Windt am 21. Februar 2008 die Stein an Stein Italia GmbH gründet, meldet sie den Firmensitz in Bozen, Weintraubengasse 50, an. Dort hat das Unternehmen auch heute noch seinen Sitz. Es ist die Kanzlei der Wirtschaftsberater-Gemeinschaft Schweitzer, Crazzolara, Prast. Die drei renommierten Wirtschaftsberater und Steuerprüfer sind offizielle Berater der SEL AG. So ist Paul Schweitzer nicht nur bei der SEL-Tochter Fernheizwerk Klausen Präsident des Aufsichtsrates, sondern der Fachmann betreut die SEL AG auch immer wieder bei Verhandlungen.

Paul Schweitzer ist auch der Wirtschaftsberater der Stein an Stein Italia GmbH, die in seinem Büro auch ihren Sitz hat. Es ist zwar unüblich, dass man für zwei konkurrierende Unternehmen auf demselben Sektor arbeitet, aber vonseiten der SEL AG anscheinend durchaus vertretbar.

Doch Petra Windt behält das Kraftwerk in Mittewald nicht lange alleine. Denn ein halbes Jahr nach dem Kauf steigt ein neuer Partner ein. Am 10. Juli 2007 wird in Innsbruck die EVB Energie Verwaltungs- und Beteiligungs-GmbH gegründet. Die Gesellschaft mit einem Stammkapital von 35.000 Euro hat als Inhaber und Geschäftsführer den Lienzer Wirtschaftsberater Martin Kofler. Kofler war zwischen 1998 und 2004 nicht nur ÖVP-Bürgermeister seiner Heimatgemeinde Heinfels, er ist in Lienz als Wirtschafts- und Steuerberater tätig und Partner in einer internationalen Treuhand GmbH.

Die EVB Energie Verwaltungs- und Beteiligungs-GmbH mit Sitz in Koflers Büro erwirbt am 31. August 2007 30 Prozent der Stein an Stein Italia GmbH. Damit geht knapp ein Drittel des Mittewalder Kraftwerkes an einen Wirtschaftstreuhänder nach Osttirol.

Das Kraftwerk produziert derzeit Strom auf Sparflamme. Der Gewinn ist deshalb sehr gering. So weist die Bilanz der Stein an Stein Italia GmbH für das Geschäftsjahr 2008 einen Bilanzgewinn von 35.781,35 Euro aus. Vor allem aber hat das Kraftwerk kaum Zukunftschancen. Das Werk, hoffnungslos veraltet, muss auf jeden

Fall generalsaniert werden. Das sind Kosten in der Höhe von einigen Millionen Euro. Weil die Erweiterung aber in den letzten Jahren bereits mehrmals von den Südtiroler Landesbehörden abgelehnt wurde, lassen sich diese Kosten bei gleichbleibender Größe kaum amortisieren. Genau aus diesem Grund haben die vorhergehenden Besitzer das Kraftwerk auch wieder verkauft.

Spätestens nach der Transaktion in Richtung Osttirol wird eine Frage damit offensichtlich. Warum interessieren sich Unternehmen aus Wien und Osttirol für ein Südtiroler Kleinkraftwerk, das eigentlich ein Rohrkrepierer ist? Auch hier gibt vor allem der Zufall Antworten.

Die Linie der Landesregierung in Sachen Kraftwerksbau ist eigentlich klar. Überall im Land gilt eine Maxime: Lieber als viele kleine Kraftwerke wird der Neubau einiger weniger großer forciert. Diese Linie wird landauf, landab von der Landesregierung propagiert und von der Landeselektrizitätsgesellschaft SEL AG wenn möglich auch umgesetzt.

Mit einer klaren Ausnahme. Die Landesregierung hat den Eisack zwischen Mauls und dem Stausee Franzensfeste unter Schutz gestellt. Das heißt, es dürfen dort keine Großkraftwerke errichtet werden. Was verwundert: Im selben Beschluss sind explizit in diesem Abschnitt Kleinkraftwerke und deren Erweiterung erlaubt. Es gibt in diesem Abschnitt auch einige Kleinkraftwerke. Unter anderem das Kraftwerk in Mittewald.

Es ist das legistische Schlupfloch, das sich damit auch für die Stein an Stein Italia GmbH auftut. Doch das große Problem: Es gibt einen Ansturm an Projekten von Kraftwerken und Anfragen um Konzessionen. Das Land aber zögert die meisten Ansuchen seit Jahren hinaus. Aber auch hier kommt ein merkwürdiger Zufall zu Hilfe.

Normalerweise werden alle Ansuchen für Konzessionen oder Erweiterungen von Kraftwerken, nachdem sie von der Amtsdirektorenkonferenz abgelehnt wurden, archiviert. Laut entsprechendem Landesgesetz gelten sie nach fünf Jahren als verfallen. Will jemand das Projekt danach verwirklichen, muss er ein neues Gesuch einreichen und den Behördenweg von Neuem beginnen.

Außer man heißt Stein an Stein GmbH. Denn der Zufall will es, dass der im Jahr 2000 abgelehnte Akt nie geschlossen wurde. So legte die Stein an Stein Italia GmbH im vergangenen Jahr ein völlig neues

Projekt für die Modernisierung und Erweiterung des Mittewalder Kraftwerks vor. Weil das Ansuchen im Amt für Stromversorgung nie geschlossen wurde, stuft man das neue Projekt als Wiedervorlage des Aktes aus dem Jahr 2000 ein und behandelt es in diesem Sinne. Als die Dienststellenkonferenz für den Umweltbereich am 22. Mai 2009 über das Erweiterungsprojekt entscheidet, lehnt sie das Ansuchen aber ab. Das sehr aufwendige und mehrere Millionen Euro teure Projekt entspricht nach Meinung der Fachleute weder formal noch inhaltlich den Richtlinien des Landes. Die Amtsdirektoren stellen dabei klar fest, dass es sich bei diesem Projekt um eine Neuvorlage handle und der Ausbau in vielen Punkten gegen geltende Landesgesetze verstößt. Die Stein an Stein Italia GmbH legt – wie vom Gesetz vorgesehen – am 18. Juni 2009 Rekurs bei der Landesregierung ein. Die Dienststellenkonferenz liefert der Landesregierung daraufhin einen Argumentationskatalog, um die Beschwerde abzuweisen. Doch das höchste politische Organ entscheidet anders. Auf der Sitzung vom 24. August 2009 nimmt die Landesregierung einstimmig den Rekurs der Stein an Stein Italia GmbH an und gibt damit grünes Licht für die Erweiterung und den Ausbau des Kraftwerkes in Mittewald.

Damit beginnt für die Wiener Pflasterfirma und den Osttiroler Treuhänder ein Millionengeschäft. Das neue Kraftwerk kostet zwar einige Millionen Euro, doch es ist eine Investition, die sich auf jeden Fall lohnt. Denn die Nennleistung des Kraftwerkes wird auf ein Mega verdoppelt. Weil es auch noch Grünzertifikate gibt und sich damit der Stromverkaufspreis erhöht, produziert und verkauft man jährlich Strom im Wert von rund 1,2 Millionen Euro. Da bleiben in den ersten 15 Jahren als Nettogewinn jährlich zwischen 800.000 und 900.000 Euro. Damit sind die Kosten für das neue Kraftwerk schnell abbezahlt. Das Geschäft ist aber auch dann gemacht, wenn am Eisack doch noch ein Großkraftwerk gebaut wird. In diesem Fall muss der Großkonzessionsinhaber das Kleinkraftwerk übernehmen *(sottendere)*. Das heißt, er zahlt den jährlichen Strompreis dem Konzessionär aus."

Die Reaktion

Nach dem Erscheinen des Artikels gibt es zwei Reaktionen, die beide im Nachhinein einen besonderen Beigeschmack bekommen. Maximilian Rainer lässt mir ausrichten, er habe den Artikel von seinen Anwälten prüfen lassen; diese seien allerdings zum Schluss gekommen, dass kein Punkt klagbar ist. Noch interessanter aber ist eine Begegnung mit dem Präsidenten des SEL-Aufsichtsrates, Franz Pircher. Als ich Pircher auf die Machenschaften anspreche, reagiert er auf seine humorvolle, kauzige Art. Er habe erst durch meinen Artikel erfahren, wie viel Geld man mit einem Kleinkraftwerk machen könne. Jetzt werde er sich umgehend mit dem Osttiroler Wirtschaftsberater Martin Kofler in Verbindung setzen, um die Anteile am Mittewalder Kleinkraftwerk zu kaufen. Erst Jahre später wird sich herausstellen, dass diese Aussage kein Witz ist, sondern dass zu diesem Zeitpunkt dieser Deal bereits gelaufen ist.

Offizielle Reaktionen auf den Artikel gibt es aber nicht. Wie es in Südtirol üblich ist, erhalte ich zwar diskret einigen Beifall für die Stein-an-Stein-Geschichte, doch für die meisten ist das Eisen zu heiß. Weder ein anderes Südtiroler Medium noch ein Politiker greifen den Fall auf. Totschweigen ist eine beliebte Taktik, die auch diesmal fast aufgeht. Zwei Jahre lang verschwindet das Thema in der Versenkung. Hätte mir damals jemand gesagt, dass dieser Fall zum Ausgangspunkt des größten politischen Skandals in der Südtiroler Nachkriegsgeschichte werden wird, mein Rat wäre klar gewesen: Er oder sie sollten zum Arzt gehen.

Die SELbstherrlichkeit

„*Der Generaldirektor
nimmt in beratender Funktion
an den Sitzungen
des Verwaltungsrates teil.*"

Gesellschaftsstatut der SEL AG
(September 1998)

Am frühen Nachmittag des 5. Novembers 1998 treffen sich im Sitzungssaal im Erdgeschoss des Palais Widmann, Sitz der Südtiroler Landesregierung, fünf Herren. Vor dem Bozner Notar Herald Kleewein erscheinen Landesrat Michl Laimer und die Bürgermeister Hans Zelger (Deutschnofen), Wilfried Battisti-Matscher (Kaltern) und Toni Innerhofer (Sand in Taufers), um die Gründungsurkunde einer neuen Gesellschaft zu unterzeichnen.

Die Gesellschaft mit dem etwas sperrigen Namen „Südtiroler Elektrizitätsaktiengesellschaft" und der Kurzform SEL AG hat ein Gesellschaftskapital von 40,015 Milliarden Lire (rund 20 Millionen Euro), aufgeteilt in 40.015 Aktien zu je einer Million Lire. Jede der drei Gemeinden zeichnet an diesem Nachmittag fünf Aktien der neuen Gesellschaft, das Land Südtirol übernimmt die restlichen 40.000.

Im Laufe der Jahre ändert sich die Beteiligungsstruktur der SEL AG nur geringfügig. Etwas später wird die SELFIN GmbH gegründet, die als Beteiligungsgesellschaft für die Gemeinden dient. Die SELFIN GmbH, an der 102 Südtiroler Gemeinden und vier Südtiroler Bezirksgemeinschaften (Unterland, Pustertal, Eisacktal und Wipptal) beteiligt sind, hält heute 6,12 Prozent an der SEL. 93,88 Prozent befinden sich im Eigentum der Autonomen Provinz Bozen.

Die politischen Entscheidungen zur Gründung der neuen Gesellschaft waren bereits in den Monaten zuvor gefallen. Am 29. Juni 1998 beschließt die Landesregierung die Gründung der neuen Landesenergiegesellschaft und am 10. Juli 1998 unterzeichnet die Vollversammlung des Südtiroler Gemeindenverbandes eine entsprechende Vereinbarung mit dem Land. Am 28. September 1998 beschließt die Landesregierung die Satzungen der SEL AG und ermächtigt den für die Energie zuständigen Landesrat Michl Laimer zur Gründung der neuen Gesellschaft.

Bei der Gründung wird auch der dreiköpfige Aufsichtsrat der neuen Gesellschaft benannt: Präsident wird der Pusterer Wirtschaftsberater Franz Pircher, dazu kommen der pensionierte General der Finanzwache Mario Biddiri und der Deutschnofner Bürgermeister und damalige Präsident des Südtiroler Gemeindenverbandes, Hans Zelger. Der Rechtssitz der SEL AG ist laut Gründungsurkunde das Büro von Landesrat Michl Laimer. Im Gründungsakt wird Laimers damaliger Ressortdirektor Maximilian Rainer zum Alleinverwalter ernannt. Erst sechs Monate später wird ein Verwaltungsrat ernannt und Michl Laimer zum ersten SEL-Präsidenten designiert. Michl Laimer und Maximilian Rainer sind die beiden Personen, die das Schicksal der Landesenergiegesellschaft in den nächsten 15 Jahren prägen. Im Guten wie im Schlechten. Und es sind auch Rainer und Laimer, die aus dem Südtiroler Stromtraum am Ende einen politischen Albtraum machen werden.

Die zwei Protagonisten

Michl Laimer wird 1994 mit knapp 29 Jahren Landesrat. Er ist damit der bis dahin jüngste Landesrat in der Südtiroler Politgeschichte. Der 1965 geborene Michl Laimer absolviert das Brixner Vinzentinum, studiert in Innsbruck Rechtswissenschaften und arbeitet dann kaum ein halbes Jahr als Jurist in der Stabsstelle der Generaldirektion des Landes, als er im Oktober 1993 für die SVP in den Südtiroler Landtag gewählt wird. Keine vier Monate später ist der eher unscheinbare Jurist bereits Regierungsmitglied.

Der schnelle Aufstieg Michl Laimers ist kein Zufall, sondern das Ergebnis einer präzisen familiären Planung. Michl Laimers Mutter ist eine gebürtige Gamper aus dem Ultental. Die Großfamilie, die man nach dem Namen des Hofes in St. Walburg „Ludl" nennt, ist weit über das Ultental und das Burggrafenamt hinaus eine der einflussreichsten Familien in Südtirol. Ein Familienclan, der wirtschaftlichen Ehrgeiz, politisches Engagement und gesellschaftlichen Einfluss geschickt zu verbinden weiß.

Die Ludl mischen seit Generationen in der SVP mit und sie schaffen es, ein breites Wählerpotenzial zu mobilisieren, das politischen Aufstieg garantiert. Das zeigt sich erstmals bei Hugo Gamper. Der Rechtsanwalt und Bruder von Laimers Mutter wird zuerst Vizebürgermeister der Stadt Bozen, bevor er für die SVP in die römische Abgeordnetenkammer wechselt. Hugo Gampers Karriere endet aber jäh. Im August 1979 stirbt der erst 45-jährige Politiker bei einer Bergwanderung an einem Herzinfarkt.

Lange sucht man innerhalb der Ludls nach einem potenziellen Nachfolger in der Politik. Am Ende werden zwei Buben auserkoren: Michl Laimer und dessen Cousin Heinrich Dorfer. Auch Michl Laimers

Schwester Elisabeth Laimer zieht es in die SVP-Politik. Sie ist heute amtierende Bürgermeisterin in der Gemeinde Dorf Tirol.

Michl Laimer und Heinrich Dorfer beginnen Ende der Achtzigerjahre, sich parteipolitisch in der „Jungen Generation" (JG) zu engagieren. Damals ist der SVP-Arbeitnehmer Gottfried Vonmetz JG-Vorsitzender, doch dieser ist dem Ludl-Clan zu linkslastig. Laimer und Dorfer verhelfen deshalb 1989 Christian Waldner dazu, neuer JG-Vorsitzender zu werden.

Weil Waldner aber immer mehr in freiheitlich-nationalistisches Fahrwasser gerät, wird er für die SVP und die JG zum politischen Problem. Im Frühjahr 1992 wird Christian Waldner abgesetzt und Heinrich Dorfer zum neuen JG-Vorsitzenden gewählt. Weil 18 Monate später Landtagswahlen stattfinden, scheint geklärt, wer im Ludl-Clan für den politischen Aufstieg vorgesehen ist.

Heinrich Dorfer, Hotelier und Lebemensch, scheint dafür prädestiniert, das politische Erbe seines Onkels antreten zu können. Michl Laimer, schüchtern und zurückhaltend, fällt kaum auf. Doch Dorfer manövriert sich durch seine wirtschaftsliberalen Positionen und sein ungebremstes Engagement für den Golfsport schon bald politisch ins Abseits. Dorfer ist mehr Geschäftsmann als Politiker.

Im Stillen wird deshalb innerhalb der Großfamilie Michl Laimer auserkoren, den Sprung in die Landespolitik zu wagen. Der unscheinbare Jungakademiker, von vielen als eine Art Notlösung gesehen, entpuppt sich 1993 als absoluter Senkrechtstarter. Mit 11.595 Vorzugsstimmen landet Laimer bei den Landtagswahlen im November 1993 auf der SVP-Liste im Mittelfeld.

Weil der SVP-Bezirk Burggrafenamt uneingeschränkt auf Michl Laimer setzt, wird der Neueinsteiger wenig später auch Mitglied der Landesregierung. Landeshauptmann Luis Durnwalder überträgt Laimer die Bereiche Raumordnung, Umwelt und Energie. Der junge Laimer bringt in den folgenden Jahren durchaus neuen Schwung in die Regierung.

Als Michl Laimer wenig später einen persönlichen Referenten sucht, begegnet er zum ersten Mal Maximilian Rainer. Rainer stellt sich persönlich beim Landesrat vor. „Er war gleich von ihm angetan", sagt ein enger Freund Laimers. Was Laimer besonders goutiert: Rainers Schwester Martina ist Journalistin im Haus Athesia, ihr Mann Elmar Pichler-Rolle und somit Rainers Schwager ist Chefredakteur der Sonntagszeitung *Zett*. Michl Laimer weiß, wie wichtig für einen Politiker Kontakte zur Presse sind: Schon sein Onkel Hugo Gamper war Pate des Athesia-Sprosses Michl Ebner.

Maximilian Rainer, Jahrgang 1961, stammt aus einer Unternehmerfamilie aus Ratschings bei Sterzing. Nach der Grundschule in Sterzing besucht Rainer das Franziskanergymnasium in Bozen und studiert danach Kulturtechnik und Wasserwirtschaft an der Universität für Bodenkultur in Wien. 1988 schließt Rainer das Studium mit dem Titel eines Diplomingenieurs ab und ist anschließend für mehrere Arbeitgeber tätig, unter anderem für die Österreichische Mineralölverwaltung (ÖMV), ein international tätiges Erdöl- und Gasunternehmen mit Sitz in Wien.

1994 wechselt Rainer als persönlicher Referent zu Michl Laimer. Schon bald befördert ihn der SVP-Landesrat zu seinem Ressortdirektor. Rainer und Laimer werden nicht nur sehr schnell enge Freunde, es entsteht auch ein Duo mit klar definierten Rollen. Laimer ist nach außen hin der Politiker und der Landesrat, Rainer der Denker und Lenker. Rainer entwirft schon bald alle wichtigen Strategien im Assessorat, er entwirft fast alle Gesetze und wird schon bald über Laimers Wirkungsbereich hinaus zum gesuchten Ansprechpartner. Das Duo Laimer/Rainer verwaltet auch die Landesabteilung Wasser und Energie – eine Abteilung, die zu diesem Zeitpunkt mehr oder weniger eine leere Schachtel ist. Anfänglich belächeln viele Parteikollegen Laimer ob dieser Zuständigkeit. Es ist Maximilian Rainer, der umgehend die Wichtigkeit dieses Bereichs erkennt und der vier Jahre später auch die Pläne zur Gründung der SEL AG ausarbeitet. Maximilian Rainer ist bewusst, dass es auf dem Strom- und Gasmarkt in diesen Jahren zu entscheidenden Umwälzungen kommen wird und sich damit für das Land Südtirol ungeahnte neue Chancen auftun.

Die „Heimholung" der Energie

Zwischen 1995 und 2005 ändern sich die Spielregeln im gesamteuropäischen Strommarkt grundlegend. Im Dezember 1996 beschließen das Europäische Parlament und der Europäische Rat die sogenannte „Elektrizitätsbinnenmarktrichtlinie" (Richtlinie 96/92/EU),

mit der die Liberalisierung des europäischen Energiemarktes eingeleitet wird. Alle Mitgliedstaaten müssen diese Richtlinie bis Anfang
1999 umsetzen.

Im März 1999 erlassen der damalige Industrieminister Pierluigi Bersani und im Juli 2000 dessen Nachfolger Enrico Letta zwei Dekrete,
die die Umsetzung dieser Richtlinie in Italien regeln. Bis Ende 2004
wird der Strommarkt in Italien liberalisiert, ab 2003 auch der Gasmarkt.

Die Bestimmungen sehen vor, dass alle Gaskunden sowie rund zwei
Drittel der Stromkunden ihren Energieversorger selbst bestimmen
und die entsprechenden Lieferkonditionen verhandeln können. Die
früheren Monopolisten in der Strom- und Gasverteilung sind jetzt nur
mehr für die Instandhaltung der Netze zuständig und erhalten von
den Produzenten und Verkäufern Durchleitungsgebühren. Gleichzeitig sieht das Gesetz vor, dass die Produktion, der Verkauf und die
Verteilung von Strom aber auch von Gas getrennt werden und durch
eigene Gesellschaften erfolgen müssen *(unbundling)*.

Ausgehend vom europäischen Neuordnungsprozess auf dem Energiemarkt beginnen die Südtiroler Landesregierung und die SVP mit
der ihr wohlgesinnten Mitte-links-Regierung über neue weitreichende Kompetenzen auf dem Stromsektor für Südtirol zu verhandeln.
Das Ergebnis ist eine Durchführungsbestimmung, nach der das Land
und nicht mehr der Staat für die Vergabe der Konzessionen für
Großkraftwerke in seinem Einzugsbereich zuständig ist. Diese Regelung gilt sowohl für Neukonzessionen als auch für die Verlängerung der bestehenden Konzessionen.

Die dem Bersani-Dekret entsprechende Durchführungsbestimmung
legt zudem fest, dass die bestehenden Großwasserkonzessionen der
Enel-Kraftwerke in Südtirol mit 31. Dezember 2010 verfallen. Ansuchen für die Übernahme dieser Konzessionen müssen laut besagter Durchführungsbestimmung fünf Jahre vor diesem Datum eingereicht werden. Der Stichtag ist demnach der letzte Tag im Jahr 2005.
Das Land ist verpflichtet, bis dahin sowohl für die Neuvergabe als
auch für die Konzessionsverlängerungen ein eigenes Landesgesetz
zu erlassen, in dem die europäischen wie auch staatlichen Richtlinien
umgesetzt werden. In diesem Zeitfenster zwischen 31.12.2005 und
31.12.2010 kommt es dann zu den Manipulationen, die das Herzstück des SEL-Skandals bilden.

Bersanis Dekret ist der Startschuss für ein ehrgeiziges politisches Projekt: Die sogenannte „Heimholung" des Südtiroler Stroms. Darunter versteht man die Ablöse der staatlichen Energiekonzerne und die Übernahme der Südtiroler Kraftwerke durch öffentliche Südtiroler Energiebetriebe. Vor diesem Hintergrund gründet man im November 1998 die SEL AG. Der ehrgeizige Plan, detailliert von Maximilian Rainer ausgearbeitet, sieht vor, dass das Land Südtirol durch die neue Gesellschaft selbst als Unternehmer im Energiebereich tätig werden soll. Von Anfang an fasst man dabei vier Kernbereiche ins Auge: die Stromproduktion, die Stromverteilung, die Gasverteilung und den Handel mit Strom und Gas. Ab 2003 kommen dann auch noch die Fernwärme und später die Fotovoltaik dazu.

Zwischen den Dreißiger- und den Sechzigerjahren haben die großen italienischen Stromkonzerne Montecatini, Enel und Edison in Südtirol über ein Dutzend Großkraftwerke errichtet. Um die Jahrtausendwende produzieren diese Kraftwerke jährlich rund 5 Milliarden Kilowattstunden (kWh) an Strom. Das sind 11 Prozent der italienischen Wasserkraft- und rund 2 Prozent der gesamten italienischen Stromproduktion. Die Heimholung wäre für Südtirol auf jeden Fall ein Milliardengeschäft.

Es ist vor allem Maximilian Rainer, den diese Vision anstachelt. Die SEL AG soll für diese Operation das wichtigste Vehikel sein. Der Großteil der SVP-Politiker belächelt damals den ehrgeizigen Plan des Wipptaler Ressortdirektors, der mit einer Idee vorstellig wird, die vonseiten der Politiker bis dahin nicht erkannt worden war. Doch Rainer gelingt es nicht nur, Michl Laimer von dieser Gangart zu überzeugen, sondern auch die Aufmerksamkeit von Landeshauptmann Luis Durnwalder zu erregen.

Wie am besten vorgehen? Die Südtiroler Landespolitik geht davon aus, dass man sich gegen die staatlichen Stromkolosse mit einer 100-jährigen Tradition und einer mächtigen politischen Lobby im Rom kaum durchsetzen kann. Man will deshalb nicht auf Konfrontation gehen, sondern den Weg der Verhandlung suchen.

So setzt man sich ab 1999/2000 mit der Enel und der Edison an den Verhandlungstisch. Auf der einen Seite sitzen die Großkonzerne, die sich nicht von den äußerst lukrativen Südtiroler Wasserkraftwerken trennen wollen, auf der anderen Seite Luis Durnwalder & Co, die mit dem Selbstverständnis auftreten, historisches Unrecht endlich wieder

Gründungsurkunde der SEL: Sperriger Name.

gutmachen zu müssen. Bei fast allen Verhandlungen mit dabei ist Maximilian Rainer und damit auch die neugegründete SEL AG. Man kommt sich 2001 effektiv näher, auch weil die Mitte-links-Regierung Südtirols Anliegen unterstützt. Lange schaut es so aus, als könne die SEL 100 Prozent der Südtiroler Enel-Kraftwerke kaufen. Am Ende scheitert der Deal aber im allerletzten Moment. Es geht um lächerliche 9 Millionen Euro, die Enel und Land trennen. Maximilian Rainer drängt Luis Durnwalder in der entscheidenden Verhandlung in Mailand energisch, das Angebot anzunehmen. Der Landeshauptmann fährt Laimers Ressortdirektor aber über den Mund. Der Deal platzt.

Die Verhandlungen mit der Enel gehen in den Jahren danach zwar noch weiter, doch nach dem Regierungswechsel – ab Juni 2001 regiert wieder Silvio Berlusconi mit einer Mitte-rechts-Regierung – passiert lange nichts mehr. SEL und Enel werden sich erst neun Jahre später einigen, doch dann wird das Ganze für die Landesgesellschaft weit teurer sein.

Glücklicher gehen zur gleichen Zeit die Verhandlungen mit der Edison aus. Der Stromriese betreibt unter anderem die zwei Großkraftwerke Glurns und Kastelbell, die vom Reschenstausee gespeist werden. Am 20. November 2000 unterzeichnen Edison und SEL einen Vertrag zur Gründung der gemeinsamen Gesellschaft SELEdison AG, die die beiden Kraftwerke in Zukunft führen soll.

Omnipotenz und Lichtgestalt

Die SEL AG ist in den ersten Jahren ihres Bestehens eine Gesellschaft, die zwar über einige Finanzkraft verfügt, aber mehr oder weniger nur auf dem Papier besteht. Es fehlt an Know-how, an Personal und an Erfahrung.
Anfänglich residiert das Unternehmen in einem kleinen Büro in der Bozner Sparkassenstraße. Die SEL hat zu diesem Zeitpunkt drei Mitarbeiter und keine konkrete Tätigkeit. Einer der ersten Angestellten erinnert sich:

> „Ich habe im ersten Jahr fast nichts zu tun bekommen. Deshalb bin ich am Ende des Jahres zu Michl Laimer und habe ihm gesagt, ich kündige, wenn das so weitergeht. Danach ist das Unternehmen langsam ins Rollen gekommen."

Mit der Gründung der SELEdison AG beginnt 2001 auch die operative Tätigkeit der SEL – danach geht es Schlag auf Schlag. 2002 gründet man mit der SELTrade GmbH eine Tochtergesellschaft für den Stromhandel. Ein Jahr später hat die SEL die drei bestehenden Erdgasverteiler (Energas, Südgas und Agat) in Südtirol aufgekauft und führt sie in der SELGAS zusammen. 2003 gründet die SEL zudem die ersten Tochtergesellschaften zur Errichtung von Fernheizwerken in Sexten und Klausen.
Die plötzliche Dynamik in der SEL hängt vor allem mit einer Personalie zusammen: Maximilian Rainer, der von der Gründung an die Landesenergiegesellschaft als persönliches Verwirklichungsfeld sieht. Er ist – wie vom Statut vorgesehen – rund ein halbes Jahr lang Alleinverwalter der neu gegründeten SEL AG, dann wird der erste Verwaltungsrat ernannt. Dieser besteht aus neun Personen: Michl

Laimer (Präsident), Konrad Piazza (Vizepräsident), Enrico Callegari, Karl Ferrari, Toni Innerhofer, Konrad Pfitscher, Antonio Rotondi, Klaus Stocker und Siegfried Unterberger.

Am 9. Juli 1999 beschließt der Verwaltungsrat, Maximilian Rainer unbefristet als Generaldirektor einzustellen. Am 10. September 1999 genehmigt der Verwaltungsrat auch den Arbeitsvertrag für Rainer. Ausgearbeitet wird der Vertrag – laut SEL-Verwaltungsratsprotokoll – von der Rechtsanwaltssozietät Gerhard Brandstätter. Demnach soll der Generaldirektor 8 Millionen Lire netto im Monat erhalten, bei 14 Monatsgehältern im Jahr. Dazu kommen noch Dienstwagen, Telefon- und Reisespesen.

Außerdem gesteht der SEL-Verwaltungsrat seinem Neo-Direktor von Anfang an einen besonderen Bonus zu. Der Direktor wird neben seinem fixen Grundgehalt auch eine variable Vergütung erhalten. Dieser Zusatzverdienst soll ein gewisser Prozentsatz des jährlichen Bruttogewinnes der SEL und ihrer Tochtergesellschaften vor Steuern und Abgaben sein. Der Verwaltungsrat muss die Auszahlung dieser Prämie aber jährlich genehmigen.

Was diesen Passus aber völlig absurd macht: Im unterzeichneten Vertrag steht nur „ein Prozentsatz", die Höhe ist nirgends konkret angegeben! Damit lässt sich Maximilian Rainer alle finanziellen Türen offen.

Interessant ist auch, wer diesen Arbeitsvertrag aushandelt. Zwischen 1999 und 2002 ist Michl Laimer Landesrat und SEL-Präsident in Personalunion. Maximilian Rainer ist von 1999 bis Mitte 2002 Ressortdirektor bei Michl Laimer und gleichzeitig Generaldirektor der SEL AG. Man unterzeichnet damit den Vertrag sozusagen fast in der Familie.

Selbst Laimer ist bewusst, dass er Maximilian Rainer nicht einfach zum Doppelverdiener machen kann. Deshalb beschließt man, dass dieser Arbeitsvertrag erst mit dem Ausscheiden Rainers aus dem Laimer-Ressort und seinem vollen Übertritt zur SEL zum Tragen kommt.

Dieser Wechsel findet dann mit 1. Juni 2002 statt. Maximilian Rainer gibt offiziell die Agenden als Laimers Ressortchef ab und wird hauptberuflich Generaldirektor der SEL.

Wenig später läuft die Amtsperiode des ersten SEL-Verwaltungsrates aus. Michl Laimer tritt als Präsident der Landesenergiegesell-

Vermerk für Durnwalder: Rainer schrieb Hunderte solcher Vermerke.

schaft ab und wird Anfang 2003 durch Klaus Stocker ersetzt. Vizepräsident wird Karl Ferrari. Dem auf sechs Mitglieder verkleinerten Verwaltungsrat gehören noch Gianfranco Jellici, Antonio Rotondi, Christoph Perathoner und Konrad Pfitscher an. Bereits am 19. Dezember 2003 genehmigt der SEL-Verwaltungsrat auf Vorschlag von Neo-Präsident Klaus Stocker eine Gehaltserhöhung für den Generaldirektor. Maximilian Rainer erhält jetzt 5.200 Euro netto im Monat.

Von Anfang an sind die Rollen innerhalb der Landesenergiegesellschaft klar verteilt. Es ist Maximilian Rainer, der die SEL fast im Stile eines absolutistischen Herrschers führt. Der Präsident und der gesamte Verwaltungsrat sind spätestens ab 2002 nur mehr schmückendes Beiwerk; die Entscheidungen in der Landesenergiegesellschaft trifft der Generaldirektor.

Mit der Ernennung von Klaus Stocker zum SEL-Präsidenten erhält Maximilian Rainer zudem einen Komplizen, der Rainers Machenschaften uneingeschränkt deckt.

Ein langjähriger SEL-Mitarbeiter beschreibt die Person Maximilian Rainers und das Klima innerhalb der Landesenergiegesellschaft so:

„Generaldirektor Maximilian Rainer ist eine sehr charismatische Person von überdurchschnittlicher Intelligenz, geprägt von großem strategischem Denken.

Durch seine positive und immer freundliche Art gelang es ihm sehr bald, ein gutes Arbeitsklima im Unternehmen zu schaffen. Er führte die SEL AG mit großem Einsatz, einem enormen Arbeitspensum, aber auch mit einem gewissen Hang zur Omnipotenz. Allein die Tatsache, dass es vor allem Maximilian Rainer war, der die SEL AG auf die Beine gestellt hatte und dass er es war, der von Beginn an daran glaubte, dass diese schon bald eine wesentliche Rolle im Stromgeschäft unserer Provinz spielen könne, schien ihm die naturbedingte Ermächtigung zu geben, die Geschicke der Gesellschaft fast im Alleingang zu lenken. So wurden nahezu alle Entscheidungen von ihm getroffen; sogar der Verwaltungsrat war im Endeffekt nur dazu da, die von ihm im Vorfeld gefällten Entscheidungen abzusegnen; nur sehr selten wagte es jemand, Bedenken zu den von Generaldirektor Rainer vorgetragenen Sachverhalten und Einschätzungen zu äußern oder sich gar gegen die Meinung des Generaldirektors auszusprechen.

Auch in seinem Umgang mit Vertretern von Gemeinden, Bezirksgemeinschaften und anderen Interessenvertretern war Generaldirektor Rainer immer so etwas wie eine Lichtgestalt. Mit Ausnahme einiger Vinschger Bürgermeister erlaubte sich niemand, von Generaldirektor Rainer gemachte Vorschläge bzw. geäußerte Gedanken öffentlich anzuzweifeln bzw. zu kritisieren. Schwierige bzw. wichtige Verhandlungspartner wie z. B. Enel und Edison wussten, dass der Generaldirektor Rainer die Gesellschaft praktisch im Alleingang führte und insofern ihr einzig relevanter Gesprächspartner war.

Ex-Landesrat Laimer stand mit dem Generaldirektor Rainer in einem sehr engen, ja sogar freundschaftlichen Verhältnis. Viele Ideen der Südtiroler Energiepolitik stammten von Generaldirektor Rainer und wurden von Ex-Landesrat Laimer politisch vorangetrieben. Der damalige Präsident Klaus Stocker wurde von den Aktionen und Strategien zumeist informiert, hatte aber in der Regel nur einen untergeordneten Einfluss auf Entscheidungen größerer Tragweite. Demokratische Entscheidungen bzw. auch nur annähernd gleichberechtigte Diskussionen über Aktivitäten oder strategische Ausrichtungen der SEL AG mit anderen Personen im Unternehmen gab es praktisch nicht. All diese waren im Wesentlichen Ausführende der Order des Generaldirektors."

Die SEL entwickelt sich innerhalb weniger Jahre von einem Betrieb mit drei Mitarbeitern zu einer Holding mit über 300 Angestellten (heute sind es 500) und einem Jahresumsatz von über 600 Millionen Euro. Trotzdem gelingt es Maximilian Rainer bis 2008, den Aufbau einer effizienten Arbeitsorganisation und einer Organisationsstruktur zu verhindern. Das gesamte Unternehmen ist jahrelang auf eine Person zentriert. Wirklich alles läuft beim resoluten Generaldirektor zusammen.

Der Vorbeter

Doch Maximilian Rainers Einfluss geht von Anfang an weit über die Landesenergiegesellschaft hinaus. Der Wipptaler Manager gestaltet auch Südtirols Energiepolitik maßgeblich. Als die Ermittler im Herbst 2011 den Dienstcomputer Rainers beschlagnahmen, finden sie darauf Hunderte von Vermerken für SVP-Politiker, die aus der Feder von Rainer stammen. Der SEL-Direktor schreibt für jedes Treffen, das zum Beispiel Landeshauptmann Luis Durnwalder im Bereich Strom oder Energie hat, vorab ein detailliertes Promemoria. Auch die SVP-Parlamentarier greifen gerne und ausgiebig auf das Fachwissen Rainers zurück. Immer wieder lassen sich Politiker vor Treffen, Interviews oder Verhandlungen vom SEL-Direktor schriftlich briefen.

Michl Laimer rührt im Energiebereich sowieso keinen Finger ohne entsprechende Vorgaben von Maximilian Rainer. Dieser ist der Kopf, Laimer der Handlanger. Zwischen 1998 und 2012 gibt es kein Gesetz, keine Bestimmung und keinen Regierungsvorschlag im Bereich der Energie, die nicht aus der Feder des SEL-Direktors stammen oder von diesem maßgeblich mitgeschrieben wurden.

Die Ermittlungen und die Analyse des Datenverkehrs zwischen der SEL und dem Büro von Michl Laimer ergeben ein eindeutiges Bild: Alle Landtagsanfragen zur SEL AG oder zur Energiepolitik werden von Michl Laimer an Maximilian Rainer mit dem Auftrag weitergeleitet, eine Antwort zu formulieren. Es gibt Dutzende Dokumente, die belegen, wie Rainer Landtagsanfragen der Grünen, Freiheitlichen, Union für Südtirol oder auch SVP beantwortet. Laimers Mitarbeiter kopieren Rainers Texte nur auf das offizielle Briefpapier des Landesrates.

Im Umgang mit der Presse ist Maximilian Rainer besonders vorsichtig. Vor allem kritische Medien werden bewusst geschnitten.

Der mächtige SEL-Direktor und der ab 2003 amtierende SEL-Präsident Klaus Stocker legen dabei eine unglaubliche Arroganz an den Tag. Beide akzeptieren nur Hofberichterstattung, kritisches Nachfragen ist nicht erlaubt.

Über einen äußerst gut bezahlten Beratervertrag engagiert man schon bald den Journalisten und ehemaligen SVP-Landessekretär Hartmann Gallmetzer als SEL-Pressechef. Später baut man eine eigene Presseabteilung auf.

Für Maximilian Rainer ist aber die Kommunikation zu Energie und Stromfragen weit über die SEL hinaus eine Art persönliche Mission. Rainer beansprucht jahrelang mehr oder weniger die alleinige Deutungshoheit in Sachen Energie in Südtirol. Wie weit dieser Anspruch geht und wie radikal ihn der SEL-Generaldirektor umzusetzen versucht, zeigt folgende Episode:

2007 dreht der Journalist Siegfried Kollmann für den *RAI-Sender Bozen* eine 50-minütige Fernsehdokumentation mit dem Titel „Strom aus Wasserkraft in Südtirol". Kollmann, der als ausgewogener und objektiver Journalist gilt, kontaktiert dazu auch die SEL und Maximilian Rainer. Neben Landesrat Michl Laimer plant der Filmemacher Landeshauptmann Luis Durnwalder zu interviewen. Das Interview wird am 22. Februar 2007 aufgezeichnet.

Einen Tag davor schickt Maximilian Rainer einen seiner berühmten Vermerke an Luis Durnwalder. Darin heißt es:

„Einleitend ist zu bemerken, dass unser Unternehmen von Herrn Kollmann im Vorfeld kontaktiert wurde, um Hintergrundinformationen zum Sachthema zu erhalten.

Leider ist es uns nicht gelungen, Herrn Kollmann von der Bedeutung der heimischen Wasserkraft für die Stromaufbringung und Stromversorgung unseres Landes sowie die Wertigkeit des Einsatzes eines solchen heimischen, regenerativen Energieträgers für unsere Energiepolitik zu überzeugen.

Herr Kollmann legte von Beginn an eine vorgefasste Meinung an den Tag und unseres Erachtens droht die Dokumentation in eine tendenziöse Berichterstattung abzudriften: Die Stromerzeugung aus heimischer Wasserkraft soll als große ‚Geschäftemacherei' hingestellt werden, der Ansturm auf die Wasserkonzessionen wird als Ausbeutung eines öffentlichen Gutes durch großteils private, aber auch öffentliche Investoren betrachtet und jede Initiative als Zerstörung naturbelassener Flusslandschaften und als nachhaltiger Eingriff in Landschaft und Umwelt dargestellt.

Unser Unternehmen hat durch die Vorbereitung des Interviews von Landesrat Dr. Laimer und mein eigenes Interview versucht, die Dinge einigermaßen zurechtzurücken. […]

Daher, sehr geehrter Herr Landeshauptmann, ersuche ich Dich mit Deinem Interview auch in diese Richtung einzuwirken, um ausgewogene Meinungsäußerungen in dieser Fernsehdokumentation zu erreichen. Es wurden nämlich auch Stellungnahmen privater Investoren (z. B. jener der großen Projekte am Eisack und an der Rienz) und der Vertreter der heimischen Energieunternehmen (z. B. Etschwerke) eingeholt."

Siegfried Kollmann hat dem Landeshauptmann vorab einige Fragen per E-Mail zugeschickt. Im Vermerk, der aus Rainers Feder stammt, aber auch von SEL-Präsident Klaus Stocker mitunterzeichnet ist, werden Durnwalder auf drei Seiten schriftlich die Antworten auf diese Fragen vorgegeben.

Luis Durnwalder ist aber keiner, der sich gerne vorschreiben lässt, was er zu sagen hat.

„Ich kann mich nicht an entsprechende Antworten von Durnwalder erinnern, er hat wohl das gesagt, was ihm selber dazu eingefallen ist", meint Siegfried Kollmann Jahre später.

Aber allein diese Aktion dürfte zeigen, mit welcher Hybris Maximilian Rainer ausgestattet ist.

Werbung als Waffe

Im selben Jahr wie die SEL wird in Wien die Agentur Project 21 gegründet. Einer der Gründer und Mitbesitzer ist der Vinschger Fotograf und Werber Alexander Gamper. Der SEL-Verwaltungsrat ist erst wenige Wochen im Amt, da vergibt der damalige SEL-Präsident Michl Laimer am 9. Juli 1999 die Ausarbeitung des Corporate Design an die Wiener Agentur. Es beginnt eine Zusammenarbeit, die rund 15 Jahre andauert und an der die Kommunikationsagentur ordentlich verdient.

Es ist Michl Laimer, der schon bald das Problem aufwirft, dass die SEL eine Imagekampagne und eine Marketingstrategie braucht. Am 21. Februar 2003 stellen zwei Agenturen im SEL-Verwaltungsrat ihre Konzepte für diese Kampagne vor. Es sind die Agenturen Project 21 sowie Zoffel, Hoff & Partner, die damals auch die Politwerbung und den Wahlkampf der Südtiroler Volkspartei betreut. Der Verwaltungsrat entscheidet sich für die Wiener Agentur.

Es sind keine Peanuts, die die Landesenergiegesellschaft jährlich für ihre Imagekampagne ausgibt, sondern sehr viel Geld. So beträgt das gesamte Werbebudget der SEL-Holding im Jahr 2011 1.870.000 Euro.

Vergeben werden die Gelder von Maximilian Rainer und Klaus Stocker nach eigenen Regeln. Als die *Neue Südtiroler Tageszeitung* um 2005 eine Schülerzeitungsinitiative startet, unterstützt die SEL das Projekt kurzeitig durch Werbung; nach einigen kritischen Artikeln zur Landesenergiegesellschaft wird die Zusammenarbeit umgehend gekündigt. Danach gilt unter Maximilian Rainer und Klaus Stocker jahrelang eine ungeschriebene Regel: Keine Werbeinserate in der *Tageszeitung.*

Es ist die Athesia, die in Südtirol am deutlichsten von Werbegeldern und den Druckaufträgen der SEL profitiert. Eine interne Aufstellung zeigt, dass allein die Athesia Druck GmbH zwischen 2007 und 2011 von der SEL 273.092,98 Euro kassiert. Dazu kommen noch Radio- und Internetwerbung.

Dass sich die SEL-Spitze für die Werbegelder im Gegenzug wohlwollende Berichterstattung erwartet, wird in einem vertraulichen Schreiben vom 28. Dezember 2010 von Klaus Stocker an *Dolomiten*-Chefredakteur Toni Ebner mehr als deutlich. Der Brief, der zur Kenntnisnahme auch an Athesia- und Handelskammerpräsident Michl Ebner und an Landeshauptmann Luis Durnwalder geht, zeigt das übersteigerte Selbstverständnis der SEL-Spitze. Klaus Stocker schreibt in wehleidigem Ton an Toni Ebner:

„Darf ich Dir meine große Verwunderung darüber zum Ausdruck bringen, dass es die *Dolomiten* tatsächlich schafft, ein Unternehmen, das für unser Land viel erreicht hat, in einer Weise darzustellen bzw. nicht darzustellen, sodass sein Erscheinungsbild in der Öffentlichkeit dauernd leidet. Viele Persönlichkeiten und einfache

Bürgerinnen und Bürger unseres Landes haben erklärt, dass die Rückführung der Wasserkraft zu den größten autonomiepolitischen Erfolgen überhaupt gehört.

Wir haben uns ständig bemüht, trotz aller Anfeindungen aus Politik und anderen Kreisen, ausschließlich im Interesse unseres gesamten Landes zu handeln und sicherzustellen, dass die Wasserkraft ganz Südtirol zugutekommt. Das war unser Auftrag, und den haben wir erfüllt. Ab 1. Jänner 2011 ,gehört das Wasser wieder uns', gemeint ist ganz Südtirol.

Da wir als SEL mit den *Dolomiten* immer eine rege Informations- und Marketingverbindung gesucht haben, fühlen wir uns durch dieses Verhalten zutiefst betroffen. Es war uns stets ein Anliegen, die Arbeit der SEL in der Südtiroler Öffentlichkeit als das darzustellen, was sie ist: Arbeit für unser Land. Die SEL ist ein großes Unternehmen, sie beschäftigt mehrere Hundert Personen, und alle arbeiten für das gemeinsame Ziel. Wir können darin wirklich keine Schuld und auch keinen Anlass erkennen, ignoriert und damit abgestraft zu werden."

Die SEL vergibt ab 2002 auch lukrative Sponsorengelder. Es sind am Ende 450.000 Euro im Jahr, die Klaus Stocker und Maximilian Rainer mehr oder weniger freihändig vergeben können. Obwohl der Verwaltungsrat bereits 2003 ein „Gießkannenprinzip" bei der Sponsorentätigkeit ablehnt, herrscht auch hier am Ende die absolute Gutsherrenmentalität vor. Antragsteller suchen bei Rainer und Stocker direkt um Unterstützung an und werden abgewiesen oder begünstigt. Im Juli 2003 beschließt der SEL-Verwaltungsrat eine Kooperation mit dem FC Südtirol; innerhalb von drei Jahren fließen so 240.000 Euro an den Fußballverein.

Ein Reglement zur Sponsorentätigkeit – wie es für eine öffentliche Gesellschaft vorgeschrieben wäre – gibt es über ein Jahrzehnt lang nicht. Erste Regelungen werden in der SEL erst 2012 erlassen.

Dass Maximilian Rainer und Klaus Stocker die Landesenergiegesellschaft wie eine Art Erbhof führen und wie weit diese Gutsherrenmentalität geht, kann man an zwei Beispielen festmachen.

Im April 2009 feiert Klaus Stocker seinen 60. Geburtstag. Der SEL-Präsident lädt zu einem Abendempfang in den Ansitz Zinnenberg in St. Michael/Eppan. 80 Gäste, unter ihnen Landeshauptmann Luis

Durnwalder, Michl Laimer und alle wichtigen Akteure aus dem Südtiroler Energiebereich, sind geladen.

Einige Wochen vor der Feier verschickt Chefsekretärin Renate Niedermair ein Rundschreiben:

„Klaus Stocker, der Präsident unserer Gesellschaft, feiert am 24. April d. J. einen runden Geburtstag. Wir möchten diesen besonderen Anlass am Abend des 23. April 2009 mit einem ‚Fest mit Freunden‘ feiern, wozu wir Sie herzlich einladen. Vorab übermitteln wir Ihnen diese Vorankündigung, mit der freundlichen Bitte, sich diesen Termin bereits heute vorzumerken. Die ‚offizielle‘ Einladung wird Sie in Kürze erreichen.

Diese Festlichkeit wird in der Umgebung von Bozen stattfinden und wir werden selbstverständlich bei Wunsch um eine Unterkunft für Sie sorgen."

Die gesamte Festorganisation läuft über die SEL. Dort werden die Einladungen verschickt und die Tischordnung zusammengestellt. Ursprünglich sollte das Fest auch von der Landesgesellschaft bezahlt werden. Ein Vorhaben, das in der SEL diskutiert, dann aber doch nicht umgesetzt wird.

Genau dasselbe, nur in noch größerem Stil, wiederholt sich 15 Monate später, als am 30. Juni 2010 Maximilian Rainer heiratet. Es gibt gleich drei Feierlichkeiten. Bei jeder dieser Feiern sind zwischen 90 und 160 Personen eingeladen.

Die gesamte Organisation läuft über das SEL-Sekretariat. Dort werden die drei verschiedenen Einladungslisten verwaltet und dort müssen die Gäste sich auch anmelden. Das SEL-Sekretariat verschickt auch alle Einladungsbriefe und organisiert den Druck der Einladungskarten. Sämtliche Drucksorten werden von der Wiener Agentur angefertigt und geliefert, die auch die SEL betreut. Die SEL-Chefsekretärin beginnt fünf Wochen vor der Hochzeit mit den Vorbereitungsarbeiten.

Private Geschäfte

„Die Staatsanwaltschaft soll ermitteln, dann wird sie sehen, dass alles völlig sauber, transparent und rechtmäßig über die Bühne gegangen ist."

Treugeber Maximilian Rainer (August 2011)

Giorgio Carnielli, Klaus Stocker, Maximilian Rainer, Konrad Piazza, Luis Amort

Maximilian Rainer verbringt den Großteil seines beruflichen Lebens in der öffentlichen Verwaltung. Zuerst sitzt der Ratschinger Diplomingenieur als Ressortdirektor von Michl Laimer jahrelang an der Schnittstelle zwischen Politik und Beamtenschaft, danach leitet er als Generaldirektor über ein Jahrzehnt lang die Landesenergiegesellschaft SEL AG. In beiden Positionen gehört Rainer zu den Spitzenverdienern im Land. Dem quirligen, leicht untersetzten Akademiker ist aber sowohl die Spitzenposition in der öffentlichen Verwaltung als auch das Manager-Dasein in einer öffentlichen Gesellschaft anscheinend zu wenig. Maximilian Rainer betätigt sich deshalb von Anfang an nebenbei auch als Unternehmer.

Rainer kommt aus einer Unternehmerfamilie. Sein Großvater und sein Vater sind im Holzhandel und in der Sägewerksbranche tätig. Vater Herbert Rainer erwirbt einigen Immobilienbesitz im Wipptal, Maximilian und sein jüngerer Bruder Alexander Rainer bauen das Familienimperium noch einmal deutlich aus.

1998 wird die Rainer Holzservice KG des Alexander Rainer & Co gegründet. Das Unternehmen gehört den drei Geschwistern Alexander, Martina und Maximilian Rainer. Die Firma führt das Sägewerk und den Holzhandel in Ratschings und hat ein Gesellschaftskapital von 117.752 Euro. Maximilian Rainer hält 35 Prozent der Firma. 2001 erweitert man das Unternehmen und richtet die neuen Geschäftszweige Zimmerei, Ingenieurholzbau und Spenglerei ein. Gleichzeitig beginnt man mit dem Neubau einer Produktions- und Fertigungshalle, eines Silos und eines Bürogebäudes. Dafür erhält die Rainer Holzservice KG im Februar 2002 vom Landesamt für Handwerk einen einmaligen Kapitalbeitrag im Ausmaß von 190.572,79 Euro zugesprochen. Bis 2006 werden diese Arbeiten abgeschlossen und das Land zahlt das Geld aus.

Das Bürogebäude wollen die Brüder Rainer aber doppelt nutzen. 2001 planen sie, über die Rainer Holzservice KG ein Dienstleistungszentrum zu errichten. Sie werden mit dem Vorschlag auch bei der Raiffeisenkasse Wipptal vorstellig und bieten der Bank im Untergeschoss 200 Quadratmeter für die Errichtung einer Filiale an. Aus dem Deal und dem Bau des Dienstleistungszentrums wird am Ende aber nichts.

Die Familie Rainer verwaltet auch einen größeren Immobilienbesitz. Maximilian Rainer ist so zusammen mit seinen beiden Geschwistern

Mitbesitzer von Wohnungen und Baugrundstücken in Milland bei Brixen, in Bozen/Gries, in Terlan, im Jaufental bei Ratschings und in Sterzing. Dazu kommen ein geschlossener Hof in Thuins/Sterzing und über 30 Grundstücke im Wipptal. Zudem hält Rainer über die Rainer Holzservice KG und die Simeler KG des Alexander Rainer & Co weitere Grundstücke und Immobilien.

Die Simeler KG des Alexander Rainer & Co wird im April 2001 gegründet und nach dem Hofnamen in Ratschings benannt. Das Unternehmen hat ein Gesellschaftskapital von 100.000 Euro und gehört zu je 21,33 Prozent den drei Rainer-Geschwistern Maximilian, Alexander und Martina. Je 18 Prozent halten Reinhold Leitner und die in der Schweiz lebende Maria Leitner, verwitwete Rommler. Gesellschaftszweck ist die Immobilienverwaltung und der Immobilienhandel.

Auch hier versucht der rührige Ressortdirektor Laimers ein ehrgeiziges Projekt voranzutreiben. Die Simeler KG will in Gasteig einen Freizeitpark errichten. Zentrum der Anlage ist ein 9-Loch-Golfplatz, der später auf 18 Löcher erweitert werden kann. Dazu kommen ein Clubhaus und ein Fischteich. Alexander Rainer gibt im September 2001 bei einem Südtiroler Architekten eine Konzeptstudie in Auftrag. Nach längeren Verhandlungen, auch mit der Gemeinde, wird aus dem Projekt aber nichts.

Auffallend ist, dass all diese Projekte von Maximilian Rainer betreut werden. Die wichtigen Briefe und Dokumente schreibt der SEL-Generaldirektor persönlich auf seinem Dienstcomputer; manche werden auch von seiner Sekretärin verfasst. Das Verschwimmen der Grenzen zwischen privat und amtlich ist ein Charakteristikum, das die Regentschaft Rainers in der SEL über ein Jahrzehnt lang kennzeichnet.

Maximilian Rainers privates Unternehmertum hat aber noch eine andere Konstante. Alle Firmen und Unternehmen, an denen Rainer beteiligt ist, werden vom Bozner Wirtschaftsberater Paul Schweitzer betreut. So auch die Rainer Holzservice KG des Rainer Alexander & Co und die Simeler KG des Alexander Rainer & Co. Dass die Zusammenarbeit dabei weit über den allgemeinen beruflichen Usus hinausgeht, zeigt sich spätestens 2007. In der Kanzlei von Paul Schweitzer wird ein Vertrag vorbereitet, mit dem die beiden Gesellschafter der Simeler KG, Maria und Reinhold Leitner, ihre Quoten zum Nominalwert abtreten. Käufer ist kein Geringerer als Paul Schweitzer. Das Geschäft wird am Ende so nicht umgesetzt. Der Zufall will es, dass fast gleichzeitig mit Maximilian Rainer auch Paul Schweitzer zur SEL AG kommt. Schweitzer ist Mitglied der Bürogemeinschaft Prast, Crazzolara, Schweitzer. Diese renommierte Kanzlei wird schon bald zur fixen Anlaufstelle der SEL. Die Wirtschaftsberater sitzen in mehreren Aufsichtsräten von SEL-Töchtern. Paul Schweitzer selbst wird zu einem der wichtigsten Berater der Landesenergiegesellschaft bei allen großen Geschäften. Er kassiert dafür innerhalb von zehn Jahren mehrere Millionen Euro an Honoraren.

Dass es zwischen Maximilian Rainer und Paul Schweitzer von Beginn an zu einer gefährlichen Verquickung privater und öffentlicher Interessen kommt, daran stört sich jahrelang niemand.

Erster Versuch in Mailand

Interessenkonflikt ist in Südtirol generell ein Fremdwort. Dass das Wort im Kosmos von Michl Laimer und Maximilian Rainer überhaupt nicht existiert, wird bereits im Jahr 2000 mehr als deutlich. Am 20. November 2000 unterzeichnen Edison und SEL einen Vertrag zur Gründung der gemeinsamen Gesellschaft SELEdison AG, die die beiden Kraftwerke Glurns und Kastelbell führen soll. Dieses Geschäft haben Giuseppe Angiolini und die KPMG – ein international führender Konzern in der Wirtschaftsprüfung, Steuer-, Unternehmens- und Managementberatung – als *financial advisor* begleitet. Den Vertrag für eine 50-Prozent-Beteiligung unterzeichnet SEL-Präsident Michl Laimer. Der Kaufpreis beträgt über 41 Millionen Euro; davon muss die SEL am 20. November 2000 33 Millionen Euro sofort zahlen. Giuseppe Angiolini ist von 1988 bis 1997 Leiter der italienischen Niederlassung der KPMG, bis 2001 bleibt er leitender Gesellschafter des Unternehmens. Der Mailänder Unternehmensberater betreut dabei vor allem die Energiesparte. So arbeitet er unter anderem für die italienischen Stromkonzerne Enel und Edison. Im Jahr 2000 übernimmt er einen Beraterauftrag auf der Gegenseite: Die Region Aosta erwirbt um 780 Millionen Euro 26 Enel-Kraftwerke. Angiolini mischt bei diesem Deal als Finanzberater aufseiten der Region mit.

CONTRATTO DI LAVORO

fra: **Società elettrica altoatesina per azioni (SEL SpA)**, in persona del Presidente pro tempore, **dott. Michl Laimer**, con sede in via Cesare Battisti n. 21 a Bolzano;

(- in seguito SEL -)

e:' **Maximilian Rainer**, nato a Bolzano, il 20.12.1961, e residente in Vipiteno, ▓▓▓▓▓

(- in seguito Direttore Generale -)

* * *

Premesso

- che il Consiglio di Amministrazione della SEL in data 09.07.1999 ha deliberato l'assunzione a tempo indeterminato del Sig. Maximilian Rainer con la qualifica di Direttore Generale, tenuto a svolgere le funzioni attribuitegli dallo Statuto societario dd. 05.11.1998 della SEL, e ha approvato in data 10.09.1999 il testo del contratto in oggetto;

- ch~ ' ~ '~ intendono dare att''~~'

Arbeitsvertrag von Maximilian Rainer: Ausgehandelt in der Familie.

Gleichzeitig wird Giuseppe Angiolini auch in Südtirol tätig. Als Michl Laimer und Maximilian Rainer am 27. Jänner 2000 in Rom mit der Enel verhandeln, werden sie nämlich von Angiolini begleitet. Im selben Jahr versucht die SEL bei den Kraftwerken in Glurns und Kastelbell mit der Edison handelseinig zu werden.

Bei beiden Geschäften fungiert Giuseppe Angiolini als Berater für die SEL. Der smarte Mailänder Berater ist allein im Jahr 2000 rund ein halbes Dutzend Mal bei Verwaltungsratssitzungen der SEL AG anwesend und legt verschiedene Verhandlungsoptionen dar. Bereits am 16. Jänner 2000 hält Giuseppe Angiolini vor dem SEL-Verwaltungsrat einen Vortrag über die Möglichkeiten, mit den beiden Stromriesen ins Geschäft zu kommen. Der Manager verdient sich in den nächsten Jahren mit der Südtiroler Landesenergiegesellschaft eine goldene Nase. 2005 sichert sich die SEL AG indirekt ein Aktienpaket des Stromriesen Edison. Allein für diese Operation erhält Angiolini ein Beraterhonorar von 838.000 Euro.

An 23. November 2000, also drei Tage nach Abschluss des SEL-Edison-Deals, treffen sich Michl Laimer, Maximilian Rainer und Giuseppe Angiolini in der Bozner Notariatskanzlei Kleewein & Crepaz, um selbst unternehmerisch tätig zu werden. Sie gründen die Mega Srl mit Sitz in der Via Luigi Settembrini 26/A in Mailand. Die Gesellschaft hat ein Kapital von 12.000 Euro. Der Gesellschaftszweck sind der Kauf, die Führung und die Beteiligung von bzw. an Unternehmen, die im Sektor der erneuerbaren Energien tätig sind, einschließlich der Produktion und Verteilung von Strom.

20 Prozent der neuen Gesellschaft gehören Giuseppe Angiolini, 40 Prozent Michl Laimer und weitere 40 Prozent Maximilian Rainer. Laimer ist zu diesem Zeitpunkt Landesrat für Energie und Präsident der SEL AG in Personalunion und Rainer gleichzeitig sein Ressortdirektor und Generaldirektor der zwei Jahre zuvor gegründeten Landesenergiegesellschaft.

Dass ein amtierender Landesrat und dessen Ressortdirektor ein privates Unternehmen gründen, das genau in jenem Bereich tätig sein soll, für den beide politisch verantwortlich zeichnen – noch dazu mit einem von der öffentlichen Hand bezahlten Berater – ist ein politischer Skandal, der jahrelang nicht an die Öffentlichkeit kommt.

Offiziell wird die Mega Srl nie tätig. Nach zwei Jahren wird das Unternehmen in Liquidation gestellt und am 5. März 2004 aus dem Mailänder Handelsregister gestrichen. Die Mega Srl wird so zur Karteileiche in Mailand, bis im Jänner 2008 das Wochenmagazin *FF* die Geschichte ausgräbt. Bei den Beteiligten bricht Verlegenheit aus. Michl Laimer und Maximilian Rainer wollen sich zuerst an das Unternehmen nicht mehr erinnern, dann fällt ihnen keine Erklärung ein, warum man die Mega Srl überhaupt gegründet hat. Am Ende fertigt Michl Laimer den *FF*-Journalisten Karl Hinterwaldner mit seiner typischen Arroganz ab: „Die ganze Geschichte ist privat und was ich privat mache, geht niemand etwas an."

Dabei dürfte die Mega-Geschichte ein erster Versuch gewesen sein aus dem Energiegeschäft privaten Gewinn zu schlagen. Dass nichts daraus wurde, liegt daran, dass die Geschichte den Beteiligten am Ende wohl doch zu heiß erschien. Maximilian Rainer und Michl Laimer lassen sich durch den Mailänder Fehlschlag aber nicht stoppen. Man beginnt das System zu verfeinern.

Rainers Kraftwerk

Am 3. Juli 2001 wird im Büro von Paul Schweitzer in der Bozner Weintraubengasse 50 die Müller Energie GmbH gegründet. Gründer und Gesellschafter sind die zwei Wirtschaftsberater Paul Schweitzer und Günther Moling. Zehn Monate später, am 26. März 2002, verkaufen die beiden Gesellschafter ihre Anteile an den damaligen Pfitscher SVP-Vizebürgermeister Peter Delueg (40 Prozent), an Josef Mair (20 Prozent) und an Maximilian Rainer (40 Prozent). Die Müller Energie GmbH will ein neues Kraftwerk in Pfitsch errichten. Dass man ausgerechnet den Ressort- und SEL-Generaldirektor unter den Gesellschaftern hat, soll eine Garantie dafür sein, dass man vom Laimer-Assessorat auch eine Konzession dafür bekommt.

Der Plan geht auf. Am 14. Juli 2004 erhält die Müller Energie GmbH vom Land die Konzession für die Wasserableitung aus dem Großbergbach. Man baut ein Kraftwerk, das 2006 mit der Stromproduktion beginnt. Bis heute hat die Gesellschaft rund drei Millionen Euro damit verdient.

Im Laufe der Jahre kommt es innerhalb der Müller Energie GmbH zu einigen kleineren Veränderungen. Die Gesellschafter lassen die Gemeinde Pfitsch in das Unternehmen einsteigen. Die Gemeinde übernimmt 15 Prozent der Müller Energie. Peter Delueg und Maximilian Rainer verbleiben damit je 34 Prozent und Josef Mair 17 Prozent.

Das private Engagement des SEL-Direktors stößt aber innerhalb der Wipptaler SVP zunehmend auf Kritik. Deshalb muss Maximilian Rainer irgendwie reagieren. Am 25. November, ein halbes Jahr nach dem Einstieg in die Müller Energie, überschreibt er die Anteile am 25. November 2002 an seinen Bruder Alexander. So hat der SEL-Direktor wenigstens auf dem Papier mit dem privaten Kraftwerk nichts mehr zu tun.

Dass das Ganze in Wirklichkeit aber anders geplant war, zeigt ein Detail in Rainers Arbeitsvertrag mit der SEL. Im Vertrag ist eine Standardunvereinbarkeitsklausel enthalten; demnach darf der Generaldirektor keinerlei bezahlten Aktivitäten außerhalb der SEL nachgehen, ohne vorab die Zustimmung des Verwaltungsrates einzuholen. Im Arbeitsvertrag werden jedoch drei Funktionen aufgelistet, für die der SEL-Verwaltungsrat Maximilian Rainer die Erlaubnis erteilt. Rainer darf weiterhin Gesellschafter und Verwalter von drei

Unternehmen sein: in der Rainer Holzservice KG, in der Simeler KG und in der Müller Energie GmbH.
Maximilian Rainer und Michl Laimer unterzeichnen diesen Vertrag am 11. März 2002, also drei Monate vor dem endgültigen Wechsel Rainers zur SEL. Was aber auffällig ist: Offiziell steigt Maximilian Rainer erst drei Wochen nach Unterzeichnung dieses Arbeitsvertrages in die Müller Energie ein. Rainer kauft die Anteile am 26. März 2002. Demnach dürfte der SEL-Direktor entweder bereits vorher verdeckter Gesellschafter gewesen sein oder Michl Laimer segnet den unternehmerischen Ausflug seines Ressortdirektors präventiv ab. Beide Alternativen zeigen deutlich, wie das Duo mit seinen privaten unternehmerischen Interessen umgeht.

Treuhänder Maximilian

Dass der Generaldirektor einer Landesenergiegesellschaft wohl kaum nebenbei als privater Unternehmer an Südtiroler Kraftwerksprojekten beteiligt sein kann, dürfte irgendwann selbst dem geschäftstüchtigen Maximilian Rainer bewusst geworden sein. Auch die Überschreibung der Anteile auf seinen Bruder kann keine dauerhafte Lösung sein, denn diese Operation ist zu augenscheinlich.
Deshalb denkt man sich schon bald eine neue Variante aus: die verdeckte Beteiligung.
Die beiden Brüder Benno und Hans Heinz Hofer wollen ins Energiegeschäft einsteigen. 2002 planen die Sterzinger Unternehmer am Burgumer Bach im Pfitscher Tal ein Kraftwerk zu errichten. Alle zuständigen Landesämter geben aber ein negatives Gutachten ab, und am 31. März 2003 beschließt die Landesregierung den Antrag endgültig abzulehnen.
Weil die Gemeinde Pfitsch ursprünglich ein positives Gutachten für das Kraftwerk am Burgumer Bach abgab, wollen die Unternehmer aber nicht aufgeben. Zum Jahreswechsel 2004/05 wagen Benno Hofer und seine Schwester Greti Hofer einen neuen Anlauf. Diesmal haben die privaten Unternehmer mehr Glück.
Am 14. September 2005 gibt die Amtsdirektorenkonferenz ein positives Gutachten zum Projekt für den Bau des Wasserkraftwerkes Burgum ab. Genau zwei Wochen später, am 28. September 2005,

wird in der Notariatskanzlei Kleewein & Crepaz die Burgumer Energie GmbH gegründet. Die Gesellschaft hat ein Gesellschaftskapital von 20.000 Euro und gehört laut Gründungsakt zu 42 Prozent Benno Hofer, zu 15 Prozent Hans Heinz Hofer und zu 43 Prozent Greti Hofer. Der Zufall will es, dass auch die Gründung der Burgumer Energie GmbH vom Wirtschaftsberater Paul Schweitzer und seiner Bürogemeinschaft betreut wird.

Am 30. September 2005 wird das positive Gutachten des für die Umweltverträglichkeitsprüfung (UVP) zuständigen Beirates der Burgumer Energie GmbH übermittelt. Das Gutachten ist aber mit 27 konkreten Auflagen versehen. Unter Punkt 7 heißt es: „Während der Bauarbeiten dürfen keine Dienstwege errichtet werden."

Gegen diese Auflagen legt die Burgumer Energie GmbH bei der Landesregierung umgehend Rekurs ein. Vor allem wehrt man sich gegen das Verbot des Dienstwegbaus. Am 9. Jänner 2006 nimmt die Landesregierung den Rekurs des Unternehmens vollinhaltlich an. Zum Bau der Wasserfassung und des Krafthauses darf ein Forstweg errichtet werden.

Am 4. Oktober 2006 erhält die Burgumer Energie GmbH vom Amt für Stromversorgung die Konzession für eine Wasserableitung zur Erzeugung elektrischer Energie. Es ist die Erlaubnis zum Bau eines Kraftwerkes mit einer mittleren Nennleistung von 442,84 Kilowattstunden. Die Konzession gilt für 30 Jahre.

Am 19. Juli 2007 stellt der Pfitscher Bürgermeister Johann Frei die Baukonzession 45/2004 aus, mit der man den Bau des Kraftwerks in Angriff nehmen kann. 2009 geht das E-Werk am Burgumer Bach dann in Betrieb. Damit beginnt auch das Geld zu fließen: 2009 macht die Burgumer Energie GmbH einen Gewinn von 421.024 Euro, 2010 sind es 412.568 Euro.

Interessant aber ist, was sich in diesen Jahren im Stillen und im Hintergrund abspielt. Die Ermittlungen der Staatsanwaltschaft Bozen sowie die von der Finanzwache und der Carabinieri-Sondereinheit ROS *(Raggruppamento Operativo Speciale)* im Jahr 2011 sichergestellten Unterlagen lassen nämlich eine ganz andere Faktenlage ans Tageslicht kommen. Anhand von Dokumenten und Belegen gilt es für die Ermittler als erwiesen, dass die Burgumer Energie GmbH seit ihrer Gründung einen geheimen und verdeckten Gesellschafter hat. Er heißt Maximilian Rainer.

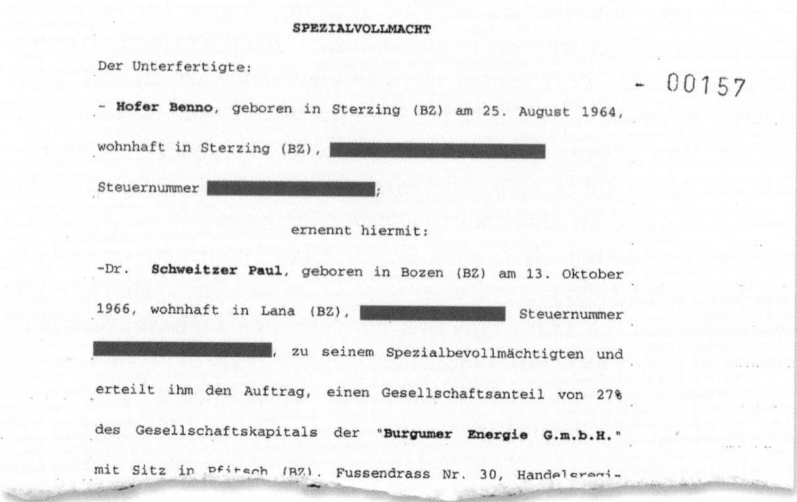

Spezialvollmacht für Burgumer Energie GmbH: 27 Prozent für Rainer?

So finden die Ermittler Dutzende Verwaltungsratsprotokolle, Sitzungsprotokolle und Briefe der Burgumer Energie GmbH, die auf dem Dienstcomputer des SEL-Direktors verfasst wurden. Auch in den E-Mails finden sich Dutzende Schreiben, die der SEL-Direktor für die private Gesellschaft ausarbeitet. So schreibt Maximilian Rainer 2006 etwa einen Kaufvorvertrag für die Burgumer Energie GmbH auf der Vorlage eines SEL-Mitarbeiters auf seinem Computer im Büro.

Wie unverfroren der Generaldirektor dabei vorgeht, zeigt ein anderes Detail. Die Lohnbuchhaltung für die SEL wird von der Aurer Kanzlei Stocker-Kuntner betreut, die den beiden Wirtschaftsberatern Markus Kuntner und Rudolf Stocker gehört – Zweiterer ist der Bruder von SEL-Präsident Klaus Stocker. Auch dieser Dienstleistung scheint sich die Burgumer Energie GmbH wie selbstverständlich zu bedienen.

Darauf weist jedenfalls eine E-Mail aus dem Jahr 2011 hin. Eine Mitarbeiterin des Aurer Büros erinnert die SEL-Chefsekretärin in dem Schreiben daran, dass man zwei Verwalter per Co-co-co-Vertrag angestellt hätte und diese Verträge mit 31. Dezember 2011 auslaufen würden. Ihre Frage: Soll man diese Verträge verlängern? Im Schreiben werden die beiden Verwalter auch genannt – zum einen

Rudolf Schmid, Verwaltungsrat der E-Werk Winnebach Konsortial GmbH, an der die SEL beteiligt ist, und zum anderen: „bei Burgumer Energie, Herrn Hofer Benno". Das Problem: Mit dem Pfitscher Kraftwerk hat die Landesenergiegesellschaft rein gar nichts zu tun. Dieser Dienstleistung für die Burgumer Energie GmbH liegt ein rein privates Interesse von Maximilian Rainer zugrunde. Benno Hofer und der SEL-Generaldirektor sind in Wirklichkeit seit der Gründung der Gesellschaft Geschäftspartner. Die Ermittler finden im 2011 in der Notariatskanzlei Kleewein & Crepaz den entscheidenden Mosaikstein. Die Burgumer Energie GmbH wird am 28. September 2005 vor Notar Walter Crepaz gegründet. Gleichzeitig, unmittelbar nach der Gründung unterschreibt Benno Hofer vor dem Notar eine Spezialvollmacht. Der Begünstigte der Vollmacht ist ein alter Bekannter: Paul Schweitzer. Hofer übergibt mit der Generalvollmacht 27 Prozent der eben gegründeten Gesellschaft an Schweitzer. Dieser kann mit den Gesellschaftsanteilen mehr oder weniger machen, was er will. Unter anderem kann er die 27 Prozent der Burgumer Energie GmbH zum Nominalwert verkaufen – auch an sich selbst.

Warum aber gründet jemand eine Gesellschaft und gibt noch am selben Tag die Verfügungsgewalt über fast ein Drittel der Gesellschaftsanteile an jemand anderen weiter? Das fragen sich auch die Ermittler. Als Paul Schweitzer im September 2011 von Oberstaatsanwalt Guido Rispoli mit der Spezialvollmacht konfrontiert wird, will er sich zuerst an das Schriftstück gar nicht erinnern. Rainers Wirtschaftsberater fällt danach auch kein Grund ein, warum man dieses Schriftstück aufgesetzt und unterschrieben hat.

Dabei liegt der Hintergrund dieser Spezialvollmacht zu diesem Zeitpunkt längst auf der Hand. Die 27 Prozent soll Maximilian Rainer bekommen. Es ist der Anteil der Burgumer Energie GmbH, der von Anfang an für den SEL-Generaldirektor bestimmt ist. Kurz bevor das Kraftwerk am Burgumer Bach vor seiner Fertigstellung steht und damit das Geld zu fließen beginnt, löst Rainer dann seine „Option" ein. Diesmal aber nicht offen, sondern verdeckt.

Am 6. April 2009 wandern jene 27 Prozent der Burgumer Energie GmbH, für die Benno Hofer eine Spezialvollmacht an Paul Schweitzer erteilt hat, an die AF Società di Amministrazione Fiduciaria Spa aus Verona. Es ist eine professionelle Treuhandgesellschaft. Die Anteile wechseln zum Nominalwert, also um 5.400 Euro, den Besitzer.

Welch unternehmerischer Irrsinn diese Transaktion für Benno Hofer ist, zeigt ein Blick auf die Gewinne, die die Burgumer Energie GmbH in diesen Jahren macht. Allein in den Jahren 2009/2010 entsprechen die 27 Prozent anteilsmäßig einem Gewinn von 225.070 Euro. Wer der Nutznießer dieses grandiosen Geschäfts ist, sehen die Beamten der Finanzwache, als sie bei der AF Società di Amministrazione Fiduciaria Spa in Verona die Bücher öffnen. Der Käufer und damit ab April 2009 auch der Treugeber der 27 Prozent heißt Maximilian Rainer.

Damit schließt sich der Kreis. Der SEL-Direktor gibt die Anteile zwei Monate später, am 4. Juni 2009, an seinen Bruder Alexander Rainer weiter, der damit die Treugeberschaft in Verona übernimmt. Es ist dasselbe Spiel wie bei der Müller Energie GmbH. Maximilian Rainer scheint damit offiziell nicht mehr auf.

In Wirklichkeit ist alles nur Camouflage. Denn Maximilian und Alexander Rainer haben nicht nur mehrere gemeinsame Firmen, sie sind auch durch eine Erbgemeinschaft finanziell aneinander gebunden.

Als der *FF*-Journalist Karl Hinterwaldner im August 2011 Maximilian Rainer fragt, warum er das Geschäft über eine Treuhandfirma abgewickelt hat, antwortet der SEL-Generaldirektor allen Ernstes: „Aus einem einfachen Grund, weil sonst sofort eine größere Diskussion darüber losgegangen wäre". Rainer weiter:

> „Die Staatsanwaltschaft soll ermitteln und erheben, und dann wird sie sehen, dass alles völlig sauber, transparent und rechtmäßig über die Bühne gegangen ist."

Es ist ein Satz, den Maximilian Rainer bereuen dürfte. Denn die Staatsanwaltschaft kommt zu einem ganz anderen Schluss. Die Aktionen rund um die beiden Kraftwerke der Müller Energie und der Burgumer Energie lassen ein System erkennen, mit dem Maximilian Rainer und seine Helfer eigene unternehmerische Interessen geschickt zu verschleiern versuchen. Genau dasselbe Spiel mit Treuhändern, Spezialvollmachten und denselben Hauptakteuren begegnet uns schon wenig später noch einmal – beim Deal um ein kleines, veraltetes Kraftwerk in Mittewald bei Franzensfeste. Doch dazu später.

Der Störenfried

„*Wir sind gerne bereit,*
Ihnen unser Know-how und
unsere Dienstleistungen
bei ihren Kraftwerksprojekten
in Oberitalien anzubieten."

Maximilian Rainer in einem Brief
an die Eisackwerk GmbH (Mai 2006)

Karl Pichler und Hellmuth Frasnelli

Mit dem Bersani-Dekret und der Durchführungsbestimmung zur Energie wird bereits 1999 festgelegt, dass die Großwasserkonzessionen der Enel-Kraftwerke am 31. Dezember 2010 auslaufen. Gleichzeitig muss Südtirol ein Landesgesetz erlassen, das sowohl die Vergabe der neuen Konzessionen als auch den Wettbewerb für diese Konzessionsverlängerungen regelt.

Nach europäischen und staatlichen Vorgaben muss die Ausschreibung fünf Jahre vor Konzessionsende erfolgen. Der Stichtag ist damit der 31. Dezember 2005.

Trotz dieser klaren Vorgaben und Termine lässt sich das Land Südtirol bei der Verabschiedung dieser Regelungen Zeit. Erst im April 2005 erlässt der Landtag das Gesetz, das die Neuvergabe der Stromkonzessionen regelt. Noch später erfolgt die gesetzliche Regelung der Konzessionsverlängerung. Diese Spielregeln treten erst im Oktober 2005 in Kraft.

Diese späte gesetzliche Regelung ist kein Zufall und trägt maßgeblich die Handschrift von Maximilian Rainer. Die Gründe dafür sind vielschichtig. Zum einen versucht die Landespolitik mit den italienischen Stromriesen Enel und Edison handelseinig zu werden, zum anderen glaubt man in Südtirol lange an eine politische Lösung: die Übertragung der Kraftwerke an die SEL ohne Wettbewerb durch die Regierung.

Erst am 1. April 2005 beschließt der Südtiroler Landtag ein Gesetz, das die Vergabe von zukünftigen Stromkonzessionen in Südtirol regelt. Die Regelung für den Wettbewerb zu den am 31. Dezember 2010 auslaufenden Konzessionen lässt noch länger auf sich warten. Diese wird erst per Eildekret Mitte September 2005 erlassen und tritt im Oktober in Kraft. Es ist mehr oder weniger dasselbe Verfahren, wie es auch für neue Konzessionen im Landesgesetz gilt.

Der 1999 festgeschriebene Abgabetermin für Ansuchen und Projekte für Großkraftwerke ist der 31. Dezember 2005. Weil das entsprechende Landesgesetz aber erst im Oktober 2005 in Kraft tritt, kommt es zur absurden Situation, dass die Spielregeln für einen Wettbewerb, in dem es um Werte von mehr als einer Milliarde Euro geht, erst drei Monate vor dem Abgabetermin feststehen.

Maximilian Rainer und Michl Laimer sind in dieser Phase viel zu sehr auf diese beiden Fronten fokussiert und unterschätzen und vernachlässigen dabei eine andere konkrete Gefahr: die Konkurrenz privater Unternehmer. Nach den europäischen und staatlichen Richtlinien können und sollen auch private Unternehmer um die Konzessionen von Großkraftwerken ansuchen und im Strommarkt mitmischen. Das ist auch in Südtirol nicht anders. Doch das Duo Rainer/Laimer sowie die Landesregierung denken erst gar nicht daran, dass aus diesem Bereich ernsthafte Konkurrenz drohen könnte.

Zum einen geht man davon aus, dass es kein privater Unternehmer wagen wird, gleichzeitig gegen die italienischen Stromriesen Enel und Edison sowie die lokalen Platzhirsche SEL und die Etschwerke AG anzutreten. Zum anderen lässt Rainers übersteigertes Selbstwertgefühl erst gar nicht den Gedanken zu, jemand könnte auf dem Stromsektor bessere Ideen haben als er selbst.

Die SEL verlässt sich zudem darauf, dass man mit den damals noch unbeschränkten finanziellen Ressourcen des Landes jeden Südtiroler Unternehmer notfalls an die Wand drücken kann.

Diese Einschätzung wird sich am Ende als einer der größten Fehler erweisen. Denn ausgerechnet ein kleiner, privater Unternehmer wird zuerst zum Störenfried im hochkarätigen Strompoker und später indirekt zum Totengräber der Südtiroler Energiepolitik.

Der Selfmademan

Hellmuth Frasnelli ist das, was man einen Selfmademan nennt. 1948 in Leifers als jüngstes von vier Kindern auf dem Rieslinghof geboren, wird er mit 13 Jahren Vollwaise und der Obhut seiner ältesten Schwester und seines Bruders anvertraut. Er arbeitet zunächst in einer Obstgenossenschaft, beginnt nach dem Militärdienst mit einer Champignonzucht und beliefert Südtiroler Restaurants und Hotels, arbeitet dann als Vertreter im Gastronomie- und Lebensmittelbereich und wechselt 1975 in die Immobilienbranche.

„Ich habe damit begonnen, Wohnungen, Baugründe und Immobiliengeschäfte zu vermitteln", erinnert sich Hellmuth Frasnelli heute. Ende der Siebzigerjahre arbeitet Frasnelli mit mehreren Südtiroler Bauunternehmern zusammen, deren Wohnungen er verkauft. Einer dieser Unternehmer ist Herbert Oberhofer.

Oberhofer, der bereits in den Sechzigerjahren durch Schmuggel und eine etwas unorthodoxe Zusammenarbeit mit dem *Servizio Informazioni*, dem Geheimdienst der Finanzwache, auffällt, wird 1980 wegen Drogen- und Waffenhandels verhaftet. Es folgt ein riesiger Skandal, in den Teile der besten Bozner Gesellschaft hineingezogen werden. Der Trentiner Untersuchungsrichter Carlo Palermo lässt Dutzende Personen verhaften. Ein Haftbefehl wird auch gegen den bekannten Bozner Hotelier Max Staffler erlassen, der ins Ausland flieht. Herbert Oberhofer steht jahrelang vor Gericht und verliert sein gesamtes Vermögen. Jahre später wird der Bozner Unternehmer aber voll freigesprochen und erhält wegen unrechtmäßiger Haft auch eine Entschädigung vom Staat.

Bis heute ranken sich verschiedenste Interpretationen, Gerüchte und Geschichten um diesen Skandal. Bewusst zieht man diese Geschichte immer wieder auch gegen Hellmuth Frasnelli heraus. So etwa schreibt SEL-Präsident Klaus Stocker in einem Kommentar für die Tageszeitung *Dolomiten* am 3. September 2008 zu Hellmuth Frasnellis Engagement im Energiesektor von „Kapitalien, deren Herkunft schleierhaft ist".

Tatsache ist, dass Untersuchungsrichter Carlo Palermo zwischen 1980 und 1983 wirklich alles auf den Kopf stellt, aber niemals irgendwelche Vorhaltungen gegen Hellmuth Frasnelli ans Tageslicht kamen. Gegen den Bozner Unternehmer wurde nie ermittelt und sein Strafregisterauszug ist bis heute weiß. Dennoch verfolgt diese Geschichte Hellmuth Frasnelli bis heute: „Man versucht, seit ich Kraftwerksprojekte vorgelegt habe, mich mit diesen 35 Jahre alten, erlogenen Geschichten zu diskreditieren."

1984 gründet Hellmuth Frasnelli mit einem bekannten Südtiroler Bauunternehmer seine erste Firma, wenig später hebt er dann zusammen mit seiner Ehefrau Renate Vieider die Investa GmbH aus der Taufe. Das Unternehmen ist als Bauträger und Immobilienfirma tätig und ist bis heute das Herzstück des Frasnelli-Imperiums.

Im Jahr 2004 aber beginnen sich Hellmuth Frasnelli und seine Investa in einen Bereich vorzuwagen, den viele Südtiroler Privatunternehmer zu diesem Zeitpunkt für zu kompliziert und zu undurchschaubar halten: den Energiemarkt und die Wasserkraft.

Der Mann, der Hellmuth Frasnelli zum Stromgeschäft heranführt, ist der Wirtschaftsberater Karl Pichler. 1957 in Deutschnofen geboren, ist Pichler seit 1983 als Wirtschafts- und Steuerberater in Bozen tätig. Pichler und Frasnelli lernen sich um die Jahrtausendwende bei einem Immobiliendeal im Hochpustertal kennen und schätzen. Karl Pichler interessiert sich nicht nur für den Energiesektor, sondern der Wirtschaftsberater erkennt bereits sehr früh die finanziellen Möglichkeiten, die privaten Unternehmern durch die neuen europäischen Vergaberichtlinien für Großkraftwerkskonzessionen geboten werden. Karl Pichler beginnt bereits um 2003 – damals noch ohne Hellmuth Frasnelli – mehrere neue Kraftwerksprojekte in Südtirol zu planen und bei den zuständigen Landesämtern einzureichen. „Meine Idee war es, gute Projekte für neue Großkraftwerke zu entwickeln und sie dann der SEL anzubieten", erklärt Karl Pichler. Das damalige Ziel: Am Ende sollte die Landesenergiegesellschaft die Kraftwerke bauen und führen und für die privaten Investoren eine Minderheitenbeteiligung herausschauen.

Pichlers erstes konkretes Projekt ist ein neues Kraftwerk in Bozen Nord. Zusammen mit den beiden Deutschnofner Bauunternehmern Franz und Heinrich Zelger gründet der Wirtschaftsberater die ZEPI GmbH. Das Unternehmen entwickelt ein Projekt für ein Großkraftwerk in Bozen, das unterirdisch im Virglberg entstehen soll. Das Kraftwerk soll vom Eisack gespeist werden, die Wasserfassung liegt in Kardaun und die Rückgabe soll bei der Rombrücke erfolgen.

Nachdem Karl Pichler das Projekt beim Land eingereicht hat, stellt er das Großkraftwerk auch der SEL AG vor. Diese meldet sofort Interesse am Projekt an.

Dass das Ganze durchaus ernst gemeint ist, zeigt ein Schreiben von SEL-Präsident Klaus Stocker an Landeshauptmann Luis Durnwalder vom Dezember 2004. Stocker informiert den Landeshauptmann über die Wasserkraftprojekte der SEL AG. Unter anderem heißt es im Brief:

„Eine Entscheidung ist für das geplante Großwasserkraftwerk im Norden von Bozen unterhalb des Enel-Kraftwerkes von Kardaun zu treffen. Die Eigentümer der ZEPI GmbH drängen auf Fortschritte im geplanten Vorhaben. Zwischenzeitlich wurde eine hydrogeologische Studie erarbeitet, aus der eindeutig hervorgeht, dass eine Ableitung in diesem Abschnitt des Eisacks keine Auswirkungen auf die Trinkwassertiefbrunnen zeigt.

Die Eigentümer der ZEPI GmbH sind bereits wiederholt an uns herangetreten und haben die Unterzeichnung einer Vereinbarung vorgeschlagen. Dies kann von unserer Seite nur unterstützt werden, da bisher die SEL AG in Bezug auf dieses Projekt keine Kompetenz besitzt. Wir sollten daher darauf bedacht sein, über eine Vereinbarung die ZEPI GmbH zu binden – die ja im Wasserrechtsverfahren als Projektträgerin aufscheint –, bevor es zu einem Kontakt oder womöglich zu einer Vereinbarung mit den Etschwerken kommt. Dann wäre die Position der SEL AG sicherlich schwächer. Daher sind auch in diesem Fall die Beteiligungsverhältnisse für eine gemeinsame Projektträgergesellschaft zur Umsetzung der geplanten Initiative festzulegen."

Letztendlich kommt es aber nie zum Bau des Kraftwerks Bozen Nord.

Versuchslauf an der Rienz

Doch das ist nicht das einzige Großprojekt, das Karl Pichler in dieser Phase in Zusammenarbeit mit der SEL umsetzen will. Der rührige Wirtschaftsberater hat auch ein Projekt für ein Großkraftwerk an der Rienz bei Bruneck. Der Plan: Als Ableitung soll die bereits bestehende Wasserfassung des von den Brunecker Stadtwerken geführten Kraftwerks am Kniepass verwendet werden. Das Wasser soll in einem Stollen bis zum Mühlbacher Stausee geführt werden, wobei in einer Kaverne das Krafthaus entstehen soll. Das Großkraftwerk ist auf eine Jahresleistung von 148 Millionen Kilowattstunden ausgelegt.
Karl Pichler überzeugt Hellmuth Frasnelli vom Projekt. Gemeinsam gründen die beiden Unternehmer die Hydropower GmbH, die das Kraftwerksprojekt verwirklichen soll. Das Brixner Büro Energie- und Umwelttechnik (EUT) des Ingenieurs Roberto Carminati erhält den Auftrag, das Projekt auszuarbeiten.
Am 2. Mai 2005 reichen die privaten Unternehmer das Projekt bei dem für die Konzessionsvergabe zuständigen Landesamt für Stromversorgung ein. Am selben Morgen haben Karl Pichler und Hellmuth Frasnelli aber noch einen wichtigen Termin. „Wir wollten das Projekt,

bevor wir es abgeben, dem Landeshauptmann vorstellen", sagt Frasnelli. Das Duo nutzt die morgendliche Sprechstunde Durnwalders, meldet sich an und erklärt dem Landeshauptmann das Vorhaben.
Karl Pichler:

> „Wir haben bei diesem Treffen deutlich gemacht, dass wir das Projekt nicht im Alleingang, sondern gemeinsam mit den Stadtwerken Bruneck, den Gemeinden und der SEL umsetzen wollen."

Karl Pichler und Hellmuth Frasnelli erklären, dass sie an einer 30-prozentigen Beteiligung an dem Großkraftwerk interessiert sind. Die Forderung ist vor allem taktisch. Wer Luis Durnwalder kennt, der weiß, dass der Landeshauptmann grundsätzlich nach unten verhandelt. „Wir wären am Ende mit 15 Prozent aber durchaus zufrieden gewesen", sagen beide heute.
Laut Darstellung der beiden Unternehmer schwankt Luis Durnwalders Reaktion zwischen Erstaunen und Verärgerung. Der Grund: Auch die SEL hat zu diesem Zeitpunkt ein Kraftwerksprojekt an der Rienz. Man plant zusammen mit der Gemeinde Vintl ein Kraftwerk mit einer weit bescheideneren Jahresleistung: 21 Millionen Kilowattstunden.
Dass ihre Idee einschlägt, merken die beiden privaten Unternehmer wenig später. Auf einem privaten Fest lernen sich Hellmuth Frasnelli, Karl Pichler, Klaus Stocker und Maximilian Rainer kennen. Schon bald diskutiert man über die Kraftwerkspläne. Frasnelli und Pichler machen der SEL-Spitze ein Angebot zur Zusammenarbeit beim Großkraftwerk an der Rienz. Rainer und Stocker hören nicht nur äußert interessiert zu, sie stellen konkret eine gemeinsame Verwirklichung in Aussicht.
Wenig später übermittelt die Hydropower GmbH die Pläne für das Kraftwerk an Maximilian Rainer und die SEL. Am 1. Juni 2005 lädt Karl Pichler im Namen der Hydropower GmbH den Präsidenten der Stadtwerke Bruneck Hermann Lehmann, den Direktor der Stadtwerke Bruneck Norbert Costa, den Präsidenten der SEL Klaus Stocker sowie die Bürgermeister Christian Tschurtschenthaler (Bruneck), Helmut Gräber (St. Lorenzen), Reinhard Niederkofler (Kiens), Rudolf Cebaro (Vintl) und Klaus Faller (Rodeneck) zu einer Präsentation ein. In der offiziellen Einladung zum Treffen heißt es unmissverständlich:

„Nach telefonischer Terminabstimmung mit allen Beteiligten möchten wir Ihnen das Projekt am 14. Juni 2005 um 10.00 Uhr am Sitz der Stadtwerke von Bruneck, Nordring 19, vorstellen und Sie gleichzeitig einladen, das Kraftwerk zur Stromerzeugung gemeinsam zu errichten, in Betrieb zu nehmen und zu betreiben."

Als Ingenieur Roberto Carminati und Karl Pichler am 14. Juni 2005 bei den Brunecker Stadtwerken das Projekt vorstellen, sind alle Eingeladenen anwesend. Auch SEL-Präsident Klaus Stocker. Das Echo ist durchaus positiv. Geplant ist, dass die Stadtwerke Bruneck das neue Großkraftwerk führen und die Anrainergemeinden, die SEL und die Hydropower GmbH am Kraftwerk beteiligt sind.

„Wir sind mit dem Vorschlag auseinandergegangen, dass die SEL-Führung zusammen mit der Landespolitik die Beteiligungsverhältnisse ausarbeiten soll", sagt Karl Pichler. Dazu kommt es aber nicht. Denn plötzlich gerät Sand ins Getriebe.

Heute weiß man, dass es vor allem Maximilian Rainer ist, der weder die Gemeinden und noch weniger private Unternehmer am Stromkuchen mitnaschen lassen will. Der SEL-Generaldirektor hat in dieser Haltung einen mächtigen Verbündeten: Luis Durnwalder.

Auch der Landeshauptmann ist der Meinung, dass das Wasser öffentliches Gut ist und deshalb die Wasserkraft in öffentlicher Hand bleiben muss. Durnwalder versucht deshalb von Anfang an, jede private Initiative zur Errichtung von Großkraftwerken in Südtirol im Keim zu ersticken. Weil bereits die Gemeinden Beteiligungen fordern, die der Landeshauptmann nur wider Willen zugesteht, kommt eine gemeinsame Gesellschaft der SEL mit einem privaten Investor erst gar nicht infrage.

Mit diesem politischen Selbstverständnis beginnt eine systematische Ausbootung privater Projekte durch die SEL und eine aggressive Verdrängungsstrategie gegenüber dem Unternehmerduo Frasnelli/Pichler, welche die Südtiroler Energiepolitik fast ein Jahrzehnt lang prägt. Dabei ergänzen sich Durnwalders politische Macht und Durchsetzungskraft und Rainers Arroganz und Geschäftssinn kongenial.

Zum ersten Mal wird diese Strategie beim geplanten Großkraftwerk an der Rienz umgesetzt. Nach der Vorstellung in Bruneck passiert nichts mehr. In der SEL zeigt man sich offiziell zwar immer noch interessiert, in Wirklichkeit wird das Projekt aber von Maximilian Rainer und Klaus Stocker blockiert.

Weil Karl Pichler und Hellmuth Frasnelli aber von der Güte ihrer Idee überzeugt sind, legen die beiden Unternehmer ein zweites, noch größeres Kraftwerksprojekt an der Rienz vor. Der Ausgangspunkt ist wiederum die Wasserfassung am Kniepass, doch bei diesem Projekt soll der Stollen bis nach Albeins gehen. Damit würde man ein Großkraftwerk bauen, das eine Jahresleistung von rund 540 Millionen Kilowattstunden erreicht. Die beiden Unternehmer gründen für dieses Projekt eine eigene Gesellschaft, die Rienzpower GmbH und reichen das Projekt offiziell am 20. Dezember 2005 beim Amt für Stromversorgung ein.

Obwohl sich bereits abzeichnet, dass die SEL falschspielt, glauben die beiden Unternehmer immer noch an die geplante Zusammenarbeit. Die Ernüchterung erfolgt im Sommer 2006.

Am 6. Juni 2006 wird das Ansuchen und das Projekt der Hydropower GmbH im Gesetzesanzeiger und im Amtsblatt der Provinz Bozen veröffentlicht. Laut Gesetz können bis 30 Tage nach dieser Veröffentlichung Konkurrenzprojekte eingereicht werden.

Und genau das tun Maximilian Rainer & Co. Am 6. Juli 2006 gibt die SEL AG ein Konkurrenzprojekt zum Hydropower-Projekt Kniepass-Mühlbach ab. Doch damit nicht genug: Mit einer eigens dafür gegründeten Gesellschaft, der Rienz Energie GmbH, reicht die Landesenergiegesellschaft am selben Tag auch ein Konkurrenzprojekt zum Rienzpower-Projekt, der großen Ableitung Kniepass-Albeins, ein.

Beide Projekte sind eine Blaupause der Projekte, die das Duo Frasnelli/Pichler entwickelt und vorgeschlagen hat. Maximilian Rainer übernimmt einfach die Idee und beansprucht dafür auch noch die Urheberschaft. Wie unverfroren der SEL-Direktor dabei vorgeht, zeigt ein Detail.

Der Landeshauptmann trifft sich am 26. September 2006 mit den Bürgermeistern der Standort- und Ufergemeinden der geplanten Wasserkraftwerke an der Rienz zu einer Aussprache. Einen Tag vor dem Treffen schreibt Maximilian Rainer einen seiner berühmten Vermerke für Durnwalder. Der SEL-Direktor brieft den Landeshauptmann für das Treffen:

„Um das elektrizitätswirtschaftliche Potenzial Südtirols weiter zu entwickeln und die heimische Eigenproduktion von elektrischer Energie nachhaltig auszubauen, hat die SEL AG zwei Projekte zur Nutzung der Rienz erarbeitet. Grundidee ist jeweils der Ausbau des bestehenden Wasserkraftwerkes am ‚Kniepass', das im Eigentum der Stadtwerke Bruneck AG steht. [...]
Es ist jeweils die Nutzung der bestehenden Fassung des ‚Kniepass-Kraftwerkes' der Brunecker Stadtwerke geplant, um den Bau eines aufwendigen Fassungsbauwerkes an der Rienz zu verhindern. Das Wasser wird von der Fassung über ein Stollensystem in die geplante Kaverne abgeleitet.
Für beide Kraftwerksprojekte ist eine Kavernenlösung vorgesehen, um die landschafts-ästhetische Beeinträchtigung sowie eine Störung der Bevölkerung auf ein Minimum zu reduzieren. Das Kraftwerk ‚Kniepass-Mühlbacher Stausee' sieht eine Stollenlänge von 15 km vor, während die Länge des Stollens beim geplanten Kraftwerk ‚Kniepass-Albeins' rund 21 km beträgt."

Selbstredend findet sich in dem Schreiben kein Wort davon, dass es private Unternehmer sind, die diese Ideen ursprünglich entwickelt haben, und man dazu zwei Konkurrenzprojekte eingereicht hat.
Für die Spitze der Landesenergiegesellschaft sind Hellmuth Frasnelli und Karl Pichler nicht einmal eine Erwähnung wert. Maximilian Rainer geht davon aus, dass von den beiden privaten Unternehmern keine ernsthafte Gefahr ausgeht. Auch dann, wenn man sie so über den Tisch zieht. Die SEL-Spitze, aber auch Landeshauptmann Luis Durnwalder, sollten sich dabei täuschen.

Römisches Interesse

Spätestens nach den Ereignissen um das Großkraftwerk an der Rienz müsste eigentlich klar sein, dass die SEL mit den privaten Unternehmern Hellmuth Frasnelli und Karl Pichler nicht zusammenarbeiten will.
In den darauffolgenden Jahren verschärft sich das Konkurrenzverhältnis aber noch einmal deutlich. Der Grund: Frasnelli und Pichler gründen am 29. November 2005 die Eisackwerk GmbH. Das Unter-

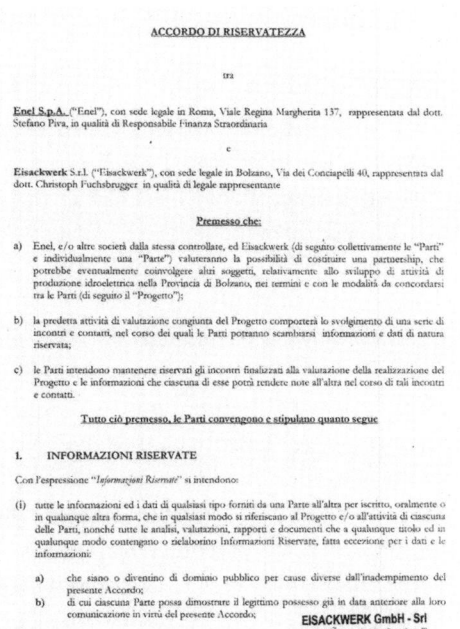

Vertraulichkeitserklärung
zwischen Enel und Eisack-
werk GmbH: Geheime
Verhandlungen mit der
Frasnelli-Firma.

nehmen gehört zu jeweils 50 Prozent der Investa GmbH von Hellmuth Frasnelli und der Flumen GmbH von Karl Pichler.

Die Eisackwerk GmbH beteiligt sich Ende 2005 nicht nur an den
Ausschreibungen für die Konzessionen der 2010 auslaufenden Enel-
Kraftwerke Mühlbach und St. Anton, sondern das Unternehmen reicht
im Frühjahr 2006 auch ein Konkurrenzprojekt zu einem eineinhalb
Jahre zuvor von der SEL vorgelegten Großkraftwerk am Eisack ein.

Zudem lassen Frasnelli und Pichler Projekte für Kraftwerke an der
Gader, im Passeiertal und am Rambach im Obervinschgau erstellen
und reichen diese Projekte beim Land ein.

Weil die beiden Unternehmer wissen, dass sie der mächtigen Landesenergiegesellschaft finanziell hoffnungslos unterlegen sind, suchen sie immer wieder die Zusammenarbeit mit der SEL. Vor allem
für Projekte zum Bau neuer Großkraftwerke.

Aktenkundig ist ein Schriftverkehr aus dem Jahr 2006. Am 23. März
2006 schreibt Hellmuth Frasnelli im Namen der Eisackwerk GmbH
an die SEL und bietet eine Zusammenarbeit bei den Wasserkraft-

projekten an. Am 3. Mai 2006 antwortet Maximilian Rainer persönlich. Im Schreiben heißt es:

„In diesem Zusammenhang sind wir gerne bereit, Ihnen unser Know-how und unsere Dienstleistungen bei Ihren Kraftwerksprojekten in Oberitalien anzubieten. Es bedarf jedoch auch einer Situationserklärung hinsichtlich Ihrer Kraftwerksprojekte in Südtirol, die Sie in Konkurrenz zu jenen der SEL AG verfolgen."

Die Botschaft ist klar: Wir arbeiten mit euch zusammen, aber außerhalb von Südtirol. Am 6. Juni 2006 folgt ein weiteres Schreiben der Eisackwerk GmbH an die SEL mit der Bitte um eine Aussprache und dem Vorschlag, „gemeinsam mit Ihrer Gesellschaft das Projekt Eisackkraftwerk zu bauen und zu betreiben".

Zwischen 2006 und Ende 2008 kommt es zu mehreren Treffen und Aussprachen zwischen den ungleichen Konkurrenten. Dabei bieten die privaten Unternehmer der SEL mehrmals eine Zusammenarbeit bei allen genannten Projekten an. Doch es ist vergebliche Liebesmüh: Maximilian Rainer & Co blocken immer wieder ab.

Obwohl Hellmuth Frasnelli und Karl Pichler auch heute noch gerne betonen, dass diese Zusammenarbeit im Sinne des Landes gewesen wäre, geht es den beiden Unternehmern aber vordergründig weniger um das Allgemeininteresse als um die eigene Brieftasche. Das gesamte Paket der Eisackwerk-, Hydropower- und Rienzpower-Projekte umfasst eine Jahresleistung von fast 1,5 Milliarden Kilowattstunden. Eine Beteiligung von nur 10 Prozent an diesen Kraftwerken würde, wenn man die Förderung durch die staatlichen Grünzertifikate mitrechnet, rund 21 Millionen Euro Gewinn im Jahr einbringen. Ohne Grünzertifikate sind es immerhin noch 12 Millionen Euro im Jahr, die für die Unternehmer herausschauen würden. Ein durchaus verständlicher Antriebsgrund.

Anfang 2008 tut sich dann völlig unerwartet ein neues Szenario auf. Zu Weihnachten 2007 tritt an Hellmuth Frasnelli ein bekannter italienischsprachiger Unternehmer aus Bozen heran, der in engem Geschäftskontakt mit der Enel steht, und erklärt, dass der staatliche Stromkoloss Interesse an den Kraftwerksprojekten habe.

Einige Wochen später kommt es zum ersten Treffen zwischen führenden Enel-Managern und den beiden Südtiroler Unternehmern am Konzernsitz in Rom. Am 4. März 2008 unterschreibt die Enel mit den drei Frasnelli-Gesellschaften Eisackwerk, Hydropower und Rienzpower Vertraulichkeitsvereinbarungen *(accordi di riservatezza)*. Wenig später übermitteln Karl Pichler und Hellmuth Frasnelli die Projekte nach Rom. Die Enel macht im Frühjahr 2008 Risikoprüfungen, sogenannte *Due-diligence*-Prüfungen, zu den Projekten, die für die Südtiroler Unternehmer durchaus positiv ausfallen.

Dass der staatliche Stromkonzern an den Kraftwerksprojekten und an einer Zusammenarbeit interessiert ist, zeigt ein weiteres, bisher kaum bekanntes Detail. Im Frühsommer 2008 finden sich im Keller von Hellmuth Frasnelli in der Bozner Gerbergasse über ein halbes Dutzend Enel-Funktionäre ein, um über die Projekte und eine mögliche Zusammenarbeit zu diskutieren. Bei diesem Treffen sind dabei: die Enel-Ingenieure Vittorio Vagliasindi, Gilfredo Cavagnolo und Sergio Adami, der Verantwortliche für institutionelle Angelegenheiten Francesco Giorgianni, der Enel-Verantwortliche für die Region Trentino-Südtirol Lorenzo Cattani sowie Stefano Piva vom Vertragsamt mit einer Assistentin.

Mit dabei ist an diesem Abend auch ein offizieller Vertreter des Landes Südtirol. „Ich wollte, dass das Land über unsere Verhandlungen informiert ist", erklärt Hellmuth Frasnelli sein Ansinnen. Deshalb nimmt auch der damals stellvertretende Generalsekretär des Landes, Hermann Berger, als Beobachter an der Aussprache teil.

Frasnellis Ansinnen ist nicht nur uneigennützig. Denn dem Unternehmer und seinen Partnern ist klar, welche politische Brisanz hinter dem Treffen zu diesem Zeitpunkt steht. Das ist auch der Grund, warum diese Vorgänge bis heute nicht bekannt wurden.

Seit dem Jahr 2000 verhandeln das Land und die SEL mit der Enel über die Übergabe der 19 Enel-Kraftwerke in Südtirol. Es sind Verhandlungen, die immer wieder ins Stocken geraten. Nachdem sich die SEL AG bei der Ausschreibung für alle auslaufenden Enel-Kraftwerke beteiligt, verschlechtert sich das Verhandlungsklima deutlich. Die Enel tritt bei den Verhandlungen mit der SEL als Staatskonzern auf, der keinesfalls gewillt ist, in Südtirol das lukrative Stromfeld anderen zu überlassen. 2006/07 kristallisiert sich langsam eine Lösung heraus: SEL und Enel sollen eine gemeinsame Gesellschaft bilden, die 14 Großkraftwerke und 8 Kleinkraftwerke in Südtirol führen soll.

Lange Zeit will die Enel die SEL und das Land Südtirol aber nur als Finanzpartner und nicht als operativen Mitspieler in der neuen Gesellschaft akzeptieren. Dagegen läuft vor allem SEL-Generaldirektor Maximilian Rainer Sturm. Rainer weiß, dass die Landesenergiegesellschaft operativ mitmischen muss, um in Zukunft bei den Südtiroler Kraftwerken das Sagen zu haben.

Erst 2008 kommen sich die Vertragspartner näher. Am 15. Mai 2008 trifft sich die Enel- Konzernspitze mit Landesrat Michl Laimer und legt diesem einen ersten Entwurf für eine Absichtserklärung der künftigen Vertragspartnerschaft, ein sogenanntes *memorandum of understanding* vor. Bis es aber zu einer unterschriftsreifen Lösung kommt, vergehen noch weitere fünf Monate. Am 23. Oktober 2008 unterschreiben der Präsident der Enel-Produzione Giovanni Mancini und SEL-Präsident Klaus Stocker einen Vorvertrag zur Bildung einer gemeinsamen Gesellschaft, an der die SEL mit 60 Prozent und die Enel mit 40 Prozent beteiligt sind. Dieses Unternehmen wird allerdings erst 2010 aus der Taufe gehoben und trägt zufällig den ergänzten Namen einer Frasnelli-Gesellschaft SE Hydropower.

Dass die Enel genau in dieser Phase in Südtirol auch mit einem privaten Konkurrenten verhandelt, kann man als subtile Untermauerung der Verhandlungsposition oder als Wink des Staatskonzerns mit dem Zaunpfahl in Richtung SEL sehen. Oder als Plan B.

Die Gespräche im Frühsommer 2008 hatten noch durchaus positiv geklungen, doch die Verhandlungen zwischen dem Duo Frasnelli/ Pichler und der Enel wurden von oberster politischer Seite beendet. Im Oktober 2008 trifft Hellmuth Frasnelli im Bozner Hotel Laurin den Enel-Produzione-Chef Giovanni Mancini. Mancini, der gerade von einer Aussprache mit Landeshauptmann Luis Durnwalder kommt, erklärt dem Unternehmer freundlich, aber bestimmt, dass die geplante Zusammenarbeit geplatzt sei.

Am 20. November 2008 verlangt die Eisackwerk GmbH von der Enel – so wie in der Vertraulichkeitsvereinbarung vorgesehen – die Rückgabe oder die Vernichtung der übergebenen Projektunterlagen.

Damit ist nicht nur die Suche der privaten Stromunternehmer nach einem Partner vorerst beendet, sondern die Konkurrenzsituation beginnt auf beiden Seiten in offene Feindseligkeit auszuarten.

Der Ostertausch

„Im Büro von Landesrat Laimer angekommen, haben Rainer, der Landesrat und ich mit dem Austausch der ursprünglichen Dokumente begonnen."

SEL-Chefingenieur Armin Kager (September 2012)

Michl Laimer

Wie wir gesehen haben, stammt der Großteil der Gesetze auf dem Südtiroler Energiesektor inhaltlich aus der Feder von Maximilian Rainer. Vor diesem Hintergrund ist klar, dass der SEL-Generaldirektor auch beim wichtigsten Landesgesetz, das die Konzessionsvergabe regelt, seine Finger maßgeblich mit im Spiel hat. Maximilian Rainer drängt dabei bewusst auf eine späte Verabschiedung der Landesgesetze. Die Konkurrenz soll bis zum letzten Moment im Unwissen und Zweifel gelassen werden, während die SEL bereits ein Jahr vor der Abgabe weiß, wie die Landesregelung ausschauen wird, und damit einen klaren Startvorteil hat. In einem als „persönlich – streng vertraulich" gekennzeichneten Vermerk an Landeshauptmann Luis Durnwalder vom 9. Dezember 2004, der offiziell von Landesrat Michl Laimer und SEL-Präsident Klaus Stocker unterzeichnet wird, aber wie alle Grundsatzpapiere von Maximilian Rainer verfasst wurde, gibt der SEL-Direktor die Strategie vor:

> „Die Ausschreibungen für die Neuvergabe der Konzessionen aller 19 Großwasserkraftwerke der Enel AG in Südtirol werden bereits vorbereitet. Die Landesregierung wird in ihren nächsten Sitzungen die Kriterien für die Ausschreibungen behandeln. Diese sind mit Landesgesetz zu verabschieden. Der Gesetzentwurf steht bereits auf der Tagesordnung für die nächste Sitzung der Landesregierung. Die SEL AG wird an den Ausschreibungen aller Kraftwerke teilnehmen. Die Vorbereitungen im Unternehmen dafür laufen bereits. Es werden die technischen Unterlagen (technische Projekte für die Erhöhung von Leistung bzw. Produktion sowie die Umweltpläne) schon erarbeitet. Es laufen Vorgespräche für die notwendigen Kooperationen mit anderen Unternehmen."

Maximilian Rainer blufft hier in einem Punkt aber ganz besonders. Der SEL-Direktor tut so, als würde die Landesenergiegesellschaft bereits an den Unterlagen für die Konzessionserneuerungen arbeiten. Was so nicht stimmt. Denn der SEL fehlt zu diesem Zeitpunkt schlichtweg noch das Personal dazu.

Prosit am Mazziniplatz

Erst Anfang März 2005 stellt die SEL den jungen Ingenieur Armin Kager ein, der jene technische Abteilung leiten wird, die die Projekte für die Großkraftwerke ausarbeiten soll. Kager hat zu diesem Zeitpunkt bereits berufliche Erfahrung mit der Landesenergiegesellschaft.

Im Jahr 2000 gründen die Edison und die SEL die gemeinsame Gesellschaft SELEdison AG, die die beiden Vinschger Großkraftwerke Glurns und Kastelbell führen soll. 2001 erhält das Südtiroler Unternehmen Planteam, für das Armin Kager damals als Ingenieur arbeitet, den Auftrag, die Umweltpläne für die SELEdison-Kraftwerke auszuarbeiten. Dabei lernt auch SEL-Generaldirektor Maximilian Rainer die Arbeit des Ingenieurs aus St. Pauls kennen und schätzen. Maximilian Rainer macht Armin Kager deshalb Anfang 2005 ein lukratives und interessantes Angebot. Kager soll am Aufbau einer Ingenieursabteilung innerhalb der SEL mitwirken. Nach kurzer Bedenkzeit sagt der damals freiberuflich tätige Ingenieur zu.

Im Frühjahr 2005 wird in der SEL dann jene interne Taskforce zusammengestellt, die die Landesenergiegesellschaft in den für sie bis dahin wichtigsten Wettbewerb führen soll. Neben Kager werden die Ingenieure Martin Kössler, Michele Comperini und Dieter Theiner sowie der Jurist Bernd Platter und die technische Mitarbeitern Evi Anhaus angestellt.

Es ist eine Mammutaufgabe, die auf diese junge – alle sind zu diesem Zeitpunkt um die 30 Jahre alt – Mannschaft zukommt. Innerhalb Jahresende 2005 müssen Konzessionsansuchen mitsamt Projekten für insgesamt 14 Großkraftwerke hinterlegt werden: 12 Enel-Kraftwerke und zwei Kraftwerke, die von der Etschwerke AG betrieben werden. Von Anfang an ist klar, dass man auf externe Fachleute zurückgreifen muss und die SEL-Ingenieure im Wesentlichen die Organisation und die Koordinierung des Unterfangens übernehmen sollen. Die zwei Säulen für die Konzessionsvergabe sind ein Projekt zur Potenzierung der bestehenden Anlagen und ein Umweltplan. Mit der Erarbeitung der Potenzierungspläne beauftragt die SEL einen Ingenieur aus Turin. Michele Morelli hat vorher für das Turiner Unternehmen Hydrodata gearbeitet, das 2000 bei der Bewertung der SELEdison-Kraftwerke im Vinschgau beteiligt war. Inzwischen hat sich der

Ingenieur selbstständig gemacht und die Xelee Srl gegründet. Es ist Maximilian Rainer, der Morelli und die Xelee Srl ins Spiel bringt. Ohne Ausschreibung erhält Morelli 2005 direkt vom SEL-Generaldirektor den Auftrag zur Erarbeitung der 14 Potenzierungsprojekte. Die Kosten dafür: Fast eine halbe Million Euro. Für die Ausarbeitung der Umweltpläne wird entschieden, die Problematik in drei Kernbereiche zu unterteilen. Für die Gewässerökologie werden der renommierte Bozner Limnologe Vito Adami, der Professor für Biologie an der Universität Bologna Gianpaolo Salmoiraghi und die junge Limnologin Tanja Nössing engagiert. Den Landschaftsschutz übernehmen die Landschaftsarchitekten Johannes Gnädinger und Christian Sölva.

Für die technische Beratung werden die Kraftwerke geografisch unter folgenden Fachleuten aufgeteilt: Das Ingenieurbüro Bergmeister übernimmt das Eisacktal und damit die Kraftwerke Mühlbach, Brixen, Kardaun und Waidbruck. Das Büro Studio G des Ingenieurs Anton Griessmair aus Bruneck übernimmt zwei Kraftwerke im Pustertal, Lappach und Mühlen in Taufers. Das Bozner Baubüro übernimmt die Beratung bei den Umweltplänen der zwei Kraftwerke im Sarntal, Sarnthein und St. Anton und das Vinschger Ingenieursbüro Patscheider & Partner die Projekte der drei Ultner Kraftwerke St. Walburg/Kuppelwies, St. Pankraz und Lana. Der technische Part für die beiden Etschwerke-Kraftwerke Schnals und Töll wird von den beiden SEL-Ingenieuren Martin Kössler und Dieter Theiner selbst übernommen, jenen des Kraftwerks St. Florian zwischen den Provinzen Bozen und Trient übernimmt deren Kollege Michele Comperini.

Weil die Konkurrenz aber lange davon ausgeht, dass es zu diesem Wettbewerb gar nicht kommen wird und man auf keinen Fall schlafende Hunde wecken will, geht man innerhalb der SEL das Projekt Konzessionserneuerung unter größter Geheimhaltung an. Niemand soll wissen, dass sich die Landesenergiegesellschaft an allen Wettbewerben beteiligt.

Dieses Verschwiegenheitsgebot gilt auch für die externen Techniker. „Wir haben den Technikern gesagt, sie sollen sich als Touristen ausgeben, wenn sie Anlageteile der Kraftwerke fotografieren und begutachten", erinnert sich Armin Kager. Es ist ausgerechnet Michl Laimer, der diese Taktik letztlich zunichtemacht. Der Energielandesrat verkündet in der Tageszeitung *Dolomiten* bereits am 31. August 2005 und somit vier Monate vor Ablauf der Abgabefrist voller Stolz, dass die „SEL AG sich um alle Konzessionen bewerben wird".

Über ein halbes Jahr lang arbeiten die Techniker und die SEL-Ingenieure auf Hochtouren. Am Ende schafft man diese Herkulesaufgabe nur äußerst knapp. „Im Dezember 2005 haben wir praktisch durchgearbeitet", sagt Armin Kager. Der 31. Dezember 2005 ist ein Samstag, deshalb fällt der letzte mögliche Abgabetermin auf Freitag, den 30. Dezember 2005. An diesem Tag gibt die SEL AG termingerecht ihre Ansuchen mitsamt technischen Projekten und Umweltplänen ab. Mit einer entscheidenden Besonderheit:

Während alle übrigen Wettbewerbsteilnehmer in diesen Dezembertagen ihre Akten beim Amt für Stromversorgung in der Bozner Mendelstraße 33 einreichen, fährt die Landesenergiegesellschaft doppelgleisig. Ein SEL-Mitarbeiter gibt beim Amt für Stromversorgung nur die Ansuchen ab. Dort nimmt die Sekretärin Karolina Thaler diese Ansuchen an und protokolliert sie mit Stempel. Auch ihr fällt auf, dass die gesamten Projektunterlagen fehlen.

Diese Unterlagen gibt die SEL direkt im Büro von Michl Laimer ab. Laimers Sekretärin Astrid Dissertori erklärt in ihrer Zeugenaussage sieben Jahre später:

> „Ich kann mich erinnern, dass mich am 30. Dezember 2005, es war ein Freitag, Maximilian Rainer anrief und höflich ersuchte, noch im Büro zu bleiben, weil er gleich kommen würde, um Dokumente abzuliefern, die protokolliert werden müssen."

Es ist bereits 18 Uhr, als Maximilian Rainer an diesem Tag in Laimers Büro in der Cesare-Battisti-Straße 21 eintrudelt. Weil die 17 Projekte sehr umfangreich und auch recht schwer sind, lässt sich der SEL-Direktor von Armin Kager, dem SEL-Juristen Bernd Platter und der Chefsekretärin Renate Niedermair begleiten. Man parkt die zwei Autos in der Tiefgarage, verstaut die gesamten Unterlagen in zwei Einkaufswagen des dortigen Standa-Supermarktes und bringt die Unterlagen damit in Laimers Büro.

Astrid Dissertori bei ihrer Zeugenaussage am 25. September 2012:

„Rainer ersuchte mich, einen Eingangsstempel des Amtes anzubringen, und er bat mich, auf das Deckblatt meinen ganzen Namen zu schreiben. [...] Rainer sagte mir zudem, dass man auch eine Protokollnummer hinaufschreiben muss, aber ich erklärte ihm, dass das Protokollsystem bereits geschlossen ist und man deshalb diese Operation nicht durchführen kann. [...] Ich kann mich erinnern, dass Rainer jeden Karton öffnete und ich jedes Deckblatt stempeln und mit meinem gesamten Namen versehen musste."

Es mutet auf den ersten Blick merkwürdig an, dass SEL-Direktor Maximilian Rainer die Sekretärin eines Landesrates instruieren kann, wie man amtliche Schriftstücke behandelt. Verständlich wird diese Verhaltensweise aber aus seiner Vergangenheit. Rainer war noch zweieinhalb Jahre zuvor Ressortdirektor von Michl Laimer und damit auch der Vorgesetzte von Astrid Dissertori. Diese Hierarchie bleibt de facto auch danach noch lange bestehen. Dissertori vor den Ermittlern:

„Ich hatte nichts einzuwenden, weil ich gleich wie meine anderen Kolleginnen in Maximilian Rainer meinen zweiten Chef sah."

Nachdem die gesamten Unterlagen gestempelt sind, bringt man alle Kartone der SEL in den Sitzungssaal neben dem Büro von Michl Laimer. Der Landesrat ist laut Zeugenaussagen bei der Übergabe nicht anwesend. Laimer trifft aber wenig später im Amt ein und lädt daraufhin alle Anwesenden zu einem kleinen Umtrunk in eine Bar am Mazziniplatz.

Die geplante Nachbesserung

Als fünf Jahre später bekannt wird, dass die SEL-Projekte fast fünf Monate lang im Assessorat von Michl Laimer liegen, bevor sie im Mai 2005 ins Amt für Stromversorgung gebracht werden, erklären sowohl Michl Laimer als auch Maximilian Rainer diese Vorgangsweise mit „Sicherheitsgründen".
Die Begründung ist ein klarer Affront gegen die Mitarbeiter im Amt für Stromversorgung. Für die Ausschreibung der Großkraftwerke

werden Ende 2005 insgesamt 74 Gesuche und Projekte abgegeben. 57 davon liegen fünf Jahre lang beim Amt für Stromversorgung, jener Behörde also, bei der die Dokumente laut geltendem Landesgesetz auch einzureichen sind. Die Sicherheitsvorkehrungen sind für alle Wettbewerbsteilnehmer dieselben.

Zudem ist der alternative Aufbewahrungsort für die SEL-Projekte alles andere als sicher. Im Sitzungssaal neben Laimers Büro gibt es keinerlei besondere Sicherheitsvorkehrungen, ganz im Gegenteil. Fast täglich wird der Raum für Treffen und Arbeitssitzungen in Anspruch genommen. Demnach haben viel mehr Menschen – wenn sie möchten – die Gelegenheit an die vertraulichen Unterlagen der Landesenergiegesellschaft zu kommen.

In Wirklichkeit gibt Maximilian Rainer die Projekte der SEL nicht aus Sicherheitsbedenken im Büro von Michl Laimer ab, sondern aus einem ganz anderen Grund: Der mächtige SEL-Direktor und der SVP-Landesrat beginnen bereits Ende 2005 ganz bewusst einen Plan umzusetzen, der im Strafgesetzbuch unten den Artikeln „Betrug" und „Wettbewerbsverzerrung" zu finden ist.

Aus der Angst heraus, von anderen Konkurrenten bei den Ausschreibungen ausgebootet zu werden, will man sich ganz bewusst den Spielraum für heimliche Nachbesserungen offenhalten. Rainer und Laimer wissen, dass man das mit den Beamten im Amt für Stromversorgung kaum machen kann. Im Büro von Landesrat Laimer, das jahrelang auch das Wirkungsfeld von Maximilian Rainer war, ist das hingegen möglich. Deshalb werden die SEL-Unterlagen dort deponiert.

Eine unbegründete Annahme oder gar eine böswillige Unterstellung? Keineswegs. Dass die Aktion von langer Hand geplant ist, lässt sich aus den Ereignissen auf einer anderen Ebene ableiten, die in diesen letzten Tagen des Jahres 2005 über die Bühne gehen.

Am 29. Dezember 2005 tritt der Verwaltungsrat der SEL AG zusammen. Einen Tag vor der Abgabe werden die Projekte und die Umweltpläne dem höchsten Leitungsgremium der Landesenergiegesellschaft vorgestellt. Formal muss der Verwaltungsrat diese Projekte gutheißen, was er an diesem Dezembernachmittag auch tut.

Auch dieses Prozedere macht deutlich, welche Rolle die Verwaltungsräte Karl Ferrari, Gianfranco Jellici, Antonio Rotondi, Christoph Perathoner und Konrad Pfitscher innerhalb der Landesenergiegesellschaft haben: Sie segnen in einer Stunde Projekte und Investitionen im Wert von über einer halben Milliarde Euro an Steuergeldern ab. Einer der wichtigsten Faktoren in den Umweltplänen und im gesamten Wettbewerb sind die Gelder, die der Konzessionsnehmer 30 Jahre lang dem Land und den Gemeinden für Umweltmaßnahmen zur Verfügung stellt. Die SEL wählt hier in all ihren Projekten einen einfachen Schlüssel: 5,5 Prozent des Jahresumsatzes der jeweiligen Kraftwerke.

Auffallend ist, dass an diesem Tag im SEL-Verwaltungsrat für kein Kraftwerk konkrete Zahlen oder Summen genannt werden. Der Jahresumsatzes eines Kraftwerks hängt nämlich maßgeblich von einer variablen Größe ab: dem Strompreis. Der für den Stromverkauf in Italien ausschlaggebende *Prezzo unico nazionale* (PUN) ist extremen Schwankungen ausgesetzt. So liegt der mittlere PUN 2005 bei 58,59 Euro pro Kilowattstunde, 2008 bei 86,99 Euro und 2011 bei 72,20 Euro.

Weil man im Dezember 2005 aber noch nicht weiß, wie sich der Strompreis entwickelt, belässt man es bei einer groben Schätzung. Im Protokoll der Verwaltungsratssitzung vom 29. Dezember 2005 heißt es:

„Der Verwaltungsrat genehmigt die vorgestellten Umweltpläne einstimmig in Inhalt und Umfang sowie die dazu notwendigen Investitionen. Diese werden für die bereits festgelegten Detailmaßnahmen mit einem Gesamtinvestitionsvolumen von ca. 120 Mio. Euro in einer ersten Schätzung beziffert.“

Vergleicht man die damals angebotenen 5,5 Prozent mit dem effektiven PUN aus dem Jahr 2011, so würden sich die Umweltgelder der SEL auf insgesamt über 230 Millionen Euro belaufen – und damit auf rund doppelt so viel wie seinerzeit vom Verwaltungsrat beschlossen. Das SEL-Leitungsgremium fällt auf dieser Sitzung aber einen weiteren vielsagenden Beschluss. Im Protokoll heißt es:

„Der Präsident und der Generaldirektor werden weiters delegiert und ermächtigt, die Festlegung des Umfanges sowie der Investitionsvolumina zusätzlicher, allgemeiner Verbesserungs- und Ausgleichsmaßnahmen im Rahmen des vorzulegenden Umweltplanes festzulegen, die im Übrigen entscheidungsrelevant in der Beurteilung des eingereichten Umweltplanes sein können. Diese werden die Investitionen für die Umweltmaßnahmen noch wesentlich steigern."

Der SEL-Verwaltungsrat gibt damit Präsident Klaus Stocker und Generaldirektor Maximilian Rainer freie Hand, in Sachen Umweltgelder den beschlossenen Betrag noch zu erhöhen. Ein absurder Beschluss, wenn man bedenkt, dass die Projekte samt den Umweltplänen keine 24 Stunden später beim Land hinterlegt sein müssen. Es gibt nur eine logische Erklärung dafür, dass sich Maximilian Rainer diese Möglichkeit einer Aufstockung der Umweltgelder vom eigenen Verwaltungsrat absegnen lässt: Man weiß bereits zu diesem Zeitpunkt, dass die SEL wenn nötig eine Nachbesserung machen kann. Dass dies überhaupt machbar ist, dafür ist jener Mann zuständig, der eigentlich der oberste Schiedsrichter im öffentlichen Konzessionsverfahren sein soll: Landesrat Michl Laimer. Erst die Hinterlegung der Akten im Büro des Landesrates macht eine nachträgliche, illegale Änderung der Wettbewerbsunterlagen möglich.

Laimers unorthodoxe Amtshilfe

Am frühen Morgen des 16. Februar 2006 schreibt Landesrat Michl Laimer in einer kurzen E-Mail an den Direktor des Amtes für Stromversorgung Hans Unterholzner:

„bitte schick mir die auflistung der eingereichten projekte mit der kurzbeschreibung und den wesentlichen elementen des umweltplanes – bin neugierig."

Unterholzner erteilt wenig später seinem Mitarbeiter Luca Corona den Auftrag, diese Liste samt Kurzbeschreibungen zu erstellen. Der Ingenieur erledigt diese Arbeit zwischen dem 22. Februar und dem 1. März 2006. Weil dem Amtsdirektor aber bewusst ist, dass einerseits in seinem Amt immer noch die Projekte der SEL fehlen, andererseits der Landesrat plötzlich neugierig auf die Konkurrenzprojekte ist, zögert er die Übergabe dieser Informationen so lange wie möglich hinaus.

Michl Laimer erhöht deshalb den Einsatz. Plötzlich genügen nicht mehr die Zusammenfassungen, der Landesrat will Kopien der gesamten Projekte und Unterlagen. Am 1. März 2006 schreibt Hans Unterholzner an seinen damaligen Abteilungsdirektor Oskar Misfatto:

„Hallo Oskar,
nachdem ich dir die E-Mail des Landesrates übermittelt habe, müssen wir von allen Gesuchstellern weitere Kopien der Projekte bzw. Umweltpläne anfordern. Bis Datum ist mir bestätigt worden, dass die Umweltpläne der SEL beim Landesrat termingerecht eingereicht worden sind, im Amt sind diese jedoch noch nicht eingereicht worden."

Wie sehr Laimer dabei die Beamten des Amtes für Stromversorgung unter Druck setzt, beschreibt Laimers persönliche Sekretärin Inge Hofer vor den Ermittlern:

„Ich glaube mich zu erinnern, dass Unterholzner, nachdem Laimer immer wieder Druck gemacht hat, Aktenordner ins Assessorat brachte, das damals noch seinen Sitz in der Cesare-Battisti-Straße hatte. Ich habe verstanden, dass es sich bei den Dokumenten um die technischen Projekte und die Umweltpläne der gesamten Konkurrenz handelte, die sie vorher im Amt für Stromversorgung hinterlegt hatten. Das gesamte Klima war zu diesem Zeitpunkt sehr angespannt und schlecht, weil der Landesrat immer wieder (anhand von Mails, Telefonaten und auch persönlichen Treffen) Druck auf Geometer Unterholzner ausübte, weil dieser die Konkurrenzprojekte, die unter Geheimhaltung stehen, nicht ins Assessorat bringen wollte. Am Ende gab Geometer Unterholzner nach und übergab die von Laimer angeforderte Dokumentation."

Ist die Neugierde der Grund, warum der Landesrat – trotz offensichtlichen Interessenkonfliktes – so auf die Übermittlung der gesamten Konkurrenzprojekte in sein Büro insistiert?
Wohl kaum. Maximilian Rainer und die SEL wollen auf diese Weise zu Insiderinformationen kommen, die es der Landesenergiegesellschaft dann ermöglichen sollen, ihre Projekte und Umweltpläne so anzupassen, dass man beim Wettbewerb als klarer Sieger hervorgeht.

Michl Laimer hilft dabei tatkräftig mit. Sekretärin Inge Hofer:

> „Ich kann mich mit absoluter Sicherheit daran erinnern, dass Laimer nach der Ankunft dieser Dokumentation im Assessorat mich persönlich informierte, dass ein Vertreter der SEL erscheinen wird, um diese Aktenordner, die Unterholzner übermittelt hatte, abzuholen. Wenig später erschien dann bei uns in der Cesare-Battisti-Straße ein Abgesandter der SEL, der die gesamte Dokumentation mitnahm, die aus dem Amt für Stromversorgung geliefert worden war. [...] Wenig später wurde die gesamte Dokumentation dann von derselben Person wieder zurückgebracht."

Es ist Maximilian Rainer, der in der SEL diese Dokumente entgegennimmt und genauestens analysiert. Doch der SEL-Generaldirektor kann kaum persönlich Hand anlegen und nachbessern – die Operation ist zu vielschichtig und kompliziert. Er braucht dazu seine Mannschaft. Aus diesem Grund werden jene zwei SEL-Ingenieure herangezogen, die den Großteil der Projektarbeiten in den Monaten zuvor geleitet haben: Armin Kager und Martin Kössler.
Ingenieur Martin Kössler am 1. Oktober 2012 in seiner Aussage vor den Ermittlern:

> „Ich erinnere mich, dass uns Maximilian Rainer Ende März 2006 in sein Büro zu einer Sitzung einberief. Anwesend waren Armin Kager [...], Rainer selbst und ich. Rainer hat uns bei dieser Gelegenheit erklärt, dass wir eine neue Dokumentation schreiben und einfügen sollen, um unsere Umweltpläne zu verbessern. Rainer nannte uns keinen Grund, warum wir das tun sollen."

Zwei Wochen lang arbeiten Armin Kager und Martin Kössler Ende März/Anfang April 2006 in einem Büro neben dem großen SEL-Sitzungssaal. Kaum jemand bekommt mit, was die beiden Ingenieure wirklich tun. Außer SEL-Jurist Bernd Platter, der schnell merkt, was in dem abgeschotteten Raum vor sich geht. Platter wird von den beiden Mitarbeitern wenig später dann auch eingeweiht.
„Natürlich wussten wir, was wir taten", suchen Kager und Kössler später keine Entschuldigung. Die Rollen sind im Frühjahr 2006 innerhalb der SEL aber klar verteilt. Maximilian Rainer hütet sich

davor, die Konkurrenzprojekte, die zeitweilig auf seinem Schreibtisch liegen, seinen Mitarbeitern zu zeigen. Der SEL-Generaldirektor gibt Anweisungen, Zahlen und Summen vor und seine Ingenieure sollen und müssen diese ohne Nachfragen umsetzen.

Rainer konzentriert sich bei der Nachbesserung auf zwei wichtige Faktoren: Die Restwassermengen und die Umweltgelder.

Laut Gesetz müssen Kraftwerksbetreiber eine vorgeschriebene Menge an Restwasser in einem Wasserlauf belassen, damit vor allem die biologische Qualität der genutzten Wasserläufe nicht übermäßig in Mitleidenschaft gezogen wird. Dieses Restwasser fließt im wahrsten Sinne des Wortes an der Stromproduktion vorbei, was nichts anderes heißt, als dass die Höhe und Menge des Restwassers direkt auf Kosten der Stromproduktion und damit der Einnahmen gehen. Naturgemäß versuchen Kraftwerksbetreiber daher, diese Restwassermenge so niedrig wie möglich zu halten.

Als Maximilian Rainer im März 2006 die Restwassermengen der Konkurrenzprojekte sieht und merkt, dass einer der Konkurrenten vorschlägt, weit mehr Wasser im Fluss zu belassen, beauftragt er seinen Ingenieur Armin Kager damit, eine zumindest gleichwertige Anhebung der Restwassermenge, des *Deflusso minimo vitale* (DMV), vorzusehen. Kager ist mit dieser nachträglichen Änderung alles andere als einverstanden. Der SEL-Ingenieur sagt sechs Jahre später vor dem Staatsanwalt aus:

„Ich kann mich erinnern, dass Rainer in mein Büro kam und mir sagte, nach seinen Informationen hätte der Konkurrent Edison bei allen Kraftwerken, deren Konzession ausgeschrieben ist, eine generelle Anhebung des DMV um 10 Prozent vorgeschlagen. […] Rainer trug mir auf, unsere Umweltpläne so zu ändern, dass die Restwassermengen gleich oder leicht über dem Wert des besagten Konkurrenten liegen. Diese Änderungen sollte ich für alle unsere Projekte umsetzen, die wir bereits im Assessorat Laimer hinterlegt hatten.

Ich möchte hinzufügen, dass ich mehrmals offen gesagt habe, dass ich mit diesen Änderungen der von uns ursprünglich angebotenen Restwassermengen nicht einverstanden bin, weil ich der Meinung war und immer noch bin, dass unsere ursprünglichen Vorschläge ein ausgezeichneter Kompromiss zwischen der Stromproduktion und dem

Umweltschutz waren, außerdem auch das Ergebnis umfangreicher wissenschaftlicher Untersuchungen. Trotzdem ordnete Rainer an, dass wir alle Restwassermengen in unseren Projekten ändern sollten."

Die ursprünglich vorgeschlagenen Restwassermengen werden folglich bei vielen Kraftwerken nahezu verdoppelt und bei manchen sogar noch weiter erhöht.

Die beiden Ingenieure ändern aber nicht nur die Restwassermengen, sie führen die Umweltpläne auch textlich und inhaltlich besser aus. Vor allem aber ändern sie auf Anweisung des Generaldirektors den Schlüssel für die Umweltgelder. Steht in den ursprünglichen SEL-Projekten, man werde 5,5 Prozent des Umsatzes aus der Stromproduktion für Umweltmaßnahmen zweckbinden, so setzt man jetzt für jedes Kraftwerk eine genaue Summe ein. Auch das ist kein Zufall, denn Maximilian Rainer kennt nunmehr die genauen Beträge, die jeder der SEL-Konkurrenten bietet.

Landesrat Michl Laimer unterstützt diese Manipulationen mit allen Mitteln. Dies beweist eine vertrauliche Sitzung im Frühjahr 2006 im Büro von SEL-Präsident Klaus Stocker, der aber nicht anwesend ist. Dafür Maximilian Rainer und Michl Laimer. „Bei dieser Gelegenheit wurden genau die Summen der Umweltgelder definiert, die für jedes Kraftwerk vermerkt werden sollten", sagt der damals ebenfalls anwesende Armin Kager Jahre später vor den Ermittlern.

Nach der Änderung bietet die SEL für das Kraftwerk St. Walburg-Kuppelwies 19 Millionen Euro, für St. Pankraz 25 Millionen, für Lana 49 Millionen, für Sarnthein 18,5 Millionen, für St. Anton 43 Millionen, für Kardaun 103 Millionen, für Waidbruck 11 Millionen, für Brixen 77 Millionen, für Lappach 13,5 Millionen, für Mühlen in Taufers 11,5 Millionen und für Mühlbach 22,5 Millionen Euro.

Bei den meisten Kraftwerken werden die ursprünglichen Umweltgelder somit wesentlich erhöht. Aus den dem Verwaltungsrat vorgelegten 120 Millionen werden so – das Kraftwerk Laas miteingerechnet – am Ende über 405 Millionen Euro, die die Landesenergiegesellschaft in 30 Jahren für Umweltmaßnahmen zahlen muss. Der SEL-Verwaltungsrat bekommt von dieser unerklärlichen Kostenerhöhung nicht das Geringste mit.

Aktion Karfreitag

Zwei Wochen lang arbeiten Armin Kager und Martin Kössler, um die Umweltpläne grundlegend zu überarbeiten. Martin Kössler erinnert sich an das Arbeitsklima:

> „Während der zwei Wochen kam immer wieder Rainer in das Büro, wo ich und Kager arbeiteten, und erkundigte sich, wie die Arbeit vorangehe."

In der Osterwoche 2006 ist die Arbeit abschlossen. Am Freitagvormittag, dem 14. April, drucken Kager und Kössler die letzten modifizierten Pläne aus. Dann nimmt Martin Kössler seinen Laptop und kehrt an seinen eigentlichen Arbeitsplatz zurück.

Armin Kager hingegen erhält an diesem Tag von Maximilian Rainer einen weiteren unorthodoxen Auftrag: Der SEL-Ingenieur soll den Generaldirektor zu Michl Laimer begleiten. Kager ist klar, dass es jetzt um den materiellen Austausch der Unterlagen geht, widersetzt sich aber nicht den Anweisungen seines Generaldirektors. „Rainer brauchte mich, weil er selbst nicht den genauen Überblick über die abgegebenen und auszutauschenden Unterlagen hatte", ist Armin Kager überzeugt. Der Ingenieur heute: „Es war ein großer Fehler, dass ich nicht spätestens zu diesem Zeitpunkt Nein gesagt habe."

Am späten Freitagnachmittag kommen Rainer und Kager in das Büro von Michl Laimer. Der Zeitpunkt ist perfekt gewählt. Es ist Karfreitag und die meisten Beamten sind bereits in den Osterferien. Laimer brüstet sich vor Rainer und Kager, dass er seinen drei Sekretärinnen bewusst diesen Nachmittag freigegeben habe. Die Ermittler überprüfen später im Personalamt des Landes diese Angaben und finden die Bestätigung dafür.

Armin Kager sagt am 27. September 2012 vor dem Staatsanwalt:

> „Im Büro von Landesrat Laimer angekommen, haben Rainer, der Landesrat und ich mit dem Austausch der ursprünglichen Dokumente begonnen."

Dieser Austausch der Unterlagen wird generalstabsmäßig eingefädelt. Eingeweiht sind fünf Personen: Martin Kössler, Bernd Platter und Armin Kager sowie die beiden Ideatoren Michl Laimer und Maximilian Rainer.

Dass Maximilian Rainer auf die Anwesenheit von Armin Kager an diesem Nachmittag im Büro Laimer besonderen Wert legt, dürfte kein Zufall sein. Der Paulsner Ingenieur ist zu diesem Zeitpunkt als engagiertes Ratsmitglied für die oppositionelle Bürgerliste Eppan Aktiv/Appiano Democratica im Eppaner Gemeinderat tätig, stellt also vor allem in Laimers Augen ein unkalkulierbares Risiko dar. Rainer hat den Landesrat nicht vorab informiert, als er Kager in die SEL aufnahm und später mit der Abänderung der Unterlagen beauftragte. Das Kalkül des Duos Laimer/Rainer dürfte es also sein, Kager mit der Aktion am Karfreitag formal zum Mittäter und somit mundtot zu machen.

Nachdem die alten Dokumente ausgetauscht und die neuen in die entsprechenden Kartone gelegt worden sind, ist der schwierigste Teil der Manipulation abgeschlossen. Der seit Langem geplante Umzug des Laimer-Assessorates an den neuen Sitz neben dem Bozner Bahnhof ist eine willkommene Gelegenheit, um die Unterlagen endlich dorthin zu verfrachten, wo sie bereits seit Monaten hingehören: ins Amt für Stromversorgung. Die Übergabe soll im Umzugsgetümmel nicht weiter auffallen.

Auch die Protokollierung löst man auf äußerst unkonventionelle Art und Weise. Die SEL hat Ende Dezember 2005 im Amt für Stromversorgung nur die Gesuche abgegeben. Diese wurden am 2. Jänner 2006 mit der Protokollnummer 12/2006 offiziell protokolliert. Als nun Ende Mai 2006 die über ein Dutzend Kartone der SEL in das Amt für Stromversorgung gebracht werden, stellt sich im Amt die Frage, wie man damit verfahren soll. Hans Unterholzner fragt telefonisch sowohl beim Generaldirektor des Landes, Hermann Berger, als auch bei der Leiterin des Rechtsamtes, Renate von Guggenberg, nach. Am Ende werden die gesamten Unterlagen auf Anraten dieser Vorgesetzten unter Protokollnummer 12/2006 aufgenommen.

Auch andere Schwierigkeiten löst man mit Fantasie und Technik. Auf den jeweiligen Deckblättern der Umweltpläne werden auch alle externen Techniker angeführt. Sie unterzeichnen die Dokumente mit ihrer Unterschrift und mit ihrem eigenen Stempel. Das Problem: Man hätte den sechs Technikern die neuen, manipulierten Umweltpläne im April 2006 wiederum zur Unterschrift und zum Stempeln vorlegen müssen. Damit hätte sich der Kreis der Mitwisser aber deutlich erweitert. Deshalb scannt man im April 2006 am Sitz der SEL die alten Deckblätter einfach ein und druckt sie zusammen mit den neuen Umweltplänen aus. Erkennbar sind diese Manipulationen nur bei genauem Hinschauen.

Zudem „veredelt" man diese Deckblätter, indem man nachträglich den Stempel des Laimer-Assessorats auf den neuen Umweltplänen anbringt. Das Deckblatt in den Kartonen, die die SEL-Projekte enthalten, wurde bereits am 30. Dezember von Astrid Dissertori gestempelt. Die Laimer-Sekretärin brachte damals auf Weisung von Maximilian Rainer auch ihre Unterschrift neben dem Stempel an.

Doch es wäre auffallend, wenn jetzt auf den neuen Umweltplänen nur der Stempel des Assessorates zu finden ist. Die Unterschrift zu fälschen traut man sich anscheinend nicht, deshalb schreibt jemand mitten in den Stempel die Initialen A. D. für Astrid Dissertori. Die Sekretärin sagt im Herbst 2012 vor den Ermittlern aus, dass sie niemals so mit ihren Initialen unterschrieben habe und dass das auch nicht ihre Schrift sei. Weder Michl Laimer noch SEL-Generaldirektor Maximilian Rainer wissen aber, dass die Beamten im Amt für Stromversorgung im Frühjahr 2006 ein brisantes Schriftstück verfassen.

Der Aktenvermerk

Am 1. Februar 2010 werden Beamte der Finanzwache im Amt für Stromversorgung vorstellig. Die Ermittlungen rund um die Vergabe der Stromkonzessionen befinden sich noch im Anfangsstadium. Ausgestattet mit einem Sicherstellungsbescheid von Oberstaatsanwalt Guido Rispoli ersuchen sie um die Aushändigung der offiziellen Akten und Dokumente für die am 30. Dezember 2009 vergebenen Kraftwerkskonzessionen.

Amtsdirektor Hans Unterholzner übergibt die Akten der 12 Großkraftwerke einem Major der Finanzwache. Bei der Sichtung der Dokumente stoßen die Beamten in einem der Konzessionsakte auf ein äußerst interessantes Dokument. Es handelt sich um einen auf dem offiziellen Dienstpapier des Amtes für Stromversorgung geschriebenen Aktenvermerk. In dem von Amtsdirektor Hans Unterholzner und

Autonome Provinz Bozen - Südtirol		Provincia Autonoma di Bolzano - Alto Adige
Abteilung 37 Wasser und Energie Amt für Stromversorgung		Ripartizione 37 Acque pubbliche ed energia Ufficio elettrificazione

AKTENVERMERK

Die Ansuchen, Projektunterlagen und Umweltpläne für die Erneuerungsverfahren der bestehenden großen Wasserableitungen zwecks Stromerzeugung GS/2400, GS/260, GS/189, GS/100, GS/1742, GS/822, GS/2600, GS/1146, GS/2401, GS/571, GS/57, GS/7, GS/6989, GS/87, GD/009AV, GS/240, GS/42 sind von der Sel AG in Anwesenheit des Amtsdirektors des Amtes für Stromversorgung beim ehemaligen Büro des Landesrates in der Cesare-Battisti-Straße Nr. 21 eingereicht worden. Laut Protokollvermerk des Sekretariats des Landesrates sind diese Unterlagen rechtzeitig eingereicht worden. Dem Amt für Stromversorgung sind zu diesem Zeitpunkt nur die jeweiligen Ansuchen übermittelt worden. Die Projektunterlagen und die Umweltpläne sind hingegen aus Sicherheitsgründen im Büro des Landesrates aufbewahrt worden.

Die Übergabe der Projektunterlagen an das Amt für Stromversorgung ist erst bei Übersiedlung des Landesrates in die Räumlichkeiten der Rittnerstraße, zwischen April und Mai 2006, erfolgt.

Dr. Ing. Luca Corona	Amtsdirektor Geom. Hans Unterholzner	Annelies Psenner

---

Aktenvermerk der Beamten: Erstes Indiz für den Schwindel.

den beiden Amtsmitarbeitern Luca Corona und Anneliese Psenner unterzeichneten Schreiben heißt es:

> „Die Ansuchen, Projektunterlagen und Umweltpläne für die Erneuerungsverfahren der bestehenden großen Wasserableitungen zwecks Stromerzeugung [es werden 17 Konzessionsnummern angegeben – Anm. d. A.] sind von der SEL AG in Anwesenheit des Amtsdirektors des Amtes für Stromversorgung im ehemaligen Büro des Landesrates in der Cesare-Battisti-Straße Nr. 21 eingereicht worden. Laut Protokollvermerk des Sekretariats des Landesrates sind diese Unterlagen rechtzeitig eingereicht worden. Die Projektunterlagen

und die Umweltpläne sind hingegen aus Sicherheitsgründen im Büro des Landesrates aufbewahrt worden.

Die Übergabe der Projektunterlagen an das Amt für Stromversorgung ist erst bei Übersiedlung des Landesrates in die Räumlichkeiten in der Rittner Straße zwischen April und Mai 2006 erfolgt."

Am 16. Juni 2010 schildert Hans Unterholzner bei seiner Anhörung in der Staatsanwaltschaft das Zustandekommen dieses Schriftstücks. Unterholzner:

„Dieses Dokument wurde aus dem Grund verfasst, Klarheit zu schaffen über die Vorgänge bei der Abgabe der Projekte durch die SEL AG [...] Während alle anderen Wettbewerbsteilnehmer im Amt für Stromversorgung ihre Projekte abgegeben haben, hat die SEL als Einzige ihre Projekte im Assessorat für Umwelt, Raumordnung und Energie hinterlegt. Mir ist unverständlich, aus welchem Grund allein die SEL diese Akten im Assessorat hinterlegt hat. Die Übergabe der SEL-Projekte an mein Amt erfolgte Ende April 2006, anlässlich des Umzugs des Assessorates von der Cesare-Battisti-Straße Nr. 21 an den derzeitigen Sitz in der Rittnerstraße.

Die SEL-Projekte scheinen jedenfalls – wie aus dem Stempel des Assessorates hervorgeht, der auf dem Aktendeckel angebracht wurde, der die Projekte enthält – am 30.12.2005 hinterlegt worden zu sein. Ich muss anführen, dass die einzelnen Projekte aber nicht gestempelt waren, deshalb kann ich nicht sagen, ob sie wirklich am Datum 30.12.2005, dem letzten möglichen Tag, hinterlegt wurden.

Ganz anders wurde mit den Projekten verfahren, die von den anderen Konkurrenten vorgelegt wurden, dort trägt jedes einzelne Projekt einen Eingangsstempel des Amtes. Vor allem aus diesem Grund haben ich und meine Mitarbeiter entschieden, dieses Promemoria zu verfassen."

Kurz nach der Übergabe der SEL-Projekte im Mai 2006 unterschreiben Hans Unterholzner, Anneliese Psenner und Luca Corona den ominösen Aktenvermerk. Es ist das erste Indiz für die Ermittler, dass bei der Vergabe der Stromkonzessionen etwas nicht stimmen könnte.

Personen ohne Charakter

*„Solche Personen, die keinen Charakter
und keine politische Ethik kennen,
gehören eigentlich nicht
in die Südtiroler Volkspartei.“*

SEL-Präsident Klaus Stocker (Mai 2010)

Maximilian
Rainer
und Klaus
Stocker

Am 4. Mai 2010 stellt der SVP-Landtagsabgeordnete Sepp Noggler in der aktuellen Fragestunde des Landtages an Michl Laimer eine Anfrage, die in der breiten Öffentlichkeit kaum jemand wahrnimmt. Es geht um den Wettbewerb zur Ermittlung der Sieger der Konzessionen für die Großkraftwerke, die vier Monate zuvor vergeben wurden.

Noggler führt in seiner Anfrage – wie er selbst sagt – eine *„voce del corridoio"* an, ein Gerücht, das besagt, dass 2005 die Anträge der SEL zur Erteilung der Konzession als einzige ohne die vorgeschriebenen erforderlichen Unterlagen beim zuständigen Amt termingerecht abgegeben worden sind. Die fehlenden technischen Unterlagen sowie die Berichte und Pläne der SEL sollen nicht bis zum Stichtag 31. Dezember 2005, sondern erst Monate nach Ablauf des Einreichungstermins in das zuständige Amt gebracht worden sein. Der SVP-Landtagsabgeordnete will von Michl Laimer in der Anfrage wissen, ob das so stimme. Zu diesem Zeitpunkt ist der ominöse Aktenvermerk, unterschrieben von den Beamten des Amtes für Stromversorgung, noch nicht bekannt.

Wie es das Reglement des Landtages vorsieht, hat Noggler seine Anfrage bereits am 13. April schriftlich hinterlegt. Damit weiß Laimer, was auf ihn zukommt. Es dürfte deshalb kein Zufall sein, dass sich der Energielandesrat im Landtag an diesem Vormittag entschuldigen lässt, denn, wenn er abwesend ist, muss er im Plenum nicht selbst mündlich antworten. Stattdessen schickt Laimer noch am selben Tag eine schriftliche Antwort an seinen Vinschger Parteikollegen, die ungewöhnlich knapp ausfällt.

„Die SEL AG hat das Gesuch samt Anlagen beim Ressort des zuständigen Landesrates fristgerecht eingereicht. Alle Dokumente wurden mit dem Eingangsstempel des Sekretariates des zuständigen Landesrates versehen."

Diese Antwort ist ein gekonnter Balanceakt zwischen Wahrheit und Lüge. Michl Laimer sagt darin nicht Falsches, versteckt aber gleichzeitig geschickt die eigentliche Wahrheit.

In Form und Inhalt sind diese Zeilen bezeichnend dafür, mit welcher Selbstherrlichkeit Michl Laimer und Maximilian Rainer mit ihren Kritikern, sei es aus der Opposition wie aus ihrer eigenen

Partei, jahrelang umspringen. Vor allem dann, wenn diese Kritiker einer gefährlichen Wahrheit zu nahekommen. Denn Nogglers Anfrage hat eine brisante Vorgeschichte.

Der Vinschger Stromkrieg

Der langjährige Malser Bürgermeister Sepp Noggler hat sich lange mit der SEL AG und dem Problem der Südtiroler Kraftwerkskonzessionen beschäftigt. Zwischen den Vinschger Gemeinden und der Landesenergiegesellschaft kommt es bereits ab dem Jahr 1998 zu einer harten Auseinandersetzung in Sachen Energie. Ein Streit, der sich bis 2014 hinzieht und als „Vinschger Stromkrieg" in die Annalen eingeht.

Es ist vor allem der damalige Bürgermeister der Gemeinde Graun und heutige SVP-Kammerabgeordnete Albrecht Plangger, der sich jahrelang am lautesten gegen die Allmacht der SEL stellt. Plangger gilt als versierter und unbestechlicher Kämpfer im Vinschger Stromkrieg, der die Interessen der Vinschger Gemeinden vertritt.

Der Hintergrund des Streites ist vielschichtig. Der zentrale Konflikt gründet in der Forderung nach Wiedergutmachung eines historischen Unrechts. In den Jahren 1949/50 werden die Dörfer Graun und Reschen einem riesigen Stauseeprojekt geopfert. Geplant bereits von den Faschisten Ende der Dreißigerjahre, setzt der Energiekonzern Montecatini (später Edison) im Nachkriegsitalien den Bau des Reschenstausees gegen den Willen der Bevölkerung durch. Der Stausee speist das Großkraftwerk Glurns und indirekt auch das Kraftwerk Kastelbell.

Nachdem das Land Südtirol im Jahr 2000 die Kompetenz zur Konzessionsvergabe von Großkraftwerken erhält, geht man im Vinschgau davon aus, dass mit den neuen Ansprechpartnern eine Wiedergutmachung endlich möglich wird. 50 Jahre lang hat der staatliche Energiekonzern Edison die Ressourcen des Tales ausgebeutet, Milliarden an der Stromproduktion verdient, während den Gemeinden rein gar nichts geblieben ist. Jetzt sehen die Vinschger Kommunen endlich die Chance, am „weißen Gold" vorrangig mitzuverdienen.

Doch diesmal ist es die Landesenergiegesellschaft SEL, die den Vinschger Gemeinden einen Strich durch die Rechnung macht. Die

SEL legt sich mit dem Stromriesen Edison ins Bett und gründet im Jahr 2000 mit der SELEdison AG eine gemeinsame Gesellschaft, die die Vinschger Großkraftwerke Glurns und Kastelbell führen soll. Später steigt auch die Etschwerke AG als Minderheitengesellschafter in die Gesellschaft ein.

Den Vinschger Gemeinden bleiben am Ende nur mehr die Brosamen. Sie werden 2004 mit wenigen Prozenten an der SELEdison abgefunden. Die Vinschger und ihre politischen Vertreter fühlen sich ein zweites Mal über den Tisch gezogen. Diesmal aber nicht von einem staatlichen Stromkoloss, sondern von der eigenen Südtiroler Energiegesellschaft und der Landespolitik.

Mit 31. Dezember 2010 verfallen nicht nur die Konzessionen der Enel-Großkraftwerke in Südtirol, es steht auch die Neuvergabe der Konzession des Edison-Kraftwerkes Laas an. Weil hier dieselben Spielregeln gelten, müssen auch in diesem Fall die Projekte fünf Jahre vor Konzessionsende beim Amt für Stromversorgung hinterlegt werden. Das Edison-Kraftwerk hat aber eine etwas andere Konzessionsdauer, weshalb der letztmögliche Abgabetermin der 6. Februar 2006 ist. Bis zu diesem Tag geben drei Bewerber ihre Unterlagen ab: die Edison AG, die SEL AG und das Vinschgauer Energiekonsortium (VEK).

Das VEK ist ein Zusammenschluss der Vinschger Gemeinden und Energieproduzenten, die nun endlich ein Kraftwerk in ihrem Territorium selbst betreiben wollen. Obmann ist der damalige Malser Bürgermeister Sepp Noggler.

Erst nachdem die SEL am 30. Dezember 2005 ihre gesamten Unterlagen für die 14 Großkraftwerke abgegeben hat, beginnt man in der Landesenergiegesellschaft mit der Ausarbeitung der Unterlagen für das Kraftwerk Laas. Anforderungen und Prozedere folgen mehr oder weniger demselben Schema wie bei allen anderen Kraftwerken. Die technische Beratung übernimmt wiederum das Studio G des Anton Griessmair.

Seit Gründung der SELEdison AG sitzen SEL und Edison gesellschaftsrechtlich bei den Vinschger Kraftwerken bereits in einem Boot. Beim Wettbewerb um das Kraftwerk Laas geben zwar beide ein eigenes Projekt ab, doch es ist klar, dass man es nach der Konzessionsvergabe gemeinsam führen will. Damit gibt es für die SEL eigentlich nur einen ernsthaften Konkurrenten: das Vinschger Energiekonsortium.

Weil die Landespolitik keinen Streit mit den Vinschger Gemeinden forcieren will, suchen Maximilian Rainer & Co eine Einigung mit dem VEK. Man verhandelt bis zum allerletzten Moment. Das Ziel: Die Standort- und Ufergemeinden Laas, Latsch und Martell sollten an der gemeinsamen Gesellschaft beteiligt werden.

Die Ermittler stellen neun Jahre später den Entwurf einer unterschriftsreifen Grundsatzvereinbarung zwischen der SEL und den Vinschger Gemeinden sicher. Das Dokument wird am 31. Jänner 2006 in der SEL-Direktion erstellt. Einen Tag später sagen die Vinschger Gemeinden aber ab; man sucht über das VEK selbst um die Konzession an.

Fast vier Jahre später geht die Konzession für das Kraftwerk Laas dann an die SEL. Die Vinschger Gemeinden und das VEK mutmaßen von Anfang an, dass es bei dieser Konzessionsvergabe nicht mit rechten Dingen zugegangen sei. Das VEK legt deshalb im Frühjahr 2010 Rekurs gegen die Konzessionsvergabe beim Obersten Wassergericht in Rom *(Tribunale superiore delle acque pubbliche)* ein.

Die Aussage der Sekretärin

Vor diesem Hintergrund erhält die Landtagsanfrage von Sepp Noggler im Mai 2010 ein ganz anderes Gewicht. Vor allem weil Sepp Noggler und Arnold Schuler in Wirklichkeit zu diesem Zeitpunkt weit mehr wissen, als sie in der Anfrage vorgeben.

Der Grund dafür ist eine ehemalige Bedienstete des Amtes für Stromversorgung. Karolina Thaler ist bis Ende September 2007 als Sekretärin im Amt für Stromversorgung beschäftigt. Thaler hat am 30. Dezember 2005 auch die Ansuchen der SEL AG zum Wettbewerb der 15 Großkraftwerke entgegengenommen. Sie weiß, dass dabei aber nur die Ansuchen abgegeben wurden und alle technischen Unterlagen sowie die Umweltpläne der SEL erst Monate später im Landesamt eingetroffen sind.

Als Anfang 2010 erste Medienberichte über die Ermittlungen der Staatsanwaltschaft erscheinen, nimmt Karolina Thaler Kontakt zu Arnold Schuler auf. Die ehemalige Bedienstete trifft Schuler schließlich Anfang Februar im Südtiroler Landtag und schildert diesem ihre

Beobachtungen. Diese Erzählung ist auch der konkrete Hintergrund für die Anfrage von Sepp Noggler. Karolina Thaler offenbart ihr brisantes Wissen aber nicht nur dem SVP-Abgeordneten Arnold Schuler. Am 10. März 2010 wird die ehemalige Sekretärin des Amtes für Stromversorgung auch bei der Gerichtspolizei an der Staatsanwaltschaft Bozen vorstellig. Thaler wiederholt dort in einer detaillierten Aussage, was sie wenige Wochen zuvor auch schon zu Arnold Schuler gesagt hat. Als „Person ihres Vertrauens", wie sie sagt, lässt sie sich bei der Aussage von der freiheitlichen Landtagsabgeordneten Ulli Mair begleiten.

Karolina Thaler gibt vor der Gerichtspolizei auch eine Episode zu Protokoll, die deutlich macht, wie weit die Einschüchterungsversuche bereits zu diesem Zeitpunkt gehen. Die ehemalige Bedienstete sagt aus, dass sie wenige Tage nach dem Gespräch mit Arnold Schuler von ihrem früheren Amtsdirektor Hans Unterholzner angerufen wurde. Unterholzner fragt Thaler, ob sie mit Sepp Noggler vor Kurzem gesprochen habe. Als Thaler verneint und nachfragt, woher diese Information komme, erklärt Unterholzner, dass Landesrat Michl Laimer sie im Landtag mit Noggler gesehen habe.

Heute weiß man, dass Laimers Nachfrage nur ein Teil der hektischen Nachforschungen ist, um einen möglichen „Maulwurf" aufspüren und einschüchtern zu können. Dabei hat der Energielandesrat nicht einmal geblufft.

Als Karolina Thaler das Landtagsgebäude betritt, um mit Arnold Schuler zu reden, fragt sie beim Portier nach dem SVP-Abgeordneten. Da es kurz vor Beginn einer Landtagssitzung ist, kommt in diesem Moment Sepp Noggler daher. Der Saaldiener schaut zu Noggler, und dieser erklärt sich bereit, seinen Fraktionskollegen und Freund zu holen. Wenig später begleitet Noggler Schuler zu Karolina Thaler. Als Thaler sagt, es gehe um etwas Vertrauliches, das sie unter vier Augen mit Schuler besprechen wolle, verabschiedet sich Noggler. Schuler und Thaler gehen daraufhin in das darüber liegende Büro des SVP-Landtagsabgeordneten.

Michl Laimer sieht im Foyer des Landtages zufällig das kurze Gespräch zwischen Sepp Noggler und Karolina Thaler. Das Amt für Stromversorgung gehört zum Ressort Laimer und der Landesrat kennt daher Thaler persönlich. Er hat eine bittere Vorahnung.

Angriff auf Noggler

Wenige Tage später wird aus Laimers Vorahnung Gewissheit. Nachdem Arnold Schuler vom Gespräch mit Karolina Thaler in den Landtag zurückkommt, erzählt er seinem Sitznachbarn und Mitstreiter Sepp Noggler alle Details. Der Vinschger SVP-Abgeordnete ist wie elektrisiert. „Für mich und meine politische Arbeit war das wie ein aufgelegter Elfmeter", sagt er später.

Noch am selben Tag informiert Sepp Noggler Richard Theiner über die brisanten Aussagen der ehemaligen Bediensteten im Amt für Stromversorgung. Der SVP-Obmann ist sichtlich irritiert und meint, dass er sich so etwas nicht vorstellen könne. Theiner sagt aber zu, dass er mit Michl Laimer darüber reden wird.

Das tut der SVP-Obmann auch. Damit schreckt er aber nicht nur Michl Laimer auf, sondern noch mehr Maximilian Rainer. Es beginnt eine fieberhafte Suche nach der undichten Stelle im Landesamt. Am 10. Februar 2010 informiert Michl Laimer per E-Mail Maximilian Rainer über den Stand der Nachforschungen:

> „hoi – die zwei sekretärinnen leugnen nach wie vor, dass sie jemals mit noggler gesprochen hätten oder überhaupt sich zu dieser thematik geäußert hätten!!!???"

Maximilian Rainer ist aber die Suche nach dem Maulwurf nicht genug. Der SEL-Generaldirektor weiß, dass vor allem Sepp Noggler ihm und der SEL mit dem neuen Wissen gefährlich werden kann. Ganz seinem Charakter entsprechend, geht Rainer deshalb in die Offensive und droht mit Klage.

Bereits am 8. Februar 2010 setzt Maximilian Rainer ein Einschreiben mit Rückantwort auf. Adressiert ist der Brief an den „Herrn Abgeordneten des Südtiroler Landtages Dr. Josef Noggler". Absender: Maximilian Rainer. Unter dem Betreff „Anschuldigungen" schreibt der SEL-Generaldirektor:

> „Sehr geehrter Herr Abgeordneter,
> aus verlässlicher und bestinformierter Quelle habe ich erfahren, dass Sie behaupten, kürzlich hätte eine Mitarbeiterin des Amtes für Stromversorgung bei Ihnen vorgesprochen und schwere Anschuldigungen

Da:	Maximilian Rainer
Inviato:	mercoledì 10 febbraio 2010 16:13
A:	Laimer, Michl
Oggetto:	AW: Anschuldigung

Ich würde die Sache gründlich klären, denn sonst fällt sie uns auf den kopf; überhaupt dann, wenn sie von „anderen" konstruiert ist.

Muss doch mit unseren Leuten möglich sein.

Liebe Grüße

Maximilian

Maximilian Rainer
SEL AG / SPA
I - 39100 Bozen, Kanonikus-Michael-Gamper-Str. 9; I - 39100 Bolzano,Via Canonico Michael Gamper 9
Tel.: +39 0471 060 700; Fax.: +39 0471 060 703
Email: maximilian.rainer@sel.bz.it; Web: www.sel.bz.it

E-Mail Rainers an Laimer vom Februar 2010: Frontalangriff auf Sepp Noggler.

gegen mich erhoben. Diese Dame soll Ihnen vorgebracht haben, ich persönlich hätte sie im Februar 2006 genötigt und zur Fälschung öffentlicher Urkunden angestiftet und veranlasst. Als Hintergrund dafür wurde angeführt, die SEL AG hätte das Einreichdatum für die Abgabe eines Konzessionsansuchens verabsäumt.

Ich glaube, Sie können nachvollziehen, sehr geehrter Herr Abgeordneter, wie schwerwiegend solche Aussagen sind und welche Tragweite und Folgewirkungen sie für mich als Person sowie für das Unternehmen haben, für das ich Verantwortung trage, weshalb ich mir alle rechtlich möglichen Schritte vorbehalte und einzuleiten beabsichtige.

Ich fordere Sie höflichst auf, sehr geehrter Herr Abgeordneter, mir innerhalb von zehn Tagen ab Erhalt dieses Schreibens schriftlich den zugetragenen Sachverhalt zu schildern und die Anschuldigungen zu erklären sowie zu bestätigen."

Diese Schreiben an Noggler schickt Maximilian Rainer vorab zur Kenntnis nicht nur an SEL-Präsident Klaus Stocker und an Landesrat Michl Laimer „mit der Bitte um Rückmeldung dazu", sondern auch an seinen Rechtsanwalt Gerhard Brandstätter. Im Begleitschreiben dazu heißt es: „Allfällige rechtliche Schritte würde ich Dich ersuchen, für mich einzuleiten."

Michl Laimer reagiert umgehend auf Rainers Schreiben. Der Landesrat versucht energisch, den SEL-Direktor von einem Frontalangriff auf Sepp Noggler abzuhalten:

> „Du darfst absolut nichts schreiben!!!! wenn da jemand zu ihm gekommen ist, dann kann er ja nichts dafür – zweitens ist keine sekretärin des amtes bei ihm gewesen – da hat jemand etwas konstruieren wollen."

Wer Maximilian Rainer kennt, der weiß, dass sich der SEL-Direktor nicht leicht von seiner Meinung abbringen lässt. Rainer antwortet Michl Laimer:

> „Ich werde sicher so vorgehen! Das kann so nicht stehen bleiben, auch im Interesse von uns allen, vor allem auch in Deinem Interesse und jenem Deines Amtes, sowie dessen Geschäftsgebarung."

Maximilian Rainer ist jetzt in Fahrt und er legt die Latte noch einmal deutlich höher. Der selbstsichere SEL-Manager fordert eine Aussprache auf höchster politischer Ebene. Am 10. Februar 2010 mailt Rainer an Michl Laimer:

> „Lieber Michl,
> wie weit steht es mit dem Treffen zwischen Dir, LR Theiner und dem Abgeordneten Noggler sowie mir und meinem Anwalt Dr. Brandstätter? Möchte die Vorwürfe von Dr. Noggler – der jetzt ja nachweislich diese zusätzlichen Anschuldigungen gegenüber meiner Person erfunden hat – geklärt haben."

Weil Michl Laimer aber von der Konfrontation nichts wissen will und nicht reagiert, stößt Maximilian Rainer wenig später nochmals nach:

> „Ich würde die Sache gründlich klären, denn sonst fällt sie uns auf den Kopf; überhaupt dann, wenn sie von ,anderen' konstruiert ist. Muss doch mit unseren Leuten möglich sein."

Zu dieser Aussprache kommt es letztlich aber nicht. SVP-Obmann Richard Theiner, der immer behauptet hat, vom „SEL-Skandal" nichts gewusst zu haben, versucht zweieinhalb Jahre später in einem Interview mit *Tageszeitung*-Chefredakteur Artur Oberhofer, sich so aus der Affäre zu ziehen:

> „Ich muss vorausschicken, dass ich zu Maximilian Rainer nie ein idyllisches Verhältnis hatte. Er war sehr kompetent, aber auch arrogant und nicht zimperlich. Ich habe in ihm nie eine vertrauenswürdige Person gesehen. Ein Treffen zu diesem Sachverhalt hat es nicht gegeben."

Sepp Noggler lässt sich nicht einschüchtern. Trotz Rainers Klagedrohungen reicht er, wie bereits geschildert, am 13. April 2010 seine Anfrage im Landtag ein. Michl Laimer versucht in seiner kurzen vierzeiligen Antwort den Ball bewusst flach zu halten.

Ganz anders reagiert man in der SEL AG. Jetzt steigt auch SEL-Präsident Klaus Stocker gegen Noggler in den Ring. Einen Tag nach der Antwort Laimers auf die Noggler-Landtagsanfrage verschickt die SEL eine von Klaus Stocker unterzeichnete Presseaussendung mit dem Titel „SEL AG zu Nogglers Vermutungen". Darin heißt es:

> „Sämtliche Unterlagen der SEL AG beim Wettbewerb um die Enel-Konzessionen sind innerhalb der vom Gesetz vorgesehenen Frist vom 31.12.2005 bei der Landesverwaltung eingereicht worden. Die Mutmaßungen, welche der Landtagsabgeordnete Josef Noggler in Zusammenhang mit diesem Termin in einer Anfrage an den zuständigen Landesrat anstellt, entbehren jeder Grundlage und sind daher fehl am Platz. [...]
> Bei der Anfrage des Abgeordneten Josef Noggler handelt es sich offensichtlich um einen weiteren Versuch, die eigene politische Position zu missbrauchen, um die SEL AG in schiefes Licht zu rücken."

Doch damit nicht genug. SEL-Präsident Klaus Stocker war jahrelang Obmann des SVP-Bezirkes Überetsch-Unterland. In einem langen Brief an Landeshauptmann Luis Durnwalder, SVP-Obmann Richard Theiner, SVP-Landessekretär Philipp Achammer und Landesrat

Michl Laimer fordert Stocker ein Vorgehen der Partei gegen den Vinschger Abgeordneten.
In dem Schreiben vom 6. Mai 2010 heißt es:

„Liebe Freunde!

[…] Ich empfinde es als eine Gemeinheit, dass ein Abgeordneter der SVP einem Landesrat der SVP Dinge vorwirft, die ihn als einen hinstellen, der ‚höchst suspekte' Dinge tut, ganz offensichtlich die Gesetze nicht einhält und anderes mehr. Gleichzeitig greift dieser Abgeordnete auch die SEL AG an. Er wirft ihr vor, sie hätte beim Wettbewerb um die Enel-Konzessionen Termine nicht eingehalten, die Gesuche ohne vorgeschriebene Unterlagen eingereicht, kurzum, sie hätte allerlei Unregelmäßigkeiten begangen. Wenn solches vonseiten eines Oppositionsvertreters käme, könnte man es vielleicht noch hinnehmen. Aber es kommt von einem Mann aus den eigenen Reihen, der genau weiß, dass das, was er behauptet, nicht stimmt, der also bewusst sowohl den Ruf des Landesrates als auch jenen der SEL AG schädigt. Ein solches Vorgehen ist höchst unverantwortlich.
Dass Herr Noggler und Konsorten seit jeher die SEL mit allen zulässigen und, wie in diesem Falle, auch unzulässigen Mitteln und Verdächtigungen bekämpfen, empfinde ich als nicht mehr länger tolerierbar. […] Solche Personen, die keinen Charakter und keine politische Ethik kennen, gehören eigentlich nicht in die Südtiroler Volkspartei, die ich immer als eine Partei mit Charakter empfunden habe. Ich sehe weiters nicht ein, dass sich die SEL AG dauernd von diesem Mann beleidigen lassen und seine ehrenrührigen Beschuldigungen anhören muss. Das ist für mich persönlich unerträglich und für die SEL sehr belastend. Ich ersuche Euch, dem Herrn Noggler nahezulegen, dass er sich benimmt, wie es einem verantwortungsbewussten Politiker in Südtirol ansteht.“

Der Plan, die SEL-Kritiker innerhalb der SVP mundtot zu machen, geht fast auf. Zu diesem Zeitpunkt stehen Michl Laimer, Maximilian Rainer und Klaus Stocker noch voll in ihrer Macht. Und sie tun das, was sie mit allen unbequemen Kritikern in diesen Jahren tun. Sie drohen mit Klagen und versuchen jeden, der auch nur ein Wort gegen sie und die SEL sagt, zu diffamieren.

Was das Trio aber nicht weiß: Die Ermittler halten seit Monaten ein Beweisstück und mehrere Zeugenaussagen in den Händen, die den SVP-Politiker und die SEL-Spitze zumindest als Lügner überführen. Der Aktenvermerk aus dem Amt für Stromversorgung wird erst ein halbes Jahr später, Anfang Dezember 2010, bekannt, als ihn jemand anonym einigen Landtagsabgeordneten zuspielt. Einen Tag später konfrontiere ich Michl Laimer mit dem Vermerk.

Der Landesrat glaubt, die Sache aber immer noch herunterspielen zu können. „Die Unterlagen wurden Ende Dezember 2005 bei mir abgegeben", bestätigt Laimer jetzt. Der SVP-Politiker beharrt aber darauf, dass alles in Ordnung und mit rechten Dingen zugegangen sei. Laimer versteigt sich dabei in einer abstrusen Argumentation. Das Landesgesetz sehe zwar vor, dass die Unterlagen beim Amt für Stromversorgung eingereicht werden müssen, doch jedes Büro der Landesverwaltung könne die Unterlagen annehmen, protokollieren und dann an das zuständige Amt weiterleiten. „Sie hätten sie auch beim Amt für Sport oder bei einer Forststation abgeben können", lehnt sich Michl Laimer weit aus dem Fenster.

In dem Gespräch Anfang Dezember 2010 stelle ich Michl Laimer dann eine mehr als naheliegende Frage: „Wer garantiert, dass die Unterlagen der SEL AG in Ihrem Büro fünf Monate lang wirklich unangetastet liegen geblieben sind?" Michl Laimer ist außer sich. „Allein diese Frage ist eine unhaltbare Unterstellung und Beleidigung", schimpft der Landesrat und beendet das Gespräch.

Trotz der Tauschaktion am Karfreitag fühlen sich die Hauptakteure immer noch so sicher, dass sie ihr absurdes Theater weiterspielen.

Doppelt geschröpfte Gemeinden

Das Ausmaß der Unverfrorenheit, die die Hauptakteure jahrelang an den Tag legen, wird aber erst ab Herbst 2012 bekannt. Die Staatsanwaltschaft und die Ermittler haben unwiderlegbare Beweise für die Austauschaktion vom Karfreitag 2006 in der Hand: Dokumente, telematische Spuren und eindeutige Zeugenaussagen der SEL-Mitarbeiter.

Jetzt müssen auch Michl Laimer, Maximilian Rainer und ihre Verteidiger einsehen, dass man das Lügengebäude nicht mehr länger

Herrn Abgeordneten
des Südtiroler Landtages
Dr. Josef Noggler
Südtiroler Landtag
Crispistraße 6
39100 B O Z E N

Einschreiben m. R.

Schreiben von
Maximilian Rainer an
den SVP-Landtags-
abgeordneten Sepp
Noggler: „… weshalb
ich mir alle rechtlich
möglichen Schritte
vorbehalte …".

Bozen, 08.02.2010

Anschuldigungen

Sehr geehrter Herr Abgeordneter,

aus verlässlicher und bestinformierter Quelle habe ich erfahren, dass Sie behaupten, kürzlich hätte eine Mitarbeiterin des Amtes für Stromversorgung bei Ihnen vorgesprochen und schwere Anschuldigungen gegen mich erhoben.

Diese Dame soll Ihnen vorgebracht haben, ich persönlich hätte sie im Februar 2006 genötigt und zur Fälschung öffentlicher Urkunden angestiftet und veranlasst. Als Hintergrund dafür wurde angeführt, die SEL AG hätte das Einreichdatum für die Abgabe eines Konzessionsansuchens verabsäumt.

Ich glaube, Sie können nachvollziehen, sehr geehrter Herr Abgeordneter, wie schwerwiegend solche Aussagen sind und welche Tragweite und Folgewirkungen sie für mich als Person sowie für das Unternehmen haben, für das ich Verantwortung trage, weshalb ich mir alle rechtlich möglichen Schritte vorbehalte und einzuleiten beabsichtige.

Ich fordere Sie höflichst auf, sehr geehrter Herr Abgeordneter, mir innerhalb von 10 Tagen ab Erhalt dieses Schreibens schriftlich den zugetragenen Sachverhalt zu schildern und die Anschuldigungen zu erklären sowie zu bestätigen. Die Zustelladresse für Ihr Schreiben kann sowohl meine persönliche Adresse (Brixen, St. Josefstraße 59) als auch die der SEL AG sein.

Mit freundlichen Grüßen

Maximilian Rainer

aufrechterhalten kann. Der ehemalige Landesrat und der SEL-Generaldirektor streben einen gerichtlichen Vergleich an. Demnach geben Laimer und Rainer zu, am 14. April 2006 die SEL-Umweltpläne für zehn ehemalige Enel- und zwei Etschwerke-Großkraftwerke ausgetauscht und die Wettbewerbe somit manipuliert zu haben. Es fällt aber anfänglich auch den Ermittlern nicht auf, dass genau zu jenem Zeitpunkt auch ein eigener Wettbewerb völlig losgelöst von den Enel-Großkraftwerken läuft und entschieden wird, nämlich jener um das Edison-Kraftwerk Laas.

Im Frühjahr 2006 liegen in Laimers Büro die Unterlagen für dieses 13. Großkraftwerk. Hat man diese Unterlagen, die erst fünf Wochen nach dem 30. Dezember 2005 abgegeben wurden, unberührt gelassen? Wohl kaum.

Davon gehen Albrecht Plangger und Sepp Noggler aus. Nach Bekanntwerden der Manipulationen um die Enel-Kraftwerke wirft

VEK-Obmann Plangger diese Frage zuerst mehrmals innerhalb der SVP auf. Weil keinerlei Reaktion der Parteigranden erfolgt, wendet sich Plangger mit dem Vorwurf, dass auch die Unterlagen beim Kraftwerk Laas ausgetauscht wurden, Anfang 2013 direkt an die SEL. Die Landesenergiegesellschaft hat inzwischen eine völlig neue Führung, die gewillt ist, mit den Geistern der Vergangenheit aufzuräumen und deshalb auch Dialogbereitschaft zeigt. Planggers Anliegen: Man soll in den SEL-Computern nachschauen, ob auch hier geschwindelt wurde.

Aufgrund des um einen Monat verspäteten Abgabetermins und der Tatsache, dass nach erledigter Austauschaktion sämtliche relevanten Unterlagen vernichtet wurden, sind im Frühjahr 2013 sogar die damaligen Beteiligten nicht mehr sicher, ob auch die Dokumente des Kraftwerks Laas ausgetauscht wurden.

Michl Laimer tauscht im November 2011 die gesamte SEL-Führung aus. Neuer SEL-Präsident wird der Eurac-Forscher Wolfram Sparber und sein Stellvertreter, der Anwalt und PD-Politiker Giovanni Polonioli. Wie sehr die neue SEL-Führung bemüht ist, mit der Vergangenheit zu brechen, zeigt sich an der Tatsache, dass das Duo Sparber/Polonioli umgehend ihre Mitarbeiter anweist, auf Spurensuche zu gehen. Eine erste Kontrolle und interne Recherchen in den SEL-Computern kommen zu keinem eindeutigen Ergebnis. Das Resümee: Alles deutet daraufhin, schlagenden Beweis findet man jedoch keinen.

Plangger will nicht aufgeben und wendet sich an das Amt für Stromversorgung, das die Eingabe umgehend an die Bozner Staatsanwaltschaft weiterleitet. Oberstaatsanwalt Guido Rispoli betraut die Carabinieri-Sondereinheit ROS mit den Ermittlungen. Die ROS-Beamten werden im März 2013 bei der SEL vorstellig und beginnen, zusammen mit den SEL-Mitarbeitern Armin Kager und Martin Kössler die Computer und Server zu durchsuchen. Eine Woche lang dauert die Suche.

Schon bald findet man klare Spuren für eine Manipulation. Dateien, die nach dem Abgabetermin 6. Februar 2006 erstellt wurden, und ein eingescanntes Titelblatt, das es brauchte, um die ursprünglichen Stempel der auswärtigen Techniker und Ingenieure auf den neuen, modifizierten Umweltplänen anzubringen. Den Durchbruch schaffen die Ermittler aber erst, als die SEL-Mitarbeiter schließlich eine alte CD finden, auf welcher der ursprüngliche Umweltplan des Kraftwerks Laas gespeichert ist. Ein Vergleich ergibt, dass auch hier der neue Plan unzählige Seiten länger ist und auch die Restwassermengen verändert wurden. Die Vorgangsweise ist deckungsgleich mit den bereits bekannten Enel-Fällen. Die SEL hinterlegt ihre Unterlagen am 3. Februar 2006 im Büro von Landesrat Laimer. Einen Tag zuvor, am 2. Februar 2006, tritt der SEL-Verwaltungsrat zusammen. Punkt drei der Tagesordnung lautet dabei:

> „Verfahren zur Neuvergabe der Konzession des Wasserkraftwerkes in Laas/Martell der Edison AG: Genehmigung des technischen Projektes und des Umweltplanes."

Laut Sitzungsprotokoll zeichnet SEL-Präsident Klaus Stocker zuerst die gescheiterten Verhandlungen mit den Vinschger Gemeinden nach. Dann illustriert der Turiner Ingenieur Michele Morelli das technische Potenzierungsprojekt für das Kraftwerk, das Investitionen von 33,7 Millionen Euro vorsieht. Nachdem der Verwaltungsrat das Potenzierungsprojekt einstimmig genehmigt hat, stellten Ingenieur Anton Griessmair und Landschaftsarchitekt Christian Sölva den Umweltplan vor. Nach längerer Diskussion wird auch der Umweltplan vom Verwaltungsrat einstimmig genehmigt.
Auch diesmal finden sich im Protokoll keinerlei Angaben, wie viel Geld die SEL für die Umweltmaßnahmen ausgeben will. Dafür wird ein Satz wiedergegeben, der gleichlautend auch in den Sitzungsprotokollen zu den Enel-Kraftwerken steht:

> „Der Präsident und der Generaldirektor werden weiters delegiert und ermächtigt, die Festlegung des Umfanges sowie der Investitionsvolumina zusätzlicher, allgemeiner Verbesserungs- und Ausgleichsmaßnahmen im Rahmen des vorzulegenden Umweltplanes festzulegen, die im Übrigen entscheidungsrelevant in der Beurteilung des eingereichten Umweltplanes sein können. Diese werden die Investitionen für die Umweltmaßnahmen noch wesentlich steigern."

Wie absurd dieser Passus ist, zeigt eine genaue Chronik. Die SEL-Verwaltungsratssitzung findet am Donnerstag, dem 2. Februar 2006, zwischen 17 und 19.15 Uhr statt. Laut offizieller Darstellung werden die Unterlagen von zwei SEL-Mitarbeitern am Vormittag des 3. Februar 2006 direkt im Büro von Landesrat Michl Laimer abgegeben. Was aber hätten Klaus Stocker und Maximilian Rainer in einer Nacht noch festlegen können? Warum erteilt man am Donnerstagabend der SEL-Spitze einen finanziellen Freibrief, wenn man weiß, dass man die Unterlagen am Freitag – keine 15 Stunden später – hinterlegen wird? Auch hier gibt es nur eine Antwort auf diese Frage: Man will sich die Möglichkeit offenhalten, eventuell zu einem späteren Zeitpunkt nachzubessern. Die Nachbesserung geht beim Edison-Kraftwerk Laas – wie auch beim Etschwerke-Kraftwerk Töll – nicht mit einer Erhöhung, sondern mit einer Verminderung der Umweltgelder einher. Der Grund dafür liegt auf der Hand: Zusammen mit den eigentlich geheimen Zahlen der Umweltgelder für die Enel-Kraftwerke enthüllt Michl Laimer Maximilian Rainer auch, wie viel die Konkurrenz für das Kraftwerk Laas bietet. So weiß der SEL-Generaldirektor, dass das VEK in seinem Umweltplan 24 Millionen Euro für die Umweltmaßnahmen in den Ufergemeinden vorsieht. In dem Umweltplan, den die SEL ursprünglich am 3. Februar 2006 im Laimer-Büro hinterlegt, stehen 29,6 Millionen Euro.

Weil Rainer jetzt weiß, dass die Landesenergiegesellschaft damit das bei Weitem bessere Angebot als die Konkurrenz hat, lässt er die Umweltgelder nach unten korrigieren. Als man am 14. April 2006 im Laimer-Büro den Umweltplan des Kraftwerkes Laas zusammen mit den Umweltplänen der Enel-Kraftwerke austauscht, steht im neuen, modifizierten SEL-Umweltplan nur mehr die Summe von 27,15 Millionen an Umweltgeldern.

Damit werden die drei Ufergemeinden Laas, Latsch und Martell gleich doppelt geschröpft. Die drei Vinschger Gemeinden verlieren als Gesellschafter des VEK vier Jahre später nicht nur die Ausschreibung um das Kraftwerk Laas. Durch Michl Laimers und Maximilian Rainers Manipulation entgehen den drei Vinschger Gemeinden 2,5 Millionen Euro an Umweltgeldern.

Kampf um den Eisack

*„Die SEL AG plant ein Großwasserkraftwerk,
an welchem auch die vier bestehenden
Kleinwasserkraftwerke auf der Ausleitungsstrecke beteiligt werden sollen.“*

Schriftliche Vereinbarung zwischen der SEL und
einem privaten Kraftwerksbetreiber (2005)

Im Jahr 2005 beschäftigt sich die SEL aber nicht nur mit den Konzessionsansuchen für die auslaufenden Enel-Großkraftwerke. Mit der Übertragung der Konzessionsvergabe vom Staat auf das Land nehmen auch die Gelüste zum Bau neuer Großkraftwerke in Südtirol deutlich zu. Die SEL, aber auch die kommunalen Energiebetriebe wie die Etschwerke sowie natürlich private Unternehmer beginnen Südtirols Flüsse systematisch nach Standorten für neue Kraftwerke abzusuchen. Damit gerät schon bald der Eisack in den Fokus der Energiewirtschaft. Besonderes Interesse erweckt der Abschnitt zwischen Sterzing und Franzensfeste. Bereits in den Achtzigerjahren plant die Stadtwerke Brixen AG den Bau eines Großwasserkraftwerkes am Eisack im Abschnitt zwischen Stilfes und Franzensfeste. Die Brixner Stadtwerke streben für dieses Projekt eine Zusammenarbeit mit den beiden vom Kraftwerksbau betroffenen Ufergemeinden Freienfeld und Franzensfeste an. Als man aber zu keiner Einigung kommt, wird das Projekt nicht mehr weiterentwickelt.

2003 greift die SEL diese Idee des Eisackkraftwerks wieder auf. Der Brixner Ingenieur Roberto Carminati und seine Firma Energie- und Umwelttechnik (EUT) arbeiten schließlich ein Projekt aus, das die Landesenergiegesellschaft am 17. Mai 2004 beim Amt für Stromversorgung einreicht. Das Projekt sieht die Wasserfassung aus dem Eisack nördlich von Mauls oberhalb von Schloss Welfenstein vor. Bis auf die Wasserfassung sind alle Bauwerke unterirdisch geplant. Die Wasserableitung erfolgt über einen 12 Kilometer langen Druckstollen. Das Krafthaus soll als Kaverne auf der orografisch linken Talseite im Berg auf Höhe des Stausees von Franzensfeste entstehen. Die Wasserausleitung erfolgt direkt in den Stausee von Franzensfeste. Das Kraftwerk soll eine Jahresleistung von 180 Millionen Kilowattstunden haben, und die Bau- und Projektkosten werden mit 72,6 Millionen Euro veranschlagt.

Maximilian Rainer weiß aber, dass der Kraftwerksbau am Widerstand der betroffenen Gemeinden scheitern könnte. Deshalb sucht die SEL, unmittelbar nachdem sie das Projekt beim Land eingereicht hat, eine Einigung mit den Gemeinden Freienfeld und Franzensfeste. Am 5. Juni 2004 stellt die SEL-Spitze das Kraftwerk den Gemeindevertretern in Franzensfeste detailliert vor. Fünf Tage später schreiben Maximilian Rainer und Klaus Stocker an die Bürgermeister Johann Wild (Franzensfeste) und Ferdinand Rainer (Freienfeld) und bieten im Namen der SEL den beiden Gemeinden eine Beteiligung am neuen Großkraftwerk am Eisack an. Die Landespolitik unterstützt diese Gangart voll. Landeshauptmann Luis Durnwalder und Landesrat Michl Laimer schwören in mehreren Aussprachen ihre SVP-Parteikollegen aus den Eisacktaler Gemeinden auf das SEL-Projekt ein. Es soll eine eigene Projektträgergesellschaft gegründet werden, die dann das Kraftwerk baut und führt. Die beiden Gemeinden sollen an dieser Gesellschaft beteiligt werden; Franzensfeste mit 12 und Freienfeld mit 10 Prozent.

Bereits am 16. Dezember 2004 übermittelt Maximilian Rainer den beiden Bürgermeistern Wild und Rainer den Entwurf der Satzung der Projektträgergesellschaft Eisack Energie AG. Am 21. März 2005 stimmt der Gemeinderat von Franzensfeste der Beteiligung an der Projektträgergesellschaft für das Großkraftwerk am Eisack zu. Am 14. Juni 2005 fällt der Gemeinderat von Freienfeld denselben Beschluss.

Gleichzeitig beginnen die Gemeinden und die SEL eine Umweltverträglichkeitsstudie und einen Umweltplan zu erstellen. Die SEL-Führung, aber auch die Gemeindevertreter gehen zu diesem Zeitpunkt davon aus, dass man das Großkraftwerk so wie geplant bauen wird.

Unerwartete Konkurrenz

Doch dann passiert etwas, mit dem Maximilian Rainer & Co so nicht gerechnet haben. Am 15. Dezember 2005 reicht eine Gesellschaft für erneuerbare Energien (GEE GmbH) ein Konkurrenzprojekt auf derselben Flussstrecke ein. Präsident dieser Gesellschaft ist Ingenieur Christoph Senoner, der für die Innsbrucker ILF GmbH arbeitet. Den Sitz hat die GEE GmbH in Bruneck an derselben Adresse, an der auch Ingenieur Anton Griessmair und sein Studio G residieren.

Zwei Wochen später folgt ein zweites Konkurrenzprojekt. Am 27. Dezember 2005 legt Hellmuth Frasnellis Eisackwerk GmbH dem Amt für Stromversorgung ein Gesuch und ein Projekt für ein Großkraftwerk am Eisack vor. Dieses Projekt unterscheidet sich – vor allem in seiner Dimension – deutlich von allen anderen. Die Eisackwerk GmbH will das Eisackwasser bei Mauls fassen und über einen 22,5 Kilometer langen Druckstollen unterirdisch bis nach Feldthurns leiten. Dort soll unterirdisch das Krafthaus gebaut werden. Die Wasserrückgabe in den Eisack erfolgt unterhalb der Villnösser Haltestelle. Geplant wird das Kraftwerk von der international tätigen Bernard Ingenieure ZT GmbH aus Hall in Tirol; es soll eine Jahresleitung von 358 Millionen Kilowattstunden erbringen.

Wie vom Landesgesetz vorgesehen, werden die zwei ersten Konzessionsansuchen für das Eisackkraftwerk der SEL und der GEE GmbH am 24. Februar 2006 im Amtsblatt veröffentlicht. Nach dem Wasserrechtsverfahren hat jetzt jeder weitere Interessent 30 Tage Zeit, ein Konkurrenzprojekt vorzulegen.

Zu den bereits abgegebenen drei Projekten werden innerhalb eines Monates weitere sechs eingereicht. Die Etschwerke legen gleich zwei Konkurrenzprojekte vor, dazu kommt noch je ein Projekt der Stadtwerke Brixen und der Hydro Power Energy Srl, eines Unternehmens des Stromriesen Edison.

Zudem reichen sowohl die SEL wie auch die Eisackwerk GmbH jeweils ein weiteres Projekt ein. Der Grund dafür ist der wachsende Widerstand der Umweltschützer gegen die Kraftwerksprojekte.

Im Jänner 2006 wird im Wipptal die Initiativgruppe SOS Eisack gegründet, die sich vehement gegen den Bau eines Großkraftwerks am Eisack ausspricht. Besonderes Augenmerk richten die Umweltschützer dabei auf die Mäanderlandschaft nördlich von Mauls. Genau dort aber haben sowohl die SEL wie die Eisackwerke die Wasserfassung für ihre Kraftwerksprojekte geplant.

Beide Unternehmen versuchen deshalb im letzten Moment, genau in diesem Punkt korrigierend einzugreifen. Die SEL reicht über die Tochtergesellschaft Eisack Energie AG ein Projekt ein, das im allerletzten Moment von den Ingenieuren der Landesenergiegesellschaft vorbereitet wird. Dieses Projekt unterscheidet sich technisch nicht wesentlich vom ursprünglich von der SEL vorgelegten; nur die Wasserfassung für das Kraftwerk wird etwas weiter südlich unterhalb von Mauls verlegt.

Eine Korrektur nimmt auch die Eisackwerk GmbH vor. Sie verzichtet auf die Beileitung des Schaldererbaches, lässt das ursprüngliche Projekt sonst aber unverändert. Die privaten Unternehmer reichen

Südtiroler Elektrizitätsaktiengesellschaft
Società elettrica altoatesina SPA

Herrn Landeshauptmann
Dr. Luis Durnwalder
Palais Widmann
Crispistraße 1
39100 B O Z E N

Bozen, 09.12.2004

Wasserkraftprojekte der *SEL AG*

Sehr geehrter Herr Landeshauptmann,

mit vorliegendem Schreiben erlauben wir uns, Dich über verschiedene Vorhaben der *SEL AG* im Bereich der Wasserkraft zu informieren und ersuchen Dich höflichst um Deine Entscheidung zu einigen, offenen Sachfragen.

Gemeinde *Freienfeld* und *Franzensfeste*

Für das geplante Großwasserkraftwerk am *Eisack* sind ebenfalls die Beteiligungen endgültig festzulegen, damit die Vereinbarungen und die Satzung der Projektträgergesellschaft in den Gemeinderäten von *Franzenfeste* u n d *Freienfeld* genehmigt und die Bauleitplaneintragung eingeleitet werden kann.

Die Gemeinde *Freienfeld* zeigt sich mit einer Beteiligung von 10% an der Projektträgergesellschaft zufrieden. Zwischenzeitlich ist auch Bürgermeister Wild der Gemeinde *Franzensfeste* mit der von Dir vorgeschlagenen Beteiligung von 12% einverstanden. Im Gegenzug besteht er allerdings auf einer Realisierung des geplanten Wasserkraftwerkes im *Flaggertal* ohne die *SEL AG*.

Zu klären ist noch die Beteiligung der privaten Kleinkraftwerksbetreiber. Mit Herrn Luis Plunger bahnt sich eine Einigung auf Basis der Produktion an, die er in seinem geplanten, neuen E-Werk erzeugen würde. Diskutiert wird noch der Produktionsausfall, den er durch die spätere Inbetriebnahme des Großwasserkraftwerkes erleidet. Auch dazu wurde eine Formel auf Grundlage der jeweiligen Produktion des Kraftwerkes Plunger in Bezug auf die Produktion des Großwasserkraftwerkes erarbeitet.

Die Produktion sollte auch das Kriterium für die Beteiligung der restlichen, privaten Kleinkraftwerkbetreiber sein. Nach dem Gesetz haben sie einen Rechtsanspruch auf eine Entschädigung ihrer Produktion für die Restlaufzeit ihrer Konzession. Mit einer Beteiligung würden sie ihre Konzession automatisch um weitere 30 Jahre verlängern. Zudem sind die Erlösmargen beim Großwasserkraftwerk - bezogen auf die einzelne kWh - wesentlich höher. Unseres Erachtens sollte daher die Beteiligung – wie bei Herrn Luis Plunger – über ihre derzeitige Produktion im Vergleich zur Produktion des Großwasserkraftwerkes erfolgen. Die konzessionierte Produktion ist aus den Konzessionsdekreten bekannt. Es gilt nun zu entscheiden, ob man die derzeitige Produktion für diese Verhältnisrechnung vervielfacht, um einen raschen Konsens zu erreichen. Dazu ersuchen wir Dich höflichst um Deine Entscheidung und gegebenenfalls um Angabe des Faktors, mit dem die konzessionierte Produktion der Kleinwasserkraftwerksbesitzer für die Beteiligungsberechnung multipliziert werden soll.

SEL-Schreiben an Durnwalder: Erklärung zu den privaten Kraftwerksbetreibern.

dieses neue Projekt am 23. März 2006 beim Amt für Stromversorgung ein. Es ersetzt das Projekt, das die Eisackwerk GmbH Ende Dezember 2005 vorgelegt hat.

Im Laufe des Jahres 2006 beginnen Hellmuth Frasnelli und Karl Pichler ihr Kraftwerksprojekt öffentlichkeitswirksam vorzustellen. Die Eisackwerk GmbH organisiert mehrere öffentliche Veranstaltungen, bei denen sie ihre Pläne erläutert. Zudem bieten die privaten Unternehmen den Gemeinden durchaus interessante Beteiligungen am geplanten Großkraftwerk an. So etwa stellt Hellmuth Frasnelli der Gemeinde und den Stadtwerken Brixen eine 35-Prozent-Beteiligung in Aussicht. Zudem sichern sich die privaten Unternehmer die Finanzierung für das Großprojekt: Im September 2006 erhält Frasnellis Eisackwerk GmbH eine Finanzierungszusage der Wiener Raiffeisen Leasing GmbH für den Kraftwerksbau von 224 Millionen Euro. „Die Gemeinden hätten damit nicht einmal ihr Geld investieren müssen", sagt der Bauunternehmer.

Diese Goodwill-Tour durch die Eisacktaler Kommunen bringt die SEL-Spitze, aber auch die Landespolitik in arge Verlegenheit. Plötzlich bietet ein privater Unternehmer den Gemeinden mehr als die Landesenergiegesellschaft.

Gleichzeitig wächst auf der anderen Seite der allgemeine Unmut gegen die Pläne der Kraftwerksbetreiber am Eisack. Die Umweltschützer von SOS Eisack organisieren mehrere Protestveranstaltungen, ein Fest, einen Protestlauf und ein Kanurennen auf dem Eisack, das viel Aufmerksamkeit erregt.

Vier Kleinkraftwerke

Auf dem Flussabschnitt am Eisack, auf dem das Großkraftwerk geplant wird, gibt es zusätzlich eine andere Problematik, die allen Interessenten von Beginn an bekannt ist. Auf dem Eisack zwischen Mauls und Franzensfeste gibt es vier private Kleinkraftwerke. Der Unternehmer Karl Stafler und sein Sohn Robert Stafler betreiben ein Kraftwerk in der Gemeinde Freienfeld mit einer Jahresproduktion von rund 850.000 Kilowattstunden. Weiter südlich in Mauls betreibt die Sachsenklemme KG des Roland Ganterer ein Kleinkraftwerk mit einer Jahresproduktion von rund 211.000 Kilowattstunden.

Das Unternehmen Parcheggi Italia Spa hingegen führt ein Kraftwerk in der Franzensfester Fraktion Mittewald, das bei Weitem das größte der vier Kleinkraftwerke ist. Dieses Kraftwerk produziert rund 2,5 Millionen Kilowattstunden im Jahr. Das letzte Kraftwerk auf diesem Eisackabschnitt liegt ebenfalls in Mittewald. Das Unternehmen Luis Plunger & Sohn AG betreibt dort weiter südlich ein Kleinkraftwerk mit einer Jahresproduktion von rund 500.000 Kilowattstunden.

Diese vier Kleinkraftwerke liegen nacheinander auf einem Flussabschnitt, der von jedem der eingereichten Großkraftprojekte genutzt wird. Alle Projekte entnehmen das Wasser nördlich dieser Kraftwerke aus dem Eisack. Die Folge wäre: Den Kleinkraftwerken gräbt man damit im wahrsten Sinne des Wortes das Wasser ab. Es ist eine Situation, die in der Strom- und Wasserwirtschaft immer wieder vorkommt. Deshalb gibt es dafür eine genaue gesetzliche Regelung. Der Betreiber des Großkraftwerkes zahlt den Besitzern der Kleinkraftwerke genau jene Summe jährlich aus, die ihre ursprüngliche Stromproduktion ausmacht. Meistens werden die privaten Kleinkraftunternehmer deshalb einfach im Verhältnis ihrer ursprünglichen Stromproduktion am Großkraftwerk beteiligt.

Der Gesetzgeber sieht zudem eine andere wichtige Bestimmung vor. Sollte es zu der beschriebenen Situation kommen, werden die Konzessionen der Kleinkraftwerke automatisch um 30 Jahre verlängert. Das heißt: Die Kleinkraftbesitzer kassieren 30 Jahre lang am Großkraftwerk mit.

Genau das wäre auch am Eisack der Fall, denn alle Konzessionen der vier Kleinkraftwerke verfallen am 31. Dezember 2009. Maximilian Rainer ist ein absoluter Fachmann auf dem Gebiet der Energiegesetzgebung, deshalb weiß er bestens, was auf die Landesenergiegesellschaft zukommt, sollte sie das Großkraftwerk am Eisack wie geplant verwirklichen.

Bereits in seinem Schreiben zum geplanten Kraftwerk, das am 10. Juni 2004 an die Bürgermeister Johann Wild und Ferdinand Rainer geht, schriebt Rainer unmissverständlich:

„Die privaten Betreiber sind mit ihrer jeweiligen Jahresproduktion, wofür sie einen Rechtstitel nachweisen können (Wasserkonzession), wiederum im Verhältnis zur Gesamtproduktion des geplanten

PRIVATURKUNDE

VEREINBARUNG

zwischen: **Südtiroler Elektrizitätsaktiengesellschaft - SEL AG** (nachstehend auch

kurz *„SEL AG"*), mit Rechts- und Gesellschaftssitz in I - 39100 Bozen

(BZ), Schlachthostrasse Nr. 4, Steuernummer und Eintragungsnummer ins

Handelsregister 01710330216, in der Person des Präsidenten des

Verwaltungsrates und gesetzlichen Vertreters *pro tempore* **Klaus Stocker**,

geboren am 24.04.1949 in Aldein (BZ), der zur Unterfertigung dieser

Urkunde im Sinne der Gesellschaftssatzungen berechtigt und vom

Verwaltungsrat dazu ermächtigt ist,

und: **Luis Plunger & Sohn AG** (nachstehend auch kurz *„PLUNGER AG"*) mit

Rechts- und Gesellschaftssitz in I - 39045 Franzensfeste (BZ), Oberau Nr.

1, Steuernummer und Eintragungsnummer ins Handelsregister

00536330210, in der Person des Präsidenten des Verwaltungsrates und

gesetzlichen Vertreters *pro tempore* **Luis Plunger**, geboren am 04.06.1939

in Lajen (BZ), der zur Unterfertigung dieser Urkunde im Sinne der

Gesellschaftssatzungen berechtigt und vom Verwaltungsrat dazu ermächtigt

ist,

betreffend: ***Errichtung eines gemeinsamen Großwasserkraftwerkes am Eisack***

* * * * *

Prä-

Vereinbarung zwischen SEL und Luis Plunger: 8,5 Prozent Beteiligung.

Großwasserkraftwerkes, am Kapital zu beteiligen. Dies bedeutet für die privaten Betreiber eine automatische Verlängerung ihrer Konzession für weitere 30 Jahre, obwohl die meisten Konzessionen bereits in einigen Jahren ablaufen."

Maximilian Rainers besondere Aufmerksamkeit richtet sich dabei aber anfänglich vor allem auf eines der vier Kraftwerke. Es ist das Kraftwerk der Familie Plunger. Der Grund für das besondere Interesse des SEL-Generaldirektors ist durchaus nachvollziehbar.

Der Sägewerksunternehmer Luis Plunger und sein Sohn Alexander haben bereits einige Zeit vorher beim Land einen Antrag auf Erweiterung und Potenzierung des eigenen Kraftwerkes eingebracht. Das Kleinkraftwerk soll so vergrößert werden, dass die Produktion um 27 Mal höher ausfällt als die ursprüngliche. Aus den 500.000 Kilowattstunden Stromproduktion werden dann 13,7 Millionen Kilowattstunden im Jahr.

Die Familie Plunger hat den Großteil der vom Gesetz vorgesehenen Verwaltungsmaßnahmen schon positiv abgewickelt. So sind sowohl das Verfahren der Umweltverträglichkeitsprüfung wie auch das Wasserrechtsverfahren und auch die Bauleitplanänderung bereits abgeschlossen. Was fehlt, ist nur mehr die Unterschrift auf der vom Gesetz vorgesehenen Vereinbarung zwischen dem Konzessionsgeber, also der Autonomen Provinz Bozen, und dem Konzessionsnehmer.

Weil die Unternehmer verständlicherweise mit dem Bau des neuen, erweiterten Kraftwerks so schnell wie möglich beginnen wollen, hat es die SEL auch besonders eilig, mit ihnen handelseinig zu werden. Bereits am 22. April 2004, also fast vier Wochen bevor die SEL ihr Projekt für das Eisack-Großkraftwerk beim Land einreicht, kommt es zu einer ersten Aussprache zwischen der Familie Plunger, Klaus Stocker und Maximilian Rainer.

Am 19. Mai 2004 schreiben SEL-Präsident Klaus Stocker und Direktor Maximilian Rainer dem Unternehmer aus Franzensfeste:

„Sehr geehrter Herr Plunger,
wie wir Dir bereits in unserem Gespräch am 22. April 2004 vorangekündigt hatten, hat die SEL AG an diesem Montag das Einreichprojekt für die Realisierung eines Großwasserkraftwerkes am Eisack von Mauls bis unterhalb von Franzensfeste beim zuständigen Energieamt des Landes eingereicht.
Die Trägerschaft dieses Projektes soll nach unseren Vorstellungen eine eigene Gesellschaft übernehmen, an der, neben der SEL AG sowie den beiden Standortgemeinden Freienfeld und Franzensfeste, auch Private teilhaben, die entlang der geplanten Ausleitungsstrecke bereits ein Kleinwasserkraftwerk betreiben.
Da auch Du Betreiber eines solchen Kleinwasserkraftwerkes bist und zudem den Ausbau Deines Kraftwerkes planst, laden wir Dich ein, mit dem Partner SEL sowie den Gemeinden Freienfeld und

Franzensfeste dieses einzigartige und in Südtirol seit Jahrzehnten größte Wasserkraftwerk gemeinsam umzusetzen."

Dass es die SEL-Spitze mit dem Angebot durchaus ernst meint, zeigt sich daran, dass schon wenig später eine offizielle Vereinbarung aufgesetzt wird. In dieser Privaturkunde, die von Klaus Stocker für die SEL und von Luis Plunger für sein Unternehmen abgeschlossen wird, ist festgelegt, dass sich die privaten Unternehmer am SEL-Großkraftprojekt beteiligen. Im Vertrag ist auch ein Beteiligungsschlüssel angegeben, der auf zwei Komponenten beruht. Eine Komponente ist die Jahresproduktion des erweiterten Plunger-Kraftwerks von 13,7 Millionen Kilowattstunden, die im Verhältnis zu den 180 Millionen Kilowattstunden gesetzt wird, die das geplante Großkraftwerk jährlich produzieren soll. Die zweite Komponente ist der Verdienstausfall, der der Familie Plunger durch die Zeitverzögerung entsteht. Im Vertrag wird angeführt, dass nach der Planung der privaten Unternehmer das neue, erweiterte Klein-kraftwerk bereits am 30. Juni 2005 in Betrieb gehen könnte, während die SEL-Spitze – damals noch äußerst optimistisch – davon ausgeht, dass ihr Großkraftwerk „voraussichtlich erst am 30.09.2008 operativ sein wird". Diese 27-monatige Verzögerung soll für Familie Plunger durch eine Erhöhung ihrer Beteiligung kompensiert werden.
Eine konkrete Beteiligungsquote wird in diesem Vorvertrag noch nicht angegeben. Diese soll direkt vom höchsten politischen Verantwort-lichen ausgehandelt werden: Landeshauptmann Luis Durnwalder. Am 9. Dezember 2004 informiert SEL-Präsident Klaus Stocker den Landeshauptmann schriftlich über die geplante Vorgangsweise:

„Zu klären ist noch die Beteiligung der privaten Kleinkraftwerks-betreiber. Mit Herrn Luis Plunger bahnt sich eine Einigung auf Basis der Produktion an, die er in seinem geplanten, neuen E-Werk erzeugen würde. Diskutiert wird noch der Produktionsausfall, den er durch die spätere Inbetriebnahme des Großwasserkraftwerkes erleidet. Auch dazu wurde eine Formel auf Grundlage der jeweili-gen Produktion des Kraftwerkes Plunger in Bezug auf die Produk-tion des Großwasserkraftwerkes erarbeitet.
Die Produktion sollte auch das Kriterium für die Beteiligung der restlichen, privaten Kleinkraftwerksbetreiber sein. Nach dem Gesetz

haben sie einen Rechtsanspruch auf eine Entschädigung ihrer Produktion für die Restlaufzeit ihrer Konzession. Mit einer Beteiligung würden sie ihre Konzession automatisch um weitere 30 Jahre verlängern. Zudem sind die Erlösmargen beim Großwasserkraftwerk – bezogen auf die einzelne Kilowattstunden – wesentlich höher.

Unseres Erachtens sollte daher die Beteiligung – wie bei Herrn Luis Plunger – über ihre derzeitige Produktion im Vergleich zur Produktion des Großwasserkraftwerkes erfolgen. Die konzessionierte Produktion ist aus den Konzessionsdekreten bekannt. Es gilt nun zu entscheiden, ob man die derzeitige Produktion für diese Verhältnisrechnung vervielfacht, um einen raschen Konsens zu erreichen. Dazu ersuchen wir Dich höflichst um Deine Entscheidung und gegebenenfalls um Angabe des Faktors, mit dem die konzessionierte Produktion der Kleinwasserkraftwerksbesitzer für die Beteiligungsberechnung multipliziert werden soll."

Luis Durnwalder einigt sich aufgrund des Vorvertrages mit der Familie Plunger. Demnach soll der Luis Plunger & Sohn AG eine Beteiligung von 8,5 Prozent an der Eisack Energie AG, der Betreibergesellschaft des Eisack-Großkraftwerkes zugestanden werden.
Aus dem Stocker-Brief an den Landeshauptmann, der wie üblich aus der Feder von Maximilian Rainer stammt, geht klar hervor, dass es die Absicht der SEL ist, mit allen vier Betreibern der privaten Kleinkraftwerke Beteiligungen auszuhandeln.
Noch deutlicher ist diese Absicht aber in der Vereinbarung zwischen der SEL und der Luis Plunger & Sohn AG ausgedrückt. Dort heißt es:

„Die SEL AG plant ein Großwasserkraftwerk, an welchem neben den Gemeinden am Eisack, Franzensfeste (BZ) und Freienfeld (BZ), auch die vier bestehenden Kleinwasserkraftwerke auf der Ausleitungsstrecke beteiligt werden sollen."

Die SEL-Spitze hat deshalb auch Kontakte mit den anderen Betreibern aufgenommen. So erklärt Robert Stafler vor den Ermittlern und im Frühsommer 2014 auch im Gerichtssaal, dass er anfänglich mit Maximilian Rainer und Klaus Stocker direkt verhandelt habe. „Ich habe bewusst hoch angesetzt und eine Beteiligung von 3 Prozent verlangt", erinnert sich Stafler bei seiner Zeugenaussage vor

Gericht. Von der SEL-Spitze wird diese Forderung als unrealistisch abgetan. Gleichzeitig will man aber weiter verhandeln.

Auffallend ist aber etwas anders: Drei Betreiber der vier Kleinkraftwerke werden zwischen 2004 und 2005 von der SEL-Spitze mit dem Ansinnen kontaktiert, eine Beteiligung am geplanten Großkraftwerk am Eisack zu erreichen. Nur zu einem Betreiber sucht man keinen Kontakt.

Die Parcheggi Italia Spa betreibt das ehemalige Kleinkraftwerk der Familie Pretz in Mittewald. Dieses Kraftwerk ist ursprünglich das bei Weitem größte der vier Kleinkraftwerke. Die 2,5 Millionen Kilowattstunden Jahresproduktion wären nach dem Schlüssel, den man der Familie Plunger angeboten hat, rund 1,5 Prozent Beteiligung am SEL-Projektwert.

Demnach hätten Maximilian Rainer und Klaus Stocker spätestens nach ihren Bemühungen bei der Familie Plunger auch bei der Parcheggi Italia Spa vorstellig werden müssen. Doch das ist nicht der Fall.

Dass die SEL-Spitze diesen Kontakt vermeidet, ist kein Zufall. Dahinter steht vielmehr ein durchdachter Plan, der spätestens im Frühjahr 2005 heranreift und dessen Architekt wiederum Maximilian Rainer ist.

Wiener Windtkraft

*„Rainer und Stocker haben das Kraftwerk
lange und ausgiebig inspiziert und
sie zeigten sich dabei sehr interessiert."*

Siegfried Huber, Wärter im Mittewalder
Stein-an-Stein-Kraftwerk (2014)

Während sich die SEL-Spitze mit der Ausarbeitung der Vereinbarung mit der Familie Plunger beschäftigt und auch erste Gespräche mit dem zweiten Kleinkraftwerkbesitzer Robert Stafler aufnimmt, trudelt am SEL-Sitz ein Schreiben ein, das das Herz des öffentlichen Verwalters Maximilian Rainer eigentlich höher schlagen lassen müsste. Absender des Briefes mit Datum 8. Februar 2005 ist die Parcheggi Italia Spa, Besitzerin des Kleinkraftwerks in Mittewald. Der Betreff des Briefes: „Anfrage zu einer Interessenbekundung zum Kauf des Kleinkraftwerks in Mittewald – Franzensfeste (BZ)".

Der Inhalt des Schreibens wird bereits in den ersten Zeilen zusammengefasst:

„Mit diesem Schreiben möchten wir Ihnen mitteilen, dass wir, die Besitzer des im Betreff genannten Kraftwerks beabsichtigen, das Kraftwerk an einen qualifizierten Bewerber aus dem Sektor zu veräußern. Wenn Sie an einem Kauf interessiert sind, ersuchen wir Sie höflichst, uns schriftlich Ihr begründetes Interesse mitzuteilen."

Dieses Schreiben ergeht am selben Tag an insgesamt 16 Energiebetreiber in Südtirol und Norditalien. In Südtirol schreibt die Parcheggi Italia Spa neben der SEL auch die Etschwerke AG und die Stadtwerke Brixen und Bruneck an. „Wir wollten schauen, wer auf dem Markt Interesse am Kauf hat", sagt Johann Breiteneder, Geschäftsführer und Besitzer der Parcheggi Italia.

Johann Breiteneder ist der Sohn des gleichnamigen Johann Breiteneder senior, der im Volksmund als „Wiener Garagenkönig" bezeichnet wird. Breiteneders Firmenimperium, inzwischen in der Best in Parking Holding zusammengeführt, ist international spezialisiert auf den Bau und die Führung von Parkgaragen. Johann Breiteneder junior leitet den italienischen Firmenzweig mit Sitz in Mailand, die Parcheggi Italia Spa, die in mehreren italienischen Großstädten Tiefgaragen gebaut hat und auch führt.

Einer Anekdote zufolge soll Johann Breiteneder senior in den Siebzigerjahren nach Bozen gekommen sein und mit seinem Auto keinen Parkplatz gefunden haben. Daraufhin entstand die Idee zum Bau der Tiefgarage am Waltherplatz, die Breiteneder wenig später realisiert. Sein Unternehmen führt die Garage auch heute noch.

Nicht erst mit dem Bau der Tiefgarage am Waltherplatz gibt es einen direkten Bezug der Breiteneder-Dynastie zu Südtirol. Seit vielen Jahren arbeitet das renommierte Bozner Wirtschaftsberaterstudio Rimbl, Holzeisen & Partner für den italienischen Zweig des Unternehmens.

Bereits in den Achtzigerjahren erwirbt die Breiteneder Holding acht Kraftwerke in Österreich und zwei in der Slowakei. Auch die Parcheggi Italia steigt ins Kraftwerksgeschäft ein und kauft ein Kleinkraftwerk in Maccagno bei Varese und das Kraftwerk in Mittewald bei Franzensfeste.

Das Mittewalder Kraftwerk hat eine lange Geschichte und Tradition. Das Kraftwerk wird Anfang der Zwanzigerjahre von der Familie von Pretz gebaut und geht 1923 in Betrieb. Jahrzehntelang dient das Kraftwerk der Energiezufuhr für die Kartonfabrik der J. Pretz Papier und Pappen KG. Als die Kartonagenproduktion 1981 eingestellt wird, läuft das Kraftwerk einige Jahre als Inselbetrieb und versorgt die Unternehmen der Familie Pretz mit Strom.

Zwischen 1988 und 1991 werden Sanierungsarbeiten am Kraftwerk und den Turbinen durchgeführt. 1991 beschließen Besitzer Leo von Pretz und seine Brüder, das Kraftwerk und einige anliegende Grundstücke und Immobilien an die Parcheggi Italia zu veräußern. Es wird per Vorvertrag ein Kaufpreis von 1.933.438.000 Lire (ca. 1 Million Euro) vereinbart. Als der Verkauf drei Jahre später dann formal über die Bühne geht, sind einige der ursprünglichen Grundflächen nicht mehr inbegriffen; Parcheggi Italia zahlt somit 1.453.865.000 Lire. Im Kaufvertrag wird der Wert des Kraftwerks mit 1.087.955.000 Lire angegeben. 287.955.000 Lire betreffen die Anlagen und 800.000.000 Lire den Geschäftswert.

Das Kraftwerk ist veraltet, weshalb die neue Betreibergesellschaft im November 1997 ein Erneuerungs- und Erweiterungsprojekt einreicht. Die Leistung und die Produktion des Kraftwerks sollen damit verdreifacht werden. Drei Jahre später, am 20. September 2000, lehnt die Amtsdirektorenkonferenz das eingereichte Potenzierungsprojekt ab. Die Parcheggi Italia verzichtet auf die Erweiterung.

Trotz seines Zustandes ist das Kleinkraftwerk aber durchaus profitabel. Mit seiner konzessionierten Nennleistung von 513,44 Kilowatt könnte das Kraftwerk, falls modernisiert, jährlich rund 4,5 Millionen Kilowattstunden Strom produzieren. Aber auch so kommt das

Kraftwerk durchschnittlich auf eine Jahresproduktion von 2,5 Millionen Kilowattstunden. Die Betreiber des Mittewalder Kleinkraftwerkes haben einen Vertrag mit den Brixner Stadtwerken, die den erzeugten Strom abnehmen. Der durchschnittliche Wert der jährlichen Stromproduktion liegt bei 160.000 Euro. Rechnet man alle Kosten ab, so bleibt den Betreibern immerhin ein Jahresgewinn vor Steuern von gut 100.000 Euro.

Dass Johann Breiteneder das Kleinkraftwerk 2005 zum Verkauf anbietet, hat vor allem strategische Gründe. Parcheggi Italia will sich aus dem Energiegeschäft zurückziehen. Bereits vorher hat man die beiden Kraftwerke in einem eigenen Betriebszweig, der Spide Uno Srl zusammengeführt. Jetzt will Breiteneder aber diese Gesellschaft als Ganzes verkaufen.

Anfänglich gibt es neben der SEL auch noch einen zweiten Interessenten. Noch bevor die Südtiroler Landesenergiegesellschaft auf das Kaufangebot eingeht, antwortet bereits die Energia Valsabbia (EVA) aus Brescia. Das Unternehmen zeigt sich am Kauf beider Kraftwerke interessiert.

In einer ersten Schätzung geht Energia Valsabbia bereits im März 2005 von einem Wert des Mittewalder Kleinkraftwerks von über 1,5 Millionen Euro aus. Im Juli 2005 bietet das Energieunternehmen aus Brescia dann für alle zwei Kraftwerke und die Immobilien in Mittewald 4,6 Millionen Euro. Obwohl wenig später ein Vorvertrag für dieses Geschäft aufgesetzt wird, kommt der Deal nicht zustande.

Der unbequeme Gutachter

Auch die SEL reagiert auf das Verkaufsangebot der Parcheggi Italia Spa umgehend. Am 22. Februar 2005 – eine Woche, nachdem das Angebot am SEL-Sitz eingegangen ist – meldet Maximilian Rainer das Interesse seiner Gesellschaft am Kauf an. Am 9. März 2005 übermittelt Johann Breiteneder erste schriftliche Unterlagen, die der Landesenergiegesellschaft dazu dienen sollen, ein Kaufangebot zu erstellen. Am 23. März 2005 schickt die Parcheggi Italia auf Wunsch des SEL-Direktors eine technische Dokumentation zur Anlage, die Produktionsdaten, die Kosten und Einnahmen der letzten drei Jahre sowie eine Aufstellung der nötigen Investitionen für die nächsten zehn Jahre. Beide Schreiben der Parcheggi Italia gehen nicht nur an Maximilian Rainer, sondern zur Kenntnisnahme auch an Landesrat Michl Laimer. Das zeigt, dass der SVP-Politiker bereits im Frühjahr 2005 darüber informiert ist, dass das Mittewalder Kleinkraftwerk zum Verkauf steht und die SEL ihr Kaufinteresse angemeldet hat.

Das Verkaufsangebot kommt für die SEL wie gerufen. Wie geschildert muss die Landesenergiegesellschaft, sollte sie das Großkraftwerk am Eisack realisieren, alle vier Betreiber der Kleinkraftwerke im Verhältnis zu ihrer Produktion an der Betreibergesellschaft beteiligen. Oder auszahlen. Das Kraftwerk der Parcheggi Italia hat eine Jahresproduktion von 2,5 Millionen Kilowattstunden. Das wären rund 1,5 Prozent Beteiligung am Großkraftwerk.

Die Rechnung ist deshalb einfach. Schafft es die SEL vorab, eines oder mehrere Kleinkraftwerke aufzukaufen, erspart sie sich diese Beteiligungen. Und damit 30 Jahre lang viel Geld. Vor diesem Hintergrund ist es deshalb auch verständlich, dass Maximilian Rainer die Gelegenheit beim Schopf packt. Im März 2005 beauftragt der SEL-Direktor zwei Fachleute mit der Bewertung von gleich zwei Kleinkraftwerken: dem Kraftwerk Stafler in Freienfeld und dem Kraftwerk der Parcheggi Italia in Mittewald.

Die wirtschaftliche Bewertung der beiden Kraftwerke soll der Mailänder Stefano Indigenti bzw. dessen Unternehmen Relight machen. Indigenti, der vorher für die Consultingfirma KPMG tätig war und dabei auch für die SEL gearbeitet hat, macht sich kurz vorher selbstständig. Die technische Bewertung der beiden Kraftwerke am Eisack soll der Turiner Ingenieur Michele Morelli mit seiner Xelee Srl übernehmen. Rainer delegiert SEL-intern Armin Kager, diese Operation zu koordinieren.

Der SEL-Ingenieur vereinbart im April 2005 mit Johann Breiteneder eine Besichtigung des Mittewalder Kleinkraftwerks. Diese Besichtigung geht am 2. Mai 2005 über die Bühne. Mit dabei: Stefano Indigenti, Michele Morelli, Armin Kager und der Mann, der das Mittewalder Kraftwerk seit über 50 Jahren führt und überwacht, der Elektriker Siegfried Huber.

Nach dem Lokalaugenschein in Mittewald geht es noch am selben Vormittag nach Freienfeld weiter, wo das Trio auch das Kraftwerk von Robert Stafler begutachtet. Zum Mittagessen mit den drei Technikern erscheint dann auch Maximilian Rainer. „Er hat uns nach unserer Einschätzung zum Zustand und zum Wert der Kraftwerke gefragt", erinnert sich Stefano Indigenti neun Jahre später vor Gericht. Doch nach dieser Besichtigung schläft der geplante Kauf plötzlich ein. Sehr zum Leidwesen von Stefano Indigenti. Der Mailänder Sachverständige schickt zwischen März und Juni mehrmals eine schriftlich verfasste Auftragsbestätigung an Maximilian Rainer. Der SEL-Direktor unterschreibt aber nie, so dass es nie zu einer formellen Beauftragung kommt. Es geht dabei um 12.000 Euro.

Ende Juni 2005 kommt es dann zum Paukenschlag. Indigenti wird von der SEL mitgeteilt, dass es in der nächsten Zeit zu einem Treffen zwischen Johann Breiteneder und Maximilian Rainer kommen wird. Inzwischen solle der Mailänder Sachverständige seine Arbeit ruhen lassen.

Es ist das letzte Lebenszeichen, das Stefano Indigenti von der Südtiroler Landesenergiegesellschaft und zu diesem Auftrag bekommt. Indigentis Ausscheiden ist kein Zufall. Der Wirtschaftsfachmann weiß den Wert des Mittewalder Kleinkraftwerks genau einzuschätzen. „Dieses Kraftwerk ist sicher über eine Million Euro wert", sagt er im Frühjahr 2014 bei seiner Zeugenaussage vor Gericht. Genau diese Einschätzung eines Fachmannes ist aber jenem Plan im Weg, den Maximilian Rainer bereits im Frühsommer 2005 im Kopf hat. Und deshalb wird der Mailänder Gutachter im Sommer 2005 vom mächtigen SEL-Generaldirektor kurzerhand abserviert und der Kauf des Mittewalder Kleinkraftwerks vorerst auf Eis legt.

Rainers Studienfreundin

Anfang 2005 wird an der Universität für Bodenkultur in Wien (Boku) der Absolventenverband Alumni Boku wiedergegründet. Im April 2005 veranstalten die Alumni ein großes Jubiläumsfest, bei dem prominente Abgänger der Universität auftreten. Darunter der damalige EU-Kommissar Franz Fischler und auch der Südtiroler Landeshauptmann Luis Durnwalder.

Im Herbst desselben Jahres findet in Wien ein anderes Boku-Treffen statt. Die Absolventen des Studienganges Kulturtechnik und Wasserwirtschaft treffen sich zum 25. Inskriptionsjubiläum. Beim Treffen mit dabei sind auch SEL-Generaldirektor Maximilian Rainer und die Wiener Unternehmerin Petra Anna Windt. 1962 in Großarl im Bundesland Salzburg geboren und in Wien wohnhaft, betreibt Petra Windt dort ein Unternehmen, das auf die Verlegung von Steinen und Platten sowie auf die Errichtung von Zäunen und Wänden spezialisiert ist. Die am 17. Februar 1998 gegründete Stein an Stein Natur- und Systemsteinverlegungen GmbH gehört zu 100 Prozent Petra Windt. Maximilian Rainer und Petra Windt haben zusammen studiert, 2005 sehen sie sich nach vielen Jahren wieder. Die Unternehmerin erinnert sich 2012 bei ihrer Einvernahme in Wien:

„Ich habe Maximilian Rainer im Zuge meines Studiums kennengelernt. Wir waren Studienkollegen. Ich erinnere mich, dass ich Rainer im Laufe des Jahres 2005 während eines Treffens der Studienkollegen, die 1980 inskribiert haben (25 Jahre Inskriptionsjubiläum), getroffen habe. Er hat mir von sich erzählt und was er macht und wir haben dann ausgemacht, dass wir in Kontakt bleiben werden."

Maximilian Rainer hat im nächsten halben Jahr aber andere Prioritäten. Zu Jahresende 2005 läuft die Frist für die Einreichung der Gesuche für die Enel-Großkraftwerke ab. Es gilt für den SEL-Direktor und sein Unternehmen erst einmal, diese Mammutaufgabe abzuschließen. Auch in den ersten Monaten des Jahres 2006 ist Rainer stark beschäftigt, unter anderem mit der Manipulation und dem Austausch der SEL-Projekte im Büro Laimer.
Zu Ostern 2006 ist diese Operation abgeschlossen, und der geschäftstüchtige Südtiroler Manager wendet sich wieder dem Plan zu, den er bereits ein gutes Dreivierteljahr zuvor geschmiedet hat. Maximilian Rainer braucht dazu aber jemanden, der in Südtirol weder bekannt noch irgendwie verdächtig ist. Seine ehemalige Studienkollegin Petra Windt kommt da wie gerufen.
Petra Windt sagt vor Oberstaatsanwalt Guido Rispoli:

„Einige Monate später hat er [Maximilian Rainer – Anm. d. A.] mich angerufen und wir haben uns einige Male in Wien getroffen (Abendessen, Konzert). Er hat mir die Breiteneder-Geschichte erzählt und dass sich jemand schon in Südtirol finden wird, der das

Kraftwerk kaufen wird. Scherzhaft hat er mich dann gefragt, ob ich es kaufen wollte. Das Angebot hat mich wirklich interessiert. Es ist alles sehr schnell gegangen."

Bereits Mitte März 2006 kontaktiert Maximilian Rainer Johann Breiteneder, um das Kaufinteresse der SEL am Mittewalder Kleinkraftwerk zu bestätigen. In einer E-Mail vom 16. März 2006 mit dem Betreff „KW Mittewald/Südtirol" schreibt Johann Breiteneder:

„Sehr geehrter Herr Doktor Rainer, ich darf mich für das nette und ausführliche Gespräch bedanken und erwarte gerne eine Rückmeldung Ihrerseits nach Ostern."

Auch diese Kontaktnahme ist perfekt getimt. Eine Woche später reicht die SEL ihr neues Projekt für das Eisackgroßkraftwerk beim Amt für Stromversorgung ein. Wie bereits ausgeführt, gibt es im Frühjahr 2006 sieben Bewerber um das neue Großkraftwerk. Wer das Rennen macht, weiß niemand. Eines aber ist sicher: Ganz gleich wer das Kraftwerk baut, die Besitzer des Mittewalder Kleinkraftwerkes müssten für 30 Jahre finanziell entschädigt werden. Demnach hat derjenige, der das Kraftwerk der Parcheggi Italia kauft, finanziell nur zu gewinnen. Spätestens jetzt will Maximilian Rainer den Kauf absichern. Und es geht Schlag auf Schlag.
Im Mai 2006 vereinbart Rainer ein persönliches Treffen mit Johann Breiteneder in Wien. Offiziell weilt der SEL-Direktor gerade in der österreichischen Hauptstadt. In Wirklichkeit will Rainer die Verkaufsverhandlungen lieber in der Großstadt führen, abseits von indiskreten Blicken. In Bozen oder irgendwo in Südtirol wäre das Treffen viel leichter aufgefallen.
Bevor Maximilian Rainer aber nach Wien fährt, vergibt er noch einen Auftrag. Anfang Juni erteilt der SEL-Direktor dem Turiner Ingenieur Michele Morelli bzw. dessen Xelee Srl den Auftrag, das Mittewalder Kleinkraftwerk zu schätzen. Am 6. Juni 2006 übermittelt Morelli den offiziellen Vertrag für die Schätzung an die SEL. Die Schätzung kostet 2.400 Euro. Am 8. Juni 2006, einen Tag bevor Rainer nach Wien fährt, nimmt die SEL das Angebot Morellis an.
Am 9. Juni 2006 treffen sich Johann Breiteneder und Maximilian Rainer im Donauzentrum in Wien. Das Thema des Gesprächs ist

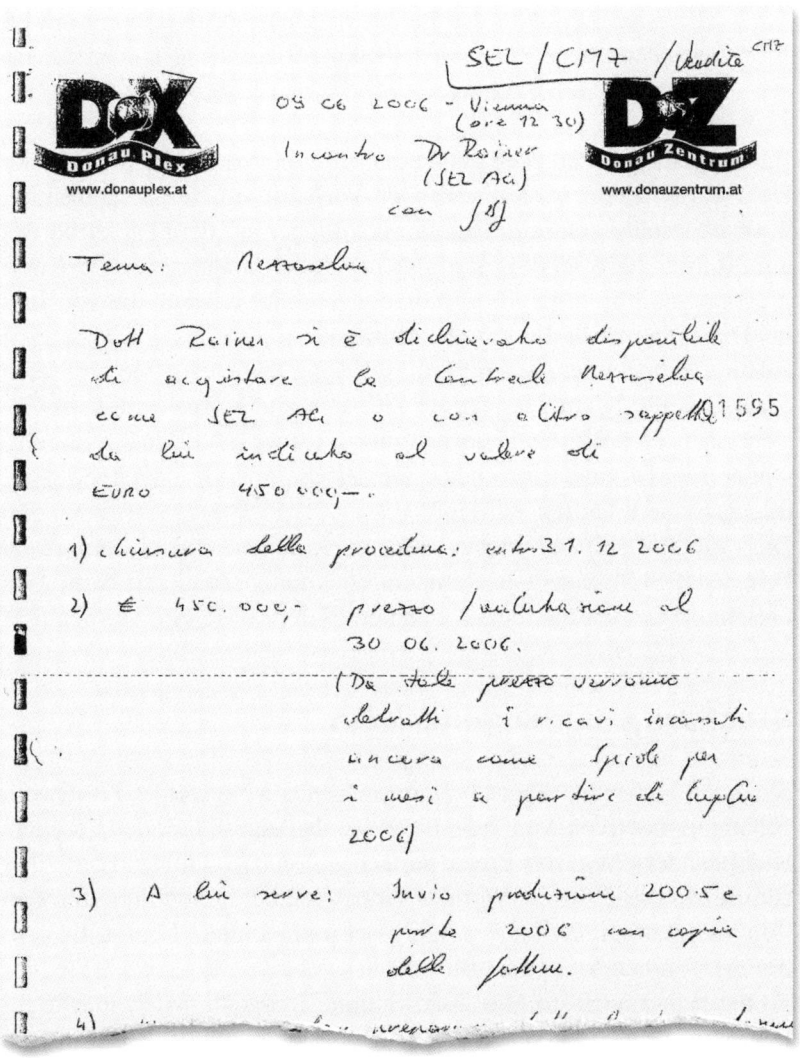

Gesprächsnotizen von Johann Breiteneder: „… SEL oder ein anderes Subjekt …"

der Kauf des Mittewalder Kleinkraftwerks. Der Wiener Unternehmer macht sich während des Gesprächs Notizen. Die Aufzeichnungen sind für seine Mailänder Mitarbeiter bestimmt, deshalb schreibt Breiteneder italienisch. Sieben Jahre später übergibt Johann Breiteneder diese Notizen an Oberstaatsanwalt Guido Rispoli. Gleich im ersten Satz dieses Protokolls heißt es:

„Dr. Rainer erklärt seine Bereitschaft, das Kleinkraftwerk in Mittewald zu einem Preis von 450.000 Euro für die SEL oder für eine andere von ihm benannte Gesellschaft zu erwerben."

Im Gespräch werden auch genau die Modalitäten vereinbart, wie der Deal abgewickelt werden soll. Der Verkauf soll bis 31. Dezember 2006 abgeschlossen sein. Das Werk soll aber auf dem Papier bereits am 30. Juni 2006 seine Besitzer wechseln. Deshalb muss vom Kaufpreis noch die Energieproduktion abgerechnet werden, die von Juni bis Dezember noch die Parcheggi Italia kassiert.

Johann Breiteneder bestätigt diese Abmachung sowohl vor dem Staatsanwalt als auch bei seiner Aussage am 4. April 2014 im Gerichtssaal. Der Wiener Unternehmer: „Rainer hat erklärt, dass entweder die SEL oder eine andere Gesellschaft, die er benennen wird, das Kraftwerk kaufen werden."

Dass plötzlich ein möglicher, anderer Käufer ins Spiel kommt, ist kein Zufall. Maximilian Rainer, der einen besonderen Sinn fürs Geschäftemachen hat, beginnt seinen Plan präzise umzusetzen.

Stockers Lokalaugenschein

Siegfried Huber hat über 50 Jahre lang das Mittewalder Kraftwerk geleitet und betreut. Von 1956 bis 1991 als Angestellter des Erbauers und Besitzers Leo von Pretz, danach als selbstständiger Elektriker für die Parcheggi Italia. Wer das Kraftwerk betreten will, kommt an ihm nicht vorbei. Er hat den Schlüssel und ist allein befugt, Besichtigungen in der Anlage zu führen.

So hat Huber auch im Mai 2005 Stefano Indigenti, Michele Morelli und Armin Kager bei ihrer Kraftwerksbesichtigung begleitet. 13 Monate später bekommt er telefonisch die Mitteilung, dass es eine zweite Besichtigung geben wird. Am Vormittag des 27. Juni 2006 erscheinen Michele Morelli, der den Auftrag hat, ein Gutachten für die SEL zu erstellen, sowie SEL-Ingenieur Armin Kager, der auf Weisung von Maximilian Rainer eine fotografische Dokumentation des Kleinkraftwerks zusammenstellen soll. Siegfried Huber erinnert sich vor Gericht, dass sich gegen Ende des Lokalaugenscheins dann auch SEL-Direktor Maximilian Rainer dazu gesellt.

Doch damit nicht genug. Am Nachmittag dieses Tages kehrt Maximilian Rainer zum Kraftwerk zurück. Diesmal wird Rainer vom SEL-Präsidenten Klaus Stocker begleitet. Siegfried Huber erinnert sich: „Die beiden haben das Kraftwerk lange und ausgiebig inspiziert und sie zeigten sich dabei sehr interessiert." Dieser diskrete Lokalaugenschein wurde acht Jahre lang vom Duo Stocker/Rainer ganz einfach „vergessen". Als er durch Siegfried Huber im Gerichtsverfahren dann zur Sprache kommt, verteidigt sich Klaus Stocker mit einer einfachen Argumentation:

„Es war meine Aufgabe, im Verwaltungsrat die Tagesordnungspunkte vorzustellen. Nachdem ich von dem Angebot des Mittewalder Kleinkraftwerks gehört habe, wollte ich mir ein Bild vom Zustand machen, deshalb habe ich die Anlage besichtigt."

Vor Gericht ergibt sich aber ein anderes Bild: Im Dezember 2012 beginnt vor dem Bozner Landesgericht der Prozess gegen Maximilian Rainer um das Stein-an-Stein-Kraftwerk. Der ehemalige SEL-Generaldirektor macht im Verfahren von seinem Recht zu schweigen Gebrauch. Rainer übergibt aber am 11. April 2013 Oberstaatsanwalt Guido Rispoli eine 24 Seiten lange schriftliche Stellungnahme. Darin schildert Rainer diesen Lokalaugenschein aus seiner Sicht:

„Herr Stocker ersuchte mich nach einem gemeinsamen Treffen im Wipptal, nachdem wir unsere sonstigen Verpflichtungen absolviert hatten, das Kraftwerk mit ihm zu besuchen. […] Es war eine spontane Idee von seiner Seite und der Wunsch vorher nicht einmal ansatzweise von ihm andeutet worden. Wir hatten uns nicht avisiert und damit auch keine Gewähr, in das Kraftwerk zu kommen. Wir sind spontan – wir waren gemeinsam mit einem Auto unterwegs – in Mittewald beim Kraftwerk vorbeigefahren. Dort haben wir – soweit ich mich erinnere – Herrn Siegfried Huber angetroffen, der uns das Kraftwerk gezeigt und uns auch bereitwillig Fragen beantwortet hat. […] In keinem Fall hat Herr Stocker bei dieser Besichtigung gegenüber Herrn Huber einen Ankauf durch die SEL in Aussicht gestellt oder ein übertriebenes Interesse am Kraftwerk an den Tag gelegt. […] Bereits sofort nach der Besichtigung – sobald wir alleine waren – hat Herr Stocker mir aber erklärt, dass er vom desolaten Zustand des Kraftwerks nachteilig überrascht und schockiert gewesen war und er sich mit dieser Besichtigung bereits vorab eine klare Meinung gebildet hatte, dass dieses Kraftwerk für die SEL nicht interessant und zu kaufen sei."

Rainers Stellungnahme klingt nachvollziehbar, hat aber einige Haken. Im SEL-Verwaltungsrat erwähnen weder Klaus Stocker noch Maximilian Rainer jemals, dass sie einen Lokalaugenschein in Mittewald gemacht haben. Vor allem aber gehen die Vorbereitungsmaßnahmen für den Ankauf auch nach dieser – anscheinend so entscheidend negativ ausgefallenen – Besichtigung so weiter, als wäre nichts geschehen.

Am 7. Juli 2006 übermittelt Siegfried Huber im Auftrag von Johann Breiteneder eine umfangreiche und detaillierte Dokumentation zum Kraftwerk an die SEL. Darunter findet sich auch eine von der SEL-Spitze gewünschte Aufstellung und Quantifizierung der notwendigen Sanierungsmaßnahmen am Kraftwerk. Siegfried Huber listet detailliert auf, welche Arbeiten gemacht werden müssen, um das Kraftwerk zu modernisieren und kommt auf Kosten von 610.000 Euro.

Besonders interessant aber ist der Auftrag, den Maximilian Rainer an Michele Morelli vergeben hat. Morelli, der sich beim Lokalaugenschein ausführliche Notizen gemacht hat, liefert am 17. Juli 2006 eine erste Schätzung des Kraftwerks ab. Der Turiner Ingenieur schreibt darin, dass der „industrielle Vermögenswert" des Kraftwerks 70.000 Euro betrage.

Selbst dem Laien dürfte dabei etwas auffallen: Wie kann ein Kraftwerk, das zwar hoffnungslos veraltet ist, aber jährlich um die 150.000 Euro aus dem Stromverkauf einnimmt, von denen abzüglich der Kosten aber vor Steuern immer noch rund 100.000 Euro bleiben, nur 70.000 Euro wert sein?

Die Antwort auf diese Frage ist einfacher, als man denkt. Michele Morellis Gutachten ist kein Falschgutachten, sondern ein bestelltes Gutachten. Der Turiner Ingenieur und seine Xelee Srl haben genau das abgeliefert, was Maximilian Rainer bestellt hat. Morelli ist ein Techniker, der darauf spezialisiert ist, den Anlagewert von Kraftwerksanlagen zu schätzen. Er macht diesen Job bei allen großen Deals, den die SEL zwischen 2001 und 2009 abschließt, und verdient dabei sehr viel Geld.

Michele Morelli hat in Mittewald den Auftrag, ausschließlich den Wert der Kraftwerksanlagen – also sozusagen nur die Maschinen – zu schätzen. Im schriftlich abgefassten Xelee-Gutachten steht genau das schwarz auf weiß: „Xelee wurde von SEL beauftragt, eine technische Schätzung dieser Anlagen abzuliefern." Bedenkt man das Alter und den Zustand der Turbinen und Anlagen in Mittewald, so kann die 70.000-Euro-Schätzung durchaus realistisch sein. Nur hat der „industrielle Vermögenswert" nicht das Geringste mit dem Marktwert des gesamten Kraftwerks zu tun.

Der wirtschaftliche Marktwert des Kraftwerks ist etwas ganz anderes. Diesen sollte ursprünglich Stefano Indigenti ermitteln, bevor er von Maximilian Rainer ausgebootet wurde. Der von der Staatsanwaltschaft beauftragte Wirtschaftsberater Roberto Pallaver geht in seinem Gutachten Jahre später von einem Marktwerk von rund 2 Millionen Euro aus.

Tatsache ist, dass Maximilian Rainer und Klaus Stocker das Morelli-Gutachten verwenden, um den eigenen Verwaltungsrat in die Irre zu führen.

Getäuschter Verwaltungsrat

Während Maximilian Rainer und Klaus Stocker vom Verkauf des Mittewalder Kleinkraftwerkes spätestens seit März 2005 wissen und monatelange Vorarbeiten leisten, wird der Verwaltungsrat der SEL erst 18 Monate später von dem Angebot unterrichtet.

Auf der Verwaltungsratssitzung vom 24. November 2006 steht unter Tagesordnungspunkt 9: Angebot der Parcheggi Italia Spa. Die Sitzung dauert an diesem Freitagnachmittag von 16 bis 18 Uhr. Wie üblich wird im SEL-Verwaltungsrat nicht besonders viel diskutiert, bei elf behandelten Tagesordnungspunkten in zwei Stunden ist das auch verständlich.

Es ist Klaus Stocker, der den bis dahin in Unwissenheit gehaltenen Verwaltungsrat über die Operation informiert. Im offiziellen Verwaltungsratsprotokoll heißt es:

„Der Vorsitzende erinnert daran, dass in der Ausleitungsstrecke des geplanten Kraftwerkes am Eisack zurzeit vier Kleinwasserkraftwerke betrieben werden. Während drei Betreiber Interesse bekundet haben, sich an der Projektträgergesellschaft zu beteiligen, hat die Parcheggi Italia SpA als Eigentümerin des Kraftwerkes in Mittewald (Gemeinde Franzensfeste) signalisiert, ihre Anlage an die SEL AG verkaufen zu wollen. Das Kraftwerk verfügt über eine Konzession bis zum 31.12.2009 und erreicht eine Jahresproduktion von knapp über 2,1 GWh [1 Gigawattstunde = 1 Million Kilowattstunden – Anm. d. A.]. Die technischen Einrichtungen selbst sind sehr alt und können am derzeitigen Standort nur instand gehalten und aufgrund von örtlichen Gegebenheiten nicht modernisiert oder erneuert werden. Die Parcheggi Italia SpA fordert einen Betrag von 500.000,00 Euro für die Einrichtungen des Kraftwerkes und ein Immobiliarvermögen, das aus der Dokumentation ersichtlich ist, die den Unterlagen zur heutigen Verwaltungsratssitzung beiliegt. Das Angebot zu den Immobilien umfasst im Wesentlichen die Gebäude auf den Bauparzellen .71/4, .71/6 sowie .257/1, die allerdings vermietet sind. Der Mieter hat im Falle eines Verkaufes ein Vorkaufsrecht. Das Immobiliarvermögen selbst ist durch eine komplizierte Eigentümerstruktur gekennzeichnet. Die Werkshalle, in der sich das Kraftwerk befindet, ist ungetrennt mit einer Lagerhalle für Kartonagen verbunden. Die beiden Obergeschosse wiederum werden von einem anderen Mieter genutzt. Die SEL AG hat die Xelee Srl mit der Bewertung des Kraftwerkes beauftragt. Gemäß den Gutachten der Xelee Srl vom 17. Juli 2006 beläuft sich der ,valore corrente di utilizzo' auf insgesamt 70.000,00 Euro. Nach ausführlicher Diskussion beschließt der Verwaltungsrat auf Basis dieser Bewertung das angebotene Kraftwerk mit dem genannten Immobiliarvermögen nicht anzukaufen. Dabei führt der Verwaltungsrat als weitere Begründung an, dass zurzeit das Vergabeverfahren für die Konzession des geplanten Eisack-Kraftwerkes läuft und dabei insgesamt sieben Konkurrenzprojekte vorliegen; somit besteht auch keine Sicherheit, die Konzession zu erlangen."

Maximilian Rainer beschreibt die Ablehnung des Ankaufs durch den Verwaltungsrat in seiner Stellungnahme sieben Jahre später lapidar: „Die Entscheidung fiel einstimmig und ohne große Diskussion."

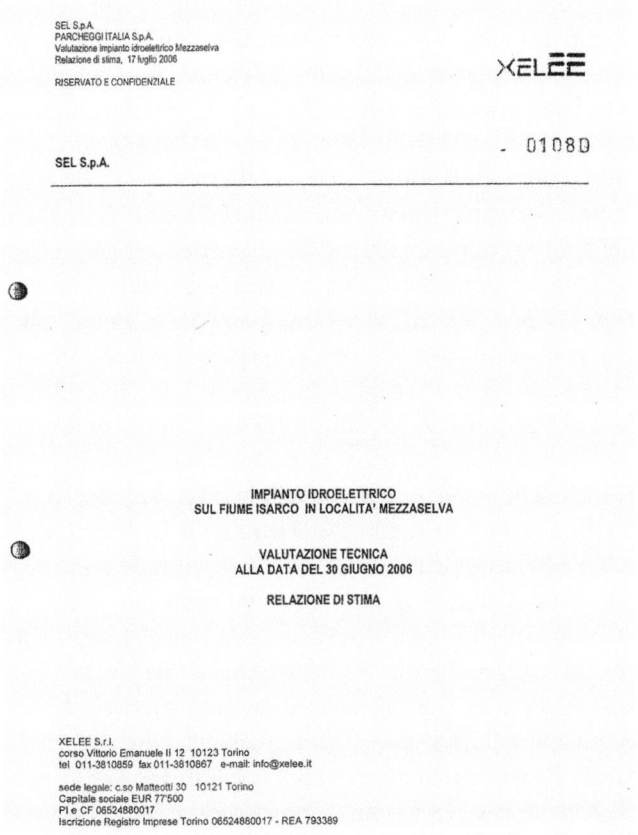

Die Staatsanwaltschaft wirft Maximilian Rainer und Klaus Stocker vor, den SEL-Verwaltungsrat unter Vorspiegelung falscher Tatsachen in die Irre geführt zu haben, um den Kauf des Kraftwerks zu verhindern. Gutachter Roberto Pallaver zerpflückt im Gerichtsverfahren die im Verwaltungsratsprotokoll angegebenen Gründe für den Nichtankauf akribisch und weist nach, dass der Großteil der angeführten Gründe zumindest fadenscheinig ist.

Den überzeugendsten Nachweis für die These der Staatsanwaltschaft liefern aber die ehemaligen SEL-Verwaltungsräte selbst. Ihr Auftritt vor Gericht im Frühjahr 2014 gerät zur absoluten Peinlichkeit. Der kollektive Versuch, Maximilian Rainer und Klaus Stocker zu entlasten, geht in die Hose. Denn im Hauptverfahren kommt ein Detail ans

Tageslicht, das deutlich macht, wie Maximilian Rainer mit seinem Verwaltungsrat umzuspringen gewohnt war. Bis dahin geben alle Verwaltungsräte als Hauptgrund für den Nichtkauf den Preisunterschied zwischen den Vorstellungen des Verkäufers Parcheggi Italia von 500.000 Euro und dem Morelli-Gutachten mit 70.000 Euro an. Vor Gericht direkt gefragt, können sich die Verwaltungsräte aber plötzlich nicht mehr genau erinnern, ob sie das Morelli-Gutachten bei der Entscheidung vorliegen hatten. Die Ermittler haben zu diesem Zeitpunkt längst dokumentiert, dass es das angebliche Gutachten gar nicht gibt. Michele Morelli übermittelt erst am 22. Dezember 2006, also rund einen Monat nach der Entscheidung des Verwaltungsrats, einen ersten Entwurf seines Gutachtens an Maximilian Rainer. Der Entwurf ist auf den 17. Juli 2006 rückdatiert und nicht unterzeichnet.

Offiziell schickt Morelli – wie er selbst 2014 vor Gericht aussagt – sein Gutachten sogar erst im Frühjahr 2007 an die SEL. Maximilian Rainer, der auch als Protokollführer bei den Verwaltungsratssitzungen fungiert, lässt das Gutachten im Nachhinein an das offizielle Verwaltungsratsprotokoll anfügen. Damit soll der Anschein erweckt werden, dass das Gutachten bereits im November 2006 zu den Unterlagen der entscheidenden Verwaltungsratssitzung gehört hat.

Der wichtigste Grund für den möglichen Ankauf wird im SEL-Verwaltungsrat aber erst gar nicht erwähnt. Sollte das Großkraftwerk – die SEL hat ihr zweites Projekt über die Eisack Energie AG erst sechs Monate zuvor offiziell eingereicht – verwirklicht werden, müssen die kleinen Kraftwerksbetreiber beteiligt oder entschädigt werden. Diese Beteiligung ergibt sich im Verhältnis zu ihrer konzessionierten Stromproduktion und nicht jener Produktionsmenge, die sie in Wirklichkeit erreichen.

Demnach sind weder der marode Zustand des Kraftwerks noch seine Unterbringung in einer ungeteilten Lagerhalle relevant. Was einzig und allein zählt, ist die in der Konzession angegebene maximale Jahresleistung. Diese liegt beim Mittewalder Kraftwerk bei fast 4,5 Millionen Kilowattstunden im Jahr.

Weil die SEL bei ihrem im März eingereichten Projekt für das Eisack-Großkraftwerk die Wasserfassung etwas südlicher versetzt hat, reduziert sich die ursprünglich angepeilte Jahresproduktion von 180 auf 148 Millionen Kilowattstunden. Acht Wochen vor der Entscheidung des SEL-Verwaltungsrates zum Nichtankauf des Mittewalder Kraftwerks am 5. Oktober 2006 findet eine Aussprache zwischen dem Landeshauptmann und der Familie Plunger und ihren Beratern statt. Maximilian Rainer schreibt einen Tag vorher für Luis Durnwalder ein Promemoria für dieses Treffen. Seine Befürchtung: Familie Plunger wird verlangen, dass die ursprünglich ausgehandelte Beteiligung von 8,5 Prozent unter diesen Bedingungen erhöht wird. Als Maximilian Rainer und Klaus Stocker am 24. November 2006 im SEL-Verwaltungsrat dafür plädieren, das Kleinkraftwerk der Parcheggi Italia nicht anzukaufen, kennen also beide den eigentlichen Wert der Anlage genau. Die 4,5 Millionen Kilowattstunden, die das Mittewalder Kraftwerk im Jahr produziert, entsprechen rund 3 Prozent der Jahresproduktion des von der SEL geplanten Eisack-Großkraftwerks. Rechnet man diese Beteiligung auf eine Konzessionsdauer von 30 Jahren hoch, so steht am Ende ein Gewinn von rund 9 Millionen Euro. Geld, das nicht in die SEL fließen soll, sondern in die eigene Brieftasche.

Mittagessen im Sacher

Dass Maximilian Rainer den Nichtkauf durch die SEL detailliert plant und das Duo Rainer/Stocker den eigenen Verwaltungsrat bewusst in die Irre führt, macht ein anderes Detail noch deutlicher. Am 22. November 2006, also zwei Tage vor der Sitzung und Entscheidung des Verwaltungsrates, schickt die Direktionssekretärin der SEL und Rainers persönliche Referentin, Renate Niedermair, eine E-Mail an Johann Breiteneder. Unter dem Betreff „Besuch in Wien" heißt es:

„Herr Direktor Maximilian Rainer wird am 6. und 7. Dezember in Wien sein. Er möchte Sie herzlich am 6. Dezember um 12.30 Uhr ins Restaurant des Hotel Sacher zum Mittagessen einladen. Ich würde mich über eine kurze Zusage sehr freuen und sende herzliche Grüße."

Johann Breiteneder antwortet sechs Tag später, dass er am 6. und am 7. Dezember 2006 verhindert sei. Der Wiener Unternehmer schlägt seinerseits ein Treffen zum Mittagessen am 12. oder 13. Dezember 2006 vor.

Zu Mittag des 12. Dezember 2006 treffen sich Maximilian Rainer und Johann Breiteneder in Wien. Maximilian Rainer erklärt Breiteneder, dass der SEL-Verwaltungsrat abgelehnt habe, dass er für das Kraftwerk aber einen neuen Käufer habe. „Rainer hat mir dann die Daten der Stein an Stein GmbH als neuen Käufer gegeben", erinnert sich Johann Breiteneder. Doch Maximilian Rainer fixiert auch die wichtigsten Eckpunkte des Kaufes. Noch am selben Nachmittag, nach dem Treffen mit Rainer, schickt Breiteneder eine E-Mail an seinen Wirtschaftsberater und seinen Geschäftsführer in Mailand:

> „In Bezug auf das heutige Treffen mit Doktor Rainer von der SEL AG wegen des geplanten Verkaufs des Wasserkraftwerkes in Mittewald und einiger Grundstücke/Gewerbebauten möchte ich wie folgt zusammenfassen ..."

Es folgt eine genaue technische Beschreibung der Verkaufsoperation mit Preis und Terminen. Am 20. Dezember 2006 soll der Vorvertrag notariell abgeschlossen werden und der endgültige Kaufvertrag spätestens am 15. März 2007 stehen. Als Käuferin gibt Johann Breiteneder in dem Schreiben „Diplomingenieurin Petra Windt" und ihre Telefonnummer an.

Verkäufer Johann Breiteneder und Käuferin Petra Windt haben sich aber nie gesehen und werden sich auch nicht sehen. Es ist Maximilian Rainer, der den Deal einfädelt und bis ins Detail durchorganisiert. Petra Windt sagt im Verhör später über Rainers Rolle beim Verkauf aus:

> „Ich habe ihm dann gesagt, dass ich jemand vor Ort in Italien brauche, der alles erledigen würde. Rainer hat mir den Dr. Schweitzer empfohlen. Ich habe mich dann mit Dr. Schweitzer in Verbindung gesetzt. Er hat sich um alles gekümmert."

Es ist kein Zufall, dass Maximilian Rainer ausgerechnet Paul Schweitzer empfiehlt. Der Bozner Wirtschaftsberater ist seit Jahren nicht nur der private Berater der Familie Rainer, sondern Paul

Schweitzers berufliche Beziehung zum SEL-Direktor geht so weit, dass er sogar eine Art Treuhänderrolle für Maximilian Rainer übernimmt.

Vor diesem Hintergrund wird verständlich, dass Paul Schweitzer auch beim Deal um das Mittewalder Kleinkraftwerk zum Hauptakteur wird. Maximilian Rainer ist am 12. Dezember 2006 noch gar nicht nach Bozen zurückgekehrt, da wird Paul Schweitzer bereits der erste Entwurf des Kaufvorvertrages aus Mailand zugesandt. Windt hat den Vertrag, keine 20 Minuten nachdem sie ihn erhalten hat, an den Bozner Wirtschaftsberater weitergeleitet.

Ab jetzt ist es Schweitzer, der die Verhandlungen mit den Verkäufern führt. Der Operationskalender ist dabei von Anfang an zeitlich sehr eng gesteckt. Der Grund dafür: Petra Windt hat bereits vorher eine Urlaubsreise gebucht, die die Unternehmerin am 21. Dezember 2006 antreten will. Bis dahin soll alles über die Bühne gegangen sein.

Der Kaufvorvertrag wird von Paul Schweitzer in den darauffolgenden Tagen nochmals überarbeitet. Man kommt überein, dass dieser Vorvertrag in Wien vor dem Wiener Notar Werner Altmann unterschrieben werden soll. Es ist Schweitzer, der den Vorvertrag am Nachmittag, den 20. Dezember 2006 an Notar Altmann nach Wien mailt. Wenig später unterzeichnet Petra Windt den Vorvertrag. Johann Breiteneder hingegen unterschreibt am nächsten Vormittag in der Wiener Notarkanzlei.

Ein Detail am Kaufvortrag macht deutlich, welche Rolle Petra Windt von Anfang in diesem Geschäft spielt. Der vor Notar Werner Altmann unterzeichnete Vorvertrag liegt ausschließlich in italienischer Sprache vor. Die Aufgabe des Notars ist es, nur die Unterschriften zu beglaubigen. Während Johann Breiteneder perfekt Italienisch spricht, weiß die Pflastersteinunternehmerin an diesem Dezembertag in Wien nicht, was sie unterschreibt. Sie kann kein Italienisch. Übersetzung gibt es keine. Petra Windt unterschreibt somit einen Vorvertrag, den sie ob ihrer mangelnden Italienischkenntnisse gar nicht lesen kann. Im Vertrag ist auch festgelegt, dass die Käuferin mit der Unterzeichnung eine Anzahlung von 100.000 Euro leisten muss. Petra Windt zahlt so am 21. Dezember 2006 100.000 Euro auf ein Konto der Breiteneder Holding bei der Bank Austria in Wien an. Petra Windt zahlt damit für ein Kraftwerk, das sie noch nie gesehen hat. „Es war einfach keine Zeit mehr für einen Lokalaugenschein", meint sie im Mai 2014 süffisant vor Gericht, „aber ich bekam Informationen über das Kraftwerk von Maximilian Rainer."

Ein weiteres Detail, das bisher nicht aufgefallen ist: Der Kaufvorvertrag wird am 20. Dezember 2006 unterschrieben, es ist genau der 45. Geburtstag von Maximilian Rainer. Mit der Unterzeichnung dieses Vertrages wird der Stein-an-Stein-Deal eingeleitet. Nur ein Zufall, oder macht sich hier jemand selbst ein unorthodoxes Geburtstagsgeschenk?

Südtiroler Finanziers

*„Die beiden Präsidenten haben die
Gelegenheit für eine mögliche Beteiligung
an einem Kraftwerk, die ansonsten
schwer zu erreichen war, erkannt."*

Maximilian Rainer in seiner Stellungnahme
an die Staatsanwaltschaft (April 2013)

Franz Pircher

Zum Jahreswechsel 2006/07 ist Petra Windt vier Wochen lang im Urlaub und außer Landes. Als die Wiener Unternehmerin Ende Jänner 2007 wieder zurückkommt, geht die Operation Mittewalder Kleinkraftwerk in die nächste Phase.

Inhaltlich sieht der im Dezember 2006 unterzeichnete Vorvertrag zwei alternative Szenarien vor: den Verkauf des Kraftwerks, der gesamten Immobilien und Grundstücke an die Stein an Stein GmbH zu einem Gesamtpreis von 500.000 Euro oder den Verkauf nur des Kraftwerks und eines Zubehörgrundstückes um 200.000 Euro. Der Grund für diese beiden Szenarien ist ein Mietvertrag, den die Parcheggi Italia im August 2004 mit dem Unternehmen Greithwald GmbH der Brüder Günther und Othmar Engl abgeschlossen hat. Der lokale Küchenhersteller mietet sich in die leer stehende Halle ein, in der auch das Kraftwerk betrieben wird. Der Mietvertrag hat eine Laufzeit von sechs Jahren und beinhaltet ein Vorkaufsrecht auf die gemieteten Immobilien und Gründe.

Weil zu diesem Zeitpunkt noch nicht klar ist, ob die Greithwald GmbH dieses Vorkaufsrecht wahrnimmt und der Verkauf direkt von der Parcheggi Italia oder über die neuen Käufer erfolgen soll, sieht man vorerst beide Versionen im Vorvertrag vor.

Anfang Februar macht der Mittewalder Küchenhersteller von seinem Vorkaufsrecht Gebrauch und erwirbt für 300.000 Euro die Gebäude und Grundstücke rund um das Kraftwerk. Damit wird klar, dass im bereits unterschriebenen Vorvertrag zwischen Petra Windt und Parcheggi Italia Variante B zur Anwendung kommt. Das heißt, dass die Wiener Stein an Stein nur das Kraftwerk um rund 200.000 Euro ankauft.

Am 21. Februar 2007 kommt Petra Windt dann erstmals nach Bozen. Der Grund: Es steht die Gründung einer italienischen Tochterfirma ihres Wiener Unternehmens an. Die Vorbereitungsarbeiten für die Gründung macht Wirtschaftsberater Paul Schweitzer. Bevor Windt aber zu ihrem Wirtschaftsberater geht und den Notartermin wahrnimmt, absolviert die Wiener Unternehmerin einen ganz anderen Besuch. Sie sucht Maximilian Rainer in seinem Büro in der SEL-Direktion auf.

Vor Gericht sagt Petra Windt später aus, sie habe an diesem Vormittag mit dem SEL-Generaldirektor einen Tee getrunken. Bei ihrer Zeugeneinvernahme am 27. März 2012 durch Oberstaatsanwalt

Guido Rispoli in Wien nannte sie für das Treffen einen anderen Grund:

„Am 27.02.2007 bin ich nach Südtirol gefahren, um die Gesellschaft zu gründen. Vor der Unterzeichnung war ich bei Maximilian Rainer im Büro. Er hat mir gesagt, dass Schweitzer alles vorbereitet hatte und dass ich all das unterschreiben möge, ohne mir Sorgen zu machen.“

Am Nachmittag des 27. Februar 2007 geht Petra Windt zusammen mit dem Wirtschaftsberater Paul Schweitzer zum Bozner Notar Walter Crepaz. In der Notariatskanzlei Kleewein & Crepaz unterschreibt die Wiener Unternehmerin den Gründungsakt der Stein an Stein Italia GmbH. Schweitzer hat vorher sowohl die Gründungsurkunde als auch die Satzung der Stein an Stein Italia GmbH entworfen. Die neue Gesellschaft ist eine 100-prozentige Tochter der Stein an Stein Natur- und Systemsteinverlegungen GmbH in Wien. Das Gesellschaftskapital beträgt 15.000 Euro und wurde bereits bei der Bozner Raiffeisen Landesbank eingezahlt; seinen Rechtssitz hat das Unternehmen in Bozen in der Weintraubengasse 50, der Kanzlei von Paul Schweitzer.

In Artikel 2 der Gesellschaftssatzungen heißt es:

„Zweck der Gesellschaft ist die Erzeugung, die Benutzung, die Umwandlung, der Ausgleich und die Bilanzierung, der Transport, der Ein- und Verkauf, sowie der Vertrieb und Handel von Energie jeder Art, die Projektierung, die Finanzierung, der Bau und die Errichtung, sowie der Betrieb der entsprechenden Anlagen und Einrichtungen, insbesondere von Wasserkraftwerken.“

Die Stein an Stein Italia GmbH soll der offizielle Käufer des Mittewalder Kleinkraftwerks sein. Deshalb wird bereits im Gründungsakt der Gesellschaft als Betriebssitz „Gemeinde Franzensfeste, Fraktion Mittewald, Fabrikstraße Nr. 1“ angegeben. Dort steht das Kleinkraftwerk der Parcheggi Italia.

System Spezialvollmacht

Petra Windt erlebt an diesem Nachmittag, kurz bevor sie den Gründungsakt der Stein an Stein Italia unterschreibt, aber eine böse Überraschung, die eine Erklärung für Rainers Aufforderung „dass ich all das unterschreiben möge, ohne mir Sorgen zu machen" liefert. Paul Schweitzer legt der Wiener Unternehmerin eine „Spezialvollmacht" zur Unterschrift vor. Mit dieser Vollmacht überträgt Windt die gesamte Verfügungsgewalt über die soeben gegründete Stein an Stein Italia an den Wirtschaftsberater Paul Schweitzer. In der Vollmacht ist auch ausdrücklich festgehalten, dass Schweitzer „Anteile der Gesellschaft zum Nominalwert verkaufen oder übertragen kann". Von dieser Spezialvollmacht war aber vorher nie die Rede gewesen. Petra Windt in ihrer Zeugenaussage:

> „In seiner Kanzlei hat mir Dr. Schweitzer nebenbei eine Spezialvollmacht vorgelegt, aufgrund welcher Dr. Schweitzer mit der Gesellschaft alles machen konnte, ohne jegliche Genehmigung meinerseits zu benötigen. Ich habe mich sehr geärgert und habe ihn gefragt: Wozu ist das notwendig. Er hat mir geantwortet: aus Sicherheitsgründen. Beim Notar habe ich dann die Spezialvollmacht unterschrieben."

Was Petra Windt nicht weiß: Es ist nicht das ersten Mal, dass Paul Schweitzer und Maximilian Rainer dieses Spiel mit der Spezialvollmacht genau so umsetzen. In den Akten derselben Notarkanzlei Kleewein & Crepaz in der Bozner Gumergasse 9 liegt zu diesem Zeitpunkt seit 17 Monaten eine andere Spezialvollmacht auf. In diesem Schriftstück geht es ebenfalls um eine Gesellschaft, der ein Südtiroler Kraftwerk gehört. Und auch hier tauchen dieselben Akteure auf.

Es bedarf einer kurzen Rückblende: Am 28. September 2005 wird ebenfalls vor Notar Walter Crepaz die Burgumer Energie GmbH gegründet. Die Gesellschaft gehört offiziell den drei Geschwistern Hofer. Unmittelbar nach der Firmengründung unterschreibt Benno Hofer – er hält 42 Prozent der Anteile an der neu gegründeten Gesellschaft – vor dem Notar eine Sondervollmacht, in der er 27 Prozent an Paul Schweitzer übergibt.

Spezialvollmacht für Paul Schweitzer: Petra Windt übergibt die Verfügungsgewalt.

Die Parallelen sind augenscheinlich. Beide Vollmachten werden von Paul Schweitzer verfasst, und er ist auch der Begünstigte. Die Vollmacht, die Benno Hofer im September 2005 unterzeichnet, und jene Vollmacht, die Petra Windt im Februar 2007 unterschreibt, sind textlich absolut deckungsgleich. Ausgetauscht wurden nur die Firmennamen und der Name Benno Hofer mit Petra Windt.

Was aber entscheidend ist, in beiden Vollmachten steht derselbe Satz:

„Diese Vollmacht ist unwiderruflich."

In beiden Fällen wird damit die Verfügungsgewalt über einen Teil des Unternehmens von Benno Hofer und das gesamte Unternehmen von Petra Windt unmittelbar nach der Gründung an Paul Schweitzer überschrieben. Ein Akt, der nicht mehr rückgängig gemacht werden kann.

Anhand der Vollmacht von Benno Hofer und der Geschichte der Burgumer Energie GmbH lässt sich auch schlüssig nachzeichnen, wofür es diese Vollmacht über die Stein-an-Stein-Anteile in Wirklichkeit braucht.

Kurz bevor das Kraftwerk der Burgumer Energie in Betrieb geht, verkauft Paul Schweitzer mit der Spezialvollmacht die 27 Prozent zum Nominalwert an die Veroneser Treuhandfirma AF Società di Amministrazione Fiduciaria Spa. Als die Finanzwache Jahre später die Bücher offenlegt, wird der offizielle Käufer und Treugeber namhaft gemacht: Er heißt Maximilian Rainer.

Paul Schweitzer überrumpelt Petra Windt an diesem Tag Ende Februar 2007 mit besagter Spezialvollmacht. Warum die Wiener Unternehmerin die Unterzeichnung nicht verweigert hat, erklärt sie vor Oberstaatsanwalt Guido Rispoli so:

„Ich habe beschlossen, keine Einwände zu machen, da sonst die Gesellschaftsgründung und der damit verbundene Kauf des Kraftwerks nicht stattgefunden hätten. Ich habe bereits 100.000 Euro als Angeld für den Kaufvortrag bezahlt und Herr Breiteneder war nur bis Ende März an diesen Kaufvorvertrag gebunden."

Die Situation, in der sich Petra Windt Ende Februar 2007 befindet, ist verzwickt. Verweigert sie die Unterschrift, ist das Risiko hoch, dass das Geschäft platzt und sie ihre 100.000 Euro Anzahlung nicht mehr zurückbekommt. Deshalb unterschreibt sie die Spezialvollmacht.

Am 9. März 2007 schickt Paul Schweitzer per E-Mail eine neue Vollmacht an Petra Windt. Die Wiener Unternehmerin erteilt dem Bozner Wirtschaftsberater mit diesem Schriftstück die Befugnis, bei einer Bank ein Darlehen bis zu 300.000 Euro aufzunehmen und das Mittewalder Kraftwerk anzukaufen. Spätesten Ende Februar 2007 dürfte Petra Windt merken, welches Spiel mit ihr gespielt wird. Sie erinnert sich:

„Verärgert bin ich nach Wien zurückgekommen und habe mir die ganze Geschichte nochmals überlegt. Ich habe mich entschieden, für die Reisekosten und Verwaltungstätigkeit ein Gehalt zu verrechnen. Ich habe den Betrag je nach ausgeführter Tätigkeit festgesetzt. Die unternehmerischen Entscheidungen wurden ab diesem Zeitpunkt nur von Schweitzer getroffen und ich habe mich darauf beschränkt, nur das zu unterschreiben, was mir zugesendet wurde."

Am 21. Juni 2007 stellt Petra Windt über die österreichische Stein an Stein Natur- und Systemsteinverlegungen GmbH gleich zwei Rechnungen über insgesamt 15.200,40 Euro an ihre italienische Tochterfirma. In den darauffolgenden Jahren zahlt die Stein an Stein Italia jährlich eine „Pauschale für die wirtschaftliche Beratung" an die Wiener Unternehmerin. 2008 sind es 12.000 Euro, 2009 und 2010 jeweils 18.000 Euro. Petra Windt gibt ihren Namen her, doch die Kontrolle über die Verfügungsgewalt über das Mittewalder Kraftwerk haben längst andere.

Ab Anfang 2007 verlaufen die weiteren Verhandlungen ausschließlich zwischen dem Parcheggi-Italia-Manager Andrea Levi und Paul Schweitzer. Schweitzer fährt mehrmals nach Mailand zu Levi und der Mailänder Geschäftsführer kommt auch zweimal nach Bozen. Weil sich der Abschluss des endgültigen Kaufvertrages verzögert, beschließen der Verkäufer und der Käufer in einem Zusatzprotokoll, die Frist für die Operation vom 15. März 2007 auf den 12. April 2007 zu verlängert. Ebenso wird vereinbart, dass sich der im Vorvertrag festgelegte Kaufpreis wegen dieser – vom Verkäufer verursachten – Verzögerung um 14.000 Euro verringert.

Am 12. April 2007 wird in der Kanzlei des Bozner Notars Walter Crepaz dann der endgültige Kaufvertrag unterzeichnet. Petra Windt kommt dafür nochmal nach Bozen. Das Mittewalder Kleinkraftwerk geht zum Kaufpreis von 186.000 Euro in den Besitz der Stein an Stein Italia über. Andrea Levi, der die Wiener Unternehmerin zum ersten Mal bei der Vertragsunterzeichnung sieht, sagt fünf Jahre später vor den Ermittlern aus: „Bei dieser Gelegenheit hatte ich den Eindruck, dass die Frau Petra Windt in Wirklichkeit nicht im eigenen Namen agiert."

Der Bruder des Präsidenten

Am Morgen des 12. April 2007 – an dem Tag, als in der Notariatskanzlei Kleewein & Crepaz der Verkauf des Mittewalder Kraftwerks erfolgt – erscheint in der Filiale der Banca Popolare di Verona e Novara in der Via Petraca 1 in Trient ein etwas untersetzter Mann. Es ist der Aurer Wirtschaftsberater Rudolf Stocker. Der heute 64-jährige Stocker ist der Bruder des SEL-Präsidenten Klaus Stocker. Gemeinsam betreiben Rudolf und Klaus Stocker jahrelang verschiedene Unternehmen und eine gemeinsame Kanzlei. Rudolf Stocker ist im Südtiroler Unterland nicht nur ein gefragter Wirtschaftsberater, er gilt auch als überaus gewiefter Geschäftsmann.

Paul Schweitzer eröffnet bereits Ende März für die Stein an Stein Italia in der Filiale der Trentiner Volksbank ein Konto. An diesem 12. April unterzeichnet Rudolf Stocker eine Bürgschaft in der Höhe von 450.000 Euro zugunsten der Stein an Stein Italia. Diese Bürgschaft braucht es, um den Kauf des Mittewalder Kraftwerks zu finanzieren.

Es werden Zirkularschecks über 95.800 Euro ausgestellt. Mit diesem Geld wird noch am selben Tag in Bozen nach der Anzahlung von 100.000 Euro der ausstehende Betrag von 86.000 Euro an die Parcheggi Italia gezahlt.

Während der Unterzeichnung des Kaufvertrages in der Kanzlei von Notar Walter Crepaz treffen sich auch Petra Windt und Rudolf Stocker zum ersten Mal. Man geht gemeinsam einen Kaffee trinken, und dabei eröffnet der Aurer Wirtschaftsberater der Wienerin, dass er für den Kauf eine Bankbürgschaft geleistet hat.

Rudolf und Klaus Stocker erklären sieben Jahre später im Gerichtssaal unisono, dass man natürlich vorher über das Mittewalder Kleinkraftwerk gesprochen habe. Diese Gespräche seien aber erst nach der Ablehnung des Kaufangebotes durch den SEL-Verwaltungsrat erfolgt. Der SEL-Präsident hätte seinen Bruder damals an Paul Schweitzer verwiesen. Interessant aber ist, dass Klaus Stocker, der angeblich nach einem Lokalaugenschein neun Monate zuvor „vom desolaten Zustand des Kraftwerks nachteilig überrascht und schockiert gewesen war", seinen Bruder nicht vom Geschäft abhält und ihn an den Bozner Wirtschaftsberater verweist.

Noch absurder aber ist, dass Rudolf Stocker eine Bankbürgschaft über fast eine halbe Million Euro für eine Gesellschaft macht, die offiziell einer wildfremden Wiener Unternehmerin gehört und für die der Aurer Wirtschaftsberater keinen Cent erhält.

Taucht hier ein edler Spender wie der Deus ex Machina auf? Ein nobler und stiller Finanzier?

Rudolf Stocker versucht, dieses Paradoxon im Gerichtssaal aufzulösen. „Nachdem ich mir die Unterlagen angeschaut hatte, erklärte ich, dass ich helfen kann", sagt Stocker im Zeugenstand. Der Aurer Wirtschaftsberater definiert seine Rolle als eine Art „Garant". Die angeblichen Bedenken seines Bruders wischt er mit einem Satz beiseite. „Ich bin Wirtschaftsberater und brauche sicher nicht meinen Bruder, um zu erkennen, was ein Geschäft ist und was nicht", sagt Rudolf Stocker durchaus selbstbewusst vor Gericht.

Rudolf Stockers Bürgerschaft ermöglicht es der Stein an Stein Italia GmbH, Petra Windt im wahrsten Sinne des Wortes auszuzahlen. Nach der Unterzeichnung des Kaufvertrages erhält die Wiener Unternehmerin jene 15.000 Euro zurück, die sie als Gesellschaftskapital bei der Gründung der Stein an Stein Italia eingezahlt hat. Vier Tage später werden vom Konto in Trient jene 100.000 Euro an Windt zurücküberwiesen, die sie als Anzahlung geleistet hat.

Petra Windt ist damit aus dem Spiel. Auf dem Papier ist die Wiener Pflastersteinunternehmerin zwar weiterhin Besitzerin eines Kraftwerkes in Südtirol, in Wirklichkeit ist sie eine reine Strohfrau.

Die Verfügungsgewalt über die Stein an Stein Italia hat Windt bereits bei der Gründung durch die Spezialvollmacht an Paul Schweitzer übertragen. Jetzt legt Windt auch jede finanzielle Verpflichtung ab. Denn sie hat weder einen Cent in das Unternehmen investiert, noch trägt sie irgendein finanzielles Risiko.

Das gesamte finanzielle Risiko liegt jetzt bei dem Mann, der bei der Bank für 450.000 Euro bürgt: Rudolf Stocker.

Osttiroler Zusammenarbeit

Doch nicht nur Rudolf Stocker, der Bruder des SEL-Präsidenten, zeigt sich plötzlich an dem Mittewalder Kraftwerk interessiert. Am 10. Juli 2007 gründet der Osttiroler Wirtschaftsberater Martin Kofler vor dem Notar Hans Peter Falkner in Lienz die EVB Energie Verwaltungs- und Beteiligungs-GmbH. Der Gesellschaftszweck des Unternehmens mit einem Gesellschaftskapital von 35.000 Euro lautet:

„Gegenstand des Unternehmens ist die Planung und Errichtung von Energieversorgungsunternehmen sowie die Ausübung des Handelsgewerbes; die Beteiligung an Unternehmungen und Übernahme deren Geschäftsführung; die Errichtung von Zweigniederlassungen im In- und Ausland."

Firmengründer und Alleininhaber Martin Kofler, der von 1998 bis 2004 als ÖVP-Bürgermeister seiner Heimatgemeinde Heinfels vorsteht, ist nicht nur Wirtschafts- und Steuerberater. In seiner Kanzlei vertritt er auch die international tätige Wiener TPA Treuhand Partner Austria Wirtschaftstreuhand und Steuerberatung GmbH.
Die neugegründete EVB GmbH wird schon wenig später in Südtirol aktiv. Am 31. August 2007 kauft die Osttiroler Firma 30 Prozent der Stein an Stein Italia. Der Kaufpreis ist der Nominalwert von 4.500 Euro. Auch dieses Geschäft läuft über Paul Schweitzer. Der Wirtschaftsberater nutzt beim Verkauf der Anteile aber nicht seine Spezialvollmacht. Petra Windt muss nach Bozen kommen, um den Kaufvertrag in der üblichen Notarkanzlei zu unterschreiben.
Bei diesem Verkauf tritt jetzt ein zweiter Akteur aus dem Umfeld der SEL-Spitze auf: Auf Seiten der EVB GmbH wickelt das Geschäft nämlich der Brunecker Wirtschaftsberater Franz Pircher ab.
Franz Pircher ist nicht nur einer der engsten Freunde und Vertrauten von Landeshauptmann Luis Durnwalder, der ehemalige Obmann des SVP-Bezirkes Pustertal ist seit der Gründung der SEL auch deren Aufsichtsratspräsident. In dieser Funktion ist Franz Pircher auch bei der Sitzung vom 24. November 2006 anwesend, als der Verwaltungsrat der SEL beschließt, das Kraftwerk nicht anzukaufen. Aufsichtsräte haben zwar kein Stimmrecht, doch ist es nicht nur in der

SEL durchaus Usus, dass sie sich an den Diskussionen im Verwaltungsrat beteiligen. Nach übereinstimmenden Aussagen ist Franz Pircher in diesem Sinne ein durchaus aktiver Aufsichtsratspräsident. Ist bereits diese Optik etwas schief, so kommt es bald noch bunter. Franz Pirchers Engagement um das Mittewalder Kleinkraftwerk ist so intensiv, dass man zu munkeln beginnt, dass der SEL-Aufsichtsratspräsident der Besitzer der EVB GmbH und der eigentliche Teilhaber am Mittewalder Kraftwerk sei. Pircher bestreitet diese Unterstellungen energisch auch vor dem Staatsanwalt. Als Oberstaatsanwalt Guido Rispoli den SEL-Aufsichtsratspräsidenten am 22. November 2011 anhört, tischt Pircher seine Version auf:

„Ich habe erst im Juni/Juli 2007 auf ein Angebot des Stocker Rudi über die Gesellschaft Stein an Stein Kenntnis genommen. Er hat mir eine Beteiligung von 30 Prozent angeboten. Ich habe das Angebot wegen meiner Funktion als Rechnungsprüfer innerhalb der SEL AG nicht angenommen, wohl aber einen Freiberuflerkollegen aus Osttirol empfohlen. Diesen meinen Freiberuflerkollegen kenne ich seit längerer Zeit und ich habe steuerrechtliche Beziehungen zu ihm. Er heißt Kofler Martin."

Doch Franz Pircher hat Pech. Am 20. September 2011 durchsuchen Beamte der Finanzpolizei auf Anordnung von Oberstaatsanwalt Guido Rispoli das Büro des Wirtschaftsberaters in Bruneck. Dabei beschlagnahmen sie unter anderem die Festplatte von Pirchers Computer. Bei der Auswertung der Daten finden die Ermittler auf dem Computer ein Dokument, das beweist, dass der SEL-Aufsichtsratspräsident nicht die Wahrheit sagt. In dem Dokument, das eindeutig irrtümlicherweise auf dem Bürocomputer vergessen wurde, heißt es:

„TREUHANDVERTRAG abgeschlossen zwischen Herrn Dr. Franz Pircher, […] als Treugeber einerseits, und Herrn Mag. Martin Kofler, […] als Treuhänder andererseits wie folgt:
I. Herr Mag. Martin Kofler ist aufgrund der soeben errichteten Erklärung über die Errichtung einer Gesellschaft mit beschränkter Haftung, GZ. des beurkundenden Notars Dr. Hans Peter Falkner mit dem Amtssitz in Lienz, Gesellschafter der Energie Verwaltungs-und Beteiligungs-GmbH mit dem Sitz in Lienz.

Der Geschäftsanteil des Herrn Mag. Martin Kofler entspricht einer mit einem Betrag von 17.500,00 Euro zur Hälfte bar einbezahlten Stammeinlage von 35.000,00 Euro

II. Herr Mag. Martin Kofler erklärt hiermit, diesen Geschäftsanteil an der Energie Verwaltungs- und Beteiligungs-GmbH nicht auf eigene Rechnung erworben zu haben, sondern als Treuhänder des Herrn Dr. Franz Pircher, der ihm dazu den Betrag von 20.000,00 Euro (zwanzigtausendfünfhundert Euro) [sic! Anm. d. A.] zur Verfügung gestellt hat."

Das Dokument ist ein Entwurf. Die Ermittler gehen davon aus, dass es eine unterzeichnete Version dieses Vertrages irgendwo in einem Safe oder Bankschließfach gibt.

Die EDV-Spezialisten der Carabinieri-Sondereinheit ROS haben anhand der gespeicherten Daten ermittelt, dass der Entwurf am 9. Juli 2007 auf Franz Pirchers Computer geschrieben und noch am selben Tag um 16.28 Uhr dort auch ausgedruckt wurde.

Einen halben Tag später, am Vormittag des 10. Juli 2007, gründete Martin Kofler dann – genauso wie es im Treuhandvertrag auch vorgesehen ist – vor dem Lienzer Notar Hans Peter Falkner die EVB GmbH.

Die Ermittler weisen Franz Pircher auch nach, dass er am selben Tag 20.000 Euro behoben hat. Vor Oberstaatsanwalt Guido Rispoli gibt der Brunecker Wirtschaftsberater das auch zu. Nur hat er für den Geldtransfer eine andere Erklärung:

„Mit ihm [Martin Kofler – Anm. d. A.] war beabsichtigt, schon früher eine gemeinsame Zusammenarbeit für bestimmte Initiativen in Süd- und Osttirol zu entwickeln, für welche ich ihm einen Beitrag von 20.000 Euro zur Verfügung gestellt habe. Wenn ich mich recht erinnere, habe ich diese 20.000 Euro im Sommer 2007 bei meiner Bank der Sparkasse in Bruneck bar behoben (Devisen- und steuerrechtliche Meldungen erfolgten) und diese dann Herrn Kofler für zukünftige Vorhaben übergeben. Ich habe ihm diesen Betrag bar in Lienz übergeben."

Der Osttiroler Wirtschaftsberater Martin Kofler, der im Zuge eines Rechtshilfeverfahrens am 12. März 2012 in der Polizeidirektion in

TREUHANDVERTRAG

abgeschlossen zwischen

Herrn **Dr. Franz Pircher**, geb. am 5.9.1947 in Leifers, wohnhaft in 39032 Sand in Taufers, ███ Steuernummer ████████
als T r e u g e b e r einerseits, und

Herrn **Mag. Martin Kofler**, geb. 13.5.1964, Steuerberater und Unternehmensberater, ███
█████, 9920 Heinfels
als T r e u h ä n d e r andererseits wie folgt:

I.

Herr Mag. Martin Kofler ist aufgrund der soeben errichteten Erklärung über die Errichtung einer Gesellschaft mit beschränkter Haftung, GZ. des beurkundenden Notars Dr. Hans Peter Falkner mit dem Amtssitz in Lienz, Gesellschafter der

„Energie Verwaltungs-und Beteiligungs GmbH"

mit dem Sitz in Lienz.
Der Geschäftsanteil des Herrn Mag. Martin Kofler entspricht einer mit einem Betrag von € 17.500,00 zur Hälfte bar einbezahlten Stammeinlage von € 35.000,00

II.

Herr Mag. Martin Kofler erklärt hiermit, diesen Geschäftsanteil an der „Energie Verwaltungs-und Beteiligungs GmbH" nicht auf eigene Rechnung erworben zu haben, sondern als Treuhänder des Herrn Dr. Franz Pircher, der ihm dazu den Betrag von € 20.000,00 (zwanzigtausendfünfhundert Euro) zur Verfügung gestellt hat.

III.

Herr Mag. Martin Kofler verpflichtet sich als Treuhänder für sich und seine Erben (Rechtsnachfolger):

a) über den in Punkt I. beschriebenen Geschäftsanteil nicht ohne ausdrückliche Zustimmung des Treugebers zu verfügen,

Treuhandvertrag: Entwurf auf Pirchers Computer gefunden.

Sillian einvernommen wird, stellt die Sachlage ein klein wenig anders da. Kofler erklärt, Pircher erst 2007 über einen Osttiroler Bürgermeisterkollegen kennengelernt zu haben. Man habe über die Zusammenarbeit zwischen Ost- und Südtirol gesprochen und da habe der Brunecker Wirtschaftsberater die Gründung einer Gesellschaft vorgeschlagen, die sich in Südtirol an Projekten beteiligen solle. Martin Kofler weiter:

„Bereits bei der Besprechung wurde mir von Dr. Pircher mitgeteilt, dass das Kapital zur Gründung der Firma von ihm zur Verfügung gestellt wird. Dies deshalb, damit für mich kein Aufwand entsteht. Von Dr. Pircher wurde unter anderem mitgeteilt, dass es sich bei den Projekten vorwiegend um Energieprojekte handeln soll."

Die 20.000 Euro, die Franz Pircher an Martin Kofler übergibt, sind hauptsächlich für das Gesellschaftskapital der EVB GmbH (Kofler zahlt genau 17.500 Euro ein) bestimmt. Der Rest ist für Spesen und das Honorar für die Gründung der Gesellschaft gedacht.

Martin Kofler sagt zudem aus, dass es Franz Pircher war, der den Kauf des 30-Prozent-Anteils an der Stein an Stein Italia angeordnet hat. Damit ist eigentlich mehr als klar, dass der SEL-Aufsichtsratspräsident im Sommer 2007 – neun Monate, nachdem die SEL den Ankauf abgelehnt hat – fast ein Drittel des Mittewalder Kraftwerks selbst übernimmt. Die Operation läuft verdeckt über einen Osttiroler Treuhänder ab.

Die Beweislage ist aber noch drückender. Als die Beamten das Büro von Franz Pircher durchsuchen, nehmen sie sich auch seine Aktentasche vor. Darin finden die Ermittler eine Bürgschaft Franz Pirchers für die Stein an Stein Italia.

Das Unternehmen nimmt im Sommer 2011 bei der Raiffeisen Landesbank ein Darlehen von 250.000 Euro auf. Dafür bürgt Franz Pircher. Aber nicht auf dem normalen direkten Weg. Das Raiffeisen-Darlehen wird über eine Bankgarantie der Südtiroler Sparkasse abgesichert. Und für diese Bankgarantie leistet der SEL-Aufsichtsratspräsident persönlich bei der Sparkassenfiliale in Bruneck eine Bürgschaft.

Warum aber dieser komplizierte Weg, der zudem doppelte Kosten verursacht? Es gibt nur eine plausible Antwort auf diese Frage. Durch die Operation soll ein direkter Zusammenhang zwischen Franz Pircher und der Stein an Stein Italia verdeckt werden. Wie wir sehen werden, ist es nicht die einzige unorthodoxe Aktion des SEL-Aufsichtsratspräsidenten auf dem Energiesektor.

Aktive Präsidenten

Sowohl Klaus Stocker als auch Franz Pircher bestreiten bis heute, an der Stein an Stein Italia und damit am Mittewalder Kraftwerk beteiligt zu sein.

Maximilian Rainer geht im Frühjahr 2013 in seiner 24-seitigen Stellungnahme an den Staatsanwalt auch auf die Rolle von Klaus Stocker und Franz Pircher ein. Unter dem Zwischentitel „Beteiligung von Stocker und Pircher" schildert Maximilian Rainer:

> „Ich habe den beiden Präsidenten vom Ankauf des Kraftwerks durch Frau Windt erzählt. Ich kann mich nicht erinnern, ob gleichzeitig oder zu zwei verschiedenen Anlässen.
>
> Beide Herren haben dies positiv aufgenommen und nähere Informationen gewünscht. Dies betraf vor allem die Person von Frau Windt und die Umstände des Ankaufs und die Pläne, was sie mit dem Kraftwerk vorhabe. Ich habe ihnen die Informationen nach meinem Wissensstand geliefert und auch mitgeteilt, dass sie dies als Investition betrachte und auch für lokale Partner aufgeschlossen ist, wie sie behauptet hat. Prinzipiell war Frau Windt der Auffassung, dass ein lokaler Partner Sicherheit biete und auch beim Betrieb mitwirken konnte, um ihr Arbeit und Tagesgeschäft abzunehmen. Ich hatte ihr klar signalisiert, dass ich oder jemand in meinem Umfeld dies aus den bekannten Gründen nicht sein konnten.
>
> Die beiden Präsidenten haben die Gelegenheit für eine mögliche Beteiligung an einem Kraftwerk, die ansonsten schwer zu erreichen war, erkannt.
>
> Sie haben Interesse an einer Beteiligung gezeigt und nachgefragt, ob eine solche möglich wäre. Dazu habe ich aber nicht Vermittler gespielt, denn für die Kontakte habe ich sie direkt an Frau Windt verwiesen.
>
> Herr Stocker sagte, er werde seinen Bruder informieren und nachfragen, ob Interesse besteht. Von Präsident Klaus Stocker ging somit nur die Initiative aus, aktiv wurde aber Rudi Stocker.
>
> Herr Pircher zeigte sich ebenfalls interessiert, hat aber keine Einzelheiten mitgeteilt, vor allem auch keine, wie er gegebenenfalls eine Beteiligung vornehmen würde. Er hat aber schon angedeutet,

dass er überlegen wird, selbst eine Beteiligung zu erwerben oder einem befreundeten Kollegen zu empfehlen."

Maximilian Rainer belastet hiermit eindeutig Klaus Stocker und Franz Pircher. Will er damit von seiner Verantwortung ablenken, oder ist es die wahrheitsgetreue Schilderung der Rollen seiner Mitstreiter?

Rainers Handschrift

„Den Entwurf für den Vermerk
für den Landeshauptmann habe ich
geschrieben. Herr Pircher hat sich
an mich gewandt und darum gebeten."

Maximilian Rainer an den Staatsanwalt
(März 2013)

Maximilian Rainer

Der Gewässernutzungsplan oder auch Wasernutzungsplan (WNP) ist eine Art Gesamtplan zur Nutzung der öffentlichen Gewässer in Südtirol. Der Plan ist naturgemäß ein Kompromiss zwischen den Begehrlichkeiten der Strombetreiber und den Bedürfnissen der Landwirtschaft, der Umweltschützer und der Fischereiverantwortlichen. 1986 wird in Südtirol erstmals ein Wassernutzungsplan genehmigt. Es dauerte 24 Jahre, bis die Landesregierung im April 2010 einen neuen und aktualisierten WNP verabschiedet.

Der Wasernutzungsplan fällt in das Aufgabengebiet von Landesrat Michl Laimer. Wo aber Laimer draufsteht, ist immer dann, wenn es um Energie oder Wasserkraft geht, vor allem Maximilian Rainer drin. Folglich ist es eine Illusion zu glauben, dass der für die SEL immens wichtige Landesplan an Rainers Büro vorübergeht, ohne dort „überarbeitet" zu werden. Das Bild, das sich den Ermittlern nach der Auswertung des E-Mail-Verkehrs zwischen Laimers Büro und der SEL bietet, macht erneut deutlich, wie sehr auch in diesem Fall die offizielle Politik und Linie der Landesverwaltung vom mächtigen SEL-Generaldirektor diktiert wird.

Das Land beginnt mit der Ausarbeitung des WNP bereits im Jahr 2004. Für die Erarbeitung dieses wichtigen Planungsinstrumentes wird eine eigene Arbeitsgruppe gebildet, in der Beamte der Abteilungen Wasser und Energie, Wasserschutzbauten, der Landesagentur für Umwelt, für Brand- und Zivilschutz, Landwirtschaft und Forstwirtschaft sitzen.

Diese Fachleute schreiben den ersten Entwurf des WNP. Die Koordination und Redaktion des Planes übernimmt der stellvertretende Direktor des Amtes für Jagd und Fischerei, Giorgio Carmignola.

Im Herbst 2006 liegt der erste Entwurf des Planes vor und besteht aus vier Teilen. Der für die Stromwirtschaft entscheidende ist der zweite Teil des Planes, er enthält die Grundsätze, die Regeln und die Kriterien für die Gewässernutzung in Südtirol.

Die Auswertung der E-Mail-Korrespondenz aus dem Büro von Landesrat Michl Laimer ergibt, dass von Oktober 2006 bis Juli 2007 der Entwurf dieses zweiten Teiles des WNP mehrmals zwischen der SEL und dem Landesrat ausgetauscht wird. Dabei flechten Rainer und seine Techniker Dutzende Änderungen in den Plan ein, damit dieser besser zu den ökonomischen Begehrlichkeiten und Plänen der Landesenergiegesellschaft passt.

Wie arrogant, selbstsicher und skrupellos dabei vorgegangen wird, zeigt sich exemplarisch an der Unterschutzstellung des Eisacks. 2006 geht der Kampf um den Eisack mit insgesamt acht eingereichten Konkurrenzprojekten für ein Großkraftwerk in die heiße Phase. Im ersten Entwurf schreiben die Fachleute des Amtes:

„In Übereinstimmung mit den in den europäischen Normen enthaltenen Geboten zur nachhaltigen Nutzung der Wasserressourcen wird prinzipiell entschieden, in den nächsten Jahren den Bau von neuen hydroelektrischen Anlagen einzuschränken, indem folgende Fließgewässer von der hydroelektrischen Nutzung ausgeschlossen werden [...] – der Eisack in der Ebene von Sterzing."

Im Oktober 2006 schickt Michl Laimer diesen Entwurf direkt an Maximilian Rainer. Dem SEL-Direktor ist die Formulierung „in der Ebene von Sterzing" zu vage. Am 24. Oktober 2006 schickt die SEL den Entwurf deshalb mit einer Änderung an Laimer zurück. Auf Vorschlag von Rainer soll die Unterschutzstellung genauer definiert werden. Rainer ändern den Text der Unterschutzstellung in:

„Der Eisack in der Ebene von Sterzing zwischen der Einmündung des Pfitscherbaches und der Einmündung des Eggerbaches (Maulserbaches)."

Mit dieser Änderung beginnt ein Spiel mit dem Wassernutzungsplan, das fast vier Jahre dauert und bei dem der Schutzbereich des Eisacks mehrmals verschoben wird. Der Grund für die andauernden Änderungen ist der plumpe Versuch der SEL, den Wassernutzungsplan so zu modellieren, dass die Konkurrenzprojekte am Eisack dadurch ausgeschaltet werden.

Verständlich wird das, wenn man weiß, dass fast alle eingereichten Projekte für die Großkraftwerke ihre Wasserfassung nördlich der Einmündung des Eggerbaches haben. Stellt man diese Zone unter Schutz, werden diese Projekte hinfällig. Auf den ersten Blick kastriert der SEL-Direktor damit auch seine eigene Gesellschaft. Denn auch das Projekt der SEL hat die Wasserfassung im vorgeschlagenen Schutzgebiet und könnte damit nicht realisiert werden. Wie wir aber wissen, hat die Landesenergiegesellschaft zwei Eisen im Feuer.

Über die Eisack Energie AG hat die SEL ein zweites Projekt eingereicht, das außerhalb des geschützten Bereichs liegt. Übrig bleiben damit nur dieses Projekt und jenes der Eisackwerk GmbH von Frasnelli/Pichler.

Im Jänner 2007 kommt es zu einem regen E-Mail-Austausch zwischen Michl Laimer und Maximilian Rainer. Schließlich lässt Laimer ganz selbstverständlich die neue, von der SEL vorgeschlagene Schutzzone umgehend in den Planentwurf einarbeiten.

Damit könnte das Duell Landesenergiegesellschaft gegen privaten Unternehmer um das Kraftwerk am Eisack nun in die entscheidende Phase gehen.

Unfall in der Regierung

Im Frühsommer 2007 ändert sich das Klima grundlegend: Die Proteste der Umweltschützer, der Umweltorganisationen und auch der Südtiroler Fischer gegen den Bau des geplanten Großkraftwerkes werden immer energischer und breiter. Die SVP und die Landespolitik beginnen 15 Monate vor den Landtagswahlen Angst um die Wählerstimmen im Eisacktal zu bekommen.

Gleichzeitig bewegt sich die private Eisackwerk GmbH geschickter und professioneller als von Maximilian Rainer & Co erwartet. Hellmuth Frasnelli und sein Partner Karl Pichler bieten den Gemeinden nicht nur großzügige Beteiligungen an, sie beginnen auch die Umweltverträglichkeitsprüfung für ihr Projekt einzuleiten.

Als Maximilian Rainer und Michl Laimer merken, dass des Projekt der Eisackwerk GmbH und dessen technische Lösung auch bei den zuständigen Landesämtern durchaus auf Zustimmung und Wohlwollen treffen, geht die Angst um, gegen den privaten Konkurrenten zu unterliegen. Man beschließt, radikal die Handbremse zu ziehen.

Am 29. Juni 2007 kommt es zu einer Aussprache, an der neben Landesrat Michl Laimer der Direktor des Amtes für Stromversorgung, Hans Unterholzner, sowie Maximilian Rainer und SEL-Ingenieur Armin Kager teilnehmen. Einen Tag später übermittelt die SEL eine weitere Änderung zum WNP. Die Schutzzone am Eisack, in der jedwede hydroelektrische Nutzung verboten sein soll, wird neuerlich erweitert. Der jetzt vorgeschlagene Text zur Unterschutzstellung:

„Der Eisack in der Ebene von Sterzing zwischen der Einmündung des Pfitscherbaches und der Einmündung des Onserbaches."

Maximilian Rainer lässt nur ein Wort im Entwurf austauschen. Eine Änderung, die den meisten Betrachtern gar nicht auffällt. Zumal die wenigsten überhaupt wissen, wo der Onserbach verläuft. Die Änderung dieses einen Wortes hat aber weitreichende Folgen. Denn mit der Ausweitung der Schutzzone weiter Richtung Süden bis zum Onserbach kann auch das geplante Kraftwerk der Eisackwerk GmbH nicht mehr realisiert werden. Ebenso hinfällig wird jedoch auch das Projekt der SEL-eigenen Eisack Energie AG. Am Montag, dem 23. Juli, genehmigt die Landesregierung den ersten Entwurf des Wassernutzungsplanes. Maximilian Rainer merkt wenig später voller Schrecken, dass die Änderung der Unterschutzstellung bis zum Onserbach nicht in den Text aufgenommen worden war und der ursprüngliche Vorschlag beschlossen wurde. Die Schutzzone geht nur bis zur Einmündung des Maulserbaches. Am selben Nachmittag schreibt der SEL-Direktor sichtlich erbost an Michl Laimer:

„Könntest Du uns bitte mitteilen, warum es zu dieser Entscheidung in Bezug auf den Eisack gekommen ist?"

Der Landesrat antwortet umgehend:

„frick [der damalige Wirtschaftslandesrat Werner Frick – Anm. d. A.] hat rai-nachrichten gesehen und das thema aufgeworfen und der lh meinte, wir können doch nicht so blöd sein uns selbst aus-zugrenzen – nun, meine einwände bezüglich frasnelli, eu, verfahren usw. haben nicht gefruchtet – es wurde maulserbach beschlossen."

Eine Unterschutzstellung nur bis zur Mündung Maulserbach bringt die Eisackwerk GmbH wieder ins Spiel. Gerade das will Maximilian Rainer aber mit allen Mittel vermeiden.
Der SEL-Generaldirektor gibt nicht auf. Weil er merkt, dass er mit seinem Anliegen bei der Landespolitik nicht durchkommt, schafft er sich institutionelle Verbündete.

Der SEL-Jurist Bernd Platter bereitet am 18. September 2007 zwei gleichlautende Beschlüsse für die Gemeindeausschüsse von Freienfeld und Franzensfeste vor. In dem vorbereiteten Beschluss heißt es:

„Dies alles vorausgeschickt, hat der Gemeindeausschuss der Gemeinde Freienfeld in seiner Sitzung vom _____ beschlossen, die Autonome Provinz Bozen-Südtirol um folgende Änderung am Gesamtplan für die Nutzung der öffentlichen Gewässer zu ersuchen: In Teil 2 des Wassernutzungsplans (‚Ziele und Kriterien der Nutzung‘), Kapitel 3.4 (‚Hydroelektrische Nutzung‘), Seite 52 der deutschen Fassung, soll der Absatz:

[…] der Eisack in der Ebene von Sterzing, zwischen der Einmündung des Pfitscherbaches und der Mündung des Maulserbaches;

durch folgenden Text ersetzt werden:

[…] der Eisack in der Ebene von Sterzing, zwischen der Einmündung des Pfitscherbaches und der Mündung des Onserbaches.“

Besonders interessant ist die Tatsache, dass der SEL-Mitarbeiter diese beiden Entwürfe am 18. September 2007 nicht nur an die beiden Gemeinden schickt, sondern auch an den Präsidenten des SEL-Aufsichtsrates Franz Pircher.
Nur ein Zufall? Wenn man bedenkt, dass Franz Pircher keine drei Wochen zuvor über einen Osttiroler Treuhänder 30 Prozent an der Stein an Stein Italia und damit am Mittewalder Kleinkraftwerk erworben hat, dann wohl kaum.

Der Plan B

Die Änderungen im Wassernutzungsplan haben aber auch eine direkte Auswirkung auf das Geschäft um das Mittewalder Kleinkraftwerk. Im Herbst 2007 ist nicht nur der Verkauf abgeschlossen, sondern mit Rudolf Stocker, Franz Pircher und der Spezialvollmacht für Paul Schweitzer haben sich auch die verdeckten Eigentümer der Stein an Stein Italia in Position gebracht.
Rudolf Stocker sagt vor Gericht durchaus selbstbewusst, dass er weiß, was ein „Geschäft“ ist. Wie recht der Aurer Wirtschaftsberater

damit hat, zeigt ein kurzer Blick in die Geschäftsbücher der Stein an Stein Italia.

Im Jahr 2007 nimmt das Unternehmen allein von April bis Jahresende 128.708,28 Euro durch den Stromverkauf in Mittewald ein. Im Jahr 2008 sind es 186.870,55 Euro. 2009 172.274,75 Euro, 2010 200.513,69 Euro und 2011 allein in den ersten sieben Monaten 127.303,37 Euro. Die offiziellen Jahresabschlüsse der Stein an Stein Italia weisen so 2007 einen Gewinn nach Steuern von 39.275 Euro, 2008 von 35.781 Euro, 2009 von 18.094 Euro und 2010 von 60.831 Euro aus.

Allein diese Zahlen strafen die „offizielle" Einschätzung der SEL-Spitze Lügen. Ursprünglich geht es den verdeckten Eigentümern der Stein an Stein Italia nicht darum, Strom zu produzieren und zu verkaufen, sondern es geht ihnen um die Beteiligung am geplanten Großkraftwerk. 2006/07 sind die Pläne der SEL noch in vollem Gang, aber die Kalkulation der Besitzer von Stein an Stein Italia ist einfach: 3 Prozent Beteiligung am Großkraftwerk, das sind gut 250.000 Euro nach Steuern im Jahr, die den Gesellschaftern bleiben. Und das 30 Jahre lang.

Spätestens im Sommer 2007 ändert sich aber die Situation. Maximilian Rainer & Co müssen aus den erwähnten politischen Gründen den Plan zum Bau eines SEL-Großkraftwerkes zähneknirschend aufgeben. Gleichzeitig wollen sie über den Wassernutzungsplan und die Ausdehnung der Schutzzone bis zum Onserbach auch die Eisackwerk GmbH von Hellmuth Frasnelli aus dem Rennen werfen. Im Jänner und Februar 2008 korrigiert Maximilian Rainer zum wiederholten Male den WNP mit dem in der Landesregierung gestrichenen Satz „bis zum Onserbach" und drängt Michl Laimer, diese Änderung in den endgültigen Landesplan aufzunehmen.

Die Stein-an-Stein-Italia-Besitzer sind in diesen Strategiewechsel eingeweiht. Bereits im September 2007 werden Franz Pircher aus der SEL die für die Gemeinden Franzensfeste und Freienfeld vorbereiteten Beschlüsse zugeschickt.

Nachdem die Pläne für ein Großkraftwerk am Eisack gestorben sind, beginnen die honorigen Investoren ihren Plan B umzusetzen. Die Konzession für das Kraftwerk der Stein an Stein Italia verfällt am 31. Dezember 2009. Es ist absolut Praxis, dass Konzessionen für Kleinkraftwerke automatisch weitere 30 Jahre verlängert werden.

Der beste Beweis dafür: Mit Stichtag 31. Dezember 2009 verfallen in ganz Südtirol insgesamt 170 Konzessionen von Kleinkraftwerken. Sie werden vom Amt für Stromversorgung allesamt für 30 Jahre verlängert. Darunter auch die vier Kleinkraftwerke am Eisack bei Franzensfeste.

Vor diesem Hintergrund beginnen die Stein-an-Stein-Italia-Eigner, sich an den Ausbau und die Potenzierung des Mittewalder Kleinkraftwerks zu machen. Offiziell beauftragt Petra Windt den Salurner Ingenieur Walter Pardatscher und dessen Studio Planpunkt mit der Ausarbeitung eines Projekts für die Erweiterung des Kraftwerks.

Walter Pardatscher ist nicht nur politisch bestens vernetzt, er ist auch Geschäftspartner einiger Herren, die sich beim Mittewalder Kraftwerk diskret engagieren. Am 10. April 2003 wird in Bozen die Residenz Palmschoss GmbH gegründet. Das Unternehmen, das seinen Namen von einer Immobilie in St. Andrä bei Brixen hat, ist im Immobilien- und Hotelgeschäft tätig. Die Residenz Palmschoss GmbH hat ihren Sitz in Rudolf Stockers Kanzlei in Auer. Der Wirtschaftsberater ist Alleinverwalter. Gleichwertige Gesellschafter sind sieben Personen: Neben Rudi Stocker sind das Baron Felix von Longo, Peter Paul Pohl, Hannes Pircher, Zeno Bampi, Walter Pardatscher und Franz Pircher.

Walter Pardatscher – heute Präsident der Brennerautobahn AG – entwirft für die Stein an Stein Italia ein Projekt für die Erweiterung des Mittewalder Kleinkraftwerks. Zudem bespricht der Ingenieur für den Bauherrn das Projekt mit den zuständigen Landesämtern und reicht am 8. August 2008 das Ansuchen der Stein an Stein Italia um Konzessionserweiterung beim Amt für Stromversorgung ein.

Man wählt für die Genehmigung einen etwas unorthodoxen Weg, der die Bearbeitungszeit deutlich verkürzen soll. Das neue Erweiterungsprojekt knüpft bewusst dort an, wo die Vorbesitzer des Mittewalder Kleinkraftwerkes gescheitert sind.

Die Parcheggi Italia hat bereits im November 1997 beim Amt für Stromversorgung ebenfalls ein Projekt zur Erweiterung des Mittewalder Kraftwerks eingereicht. Das von Ingenieur Ernst Trojer ausgearbeitete Projekt wird 1999 bei einem Lokalaugenschein gutgeheißen. Das UVP-Amt weist das Projekt aber im Jahr 2000 ab. Hauptgrund für das negative Gutachten ist ein unterirdischer Kanal, der den Eisack queren soll. Im Beschluss der Landesämter ist aber die Möglichkeit einer Überarbeitung vorgesehen. Genau diese Möglichkeit packen Walter Pardatscher und die Stein an Stein Italia jetzt beim Schopf und präsentieren die Erweiterung als Überarbeitung des Projekts aus dem Jahr 2000.

Pardatschers Projekt lehnt sich ans Trojer-Projekt an, geht aber einen Schritt weiter. Das Mittewalder Kleinkraftwerk befindet sich auf der orografisch linken Flussseite des Eisacks. Mit dem Erweiterungsprojekt soll das Kraftwerk aber genau auf die gegenüberliegende Flussseite verlegt werden. Auch soll die Jahresproduktion auf 9 Millionen Kilowattstunden im Jahr verdreifacht werden.

Der interne Businessplan der Stein an Stein Italia sieht Investitionen von 7,5 Millionen Euro vor. 930.000 Euro für den Ankauf des Grundstückes, auf dem das neue Kraftwerk entstehen soll, 360.000 Euro für technische Spesen und 6,25 Millionen Euro an Baukosten.

Doch der Genehmigungsweg ist steiniger, als es sich die Kraftwerksbesitzer vorgestellt haben. Im zuständigen UVP-Beirat wird das Projekt zweimal – im April und Mai 2009 – behandelt. Die Dienststellenkonferenz für den Umweltbereich lehnt auf ihrer Sitzung vom 13. Mai 2009 das Erweiterungsprojekt ab. Damit sollte die Erweiterung des Mittewalder Kleinkraftwerks eigentlich vom Tisch sein.

Die Stein-an-Stein-Italia-Teilhaber wollen sich aber nicht von den Landesbeamten das Geschäft vermiesen lassen. Sie intervenieren umgehend auf höchster politischer Ebene.

Durnwalders Vermerk

Am 22. Mai 2009 schickt das Landesamt für Umweltverträglichkeitsprüfung das negative Gutachten an die Stein an Stein Italia. Wie vom Gesetz vorgesehen, wird in dem amtlichen Schreiben darauf hingewiesen, dass man innerhalb 30 Tagen Rekurs oder Beschwerde bei der Landesregierung gegen die Entscheidung einlegen kann.

Die Stein-an-Stein-Italia-Eigner werden umgehend in dieser Richtung tätig. Zuerst aber auf einem direkten, besonderen Weg.

Am 27. Mai 2009 ergeht ein Telefax an Ernesto Scarperi, den zuständigen Direktor des Amtes für Gewässerschutz. Absender ist das

AUTONOME PROVINZ
BOZEN
Büro Landeshauptmann
39100 Bozen
Crispistraße 3

PROVINCIA AUTONOMA DI BOLZANO
Ufficio Presidente della Provincia
39100 Bolzano
Via Crispi 3

1879

00640

Nr. Seiten - einschließlich diese:
N. pagine - inclusa questa:
Nr. plates - cun chesta lapró:

An - per – pur

Herrn AD Geom. Ernesto Scarperi

Straße - via - strada
Plz/Ort - cap/luogo - cap/localité
Fax Nr. - n. Fax - Nr. Fax

Gegenstand Mitteilung/Übermittlung – oggetto comunicazione/invio - Argumënt
comunicaziun/ortlada

Anmerkungen - note - Anotaziuns

Sehr geehrter Herr Amtsdirektor,

anbei übermittle ich Ihnen im Auftrag vom Landeshauptmann beiliegenden Vermerk.

Mit freundlichen Grüßen

Martina Graf

Vermerk
für Landeshauptmann Dr. Luis Durnwalder

00641

Kleinwasserkraftwerk ex-Pretz in Mittewald/Gemeinde Franzensfeste

Das Kleinwasserkraftwerk besteht **seit dem Jahr 1930**!

Erste Konzession (GR/335) mit einer Nominalleistung von 182 kW mit Ministerialdekret Nr. 1282/1497 vom zuständig...

April und 13. Mai 2009;
Anlage 3: E-Mail des Büros Ing. Pardatscher zur Besprechung mit Amtsdirektor Scarperi.

BITTE UM NEUERLICHE BEHANDLUNG IN DER AMTSDIREKTORENKONFERENZ AM MITTWOCH, 27. Mai 2009 UND UM POSITIVE BEGUTACHTUNG!!!!

Durnwalders Schreiben: Stein-an-Stein-Vermerk weitergeleitet.

Büro von Landeshauptmann Luis Durnwalder. Im Begleitschreiben der Chefsekretärin heißt es:

> „Sehr geehrter Herr Amtsdirektor, anbei übermittle ich Ihnen im Auftrag vom Landeshauptmann beiliegenden Vermerk."

Beigelegt ist ein vier Seiten langer Vermerk mit dem Titel „Vermerk für den Landeshauptmann Dr. Luis Durnwalder – Kleinwasserkraftwerk ex-Pretz in Mittewald/Gemeinde Franzensfeste". In dem Vermerk wird noch einmal die Entstehungsgeschichte des Erweiterungsprojekts für das Kraftwerk dargestellt und vehement gegen die Ablehnung durch die Amtsdirektorenkonferenz argumentiert. Am Ende des Dokuments steht in Großbuchstaben:

> „BITTE UM NEUERLICHE BEHANDLUNG IN DER AMTSDIREKTORENKONFERENZ AM MITTWOCH, 27. MAI 2009 UND UM POSITIVE BEGUTACHTUNG!!!"

Auf diesen Vermerk angesprochen, sagt Luis Durnwalder im Sommer 2014 zum Autor:

> „Ich erinnere mich, dass es eine Sitzung zur SEL gab, bei der Michl Laimer, Maximilian Rainer, Franz Pircher, Paul Schweitzer und Gerhard Brandstätter anwesend waren. Nach der Sitzung hat mir jemand diesen Vermerk gegeben. Ich weiß aber ehrlich nicht mehr, ob es Laimer, Rainer oder Pircher war.
> Sicher ist, dass ein solcher Vermerk für mich keine Besonderheit ist. Ich habe fast täglich fünf solche Promemorias bekommen, die ich dann üblicherweise ohne Kommentar an die zuständigen Ämter weitergeschickt habe. Danach haben mir die Amtsdirektoren geantwortet und ich war im Bilde über den Stand der Dinge. Genauso ist es auch hier abgelaufen."

Luis Durnwalder ist fast 45 Jahre lang in der Politik – die letzten 25 Jahre davon als Landeshauptmann – bevor er Anfang 2014 abtritt. Durnwalder kennt die Fallstricke und er weiß auch, wie man sich auf einem potenziellen Minenfeld bewegt.

Als der Landeshauptmann von Guido Rispoli angehört wird, befragt ihn der Oberstaatsanwalt auch zu diesem Vermerk. Durnwalder sagt genau das, was er später vor dem Autor wiederholt. Was weniger bekannt ist: Bei seiner Anhörung greift der alte Politfuchs zu einem Trick, um seine Worte anschaulich zu untermauern.

Um zu zeigen, dass er fast täglich solche Vermerke erhält und weiterleitet, zieht er während der Anhörung vor dem Staatsanwalt zwei solche Vermerke aus der Sakkotasche, die er gerade „zufällig dabei hat". Beide Vermerke sind von Durnwalder perfekt ausgesucht. In einem Vermerk geht es um ein institutionelles Anliegen von Guido Rispolis Bruder, der zu diesem Zeitpunkt Chef der Südtiroler Carabinieri ist. Beim zweiten Vermerk um die Vorsprache eines bekannten Bozner Richters wegen eines 3,2-Millionen-Euro-Beitrags für eine gemeinnützige Seniorenuniversität. Das ist Durnwalders Art, Dinge anschaulich zu machen.

Heute ist klar, aus wessen Feder der Vermerk von 2009 an den Landeshauptmann stammt. Maximilian Rainer in seiner Stellungnahme:

„Einen Entwurf für den Vermerk für den Landeshauptmann habe ich geschrieben. Herr Pircher hat sich an mich gewandt und darum gebeten, ich möchte einen solchen verfassen. An den Zeitpunkt kann ich mich nicht mehr exakt erinnern, aber es ist wahrscheinlich nach der negativen Behandlung des Projekts zur neuen Konzession durch die Amtsdirektorenkonferenz gewesen.

Auf meine Frage hin, welches Ziel der Vermerk verfolge, antwortete Dr. Pircher mir, dass dem Landeshauptmann die Sachlage umfassend und verständlich erläutert werden sollte. […] Ich habe den Entwurf für den Vermerk an Dr. Pircher ausgehändigt, mich dann um nichts mehr in diesem Zusammenhang gekümmert. Die Inhalte haben wir mündlich besprochen. Den endgültigen Vermerk sollte Herr Pircher verfassen. Es war im Übrigen Pircher, der am Schluss angefügt hat, die Angelegenheit sollte wohlwollend bzw. positiv behandelt werden."

Franz Pircher leitet den von Maximilian Rainer verfassten Vermerk direkt an Luis Durnwalder weiter. Der SEL-Aufsichtsratspräsident schreibt nur die Weisung in Großbuchstaben und drei Rufzeichen darunter. Aber auch der Landeshauptmann beschränkt sich nicht darauf, den Vermerk unkommentiert weiterzuleiten. Durnwalder ruft wenig später den zuständigen Amtsdirektor Ernesto Scarperi persönlich an. Scarperi am 17. Oktober 2011 bei seiner Zeugenanhörung:

„Ich kann mich erinnern, dass der Landeshauptmann mir persönlich einen Vermerk weitergeleitet hat, in dem die Überlegungen des Gesuchstellers enthalten waren. Er ersuchte mich darin um eine Stellungnahme, um unsere Gründe besser verstehen zu können. Dieses Schreiben wurde auch von einem Telefonanruf von Dr. Luis Durnwalder begleitet, in dem er mich um Erklärungen zu dem negativen Gutachten ersuchte, das mein Amt zum Konzessionsansuchen der Firma Stein an Stein Italia abgegeben hatte. [...] Weil im Falle eines Rekurses die letzte Entscheidung die Landesregierung zu treffen hat, ist es üblich, dass in Streitfällen die Landesregierung oder der Landeshauptmann persönlich Erklärungen oder Zusatzinformationen von den zuständigen Ämtern verlangen, um am Ende zu einer eigenen Entscheidung zu gelangen."

Am 4. Juni 2009 antwortet Ernesto Scarperi schriftlich an Landeshauptmann Luis Durnwalder. Der Amtsdirektor zerpflückt die Vorhaltungen und Argumente im Vermerk Punkt für Punkt.
In dem zweieinhalb Seiten langen Schreiben macht Scarperi aber auch noch auf ein anderes beunruhigendes Detail aufmerksam, das offenbart, welch privilegierte Position die verdeckten Stein-an-Stein-Italia-Eigner einnehmen. Als Anlage ist dem Pircher-Vermerk ein „internes Dokument des Landes mit den Gutachten der Ämter für die Amtsdirektorenkonferenz vom 29. April und 13. Mai 2009" beigelegt worden. Zudem wird im Vermerk aus amtsinternen Dokumenten zitiert.
Gewässerschutz-Amtsdirektor Ernesto Scarperi, sichtlich pikiert, in seinem Schreiben an den Landeshauptmann:

„Zur neuen Genehmigungsprozedur wird nur kurz angemerkt, dass das Projekt erst im Frühjahr 2009 an unser Amt zur Begutachtung weitergeleitet wurde. Die Vorschläge, die im Laufe der Bearbeitung vor der Sitzung im internen System Workflow von den Sachbearbeitern eingegeben werden, sind nur für den internen Gebrauch, denn das offizielle Gutachten wird erst bei der Sitzung erteilt. Es ist üblich (und auch nicht anders möglich), dass vor der Sitzung der Verantwortliche des Amtes die einzelnen Vorschläge zu den Projekten mit dem Sachbearbeiter bespricht und in der Sitzung selbst wird die offizielle Position des Amtes festgelegt. Es ist unverständlich, dass interne Dokumente dem Gesuchsteller zur Verfügung gestellt wurden."

Da der direkte Weg über Landeshauptmann Luis Durnwalder nichts nützt, reicht die Stein an Stein Italia kurz vor Ablauf der gesetzlichen Frist am 23. Juni 2009 einen förmlichen Rekurs gegen das negative Gutachten der Dienststellenkonferenz ein. Der Rekurs ist technisch und inhaltlich so formuliert, dass er mit größter Wahrscheinlichkeit ebenfalls aus der Feder von Maximilian Rainer stammen dürfte. Unterzeichnet ist das amtliche Schriftstück wie der gesamte Schriftverkehr mit den Behörden von Petra Windt.
Am 22. Juli 2009 behandelt die Dienststellenkonferenz für den Umweltbereich diesen Rekurs, bestätigt dabei nochmals ihr negatives Gutachten und weist den Rekurs mit einer detaillierten, fast drei Seiten langen Begründung ab.
Doch die letzte Entscheidung trifft laut Gesetz die Landesregierung. Diese dreht das Gutachten der eigenen Ämter völlig um. Auf der Sitzung vom 24. August 2009 nimmt die Landesregierung den Rekurs an. Die lapidare Begründung dafür:

„Nach Dafürhalten der Landesregierung ist die eingereichte Beschwerde der Stein an Stein Italia GmbH, Bozen, anzunehmen, da die vorgebrachten Gegenäußerungen stichhaltig sind."

Damit sind die Erweiterung des Mittewalder Kraftwerks und die Verdreifachung der Stromproduktion für die Stein an Stein Italia endgültig genehmigt.

Gesetzliche Rettung

Noch während die Eigner der Stein an Stein Italia alles in die Weg leiten, um die Erweiterung ihrer Konzession bei den Landesämtern durchzuboxen, naht auf einer anderen Front neues Unheil. Amtsdirektor Ernesto Scarperi spricht Anfang Juni 2009 in seinem Schreiben an Luis Durnwalder die Problematik aus der Sicht des Gewässerschutzes direkt an:

> „Ich möchte auch noch anführen, dass der Ausbau der 4 bestehenden Wasserkraftwerke am Eisack zwischen Freienfeld und Franzensfeste und die mögliche Errichtung eines fünften in Franzensfeste von energiewirtschaftlicher Seite nicht vertretbar ist, bis nicht über die vorliegenden Ansuchen der Großableitungen eine Entscheidung getroffen wird. Nachdem in den nächsten Monaten über den Wassernutzungsplan und über die Großableitungen entschieden werden muss, ist es angebracht, die Gutachten koordiniert abzugeben. Wenn nämlich die großen Werke mit den angeführten Begründungen abgelehnt werden, können nicht gleichzeitig die kleinen Werke ausgebaut werden."

Die Genehmigung des Wassernutzungsplanes geht im Wahljahr 2008 plötzlich aufgrund politischer Überlegungen in eine neue Richtung. So taucht im Sommer 2008 eine neue Version des Wassernutzungsplanes auf, mit der der Eisack zwischen „der Einmündung des Pfitscher Bachs und dem Stausee von Franzensfeste" unter Schutz gestellt wird. Konkret heißt das, dass dieser gesamte Flussabschnitt von der hydroelektrischen Nutzung ausgeschlossen wird. Die Regelung bedeutet nicht nur das Aus für die geplanten Großkraftwerke, sondern auch Plan B der verdeckten Eigner der Stein an Stein Italia ginge dann nicht mehr auf. Trotz Unterschutzstellung würde das Land zwar noch einmal die Konzessionen der bestehenden Kleinkraftwerke verlängern, den geplanten Ausbau und die Potenzierung des Mittewalder Kleinkraftwerks könnten sich die Besitzer dann aber abschminken. Und ebenso die damit zusammenhängende Verdreifachung ihres Gewinns.
2009 arbeitet die Arbeitsgruppe des Landes den dritten normativen Teil des WNP aus, in dem auch die Unterschutzstellung geregelt

wird. Am 29. Juni 2009 soll der Entwurf von der Landesregierung genehmigt werden. Genau in diesen Tagen kämpft die Stein an Stein Italia mit allen Mitteln gegen das negative Gutachten der zuständigen Ämter zur Konzessionserweiterung an.

Für Franz Pircher, Rudolf Stocker & Co ist eines klar: Beschließt die Landesregierung den Wassernutzungsplan mit einer Unterschutzstellung bis zum Stausee in Franzensfeste, ist die geplante Erweiterung gestorben. Die einzige Chance: eine Änderung im Wassernutzungsplan. Und hier braucht es wiederum die Hilfe von Maximilian Rainer. Wie üblich übermittelt der zuständige Landesrat Michl Laimer vorab am 15. Juni 2009 den WNP-Entwurf zum normativen Teil an Maximilian Rainer zur „Kontrolle". Auch diesmal korrigiert die SEL einige Dutzend Passagen.

Dabei lässt sich der SEL-Generaldirektor eine ganz besondere Variante einfallen, die er in den WNP einbaut und die die Rettung für die Erweiterung des Mittewalder Kleinkraftwerks sein soll. Die Unterschutzstellung des Eisacks erhält plötzlich eine Differenzierung, die sonst nirgendwo im gesamten Plan zu finden ist.

Am Freitag, dem 26. Juni 2009, mailt Maximilian Rainer diese entscheidenden Änderungen direkt an Michl Laimer. Im Begleitschreiben heißt es:

„Lieber Michl, wie vereinbart, schicke ich Dir den Abänderungsvorschlag für den neuen Gewässernutzungsplan (Unterschutzstellung Eisack – Seite 60) und die Ergänzung für die entsprechende Beschlussfassung.
Für die Beschlussfassung habe ich 2 Varianten vorbereitet und in der Klammer (kursiv evidenziert) eine unterschiedliche Wortwahl vorgesehen, die die Wirksamkeit auf die neuen Ansuchen beschränkt und die Verbindlichkeit für die neuen Projekte verstärkt. Die rechtliche Relevanz dieses Zusatzes in der Beschlussfassung ist aber meines Erachtens sehr bedenklich […] Ruf mich dazu noch an!
Liebe Grüße Maximilian"

Drei Tage später, am 29. Juni 2009, genehmigt die Landesregierung den Entwurf, wie er von Rainer erstellt wurde. In Artikel 16 heißt es dort:

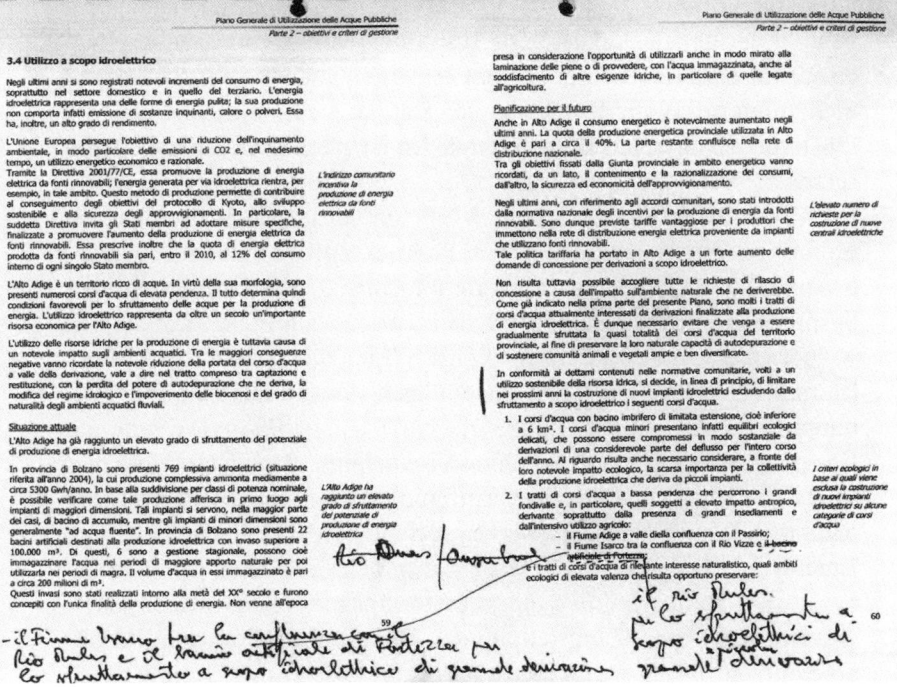

Rainers Handschrift: Korrektur des Wassernutzungsplanes.

„Zum Zwecke der umwelttechnisch nachhaltigen Nutzung der Wasserressourcen, wird prinzipiell entschieden, in den nächsten Jahren den Bau von neuen hydroelektrischen Anlagen einzuschränken, indem folgende Fließgewässer von der hydroelektrischen Nutzung ausgeschlossen werden: [...]

– der Eisack zwischen der Einmündung des Pfitscherbaches und der Einmündung des Maulserbaches für die hydroelektrische Nutzung für Groß- und Kleinableitungen;

– der Eisack zwischen der Einmündung des Maulserbaches und dem Stausee von Franzensfeste für die hydroelektrische Nutzung für Großableitungen."

Es ist genau jenes Schlupfloch, das die Stein an Stein Italia braucht, um die Potenzierung ihres Kraftwerks umsetzen zu können. Während der Eisack für Großkraftwerke tabu ist, können die vier Kleinkraftwerke zwischen Freienfeld und Franzensfeste ausgebaut werden.

Diese plötzliche Unterscheidung zwischen Groß- und Kleinableitungen bei der Unterschutzstellung kommt für die zuständigen Landesämter aus heiterem Himmel. Die Fachleute halten mit ihrer Meinung nicht hinterm Berg. Ihr Resümee: Das ist vollkommener Unsinn. Doch die zuständigen Beamten und Ämter können sich nicht durchsetzen. Im April 2010 soll der gesamte WNP von der Landesregierung endgültig genehmigt werden. Am 3. Februar 2010 kommt es zu einer Sitzung, auf der die letzten Änderungen und umstrittenen Punkte besprochen werden sollen. Mit dabei: Landeshauptmann Luis Durnwalder, die Landesräte Hans Berger (Landwirtschaft) und Michl Laimer (Umwelt) sowie die zuständigen Amts- und Abteilungsdirektoren Albert Wurzer (Landwirtschaft), Cinzia Flaim (Wasser und Energie), Ernesto Scarperi (Gewässerschutz), Hans Unterholzner (Stromversorgung), Giorgio Carmignola (Jagd und Fischerei) und Rudolf Pollinger (Wasserschutzbauten).

Laut offiziellem Protokoll dieser Aussprache plädieren die Landesbeamten einstimmig für eine klare Änderung. „Keine Unterscheidung in der Unterschutzstellung des Eisacks für Klein- und Großableitungen." Als Kommentar wird im Protokoll unmissverständlich angegeben:

„Aus technischer Sicht ist die Unterscheidung in der Unterschutzstellung des Eisacks für Klein- und Großableitungen nicht vertretbar."

Es ist Landesrat Michl Laimer, der sich in diesem Punkt gegen seine eigenen Beamten auflehnt. Im Protokoll heißt es dazu:

„Einwand Landesrat Laimer: vorgesehene Regelung in der Form, wie im Plandokument, welches Ende Juni 2009 genehmigt wurde, beibehalten!"

Am 26. April 2010 genehmigt die Landesregierung dann den Wassernutzungsplan. Drei Wochen zuvor wird im Amtsblatt die erweiterte Konzession für das Mittewalder Kraftwerk veröffentlicht. Damit scheint Plan B für die Stein-an-Stein-Italia-Besitzer aufzugehen.

Der Königsbeweis

Im Herbst 2014 beginnt vor dem Bozner Landesgericht ein neuer Prozess wegen Amtsmissbrauchs gegen Maximilian Rainer und Michl Laimer. Es geht in dem Verfahren um die Manipulation des WNP zugunsten der Stein an Stein Italia GmbH. Die Anklage hat erdrückendes Beweismaterial gegen Maximilian Rainer in der Hand. Der SEL-Generaldirektor hat mit den bereits geschilderten Änderungen im WNP aktiv die Rettung der privaten Kraftwerksinvestoren betrieben.

Der Königsbeweis ist aber ein Dokument, das die Ermittler von der SEL bekommen haben: Es sind die originalen Seiten 59 und 60 aus dem ursprünglichen Wassernutzungsplan. Darauf ist die Passage zur Unterschutzstellung des Eisacks „bis zum Stausee von Franzensfeste" mit rotem Filzstift durchgestrichen und handschriftlich jene Unterscheidung zwischen Groß- und Kleinkraftwerken am Eisack eingefügt, die es für die Stein an Stein Italia braucht. Die Handschrift ist jene von Maximilian Rainer.

Der ehemalige SEL-Generaldirektor gibt auch zu, dass er diese Änderungen geschrieben hat, doch er dreht in seiner schriftlichen Stellungnahme an den Staatsanwalt die Rollen um. Maximilian Rainer belastet direkt Michl Laimer:

> „Ich weiß sehr wohl – da sie beide mir von den Treffen selbst erzählt haben – dass sich Laimer und Pircher zur Angelegenheit Stein an Stein getroffen haben. Dies lässt mich gegebenenfalls vermuten, dass LR Laimer vielleicht doch etwas wusste oder Informationen besessen hat und ein Ausbau auch im Gewässernutzungsplan abgesichert werden sollte. In diesem Fall hat er mich benutzt, denn ich habe auf seinen Hinweis und seine Intervention hin diese handschriftliche Formulierung auf das Arbeitspapier gesetzt (als Mitschrift des Telefonates mit Laimer) und in unserem Entwurf diese Formulierung als von der Arbeitsgruppe beschlossene Abänderung vorgesehen und eingefügt."

Rainer erklärt an einer anderen Stelle seiner Sachverhaltsdarstellung explizit, dass Landesrat Michl Laimer ihm diese Änderung telefonisch diktiert habe. Damit würden sich die traditionellen Rollen plötzlich umkehren. Denn eigentlich ist es bis dahin Maximilian Rainer, der diktiert, und Michl Laimer, der ausführt. Es wird sich im anstehenden Prozess zeigen, wem das Gericht Glauben schenkt. Maximilian Rainers Pech ist aber: Es gibt einen Zeugen, in dessen Anwesenheit der SEL-Generaldirektor die betreffende Änderung in roter Farbe auf die Seite 60 gekritzelt hat. Und dabei war Rainer weder am Telefon, noch war ein Landesrat anwesend, der diktierte.

Die Erpressung

*„Ich bin überzeugt, dass ein solcher
Stil nicht den Eigenschaften des
Landesrates Dr. Laimer entspricht."*

SVP-Obmann Richard Theiner (November 2011)

Richard Theiner und Michl Laimer

Die Neuvergabe der 14 Konzessionen für die Enel-Großkraftwerke in Südtirol zieht sich über Jahre hin. Einzige zeitliche Fixpunkte sind der 31. Dezember 2005 als Abgabetermin für die Ansuchen und Projekte und der 31. Dezember 2010 als Konzessionsende und damit als Datum für den Übergang der Kraftwerke an einen möglichen Neukonzessionär.

Wie wir gesehen haben, versucht das Duo Laimer/Rainer durch die illegalen Manipulationen der Wettbewerbsunterlagen der SEL eine Ausgangsposition zu schaffen, in der die Landesenergiegesellschaft einen Sieg auf ganzer Linie einfahren kann.

Doch bereits vorher gestaltet man die gesetzlichen Regelungen zur Konzessionsvergabe so weitmaschig und undefiniert, dass der Landespolitik möglichst viel politischer Entscheidungsspielraum bleibt, um notfalls den Wettbewerb in die „richtige" Richtung zu lenken. Wenn man Maximilian Rainers Rolle und Position in der Südtiroler Energiepolitik kennt, dann ist klar, dass der SEL-Generaldirektor auch diese Gesetze maßgeblich mitentworfen hat.

Im April 2005 erlässt der Südtiroler Landtag ein Gesetz, das die Vergabe für neue Konzessionen für Großkraftwerke regelt. In dem kurzen – heute längst wieder abgeschafften – Gesetz Nr. 1/2005 heißt es:

„1. [...] sind die Anträge auf den Erlass neuer Konzessionen für große Wasserableitungen zur Erzeugung von Elektroenergie an die Landesregierung zu richten.

2. Die Gesuche müssen mit Vorprojekten der Bauten, die für die Nutzung der Gewässer und den Transport der erzeugten Energie errichtet werden müssen, und mit einem Plan zur Verbesserung und Sanierung der Umwelt und der Landschaft des betreffenden Einzugsgebietes versehen werden.

3. Die Anträge werden nach Einholen des Gutachtens der betroffenen Gemeinden, der Behörde des Einzugsgebietes und des UVP-Beirates geprüft, und zwar nach den Bewertungskriterien, die von der Vereinheitlichten Konferenz am 5. September 2002 festgelegt worden sind [...] Die abschließende Maßnahme erlässt die Landesregierung.

4. Der Erlass der Konzession hängt jedenfalls von der Anwendung spezifischer Maßnahmen zur Verbesserung und Sanierung

der Umwelt und der Landschaft ab, die in einem angemessenen Verhältnis zu den Eingriffen in Landschaft und Umwelt infolge der konzedierten Energieerzeugung stehen. Der Erlass der Konzession ist zudem von der Angleichung der Bauleitpläne der von der Energieerzeugung betroffenen Gemeinden gemäß den Verfahren der Landesraumordnung abhängig."

Ist das Gesetz anfänglich nur für Projekte neuer Großkraftwerke gedacht, dehnt man die Bestimmung im Oktober 2005 auch auf den Wettbewerb für die bestehenden Enel-Großkraftwerke aus, indem man einen Artikel einfügt:

„Mindestens fünf Jahre vor dem Verfall einer Konzession für eine große Wasserableitung zur Erzeugung von Elektroenergie kann jedes Rechtssubjekt, sofern es die organisatorischen Voraussetzungen erfüllt und ausreichende finanzielle Mittel besitzt, bei der zuständigen Provinz um Erteilung derselben Konzession ansuchen, unter der Bedingung, dass ein Plan zur Steigerung der Energieerzeugung bzw. der installierten Leistung sowie ein Plan zur Verbesserung des Schutzes der Umwelt und der Landschaft des entsprechenden Einzugsgebietes vorgelegt werden."

Dass dieses Gesetz kaum den Ansprüchen genügt, wird schnell klar. Das Land legt weder genaue Bewertungskriterien noch eine klare Regelung für den Wettbewerbsablauf fest.

Man muss sich vorstellen: Plötzlich soll das Amt für Stromversorgung, ein Amt mit einer Handvoll Beamten und Mitarbeitern, einen Wettbewerb vorbereiten und durchführen, in dem es um Werte von rund 1 Milliarde Euro geht. Ohne klare Regelung.

Jede öffentliche Ausschreibung ist bis ins letzte Detail definiert und durchgeplant. Nur bei diesem Wettbewerb scheint man plötzlich alle Regeln der öffentlichen Verwaltungs- und Ausschreibungspraxis zu vergessen.

Was die Sache zusätzlich erschwert: Es gibt keinerlei Vergleichsmöglichkeiten oder Situationen, wo sich die zuständigen Ämter etwas abschauen könnten. Denn es ist in Italien das erste Mal, dass eine Landesverwaltung Konzessionen für Großkraftwerke vergibt. Bis dahin war diese Art der Vergabe ein Privileg des Staates, der

den Wettbewerb noch nach königlichen Dekreten regelte – die Monarchie wurde in Italien bekanntlich 1946 abgeschafft.
Hans Unterholzner, der Direktor des Amtes für Stromversorgung, versucht deshalb Landesrat Michl Laimer von einem anderen Weg zu überzeugen. Die Landesämter sollen die vorbereitenden Arbeiten ausführen, die Bewertung der Ansuchen und Projekte soll dann aber eine externe Fachleute-Kommission übernehmen. Das Amt für Stromversorgung bereitet für die Einsetzung dieser Fachkommission sogar einen Beschluss vor, doch dieser kommt erst gar nicht zur Diskussion in die Landesregierung.
Hans Unterholzner in einer E-Mail am 14. Dezember 2009 an Landesrat Michl Laimer:

> „Ich habe dich auch gebeten, dass nicht unser Amt diese Bewertungen treffen soll, sondern eine von dir bzw. dem Landesausschuss eingesetzte Kommission. Die entsprechende Beschlussvorlage ist dir vorgelegt worden, leider ohne Erfolg."

Der ausgearbeitete Entwurf für den Beschluss der Landesregierung zur Einsetzung einer Fachkommission wird zwischen Michl Laimer und Maximilian Rainer zwar besprochen, aber schnell wieder verworfen. Offizieller Grund: Eine solche externe Kommission sei im Landesgesetz nicht vorgesehen. Der wirkliche Grund für die Nichteinsetzung einer solchen Bewertungskommission ist aber ein anderer. Die Landesregierung hätte die Entscheidung einer externen Fachkommission nicht mehr so leicht ändern können.
Dass die Regelung des Landes zur Konzessionsvergabe und zum Wettbewerb für die Großkraftwerke alles andere als hieb- und stichfest ist, wird noch deutlicher, als ein privater Konkurrent sich gegen das unklare Hinhaltespiel des Landes wehrt.
Der Bozner Unternehmer Hellmuth Frasnelli und sein Partner, der Wirtschaftsberater Karl Pichler, beteiligen sich ebenfalls am Wettbewerb um die Enel-Konzessionen. Über die Eisackwerk GmbH reichen sie Projekte für zwei Kraftwerke ein: das Kraftwerk in Mühlbach und jenes von St. Anton in Bozen.
Die Eisackwerk GmbH reicht wie alle anderen Konkurrenten ihre Umweltpläne und Potenzierungspläne für die beiden Kraftwerke ordnungsgemäß vor dem 30. Dezember 2005 beim Amt für Strom-

ABSCHLIESSENDER BERICHT FÜR DIE ERNEUERUNG/ERTEILUNG DER KONZESSION BETREFFEND DIE

WASSERABLEITUNG – GS/2400 – St. Anton

aus der Talfer aus dem Tanzbach, aus dem Emmersbach und aus dem Osterbach in den Gemeinden Bozen, Ritten, Jenesien und Sarntal zwecks Energiegewinnung.

1. BESTANDTEILE UND KRITERIEN DER BEWERTUNG

1.1. Gesetzliche Regelung

Das Bewertungsverfahren der sechs Anträge eingereicht von der SEL AG. am 30.12.2005, der Edison AG. am 29.12.2005, der Enel Produzione AG. am 30.12.2005, der Etschwerke AG. am 30.12.2005, den Stadtwerke Brixen AG am 30.12.2005 und von der Eisackwerk GmbH am 30.12.2005 für die im Betreff genannte Ableitung wird im Sinne von folgenden gemeinsamen Bestimmungen geregelt:

Man ist der Ansicht, dass die Konzession GS/2400 aufgrund der im Auflagenheft enthaltenen Bedingungen der Eisackwerk GmbH zugesprochen werden sollte und dass die konkurrierenden Ansuchen abgewiesen werden müssten.

Bozen, am

DER AMTSDIREKTOR
- Geom. Hans Unterholzner -

Die zuständige Abteilungsdirektorin macht sich die Vorschläge des Amtes für Stromversorgung zu eigen und erteilt ein positives Gutachten zum Erlass der gegenständlichen Wasserableitungskonzession GS/2400 für die Eisackwerk GmbH und die Abweisung der konkurrierenden Ansuchen.

Bozen, am

DIE ABTEILUNGSDIREKTORIN
- Dr. Cinzia Flaim -

Abschlussbericht zu St. Anton: Amt ernennt Eisackwerk GmbH zum Sieger.

versorgung ein. Die privaten Unternehmer gehen davon aus, dass die Landesämter 2006 damit beginnen, die Projekte zu bewerten, so wie es in den europäischen, aber auch staatlichen Richtlinien vorgeschrieben ist. Die EU-Richtlinien verlangen ein „beschleunigtes Verfahren", in den staatlichen Übernahmeregelungen gibt es klare Höchstfristen, innerhalb derer die Verwaltung die Bewertung abschließen muss.

Wer mit 1. Jänner 2011 ein Großkraftwerk führen und ausbauen soll, möchte so früh wie möglich wissen, ob es überhaupt dazu kommt. Es geht um viel Geld, und jeder Unternehmer muss sich auf diese Aufgabe vorbereiten.

Doch in Südtirol sind die politischen Vorgaben anders. Weil die SEL immer noch in Verhandlung mit der Enel steht, will die Landespolitik die Bewertung der Gesuche möglichst lange hinauszögern. Eine Einigung mit dem italienischen Energieriesen minimiert das Risiko für die SEL, beim Wettbewerb ausgebootet zu werden, erheblich. Dieser Deal aber ist nur vor der Konzessionsvergabe realistisch. Sind die Konzessionen erst einmal zugesprochen, wird sich keiner mehr bemühen, den Konkurrenten mit ins Boot zu holen. Landesrat Michl Laimer tut deshalb alles, um die Bewertung der Gesuche auf die lange Bank zu schieben. Das Wichtigste sind die Verhandlungen, der Rest wird sich dann schon ergeben.

Auch hier treten Hellmuth Frasnelli und Karl Pichler absolut unerwartet als Störenfriede auf. Die Eisackwerk GmbH sucht am 6. November 2006 beim Amt für Stromversorgung schriftlich um die Einberufung einer Dienststellenkonferenz zur Beurteilung der abgegebenen Projekte und Pläne an. In dem Schreiben beruft sich das Unternehmen auf die staatlichen und europäischen Gesetze, die eine sogenannte *autorizzazione unica*, also gewissermaßen eine Gesamterlaubnis vorsehen, die innerhalb einer Frist von 180 Tagen zu erteilen oder zu verweigern ist.

Doch das Amt für Stromversorgung schreibt am 6. Dezember 2006 zurück, dass diese staatlichen Regelungen in Südtirol nicht gelten und man ein eigenes Genehmigungsverfahren per Landesgesetz eingeführt habe. Über Zeitpunkt und Fristen für dieses Verfahren, die im Gesetz nicht vorgesehen sind, kann das Amt aber keinerlei Auskunft geben. Ein Rekurs der Eisackwerk GmbH an die Landesregierung gegen diese Auslegung wird am 2. April 2007 ebenfalls abgelehnt.

Die privaten Unternehmer wollen sich das so nicht gefallen lassen und ziehen vor Gericht.

Da von derselben Verzögerungstaktik auch die Ansuchen und Projekte für die neuen Kraftwerke an der Rienz und am Eisack betroffen sind, klagen nicht nur die Eisackwerk GmbH, sondern auch die anderen Frasnelli-Pichler-Firmen Rienzpower GmbH und Hydropower GmbH in jeweils getrennten Verfahren.

Die drei Rekurse gegen das Land wegen der klaren Verletzung der Verfahrensregeln bei der Konzessionsvergabe werden 2007 beim zuständigen Obersten Wassergericht in Rom eingereicht.

Im Sommer 2008 gewinnen die privaten Unternehmer alle drei Klagen gegen das Land. In den Urteilen des Obersten Wassergerichts wird festgehalten, dass auch in Südtirol die Verfahren zu beschleunigen sind, so wie EU-Recht und Staatsgesetz es vorschreiben.

Der falsche Sieger

Ende 2008 hat sich die Ausgangslage für die SEL im Kampf um die Enel-Konzessionen noch einmal verbessert. Im Herbst 2008 schließen SEL und Enel einen Vorvertrag zur Bildung einer gemeinsamen Gesellschaft ab, die ab 2011 dann die Großkraftwerke führen soll. Der schärfste Konkurrent im Rennen um die Konzessionen ist damit ausgeschaltet.

Bedenkt man, dass Michl Laimer und Maximilian Rainer wissen, dass man durch den Schwindel bei allen Kraftwerken bessere Projekte abgeliefert hat als die anderen Konkurrenten, so wird verständlich, dass man sich jetzt etwas zurücklehnt und die Sache laufen lässt.

Das Amt für Stromversorgung, das jahrelang vom zuständigen Landesrat Michl Laimer bewusst unterbesetzt und alleingelassen wurde, muss nach dem Urteil des römischen Wassergerichts innerhalb kürzester Zeit ein Bewertungsverfahren zusammenstellen, das den staatlichen und europäischen Richtlinien entspricht. Hans Unterholzner & Co sind damit verständlicherweise überfordert.

Der Direktor des Amtes für Stromversorgung wählt im Frühjahr 2009 zusammen mit der neuen Abteilungsleiterin und Juristin Cinzia Flaim eine Vorgangsweise, die auf alle Kraftwerke angewandt werden und allen Konkurrenten dieselben Chancen bieten soll.

Wie vom Landesgesetz vorgesehen, gibt es zu jedem Kraftwerk Gutachten der betroffenen Gemeinden, der Wassereinzugsbehörde und des UVP-Beirates. Das Amt für Stromversorgung erstellt jetzt für jedes Kraftwerk einen zusammenfassenden Abschlussbericht.

In diesem Abschlussbericht werden die technischen Projekte der einzelnen Wettbewerbsteilnehmer verglichen und nach ihrem technischen Wirkungsgrad und ihrer Stromproduktion bewertet. Ebenso werden die Umweltpläne verglichen und bewertet. Bei dieser Bewertung stützt man sich vor allem auf die Gutachten des UVP-Beirates zu den einzelnen Projekten. Außerdem werden die Gelder berücksichtigt, die die Gesuchsteller für Ausgleichsmaßnahmen auf dem Umweltsektor zur Verfügung stellen. Auch die Gutachten der Gemeinden und der Wasserbehörde werden zusammengefasst wiedergegeben.

Am Ende des Berichtes wird anhand dieser Elemente ein Projekt als Sieger ermittelt und die Abweisung aller anderen Konkurrenzprojekte vorgeschlagen. Unterzeichnet sind alle diese Abschlussberichte von Amtsdirektor Hans Unterholzner und Abteilungsdirektorin Cinzia Flaim.

Das Amt für Stromversorgung beginnt im Frühjahr 2009, diese Abschlussberichte zu verfassen. Rein rechtlich sind diese Berichte aber nur eine Art Empfehlung. Die Abschlussberichte und Schlussfolgerungen werden zuerst dem zuständigen Landesrat zugestellt und dann der Landesregierung. Denn laut Landesgesetz erteilt die Landesregierung die Konzessionen und sie ist es auch, die am Ende per Beschluss über den Wettbewerbssieger zu entscheiden hat.

Hans Unterholzner & Co liefern diese Abschlussberichte in zwei Tranchen ab. Am 8. Juni 2009 sind die Abschlussberichte für die Kraftwerke Lana, Mühlbach, St. Anton, St. Pankraz und St. Walburg fertig. Drei Monate später, am 3. September 2009, folgen die Abschlussberichte für die Kraftwerke Kardaun, Waidbruck, Laas, Lappach, Mühlwald, Sarntal, Schnals und Töll.

Aus den Abschlussberichten dieser 13 Kraftwerke geht neun Mal die SEL als Sieger hervor, einmal die SEL-Edison-Tochter Hydros GmbH und einmal die Etschwerke AG. Bei den verbleibenden zwei Großkraftwerken in Mühlbach wie auch in St. Anton hat nach dem Abschlussbericht des Amtes für Stromversorgung die Eisackwerk GmbH das beste Projekt eingereicht.

Ausschlaggebend ist in Mühlbach eine Sicherheitsentscheidung. Bei diesem Kraftwerk verlaufen bergseitig mitten durchs Dorf zwei enorme Druckleitungen. Die Eisackwerk GmbH sieht in ihrem Projekt die Stilllegung dieser Leitungen und ihren Abbau vor. Die Druckleitungen werden unterirdisch an anderer Stelle errichtet.

Auch beim Kraftwerk St. Anton überzeugt eine innovative Idee. Die privaten Unternehmer stellen nicht nur die höchste Summe für Umweltmaßnahmen zur Verfügung, sie schlagen auch vor, dass eine öffentliche Fachleutejury periodisch die Umweltprojekte auswählen soll, denen diese Gelder zugutekommen sollen.

Als das Amt für Stromversorgung Anfang Juni 2009 die ersten fünf Abschlussberichte an Michl Laimer übermittelt und der Landesrat in zwei Berichten die Eisackwerk GmbH als potenziellen Sieger sieht, bricht nicht nur beim SVP-Landesrat blankes Entsetzen aus. Denn hier geht für ihn eindeutig der Falsche als Sieger hervor. Michl Laimer und Maximilian Rainer haben die privaten Konkurrenten deutlich unterschätzt. Jetzt sucht man panisch einen Anhaltspunkt, die privaten Unternehmer irgendwie aus dem Rennen zu bekommen. Man findet den gesuchten Ansatz und es beginnen Machenschaften, die man ohne Übertreibung als Erpressung darstellen kann.

Schottergrube in Prags

Der Anhaltspunkt ist eine Schottergrube im oberen Pustertal. Im Jahr 1959 wird in der Gemeinde Prags in der Nähe des Obermarbachhofes eine Schottergrube eröffnet. 2002 erwirbt Hellmuth Frasnelli diese Schottergrube um rund 4,5 Millionen Euro. Besitzer ist die Obermarbach KG, die zu 50 Prozent Frasnellis Investa GmbH gehört. Die Schottergrube mit dem Namen Platari liegt an der Gemeindegrenze von Prags neben einem Gewerbegebiet, das bereits zur Gemeinde Niederdorf gehört.
Die Schottergrube hat indirekt mit der Konzessionsvergabe für Großkraftwerke zu tun. Frasnellis Eisackwerk GmbH hat in der eingereichten Projektbeschreibung für das Großkraftwerk am Eisack vorgeschlagen, die Grube mit dem Aushubmaterial aus dem Kavernenstollen für das Kraftwerk auffüllen zu wollen. Das Unternehmen hat dafür bereits eine Abmachung mit Trenitalia in der Tasche, über ein eigenes Stumpfgleis und die Pustertaler Linie das Material per Güterzug in die Schottergrube zu transportieren. Doch dazu soll es nicht kommen.
Am 4. Februar 2008 sucht die Obermarbach KG beim zuständigen Amt um die Erweiterung der Schottergrube Platari an. Am 16. Oktober 2008 schreibt das UVP-Amt die beiden betroffenen Gemeinden an und bittet sie um eine Stellungnahme oder mögliche Gegenäußerungen. Beide Pusterer Gemeinden haben nichts gegen den Ausbau vorzubringen und reagieren deshalb auch nicht.

Die Gemeinden sind also nicht dagegen, das betroffene Gebiet ist bereits als Abbauzone im Landesabbauplan eingetragen, und der Abbau bringt kaum landschaftliche Eingriffe mit sich. Der UVP-Beirat genehmigt somit das Erweiterungsprojekt am 18. Februar 2009. Am 24. April 2009 übermitteln die UVP-Ämter das positive Gutachten an die Landesregierung. Diese muss laut Gesetz innerhalb von 30 Tagen entscheiden.

Die Genehmigung durch die Landesregierung ist normalerweise nur mehr Formsache. Doch dann geschieht genau das Gegenteil. Zwischen dem 4. Mai und dem 29. Juni 2009 steht die Genehmigung der Schottergrube Platari sieben Mal auf der Tagesordnung der Landesregierung. Sechs Mal wird der Beschluss vertagt.

Der Zufall will es, dass diese Vertagungen genau in jenen Tagen stattfinden, als Michl Laimer die Abschlussberichte zur Konzessionsvergabe für St. Anton und Mühlbach auf den Tisch bekommt, in beiden Fällen mit der Eisackwerk GmbH als Sieger.

Hellmuth Frasnelli erinnert sich im Gespräch mit dem Autor:

> „Ein Landesrat ist im Juni 2009 zu mir gekommen und hat mir freundlich, aber sehr bestimmt einen Rat gegeben: Hellmuth, zieh dein Ansuchen für das Kraftwerk St. Anton zurück oder wir genehmigen dir die Schottergrube nicht."

Frasnelli muss bald erkennen, dass die Drohung ernst gemeint ist. Am 29. Juni 2009 lehnt die Landesregierung entgegen dem Gutachten der eigenen Umweltämter die Erweiterung der Schottergrube kurzerhand ab.

So etwas hat es noch nie gegeben. Der Direktor des UVP-Amtes Paul Gänsbacher sagt vor den Ermittlern dazu:

> „Nach meiner Erinnerung ist es noch nie passiert, dass die Landesregierung einen Vorschlag für ein positives Gutachten aus unserem Amt abgelehnt hat. Während das Umgekehrte dauernd passiert, dass die Landesregierung positive Beschlüsse fällt, auch wenn der UVP-Beirat ein negatives Gutachten erteilt hat."

Als Oberstaatsanwalt Guido Rispoli Ende Dezember 2011 Michl Laimer verhört, bestreitet der SVP-Politiker vehement einen Zusammenhang zwischen der Entscheidung über die Schottergrube und der Vergabe der Kraftwerkskonzessionen. Laimer argumentiert damit, dass er für den Bereich Schottergruben überhaupt nicht zuständig sei. Das ist Landesrat Thomas Widmann. Vor allem aber begründet der Landesrat die Ablehnung der Platari-Erweiterung mit den Einwänden und Wünschen der betroffenen Gemeinden.

Doch die Ermittler legen wenig später Beweise und Dokumente vor, die Laimers Verteidigungslinie zunichtemachen. Tatsache ist, dass bei allen Sitzungen der Landesregierung Michl Laimer als Umweltlandesrat und daher für die UVP-Verfahren zuständig, Berichterstatter in Sachen Platari war. So war es auch Laimer, der die sechs Vertagungen beantragt hat.

Doch nicht nur das: Es gibt keinerlei amtliche oder schriftliche Äußerungen der beiden Gemeinden Prags oder Niederdorf gegen die Erweiterung. Laut Gesetz muss der Gemeinderat oder der Gemeindeausschuss Stellung nehmen. Doch dies geschieht in beiden Gemeinden nicht.

In Wirklichkeit ist es genau umgekehrt. Es ist Michl Laimer, der wochenlang krampfhaft versucht, Gegenäußerungen zur Erweiterung der Schottergrube zu erfinden. Am 26. Juni 2009, also drei Tage vor der Ablehnung durch die Landesregierung, erhält Michl Laimer die Beschlussvorlage für die Schottergrube Platari. Der Landesrat schreibt handschriftlich eine Dienstanweisung an seine persönliche Sekretärin darauf:

„Bitte bei Bürgermeister Mutschlechner in Prags fragen, ob er zusätzliche Auflagen wünsche! Wenn ja, welche?"

In den Tagen darauf kommt es zu einem Telefongespräch zwischen dem Laimer-Sekretariat und dem Pragser Bürgermeister Alfred Mutschlechner. Aus dem Telefongespräch entsteht laut Laimer ein Promemoria, das er dann auch vorlegen wird. Darin werden aber kaum brauchbare Gegenäußerungen gegen die Erweiterung der Schottergrube wiedergeben.

Am 29. Juni 2009 lehnt die Landesregierung dann die Erweiterung der Schottergrube ab. Der Beschluss wird aber weder sofort niedergeschrieben noch den Betroffenen mitgeteilt. Fast drei Monate lang verschwindet die Entscheidung in der Schublade. Offiziell erhält die

-----Ursprüngliche Nachricht-----
Von: Gänsbacher, Paul
Gesendet: venerdì 24 luglio 2009 8.35
An: Laimer, Michl
Betreff: Schottergrube Platari 2 – Begründung des Beschlusses für die Ablehnung des Projektes

Das Protokoll der Landesregierung verweist bezüglich der Begründungen für die Ablehnung des Projektes lediglich auf das PM der Gemeinde.

- Darin wird ausgesagt dass es sich um eine Erweiterung der bestehenden Grube (Platari 1) handelt, obwohl diese noch nicht abgeschlossen ist. Das stimmt sicherlich, jedoch ist im Projekt für die Grube Platari 2 ohnehin vorgesehen, in Sektoren abzubauen (wie bei nahezu allen Gruben), sodass immer erst ein Sektor begonnen wird, sobald der vorherige abgebaut ist. Daher ist auch für die Platari 2 vorgesehen, diese erst zu beginnen, nachdem der letzte Bereich der Platari 1 abgebaut wurde.

- Bezüglich der Begründung der Gemeinde wegen der unterlassenen Asphaltierung der Zufahrtstrasse zur Platari 1: Die Vorschrift bezüglich der Asphaltierung wurde vom Amt für Gewerbegebiete auf Vorschlag der Gemeinde in die Abbaukonzession eingefügt. Daher glaube ich wäre es der richtige Weg die Einhaltung dieser Vorschrift über das Amt für Industrie und Gruben einzufordern, welches keine großen Probleme damit haben dürfte, da mit Konzessionsvergabe eine Kaution (meines Wissens 150.000 €) verlangt wurde. Daher bin ich der Meinung, dass die bisher scheinbar unterlassene Asphaltierung als Begründung für die Ablehnung der Erweiterung nicht haltbar ist.

- Ich wüsste auch keine anderen stichhaltigen Begründungen, wie z.B. Landschaftsschutz, da das Projekt vom Amt für Landschaftsschutz gutgeheißen wurde und kaum erhebliche Auswirkungen hat. Auch mit einem mangelnden Materialbedarf im Gebiet kann man wohl kaum begründen, da es sich um eine Grube handelt, die im Schottergrubenplan ausgewiesen ist

Was soll ich tun?

Viele Grüße

Paul

Von: Laimer, Michl
Gesendet: Montag, 10. August 2009 12:07
An: Gänsbacher, Paul
Betreff: AW: Schottergrube Platari 2 – Begründung des Beschlusses für die Ablehnung des Projektes
ad platari - lass dir einfach etwas einfallen
ad eisack - ok - kann mir nicht vorstellen, dass mit dem neuen wassernutzungsplan und mit dem problem trinkwasser brixen ein positives gutachten erstellt wird -

Mail von Amtsdirektor Paul Gänsbacher an Michl Laimer: „Was soll ich tun?"

Obermarbach KG den Ablehnungsbeschluss der Landesregierung erst am 23. September 2009 zugestellt, als Rechtsanwalt Anton von Walther die Verwaltung auffordert, die Gesetze einzuhalten und endlich zu entscheiden.

Einer der Gründe für diese dreimonatige Verzögerung ist die verzweifelte Suche von Landesrat Michl Laimer nach Argumenten, mit denen man den Beschluss der Landesregierung glaubhaft begründen könnte. Anhand der Auswertung des E-Mail-Verkehrs auf Laimers Computer können die Ermittler diese Suche detailliert nachzeichnen. Am 24. Juli 2009 fordert Michl Laimer in einer E-Mail an den Direktor des UVP-Amtes, Paul Gänsbacher:

„Bitte, den Bürgermeister anrufen! Er soll einige Argumente bringen!"

Gleichzeitig legt Laimer jene zwei Gründe bei, die angeblich aus dem Telefonpromemoria mit dem Pragser Bürgermeister Alfred Mutschlechner stammen. Noch am selben Tag antwortet Gänsbacher. In einem absolut sachlichen und fachlichen Ton demontiert der Amtsdirektor in seiner E-Mail die Ablehnungsgründe als untragbar, falsch und fadenscheinig. „Was soll ich tun?", endet das Schreiben an Laimer.

Der Landesrat bleibt bei seiner Linie. Im weiteren E-Mail-Verkehr mit Gänsbacher wird in den Wochen darauf zusammen mit dem Problem Schottergrube aber auch ein Kraftwerksprojekt der Eisackwerk GmbH erörtert. Ein klarer Beweis für die Ermittler, dass Michl Laimer sehr wohl die beiden Bereiche Schotter und Energie bewusst vermischt hat.

Doch das eigentliche Problem bleibt. Die Landesregierung hat die Erweiterung der Schottergrube Platari abgelehnt. Michl Laimer fehlen auch eineinhalb Monate später noch die Argumente für diese Ablehnung. So schreibt der Landesrat an den Direktor des UVP-Amtes am 10. August 2009 kurz und bündig:

„Ad ‚Platari' – Lass dir einfach etwas einfallen!"

Doch die Landesbeamten können und wollen sich nichts einfallen lassen. Am Ende bleibt im Landesregierungsbeschluss ein Argument übrig: der angeblich fehlende Bedarf.

Wie fadenscheinig die Ablehnung in Wirklichkeit aber ist, wird wenig später auch gerichtlich festgestellt. Hellmuth Frasnelli und die Obermarbach KG klagen vor dem Bozner Verwaltungsgericht gegen die Ablehnung und bekommen Recht. „Der Beschluss wurde ohne diesbezügliche Begründung und mit sachfremden Erwägungen gefasst", steht im Urteil, mit dem das Verwaltungsgericht im Oktober 2010 den Landesregierungsbeschluss aufhebt.

Inzwischen fährt man aber neue Geschütze gegen den Bozner Unternehmer auf. Wenige 100 Meter von der Schottergrube Platari entfernt sucht das Pusterer Unternehmen Nordbau um die Ausweisung einer neuen Schottergrube an. Es soll das völlig unberührte Schuster-Feld

als Abbaugebiet genutzt werden, direkt neben der malerischen Moos-
kirche.
Obwohl laut Landesregierung kein Bedarf an Schotter besteht, leitet
man hier das Genehmigungsverfahren ein. Gestoppt wird das ganze
letztlich nur durch die energischen und heftigen Proteste aus der
Gemeinde Niederdorf.
Obwohl die Obermarbach KG vor dem Bozner Verwaltungsgericht
Recht erhält, braucht es danach noch weitere 14 Monate und eine
Anschlussklage, bis die Landesregierung im Dezember 2011 endlich
die Erweiterung der Oberpusterer Schottergrube genehmigt.
Zu diesem Zeitpunkt hat Hellmuth Frasnelli die Sandgrube aus finanziellen Gründen bereits verkaufen müssen. „Am Ende bin ich
bei dieser Sache noch mit einem blauen Auge davongekommen",
sagt der Unternehmer nachher.

Vier Treffen

Dass der Vorwurf einer möglichen Erpressung oder Nötigung nicht
aus der Luft gegriffen ist, zeigt sich auch noch auf einer anderen
Ebene. Es kommt zwischen Juli und November 2009 zu vier Treffen
mit Michl Laimer, bei denen der SVP-Politiker mehrmals die Erweiterung der Schottergrube und die Konzessionsvergabe für die
Großkraftwerke in direkten Zusammenhang bringt.
Michl Laimer sagt später, dass die Gespräche von Frasnelli & Co
gesucht wurden. „Ich möchte festhalten, dass ich grundsätzlich als
Landesrat niemandem ein Gespräch ausschlage", meint der SVP-
Politiker vor dem Staatsanwalt.
Tatsache ist es aber auch, dass Michl Laimer spätestens am 8. Juni
2009, als er die Abschlussberichte des Amtes für Stromversorgung
auf den Tisch bekommt, klar wird, dass die SEL ein Problem hat.
Das Problem heißt Frasnelli.
Denn es tritt ein, was keiner geglaubt hat. Die mächtige Landesener-
giegesellschaft wird bei zwei Großkraftwerken von privaten Unter-
nehmern ausgestochen. Ein solches Szenario passt weder in das
Konzept Maximilian Rainers noch in jenes des SVP-Landesrates.
Michl Laimer weiß zudem, dass er in Landeshauptmann Luis Durnwalder zumindest einen ideellen Verbündeten hat. Durnwalder sagt

noch heute im Gespräch mit dem Autor offen: „Weil ich davon ausgehe, dass Wasser öffentliches Gut ist, bin ich gegen Private im Stromgeschäft."
Laimer versucht deshalb, Druck auf den Bozner Unternehmer auszuüben. Die Erweiterung der Pragser Schottergrube kommt dabei wie gerufen. Es geht um ein Geschäft von rund 6 Millionen Euro. Der SVP-Politiker geht davon aus, dass das ein gutes Druckmittel ist. Walter Crepaz ist der Notar, über den viele Urkunden des Landes und der SEL laufen. Zudem führen Paul Schweitzer & Co einige delikate Operationen in der Notariatskanzlei Kleewein & Crepaz durch. Der gebürtige Grödner Crepaz ist aber auch gut mit dem ebenfalls aus Gröden stammenden Wirtschaftsberater Roland Rabanser bekannt. Crepaz kennt auch Hellmuth Frasnelli.
Der Notar versucht sich im Frühsommer 2009 in einer Art Vermittlerrolle. So kommt es im Sommer 2009 zu vier Treffen zwischen Michl Laimer, Walter Crepaz und Roland Rabanser. Das erste dieser Treffen findet im Studio des Bozner Wirtschaftsberaters und das zweite an einem Freitagnachmittag im Büro des Landesrates statt. Dazu kommen zwei weitere Treffen im November 2009, jeweils an einem Sonntag, im Privathaus Laimers in Neustift bei Vahrn.
Roland Rabanser verfolgt als Wirtschaftsberater nicht nur die Aktivitäten der Frasnelli-Gruppe, er ist seit Gründung der Obermarbach KG auch mit 10 Prozent an dem Unternehmen und damit an der Schottergrube beteiligt. Rabanser beschreibt zwei Jahre später vor den Ermittlern die Gespräche und das Verhalten von Michl Laimer überaus deutlich:

> „Im Laufe dieser vier Treffen hat Laimer immer wieder ausdrücklich gesagt, dass der Akt Platari sich umgehend zugunsten der Obermarbach KG lösen wird, wenn Frasnelli seine Vorschläge zu den Kraftwerkskonzessionen annehmen würde. In der Substanz, nur wenn Frasnelli sich mit nur einer Konzession für ein Großkraftwerk zufriedengibt, bekommt er die Genehmigung zur Erweiterung der Schottergrube Platari. Alle vier Mal habe ich mich energisch gewehrt, zwei Sachen zu vermischen, die nichts miteinander zu tun haben. Ich kann mich auch erinnern, dass ich zornig wurde, weil ich mich erpresst fühlte.

Laimer hat sein Verhalten aber nicht geändert und er hat denselben Vorschlag vier Mal nacheinander gemacht. Crepaz hat sicherlich den Vorschlag von Laimer gehört, wie auch meine Reaktion, aber er hat dazu nicht Stellung genommen. Ich bin überzeugt, dass Laimer die Sache mit der Schottergrube immer wieder vorgebracht hat, weil er von meiner Beteiligung und damit von meinem direkten ökonomischen Interesse wusste. Um die Größenordnung der Erpressung zu verstehen, muss man wissen, dass die Schottergrube, mit der von uns angefragten Abbaugenehmigung einen Wert von rund 6 Millionen hat, ohne Genehmigung aber den Wert einer Weide, also rund 50.000 Euro."

Notar Walter Crepaz bestätigt vor dem Staatsanwalt diese Darstellung, wenn auch mit bewusst gewählten Worten, die Michl Laimer weniger schwer belasten. Crepaz:

„Ich kann nur wiederholen, dass der Landesrat unter den vielen Dingen, die er gesagt hat, erklärt hat, dass eine Einigungen zu den Kraftwerkskonzessionen und der Rückzug der Klagen und Anzeigen ebenso die Sache Obermarbach lösen würden."

Die ersten beiden Treffen zwischen Laimer, Crepaz und Rabanser finden im Sommer 2009 statt, als die Ablehnung der Erweiterung der Pragser Schottergrube noch nicht bekannt ist. Der Landesregierungsbeschluss wird erst Ende September offiziell geschrieben. Michl Laimer stellt deshalb eine Lösung in Aussicht.
In Sachen Konzessionsvergabe ist die Taktik des Landesrates eindeutig auf Schadensbegrenzung ausgerichtet. Laimer weiß, dass die Eisackwerk GmbH bei zwei Ausschreibungen als Sieger hervorgeht. Seine einfache Rechnung: Schaffe ich es, die privaten Unternehmer zum Rückzug eines Projektes zu bewegen, gewinnt die SEL eine Konzession mehr.
Das ist dann auch der rote Faden bei all diesen Treffen. Eine Art politischer Kuhhandel, wie er in Südtirol jahrzehntelang zur Tagesordnung gehört.
Von der kleinsten Gemeinde bis in die Spitze der Landesregierung. Michl Laimer ist es gewohnt, dass die privaten Unternehmer auf solche Arrangements einsteigen. Deshalb dürfte der SVP-Politiker

auch so ungestüm und energisch an die unorthodoxe Lösung des Problems herangehen.

Wie sehr Michl Laimer dabei von seiner eigenen Partei gedeckt wird, zeigt sich zwei Jahre später, als Oberstaatsanwalt Guido Rispoli die gesamte Landesregierung zum Fall Platari anhört. Der damalige Landesrat und SVP-Obmann Richard Theiner sagt am 4. November 2011 aus:

> „Ich möchte noch hinzufügen, dass in der Landesregierung zu keiner Zeit ein Zusammenhang zwischen der Schottergrube und dem Kraftwerk St. Anton hergestellt worden war. Zudem kenne ich Landesrat Dr. Laimer auch aus meiner Zeit als Bezirksobmann der SVP-Vinschgau und als Landtagsabgeordneter und hatte mit ihm mehrere sachlich harte Auseinandersetzungen in Sachen Energie, aber nie hat es Erpressungen von seiner Seite oder meiner Seite gegeben. Ich bin überzeugt, dass ein solcher Stil nicht den Eigenschaften des Landesrates Dr. Laimer entspricht."

Der Gegenangriff

Das dritte Treffen findet am Sonntag, dem 8. November 2009, in Laimers Privathaus am Pacherhof in Neustift in Vahrn statt. Diesmal ist auch Hellmuth Frasnelli dabei. Der SVP-Landesrat wiederholt dabei seine Vorschläge. Bei diesem Treffen macht Laimer Frasnelli unmissverständlich klar, dass er zwar die Konzession für das Kraftwerk Mühlwald bekommen werde, aber niemals auch jene für das Kraftwerk St. Anton.

Doch Hellmuth Frasnelli entgegnet energisch, dass er jene Konzessionen will, die ihm zustehen, und zudem die Erweiterung der Schottergrube Platari, die der UVP-Beirat bereits genehmigt hat. Frasnellis Selbstvertrauen gründet inzwischen in der Überzeugung, bei der Konzessionsvergabe mehr als gut im Rennen zu liegen. Denn die Abschlussberichte des Amtes für Stromversorgung unterliegen zu diesem Zeitpunkt noch dem Amtsgeheimnis. Niemand soll wissen, wer als Sieger vorgeschlagen wird.

Michl Laimer sagt vor dem Staatsanwalt aus, er habe ein weiteres Treffen mit Hellmuth Frasnelli im Hotel Laurin gehabt, bei dem er zur Überzeugung gelangt sei, dass der private Unternehmer die Abschlussberichte vorab kannte.

Hellmuth Frasnelli verneint diese Unterstellung energisch. Er erklärt, dass vor allem das Verhalten des Konkurrenten für ihn ein klarer Indikator dafür war, dass die Eisackwerk GmbH vorne liegt.

Hellmuth Frasnelli:

„Im Sommer 2009 hat mich der Bozner Bürgermeister plötzlich zum Essen eingeladen, um mit mir über eine mögliche Zusammenarbeit zwischen uns und den Etschwerken beim Kraftwerk St. Anton zu sprechen. Und dann diese Angebote durch Michl Laimer. Das war für mich der Beweis, dass wir in Mühlbach und St. Anton vorne liegen müssen."

Aus dieser Überzeugung heraus lässt sich der Bozner Unternehmer auch nicht durch den Druck von Michl Laimer einschüchtern. Anstatt einzuknicken, setzen die privaten Unternehmer zum Gegenangriff an.

Am 1. Dezember 2008 wird das Urteil des Obersten Wassergerichts veröffentlicht, laut dem das Land innerhalb eines halben Jahres die Konzessionsvergabe durchführen muss. Weil aber nichts geschieht, schickt die Eisackwerk GmbH am 15. Oktober 2009 eine sogenannte Inverzugsetzung an alle Mitglieder der Landesregierung. Darin werden die Politiker darauf aufmerksam gemacht, dass das rechtskräftige Urteil vom Land nicht umgesetzt wird und durch die Zeitverzögerung der Eisackwerk GmbH ein potenzieller Schaden in Millionenhöhe entsteht. Im Schreiben werden die Landesräte auf mögliche strafrechtliche wie auch zivilrechtliche Folgen einer weiteren Verzögerung hingewiesen.

Am 7. November 2009 schickt der Eisackwerk-Gesellschafter Karl Pichler eine E-Mail an Michl Laimer. In dem Schreiben weist Pichler noch einmal darauf hin, dass die Landesregierung über die Konzession für das Kraftwerk Mühlbach innerhalb November 2009 entscheiden muss. Ansonsten entsteht den privaten Unternehmern ein finanzieller Schaden von rund 12 Millionen Euro.

Der Hintergrund dieser Berechnung ist einfach. Die staatliche Strombehörde GSE *(Gestore servizi energetici)* unterstützt die Produktion aus erneuerbaren Energiequellen – darunter fällt auch die

Wasserkraft – mit sogenannten Grünzertifikaten. Mit diesen Grünzertifikaten erhöhen sich die Einnahmen der Kraftwerksbetreiber beträchtlich.

Karl Pichler weist in seinem Schreiben an Laimer darauf hin, dass der GSE zur Genehmigung dieser Grünzertifikate den Zuspruch einer Konzession voraussetzt. Damit der Eisackwerk GmbH diese Förderung 2010 zuteil wird, muss das Unternehmen aber das Ansuchen innerhalb November 2009 einreichen. Deshalb braucht man die Konzession.

Weil die Enel-Kraftwerke erst mit 1. Jänner 2011 an den neuen Konzessionär übergehen, würde theoretisch auch noch das Jahr 2010 für das GSE-Ansuchen reichen. Doch bereits im Jahr 2009 zeichnet sich ab, dass der Staat früher oder später diese großzügige Förderung kürzen wird. Mit einer Genehmigung der Grünzertifikate im Jahr 2009 fällt man ganz sicher noch in die ausgiebige Förderung. Danach könnte es problematisch werden.

Wie recht Karl Pichler mit dieser Überlegung hat, zeigt sich später. Der GSE kürzt die Förderung durch Grünzertifikate ab 2010 massiv. Das Schreiben des Eisackwerk-Anwaltes kann vom Rechtsamt des Landes nicht widerlegt werden und verursacht unter den angeschriebenen Landesräten durchaus einige Aufregung. So entschließt man sich, die Vergabe der Kraftwerkskonzession Mühlbach vorzuziehen. Ursprünglich sollte die Landesregierung am 9. November 2009 den Beschluss fassen.

Einen Tag zuvor findet das erste Treffen in Laimers Privathaus in Neustift statt, bei dem auch Hellmuth Frasnelli anwesend ist. Weil der Unternehmer aber nicht auf das Angebot Laimers eingeht, lässt der Energielandesrat den Beschluss erst einmal vertagen. Auf Montag, den 16. November 2009.

Einen Tag davor – am Sonntag, dem 15. November 2009 – geht das zweite und letzte Treffen am Pacherhof in Neustift über die Bühne. Diesmal ist das übliche Trio Walter Crepaz, Roland Rabanser und Michl Laimer anwesend. Der SVP-Politiker macht jetzt plötzlich ein neues Angebot: Die Eisackwerk GmbH solle auf Mühlbach verzichten, dafür bekomme das Unternehmen die Konzession für das Kraftwerk St. Anton zugesprochen.

Ein durchaus interessantes Angebot, ist das Kraftwerk St. Anton doch bedeutend größer als jenes in Mühlbach.

Roland Rabanser überbringt Hellmuth Frasnelli und Karl Pichler das neue Laimer-Angebot am nächsten Morgen um 7 Uhr früh. Weil die beiden Unternehmer aber eine Finte wittern, gehen sie auch auf dieses unmoralische Angebot nicht ein. Wenige Stunden später vergibt die Landesregierung die erste Konzession für ein Großkraftwerk. Die Konzession für das Enel-Kraftwerk Mühlbach geht an diesem 16. November 2009 an jenes Unternehmen, das laut Abschlussprotokoll des Amtes für Stromversorgung insgesamt das beste Projekt eingereicht hat: die Eisackwerk GmbH. Der offizielle Beschluss der Landesregierung macht deutlich, mit welchem Widerwillen dieser Zuschlag erfolgt. Fast 90 Prozent der Beschlüsse der Landesregierung fallen einstimmig, so ist es auch bei der Vergabe der Konzessionen im Jahr 2009. Mit einer Ausnahme: Der Zuschlag des Kraftwerks Mühlwald an die Eisackwerk GmbH erfolgt mit nur zwei Stimmen. Ein Landesrat stimmt dagegen und die restlichen fünf Mitglieder enthalten sich der Stimme. Dieses Abstimmungsergebnis lässt erahnen, dass der Kampf noch lange nicht vorbei ist.

Klammer & Strichpunkt

*„Ich war mit der Entscheidung
nicht einverstanden. Deshalb habe
ich es vorgezogen, an der
Abstimmung nicht teilzunehmen
und den Sitzungssaal zu verlassen.“*

Landesrätin Barbara Repetto (Oktober 2011)

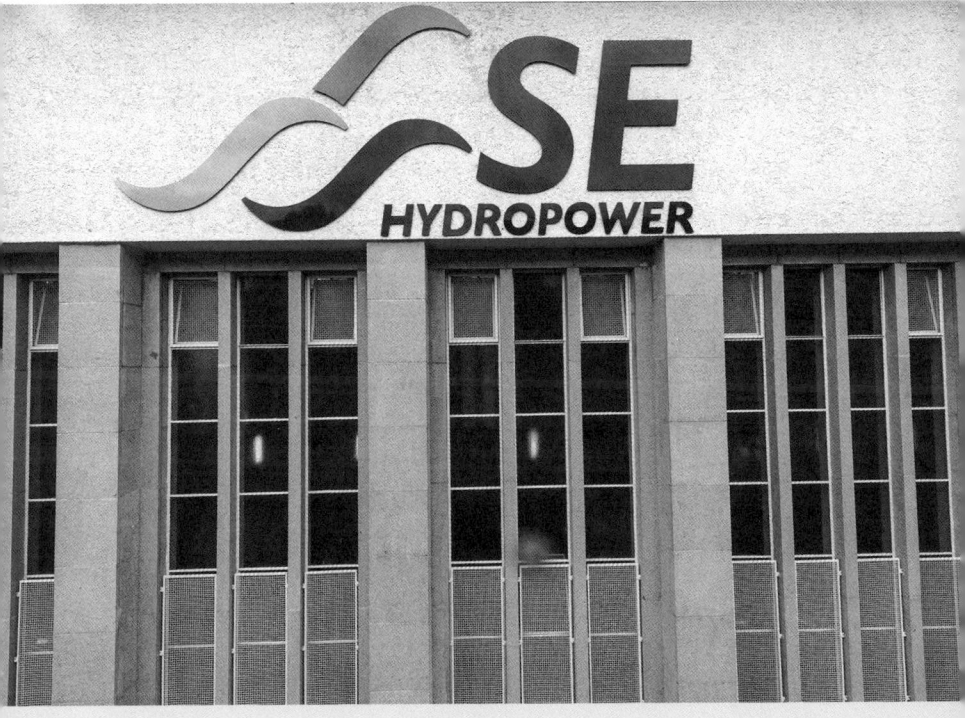

Am 16. November 2009 vergibt die Landesregierung die Konzession für das Großkraftwerk Mühlbach an die Eisackwerk GmbH. Es ist ein erster Sieg der privaten Unternehmer Hellmuth Frasnelli und Karl Pichler.

Drei Tage nach diesem Beschluss greift Landesrat Michl Laimer in einer geharnischten E-Mail an den Direktor des Amtes für Stromversorgung, Hans Unterholzner, die für den Abschlussbericht zuständigen Beamten und ihre Bewertungsmethode im Fall Mühlbach frontal an. Laimer kündigt an diesem 19. November 2009 an:

„du und cinzia – ihr bekommt in den nächsten tagen ein schreiben von mir – ersuche euch dann um die entsprechende stellungnahme."

Am 24. November 2009 trifft dann ein zweiseitiger Brief bei Cinzia Flaim und Hans Unterholzner ein. Michl Laimer stellt in diesem Brief acht Tage nach dem Beschluss der Landesregierung die Konzessionsvergabe des Kraftwerks Mühlbach plötzlich wieder infrage. Gleich zu Beginn des Schreibens geht der Landesrat in die Vollen:

„Mit Verwunderung habe ich aus den Akten entnommen, dass im abschließenden Bericht bei der Bewertung der eingereichten Pläne eine sonderbare Vorgangsweise gewählt wurde und die Bewertung meines Erachtens einer schlüssigen und nachvollziehbaren Logik und Kohärenz entbehrt."

Es folgen detaillierte und höchst technische Angaben und Argumente, die in allen Fällen darauf hinauslaufen, dass die Landesämter sich bei der Bewertung eindeutig zu Ungunsten der SEL verrechnet hätten. Laimers Brief ist ein klarer Versuch, die Beamten dazu zu bewegen, ihre Bewertung zum Wettbewerb um das Kraftwerk Mühlbach nachträglich abzuändern. So könnte die Landesregierung den Zuweisungsbeschluss an die Eisackwerk GmbH widerrufen und das Großkraftwerk der SEL zusprechen.

Der Energielandesrat beendet seinen Brief an die eigenen Beamten in diesem Sinne:

„Ich ersuche Euch hiermit um eine ausführliche Stellungnahme innerhalb nächster Woche. Sollte sich herausstellen, dass eine falsche

Bewertungsmethode verwendet worden ist, dann ersuche ich zum einen um die entsprechende Erklärung dafür und natürlich auch um eine neuerliche Bewertung der Pläne und gegebenenfalls um die notwendige technische Korrektur. Die Verfahren müssen nach den Prinzipien der Transparenz, Öffentlichkeit und Nicht-Diskriminierung abgewickelt werden. Wenn also in diesem Sinne Änderungen an den Beschlussvorlagen nötig sind, dann ersuche ich entsprechende Schritte und Akte ehestens zu setzen."

Cinzia Flaim und Hans Unterholzner antworten am 14. Dezember 2009 schriftlich. Auf vier Seiten verteidigen die Landesbeamten ihren Abschlussbericht, gehen auf jedes Gegenargument im Detail ein und machen mehr als deutlich klar, dass es ein Umschreiben des Abschlussberichtes nicht geben wird.

Einen Tag später trifft sich der SEL-Verwaltungsrat und beschäftigt sich auf der Sitzung auch mit dem Sieg der Eisackwerk GmbH beim Kraftwerk Mühlbach. Im Protokoll heißt es dazu unmissverständlich:

„Der Vorsitzende führt ein, dass das private Unternehmen Eisackwerk GmbH im Verfahren zur Erteilung der neuen Konzession des heutigen ENEL-Kraftwerkes Mühlbach (Wasserkonzessionen GS/189 und GS/260) mit Beschluss der Landesregierung zum Sieger erklärt wurde. Er erklärt weiters, wie die Beschlussfassung zustande gekommen ist und welche Begründungen in den Gutachten des zuständigen Landesamtes angeführt wurden, um diese Entscheidung zu rechtfertigen. Es sind dies evident widersprüchliche Aussagen, dubiose Ableitungen und Ansätze, die nicht nachvollziehbar sind. Die Beurteilungen scheinen in keinerlei Weise transparent, unabhängig und objektiv. Zudem wurde auf die Mitglieder der Landesregierung klar ersichtlich Druck ausgeübt, um diese Entscheidungen herbeizuführen.

Nach kurzer Diskussion beschließt der Verwaltungsrat einstimmig, gegen den Beschluss der Landesregierung Nr. 2773 vom 16.11.2009 Rekurs beim Wassermagistrat [Wassergericht – Anm. d. A.] einzureichen und die entsprechenden Kosten dafür bereitzustellen. Der Vorsitzende und der Generaldirektor erhalten das Mandat einen oder mehrere Rechtsbeistände zu wählen und zu beauftragen sowie alle Rechtshandlungen für die Einreichung des Rekurses zu setzen."

Verletztes Amtsgeheimnis

Michl Laimer hat zu diesem Zeitpunkt aber noch ein anderes Problem. Seit über fünf Monaten liegt auf seinem Schreibtisch ein neunseitiger Bericht des Amtes für Stromversorgung mit der Protokollnummer 326490. Das Dokument mit dem Titel „Abschließender Bericht für die Erneuerung/Erteilung der Konzession betreffend die Wasserableitung GS/2400 – St. Anton" ist von jenen zwei Beamten unterzeichnet, die der Landesrat besonders ins Visier nimmt: dem Direktor des Amtes für Stromversorgung Hans Unterholzner und der Leiterin der Landesabteilung Wasser und Energie Cinzia Flaim. Das Dokument ist der offizielle Abschlussbericht zur Vergabe der Konzession des Kraftwerks St. Anton in Bozen. Nach einer detaillierten und genauen Bewertung kommt die zuständige Landesbehörde zu einem klaren Schluss:

„Man ist der Ansicht, dass die Konzession GS/2400 aufgrund der im Auflagenheft enthaltenen Bedingungen der Eisackwerk GmbH zugesprochen werden soll."

Es ist genau das, was Michl Laimer seit Monaten verhindern will, indem er Druck auf Hellmuth Frasnelli ausübt. Weil das nicht fruchtet, ändert der Politiker seine Taktik. Laimer beginnt, seine eigenen Beamten in Sachen St. Anton unter Druck zu setzen. Zeitgleich mit der Stellungnahme zum Kraftwerk Mühlbach schreibt Laimer am 19. November 2009 in konsequenter Kleinschreibung an Amtsdirektor Hans Unterholzner:

„bitte die bestellten umweltpläne noch heute in mein büro bringen lassen. meines wissens hat die eisackwerk gmbh beim kraftwerk st. anton überhaupt keinen konkreten plan vorgelegt – wie kann dann dieser plan als der beste erklärt werden? nur ein wettbewerb ist ja noch kein plan mit ökologischen maßnahmen."

Der Hintergrund dieses Schreibens liegt in den eingereichten Projekten. Beim Kraftwerk St. Anton schlägt die Eisackwerk GmbH einen neuen, innovativen und vom Landesgesetz nicht vorgesehenen Weg ein. Hellmuth Frasnelli & Co geben keinen detaillierten Umweltplan ab, sondern legen die Summe fest und schlagen vor, dass ein öffentliches Fachgremium alle drei Jahre über die Verwendung der Gelder bestimmen sollte.

Am 20. November 2009, einen Tag später, antwortet Hans Unterholzner:

„Die geforderten Unterlagen müssten bereits in deinem Büro sein. Was den Umweltplan der Eisackwerke im Projekt St. Anton betrifft, hätte es genügt, wenn der UVP-Beirat, der für den Umweltplan zuständig ist, ein negatives Gutachten ausgestellt hätte. Nachdem das aber nicht geschehen ist, hatten wir diesen einfach zu bewerten […] Wir haben es uns auch nicht leicht gemacht eine Entscheidung zu treffen. Schlussendlich haben wir versucht, eine Entscheidung zu treffen im Sinne einer guten Verwaltung und aufgrund der uns zur Verfügung stehenden Unterlagen."

Laimers Offensive gegen die eigenen Beamten kann vielleicht mit einer Art Torschlusspanik des SVP-Politikers erklärt werden. Doch es gibt noch eine andere Facette der Aktion.

Die Vorhaltungen, die der Landesrat seinen Beamten in diesem Schreiben macht, sind technisch so detailliert und präzise ausgefeilt, dass sie von jemandem stammen müssen, der sich in der Materie weit besser auskennt.

Damit kommt natürlich ein üblicher Verdächtiger ins Spiel: Maximilian Rainer.

Einerseits ist es naheliegend, dass Michl Laimer in dieser verzwickten Situation auf die Hilfe seines *masterminds* in der Energiepolitik wohl kaum verzichten kann. Anderseits liegt es nicht im Charakter von Maximilian Rainer, zuzuschauen, wie ein privater Unternehmer ihm und der SEL eine weitere Konzession für ein Großkraftwerk vor der Nase wegschnappt.

Wie weit das Duo dabei allerdings geht, wird zwei Jahre später klar. Als die Carabinieri-Sondereinheit ROS im November 2011 Rainers Dienstcomputer beschlagnahmt, findet sie in einem Ordner eine unscheinbare Datei mit den Namen „Test.doc". Der Inhalt mit dem Titel „Beschlussvorlage für das Verfahren zur Erteilung/Erneuerung der Konzessionen GS/189 und GS/260 – Ernennung des Siegers" ist der Entwurf des Landesregierungsbeschlusses zur Konzessionsvergabe für das Kraftwerk Mühlbach. Als Sieger wird in diesem Entwurf die SEL AG ermittelt.

Geschrieben wird diese Beschlussvorlage von Maximilian Rainer am 3. November 2009. Also knapp zwei Wochen bevor die Landesregierung die Konzession effektiv vergibt. Der SEL-Generaldirektor hat demnach alles vorbereitet, um das Kraftwerk Mühlbach im allerletzten Moment der Eisackwerk GmbH wegzuschnappen.

Man muss sich das vorstellen: Der Direktor eines Unternehmens schreibt einen Beschluss, mit dem die Landesregierung seinem Unternehmen eine Konzession im Wert von einigen Millionen Euro zuschlägt. Landesrat Michl Laimer dürfte bei dieser Aktion aber im letzten Moment kalte Füße bekommt haben. Deshalb wird dieser Plan nicht umgesetzt.

Doch der Großteil der Argumente aus Rainers Entwurf fließt direkt in das Schreiben Laimers ein, das der Landesrat am 24. November 2009 seinen Beamten schickt, um deren Bewertung infrage zu stellen.

Aus dem Laimer-Brief und noch deutlicher aus dem Rainer-Entwurf für den Landesregierungsbeschluss wird eines unmittelbar klar: Maximilian Rainer und die SEL haben bereits im Herbst 2009 den von den zuständigen Ämtern für die Landesregierung erstellten Abschlussbericht zum Kraftwerk Mühlbach in der Hand. Abteilungsdirektorin Cinzia Flaim vor den Ermittlern:

> „Aus dem Rainer-Entwurf geht mehr als deutlich hervor, dass der Verfasser unseren Abschlussbericht materiell in den Händen haben musste."

Genau das aber ist eine Straftat. Der Abschlussbericht der Ämter unterliegt dem absoluten Amtsgeheimnis. Er muss bis zur Beschlussfassung geheim bleiben.

So jedenfalls legt es wenige Monate zuvor das Rechtsamt des Landes fest. Denn am 30. Juni 2009 sucht die Eisackwerk GmbH schriftlich beim Amt für Stromversorgung um Akteneinsicht in einen

Abschlussbericht zur Konzessionsvergabe an. Am 28. Juli 2009 schreibt Amtsdirektor Hans Unterholzner zurück, dass das nicht möglich sei, weil die Berichte dem Amtsgeheimnis unterliegen. Unterholzner holt für die Antwort ein Gutachten beim Rechtsamt des Landes ein. Der stellvertretende Direktor des Landesrechtsamtes Stefan Beikircher kommt in diesem Gutachten zu einem eindeutigen Schluss:

> „Die Einsicht in die von Ihnen angeforderten Akten ist ausschließlich nach Abschluss des Konzessionsverfahrens, das heißt nach Beschlussfassung der Landesregierung möglich."

Doch anscheinend gelten die Gesetze nicht für alle. Denn der Abschlussbericht für das Kraftwerk Mühlbach ist nicht das einzige Dokument, das Landesrat Michl Laimer widerrechtlich an den SEL-Generaldirektor Maximilian Rainer übermittelt.

Turbulente Sitzung

Am Mittwoch, dem 30. Dezember 2009, trifft sich die Südtiroler Landesregierung zu ihrer letzten Sitzung im Jahr 2009. Auf der Tagesordnung stehen besonders wichtige Entscheidungen im Energiesektor: die Konzessionsvergaben der Südtiroler Enel-Großkraftwerke für die nächsten 30 Jahre.

Die Landesregierung vergibt auf dieser Sitzung insgesamt elf Konzessionen für ebenso viele Großkraftwerke. Neun davon gehen an die SEL und jeweils eine an die SEL-Tochter Hydros GmbH (Laas) und die Etschwerke AG (Schnals). In allen Fällen hält sich die Regierung an die Bewertung und an den Siegervorschlag des Amtes für Stromversorgung.

Mit einer Ausnahme. An diesem Vormittag wird auch die Konzession für das Kraftwerk St. Anton vergeben – aber nicht an die private Eisackwerk GmbH, die nach dem Gutachten der Ämter der Wettbewerbssieger ist, sondern an die SEL.

Auf der Sitzung der Landesregierung lässt Michl Laimer in Bezug auf das Kraftwerk St. Anton ein flammendes Plädoyer für die SEL vom Stapel. Zudem zieht der Landesrat plötzlich ein Promemoria aus der Tasche, in dem sieben höchst spezifische technische Punkte enthalten sind, die letztlich den Ausschlag dafür geben, der Landesenergiegesellschaft den Vorzug und damit die Konzession zu erteilen.

In den sieben Punkten – die auch in den entscheidenden Landesregierungsbeschluss aufgenommen werden – wird detailliert dargestellt, warum das SEL-Projekt besser sei als jenes der Eisackwerk GmbH. Zudem wird ausgeführt, dass die zuständigen Landesämter im Abschlussbericht mehrere Fehler gemacht hätten.

Dass die Aktion stinkt, merken an diesem Vormittag mehrere Mitglieder der Landesregierung. Aber nur die zwei PD-Landesräte Barbara Repetto und Christian Tommasini trauen sich zu reagieren. Barbara Repetto sagt später vor Oberstaatsanwalt Guido Rispoli aus:

„Ich kann mich genau daran erinnern, wie wir in der Landesregierung die 11 Zuweisungen für Kraftwerkskonzessionen behandelt haben und dabei zehn Beschlüsse gefasst haben, die konform mit den Vorschlägen der technischen Ämter und besonders mit jenem des Amtes für Stromversorgung gingen. Ich kann mich auch erinnern, dass bei der Zuweisung für die Konzession des Kraftwerks St. Anton die Ämter das Unternehmen Eisackwerk GmbH als Sieger vorgeschlagen haben, während Landesrat Laimer mit anderen Argumenten behauptete, diese Konzession müsse der SEL zugesprochen werden. In diesem Punkt kam es zu einer langen und lebhaften Diskussion. Ich war mit der Entscheidung nicht einverstanden, was ich auch offen und laut zum Ausdruck gebracht habe, indem ich die zentrale Bedeutung der Bewertung durch die Techniker unterstrichen habe. Deshalb habe ich es vorgezogen, an der Abstimmung nicht teilzunehmen und den Sitzungssaal zu verlassen. Mit mir hat auch Landesrat Tommasini den Saal verlassen."

Der Beschluss Nummer 3192 wird damit von einer Landesregierung gefasst, der ausschließlich SVP-Politiker angehören. Im allerletzten Moment gelingt es Michl Laimer durch einen Kraftakt zu verhindern, dass die Eisackwerk GmbH nach Mühlbach auch noch ein zweites Großkraftwerk zugesprochen bekommt.

An diesem 30. Dezember wird der Schlusspunkt in einem Plan gesetzt, der schon Wochen vorher ausgetüftelt wurde. Michl Laimer setzt jetzt mit Maximilian Rainer genau das durch, was man sechs Wochen zuvor bereits beim Kraftwerk Mühlbach angedacht hat. Die Delegitimierung der zuständigen Landesämter und die Manipulation eines Landesregierungsbeschlusses zugunsten der SEL.

Das Argumentarium

Michl Laimer und Maximilian Rainer planen diese Aktion akribisch und setzen sie auch generalstabsmäßig um.

Den Beginn macht Michl Laimer mit dem fortlaufenden Versuch, seine eigenen Beamten zu delegitimieren und unter Druck zu setzen. So baut der SVP-Landesrat bereits drei Wochen vor dem Landesregierungsbeschluss vor. Am 11. Dezember schickt Laimer eine E-Mail an Abteilungsdirektorin Cinzia Flaim. Es sind zwei flapsige Zeilen, die aber deutlich machen, wie das Duo Laimer/Rainer seinen Coup vorbereitet.

Michl Laimer schreibt:

„Für die Projekte, wo die Entscheidung klar ist, würde ich den Vorgaben der Abteilung und des Amtes folgen – dort, wo die Entscheidungen aber nicht klar sind, soll die Landesregierung inhaltlich entscheiden."

Cinzia Flaim ist ob dieser Vorgabe sichtlich entsetzt. 30 Minuten später antwortet die Abteilungsdirektorin ihrem politischen Vorgesetzten:

„Wegen der fehlenden Bestimmung genauer Kriterien ist eine Bewertung eine Ermessenssache, die immer wieder zu Diskussionen und Interpretationen führen kann. In Anbetracht der jüngsten Erfahrung ist es besser, wenn die Landesregierung ganz einfach über die verbleibenden Konzessionen selbst entscheidet, solange es zu keiner Dienststellenkonferenz kommt. Im Übrigen wäre es schwer zu erklären, auch im Fall von Rekursen, warum man in einigen Fällen das Gutachten der Abteilung berücksichtigt und in anderen nicht. Für jeden Konkurrenten ist die Bewertung dann klar, wenn sie für ihn spricht."

Die Abteilungsdirektorin schickt diesen E-Mail-Verkehr auch zur Kenntnisnahme an Amtsdirektor Hans Unterholzner. Dieser reagiert umgehend mit einem vielsagenden Satz:

„Mir fehlen die Worte."

Den Ermittlern gelingt es rund zwei Jahre später, die Aktion anhand des E-Mail-Verkehrs zwischen Maximilian Rainer und Michl Laimer, über die elektronischen Spuren, aber auch durch die Zeugenaussagen der Beteiligten lückenlos zu rekonstruieren.

Am Montag, dem 28. Dezember 2009 – also zwei Tage vor der Entscheidung der Landesregierung – übermittelt Michl Laimer den Abschlussbericht zu St. Anton direkt an Maximilian Rainer. Der SEL-Direktor weiß, was zu tun ist. Er hat zwei seiner wichtigsten Mitarbeiter vorab in Bereitschaft versetzt.

Noch in der Weihnachtswoche beordert Rainer den Ingenieur Armin Kager und den Jurist Bernd Platter für diesen Montag aus dem Urlaub zurück. Aus Rainers Terminkalender geht hervor, dass er sich um 9 Uhr morgens mit den beiden Mitarbeitern am SEL-Sitz trifft.

Rainers Auftrag an seine beiden Mitarbeiter ist klar. Armin Kager in seiner Aussage:

„In der Phase direkt vor der Entscheidung der Landesregierung zur Konzession St. Anton wurden ich und mein Kollege Bernd Platter von Maximilian Rainer beauftragt, einen schriftlichen Vergleich zwischen dem Konzessionsansuchen der SEL (Technischer Potenzierungsplan und Umweltplan) und jenem der Eisackwerk GmbH zu machen. Wir machten diesen Vergleich in den letzten Dezembertagen 2009."

Armin Kager und Bernd Platter schreiben an diesem Tag innerhalb von sieben Stunden gemeinsam einen siebenseitigen Vergleichsbericht zu den beiden konkurrierenden Projekten. Das Dokument mit dem Titel „Vermerk Konzessionsvergabe GS/2400 – St. Anton" ist darauf ausgerichtet nachzuweisen, dass das Projekt der Landesenergiegesellschaft weit besser ist als jenes der privaten Konkurrenz. Detailliert werden in dem Vermerk verschiedene Punkte im Umwelt-

Argumentarium:

1. Die EISACKWERK GMBH hat kein technisches Vorprojekt gemäß den Vorgaben des T.U. Nr. 1775/1933 sowie gemäß den landesgesetzlichen Bestimmungen eingereicht;

2. Das technische Projekt der SEL AG sieht eine eindeutig höhere Leistungssteigerung sowie eine höhere Steigerung der jährlichen Produktion im Vergleich zum Projekt der EISACKWERK GMBH vor; lediglich die banale Berechnung des Amtes für Stromversorgung unter Einrechnung der Stillstandszeit von einem Jahr führt dazu, dass die SEL AG zurückgereiht wird;

3. Die EISACKWERK GMBH hat im Umweltplan (wobei Zweifel angebracht sind, ob die eingereichten Unterlagen einem Umweltplan entsprechen) keine Maßnahmen für das betroffene Einzugsgebiet vorgesehen;

4. Bis auf die Asphaltierungen in der Landeshauptstadt Bozen sind keine konkreten Umweltmaßnahmen von der EISACKWERK GMBH dargestellt. Es wird auf einen Ideenwettbewerb verwiesen, wobei auch dessen Zeitpunkt nicht klar definiert ist. Eventuelle Umweltmaßnahmen sind daher zum heutigen Zeitpunkt mit jenen der anderen Konkurrenten nicht vergleichbar und können nur a posteriori beurteilt werden;

5. Die wirtschaftlichen Angaben zu den Umweltinvestitionen der EISACKWERK GMBH sind nicht klar und eindeutig festgelegt (Bezugsparameter variabel und vom Ermessen des Konzessionärs abhängig);

6. Die vom Amt für Stromversorgung vorgenommene Subtraktion der technischen Investitionen von jenen der Umweltinvestitionen ist unzulässig und entbehrt jeder Grundlage;

7. Das Fachgutachten des UVP-Beirates urteilt, dass das Gesuch der SEL AG die negativen Auswirkungen der Wasserkraftnutzung auf die Umwelt eindeutig am besten mildert bzw. ausgleicht.

8. Die vier Standort- bzw. Ufergemeinden reihen die Projekte der SEL AG auf Basis des Gutachtens eines externen Sachverständigen an die erste Stelle, jenes der EISACKWERK GMBH an die letzte Stelle bzw. sie bewerten es als „ungenügend".

Rainers Argumentarium: Von Laimer eins zu eins übernommen.

wie auch im Potenzierungsplan analysiert, in denen die SEL der Eisackwerk GmbH überlegen sein soll.

Aus dem Dokument geht aber ohne Zweifel hervor, dass Maximilian Rainer an diesem Morgen den beiden Verfassern auch den streng geheimen Abschlussbericht des Amtes für Stromversorgung zur Kraftwerk St. Anton übergibt. Im Vermerk werden mehrere angebliche

Fehler in der Bewertung des Amtes für Stromversorgung, etwa bei der Berechnung der SEL-Umweltgelder oder bei der Errechnung der Jahresstromproduktion kritisiert und richtiggestellt. Nur wer den Bericht in den Händen hat, kann diese Details wissen. Armin Kager und Bernd Platter schließen ihre Arbeit an diesem Tag gegen 16 Uhr ab. Sie speichern das Dokument auf dem SEL-Server, drucken den Vermerk aus und übergeben ihn an Maximilian Rainer. Laut Terminkalender hat der SEL-Generaldirektor an diesem Montag für 17 Uhr ein Treffen im Büro von Michl Laimer geplant. Doch dieses Treffen mit dem Landesrat wird verschoben. Denn Maximilian Rainer schaut sich am 28. Dezember 2009 zwischen 16 und 18 Uhr die Arbeit seiner Mitarbeiter an und verfasst zum Vermerk ein neues Dokument. In dem einseitigen Text mit dem sperrigen Titel „Argumentarium" fasst der SEL-Generaldirektor in acht Punkten die zentralen Aussagen der siebenseitigen Analyse zusammen, die seine Mitarbeiter erstellt haben.

Dieses Argumentarium soll Landesrat Michl Laimer dazu dienen, den Beschluss der Landesregierung, die Konzession für das Kraftwerk St. Anton der SEL zuzusprechen, und die Abweichung vom Gutachten der zuständigen Ämter schlüssig zu begründen.

Am 28. Dezember 2011 – zufällig auf den Tag genau zwei Jahre nach diesen Vorfällen – verhört Guido Rispoli erstmals Maximilian Rainer. Der Oberstaatsanwalt legt dem SEL-Generaldirektor dabei unangekündigt und völlig überraschend den Vermerk und dieses Argumentarium vor.

Rainer ersucht um eine kurze Unterbrechung des Verhörs, um sich mit seinem Anwalt zu beraten. Nach zehn Minuten kehren der damals beurlaubte SEL-Direktor und sein Anwalt in das Verhörzimmer zurück, und Maximilian Rainer schildert den Vorgang aus seiner Sicht:

„Wenige Tage vor der Sitzung der Landesregierung vom 30.12.2009 hat mich Landesrat Laimer kontaktiert – ich weiß nicht mehr ob telefonisch, per SMS oder Mail – und mich ersucht, für ihn einen Vermerk zum Kraftwerk St. Anton zu verfassen, weil er dieses Argument bei der Sitzung vom 30.12.2009 behandeln wollte. Der Fokus dieses Vermerks sollte darauf liegen, die Stärken des SEL-Projektes zu unterstreichen. Ich habe dann den Ingenieur Armin

Kager, verantwortlich für den Bereich Wasserkraft, und den Doktor Bernd Platter, zuständig für die Abteilung General Services ersucht, am Morgen des 28. Dezember in die SEL zu kommen, um mir beim Verfassen dieses Vermerks behilflich zu sein. Wir haben dann zu Dritt begonnen, diesen Vermerk zu schreiben, wenn ich auch mehrere Male weggehen musste, weil man mich gerufen hat, um andere Aufgaben im Unternehmen zu erledigen. Wir haben zusammen sowohl den Vermerk als auch das Argumentarium erarbeitet. Das Argumentarium war dazu gedacht, Landesrat Laimer in acht Punkten eine Zusammenfassung dessen zu liefern, was im Vermerk viel ausführlicher und detaillierter dargestellt wird. Der Landesrat [...] wollte von der SEL einen Vermerk, den er – wie er mir sagte – für seinen Bericht verwenden wollte, den er für die Regierungssitzung vom 30.12.2009 vorbereitet. [...] Am Ende des Tages wurden der Vermerk und das Argumentarium auf einen Stick gespeichert, den ich dann dem Landesrat übergab."

Diese Aussage macht deutlich, wie Maximilian Rainer selbst in einer ausweglosen Situation vorgeht. Der SEL-Direktor gibt zwar einiges zu, belastet aber bewusst seine Mitarbeiter, indem er ihnen unterstellt, das Argumentarium mitverfasst zu haben. Was eindeutig nicht der Wahrheit entspricht.

Interessant aber sind auch die von Rainer angesprochenen „anderen Aufgaben", die er an diesem Tag zu erledigen hat. Laut Terminkalender ist das ein Mittagessen mit Peter Perez, dem Vizepräsidenten des Frauenfußballclubs CF Südtirol, den die SEL sponsert.

Abgeschrieben

Wie unverfroren Michl Laimer und Maximilian Rainer auch bei dieser Aktion vorgehen, zeigt sich zwei Jahre später. Denn Landesrat Laimer verfasst keinen eigenen Bericht, sondern betet in der entscheidenden Landesregierungssitzung am 30. Dezember 2009 ganz einfach den von der SEL gelieferten Vermerk herunter. Im offiziellen Sitzungsprotokoll finden sich Dutzende Sätze, die eins zu eins aus dem von Armin Kager und Bernd Platter verfassten Dokument stammen.

Was aber noch gravierender ist: Das von Michl Laimer vorgelegte Promemoria, das in den offiziellen Regierungsbeschluss aufgenommen wird, ist in Wirklichkeit genau das Argumentarium, das Maximilian Rainer zwei Tage zuvor verfasst hat. Von den zehn Sätzen sind sechs absolut identisch. Sogar die Interpunktion und die Setzung von Klammern sind dieselben. So beschließt Maximilian Rainer alle seine Punkte mit einem Strichpunkt – mit Ausnahme der letzten beiden Punkte. Diese doch etwas ungewöhnliche Interpunktion findet sich deckungsgleich im Laimer-Promemoria.

Aber auch die Sätze, die nicht identisch sind, unterscheiden sich nur durch geringfügige Veränderungen, Kürzungen oder Hinzufügungen. So fügt Laimer dort, wo Rainer „gemäß den landesgesetzlichen Bestimmungen" schreibt, „gemäß Landesgesetz Nr. 1 aus dem Jahre 2005" ein. Zweimal verändert der SVP-Politiker etwa die Satzstellung. Zudem streicht der Landesrat einen Satz, den der SEL-Direktor wohl auch aus Laimers Sicht etwas zu polemisch gegen das zuständige Landesamt geschrieben hat.

Der einzig nicht völlig irrelevante Unterschied zwischen den beiden Schriftstücken besteht darin, dass Rainers Argumentarium 8 Punkte und Laimers Promemoria 7 Punkte hat. Die Erklärung dafür ist einfach: Laimer fasst zwei Punkte aus Rainers Vorlage in einem Punkt zusammen.

Damit findet die Vorlage von Maximilian Rainer direkt und wörtlich in einen Landesregierungsbeschluss Eingang, mit dem der SEL Werte in Millionenhöhe übertragen werden. SELbstbedienung pur.

Als die Ermittler Maximilian Rainer die beiden Dokumente im Vergleich vorlegen, spielt der SEL-Generaldirektor den Ahnungslosen:

> „Ich bin überrascht, dass Landesrat Laimer in mehreren Punkten, anstatt die von uns vorgebrachten Argumente zu überarbeiten, auch teilweise unser Wording übernommen hat."

Michl Laimer hingegen leugnet bis zuletzt. Dabei schreckt der SVP-Politiker auch vor öffentlichen Falschaussagen nicht zurück. Am 23. November 2011 bringt der Landtagsabgeordnete der Bürgerunion, Andreas Pöder, eine aktuelle Anfrage im Südtiroler Landtag ein. Pöders Frage:

„Laut Medienmeldungen wird gegen den Energielandesrat Michl Laimer wegen Amtsmissbrauch hinsichtlich der Vergabe der Konzession für das Wasserkraftwerk St. Anton in Bozen an die Energiegesellschaft SEL ermittelt. Entspricht es den Tatsachen, dass die Entscheidung der Landesregierung, die Konzession an die SEL und nicht an einen privaten Bewerber zu vergeben, unter anderem auf der Tatsache beruht, dass der Landesrat der Landesregierung ein von einem leitenden Angestellten der SEL AG verfasstes Mehr-Punkte-Promemoria mit technischen Begründungen für die Vergabe der Konzession an die SEL vorgelegt hat? Wenn nicht, wer hat dieses Promemoria verfasst?"

Michl Laimer antwortet am 2. Dezember 2011 schriftlich:

„Ich habe die Punkte nach eingehendem Studium der Unterlagen selbst geschrieben und in der Sitzung der Landesregierung vorgetragen. Der Beschlusstext ist dann vom Rechtsamt verfasst worden."

Die Staatsanwaltschaft und die Ermittler haben zu diesem Zeitpunkt längst alle materiellen Beweise dafür, dass Michl Laimer nicht die Wahrheit sagt, in der Hand. Als Oberstaatsanwalt Guido Rispoli den SVP-Politiker am 28. Dezember 2011 im Verhör damit konfrontiert, versucht sich Laimer erneut herauszuwinden:

„Der Ingenieur Rainer hat mir die Erläuterungen schriftlich vorbereitet, ich weiß nicht, ob alleine oder mit Hilfe seiner Mitarbeiter. Diese Erläuterungen wurden mir auf einem USB-Stick übergeben. Ich kann mich nicht mehr erinnern, wer mir den USB-Stick materiell gebracht hat. Ich habe dann die gesamte Dokumentation zur Bewertung der Konzession von St. Anton und die Erläuterungen, die mir der Ingenieur Rainer schriftlich geliefert hat und die mich in meiner Überzeugung bestärkt haben, hergenommen und habe einen Entwurf für die Sitzung der Landesregierung in Sachen Konzession St. Anton geschrieben. Weil ich die Überlegungen, die mir der Ingenieur Rainer lieferte, teile, habe ich sie fast vollständig in den Text übernommen, der von mir zusammengestellt wurde. Während der Sitzung habe ich diese Erläuterungen Rainers nicht erwähnt, sondern ich habe nur erklärt, dass das Amt für Stromversorgung in diesem Abschlussbericht einen Riesenfehler gemacht hat und dass ich es – nachdem ich mir die Akten angeschaut habe – für meine Pflicht halte, die Landesregierung über die reale Situation zu informieren."

Laimers Pech ist es, dass im offiziellen Landesregierungsprotokoll genau das Gegenteil von dem steht, was der Landesrat aussagt. In Wirklichkeit sind diese Aussage und das Beharren des SVP-Politikers darauf, dass er das Promemoria selbst geschrieben hat, vor allem ein juristischer Schachzug seiner Verteidigung. Denn die Staatsanwaltschaft wirft Michl Laimer zu diesem Zeitpunkt auch Falschbeurkundung vor. Gemeint ist die Tatsache, dass Laimer in der Landesregierung nicht gesagt hat, dass die Argumente von der SEL kommen.

Mit der Version, Laimer habe abgeschrieben, was er für richtig hielt, hofft man, dass dieser Anklagepunkt fallen wird.

Die falsche Gemeinde

In den Ermittlungen rund um die Kraftwerkskonzession St. Anton wird aber auch deutlich, wie fahrlässig manche Gemeinden mit ihrem öffentlichen Auftrag umgehen und wie plump die Kommunen Gefälligkeitsgutachten ausstellen.

Nach dem Landesgesetz für die Konzessionsvergabe müssen für die Vergabe auch die Anrainer- oder Ufergemeinden der Großableitung ein Gutachten abgeben. Beim Kraftwerk St. Anton sind das vier Gemeinden: Bozen, Jenesien, Ritten und Sarntal.

Die Gutachten sind zwar nicht bindend, die Entscheidungen der Gemeinden haben aber auf jeden Fall politisches Gewicht. So lautet einer der Punkte im berühmten Rainer-Laimer-Promemoria, der auch wörtlich in den Beschluss der Landesregierung übernommen wurde:

„[…] dass die Standort- bzw. Ufergemeinden, mit Ausnahme der Gemeinde Bozen, die Projekte der SEL AG auf Basis des Gutachtens eines externen Sachverständigen an die erste Stelle reihen, jenes der Eisackwerk GmbH an die letzte Stelle bzw. es als ungenügend bewerten."

Schaut man sich allerdings das Zustandekommen dieser Gutachten an, so dürften den neutralen Beobachter Zweifel beschleichen, ob sie das Papier wert sind, auf dem sie stehen.

Am 7. August 2007 übermittelt der Sarntaler Bürgermeister Franz Locher das Gutachten zum E-Werk St. Anton an das zuständige Amt für Stromversorgung. In dem siebenseitigen Dokument, das mit einem großen Gemeindewappen grafisch garniert ist, werden die Projekte aller Gesuchsteller vor allem in Hinblick auf die Umweltmaßnahmen detailliert verglichen. Am Ende erfolgt dann eine Bewertung nach Punkten. Die Gemeinde Sarntal spricht sich darin eindeutig für das Projekt der SEL aus.

Genau eine Woche nach Sarntal, am 14. August 2007, übermittelt auch die Gemeinde Ritten ihr Gutachten an das Amt für Stromversorgung. Dieses Gutachten ist grafisch, sprachlich und inhaltlich absolut deckungsgleich mit dem Sarner Gutachten.

Vergleicht man die beiden Gutachten, wird schnell klar, dass sie aus derselben Feder stammen und man nur die Gemeindenamen und den geografischen Bezug ausgetauscht hat. Dass es sich um ein kopiertes Gutachten handelt, wird am Rittner Papier mehr als deutlich. Denn dort hat der Verfasser einen verräterischen Fehler gemacht. Während überall sonst die Bezeichnung „Gemeinde Ritten" steht, hat der Gutachter ganz am Anfang einmal vergessen, den Gemeindenamen auszutauschen. So beginnt das Gutachten auf offiziellem Rittner Gemeindepapier mit dem Satz:

„Es wird vorausgeschickt, dass die Unterlagen folgender Antragssteller der Gemeinde Sarntal zur Begutachtung zugestellt wurden."

Zum Jahreswechsel 2011/12 beschlagnahmen die Ermittler die Originalgutachten in den beiden Gemeinden und hören auch die beiden Bürgermeister an. Dabei klärt sich die Sachlage.

Laut dem Bürgermeister des Sarntals, Franz Locher, hat der SVP-Gemeindeausschuss in mehreren Sitzungen das Gutachten selbst erarbeitet. Weil das Sarntal die Gemeinde mit den meisten Kleinkraftwerken in Südtirol ist, verfügt man dort durchaus über die nötige Erfahrung.

Dass das Sarner Gutachten dann aber auf dem Ritten landet, liegt an einer typischen Südtiroler Personalunion. Andreas Fraccaro ist

Gemeindesekretär im Sarntal und SVP-Vizebürgermeister in seiner Heimatgemeinde Ritten.

Als Sarner Gemeindesekretär ist Fraccaro an der Zusammenstellung des Gutachtens aktiv beteiligt. Danach mailt der Kommunalpolitiker das Dokument in seine Heimatgemeinde, wo es der Gemeindeausschuss einfach übernimmt.

Ein etwas anderes, aber ebenso bedenkliches Bild bietet sich den Ermittlern in den anderen beiden Gemeinden, die ein Gutachten abgegeben haben. Die Gemeinde Bozen und die Gemeinde Jenesien haben im Frühsommer 2007 beschlossen, „einen überparteilichen Fachmann mit der Überprüfung der eingetroffenen Konzessionsvorschläge zu beauftragen". Die Wahl fällt auf Leonardo Schippa. Der in Perugia geborene Ingenieur ist damals Universitätsdozent an der Universität Ferrara, PD-Assessor in seiner Heimatgemeinde San Lazzaro di Savena bei Bologna und ein Fachmann auf dem Energiesektor. Schippa liefert sein Gutachten im Juli 2007 sowohl bei der Gemeinde Bozen wie auch bei der Gemeinde Jenesien ab.

In seiner Vergleichsanalyse kommt der Professor zum eindeutigen und unmissverständlichen Schluss, dass die Etschwerke AG das beste Projekt für St. Anton abgeliefert habe. Diese Bewertung übernimmt der Bozner Gemeinderat am 25. Juli 2007 in seinem Gutachten.

Ganz anders sieht die Nachbargemeinde Jenesien aber dasselbe Gutachten. Wobei das Papier eigentlich keinen Spielraum lässt. Die Gemeinde Jenesien dreht die Bewertung des Fachmanns einfach um. Am 13. August 2007 beschließt der Gemeindeausschuss von Jenesien, dass die SEL das beste Projekt eingereicht hat.

Die Ermittlungen

*„Ich behalte mir vor, gegen den,
der die Anzeige angestrengt hat,
strafrechtlich vorzugehen, weil
ich mir nicht alles gefallen lasse."*

Landesrat Michl Laimer (Oktober 2011)

Guido Rispoli

Am 12. Jänner 2010 wird bei der Staatsanwaltschaft Bozen der Ermittlungsakt 229/10 eröffnet. Die Ermittlung übernimmt der Chef des Bozner Staatsanwaltschaft, Oberstaatsanwalt Guido Rispoli höchstpersönlich. In der Rubrik „Verdächtige der strafbaren Handlungen" *(Indiziati di reato)* wird „Durnwalder Alois + 6" eingetragen. Das „+ 6" bezieht sich auf die Mitglieder der Landesregierung: Sabina Kasslatter-Mur, Hans Berger, Michl Laimer, Richard Theiner, Thomas Widmann und Florian Mussner. Gegen die sieben hochrangigen SVP-Politiker wird wegen Amtsmissbrauch (Art. 323) und Falschbeurkundung in öffentlichen Urkunden durch eine Amtsperson (Art. 479) ermittelt.

Es ist der Beginn einer gerichtlichen Untersuchung, die Südtirols Politik und Gesellschaft nachhaltig erschüttern wird. Ausgangspunkt ist eine Eingabe, die Hellmuth Frasnelli und Karl Pichler bei der Staatsanwaltschaft einreichen. In den vom Bozner Anwalt Franco Mellaia verfassten 45 Seiten geht es um die Vergabe der Konzession für das Kraftwerk St. Anton.

Wie bereits geschildert hat die Landesregierung zehn Tage zuvor am 30. Dezember 2009 die Kraftwerkskonzession der SEL zugesprochen. Michl Laimer hat dafür – wie man heute weiß, unter Anleitung von Maximilian Rainer – kurzerhand den Abschlussbericht und die Bewertung des Amtes für Stromversorgung auf den Kopf gestellt. Die Konzession wird nicht an die vom zuständigen Amt als Sieger vorgeschlagene Eisackwerk GmbH vergeben, sondern an die SEL.

Hellmuth Frasnelli und Karl Pichler sind nach den unerklärlichen Vorgängen rund um die Schottergrube Platari in Prags, mehreren unmoralischen Angeboten von Energielandesrat Michl Laimer und anderen Störfeuern längst vorgewarnt. Die privaten Unternehmer ahnen, dass sie auch beim Kraftwerk St. Anton mit ihrem Projekt vorne liegen. Nur so ist es erklärbar, dass Laimer mehrmals im diskreten Gespräch den Rückzug der Eisackwerk GmbH in diesem Wettbewerb einfordert.

Außerdem kommt es zwei Tage vor der entscheidenden Landtagssitzung zu einer vielsagenden Episode. Am Abend des 28. Dezember 2009 kündigt der Generalsekretär der Landesregierung Hermann Berger bei Hellmuth Frasnelli einen Besucher an: Pietro Calò, zu diesem Zeitpunkt Verwaltungsratspräsident und Geschäftsführer der Etschwerke AG. Calò macht Frasnelli ein klares Angebot zur

PROCURA DELLA REPUBBLICA DI BOLZANO

```
FONTE INF. PRIVATO                          BOLZANO
N.RAPPORTO ESPOSTO
P.M. DELEGATO: (0005) GUIDO RISPOLI         G.I.P. DR.

NOTE:
COSA SEQUESTRATA:

 INDIZIATI DI REATO

COGNOME NOME : 0001/1    - DA/IDENTIFICARE  DURNWALDER  Alois + 6
NATO IL      :  / /       A:( )
RESIDENZA    :
DOMICILIO    :
AVVOCATO 1   :
AVVOCATO 2   : F
QUALIFICA GIURIDICA DEL FATTO
(001) - CP 0323,                           ART. 110, 479 e 323 cp
IN EPOCA ANTERIORE E 08/01/2010                      / /
NEL COMUNE DI BOLZANO                       [BZ] 391

POSIZ. GIURID: LIBERO              -  / /
SCAD. TERMINI: 11/07/2010 - 06/02/2011


 LISTA PARTI OFFESE

RAGIONE SOC. : SOC.EISACKWERK SRL - BOLZANO
COGNOME NOME : PICHLER/KARL
NATO IL      :  / /    A:
INDIRIZZO    :
AVVISO EX ART. 408: N
AVVISO PROROGA  : N
AVVOCATO     : MELLAIA FRANCO BOLZANO

RAGIONE SOC. : SOC. EISACKWERK SRL - BOLZANO
COGNOME NOME : FRASNELLI/HELMUTH
NATO IL      :  / /    A:
INDIRIZZO    :
AVVISO EX ART. 408: N
AVVISO PROROGA  : N
AVVOCATO     : MELLAIA FRANCO BOLZANO
```

Deckblatt des Ermittlungsfaszikels: Durnwalder, Alois + 6.

Zusammenarbeit: Wird der Eisackwerk GmbH die Konzession für St. Anton zugesprochen, soll die Etschwerke AG mit 49 Prozent am Großkraftwerk beteiligt werden, und im Falle einer Vergabe an die Etschwerke AG die Eisackwerk GmbH mit 49 Prozent.
Hellmuth Frasnelli ist vom Angebot durchaus überrascht und geehrt. Als der Unternehmer aber nachfragt, ob es dafür einen Beschluss des Verwaltungsrates der Etschwerke gibt, muss Pietro Calò passen. Der Etschwerke-Präsident erklärt aber, dass die Gesellschafter, die beiden Bürgermeister von Bozen und Meran, über dieses Treffen und das Angebot informiert seien. Das Angebot wird jedoch nicht

konkretisiert, weil sich die Ereignisse in den darauffolgenden Tagen überstürzen.

Bereits im Gespräch mit Landesrat Michl Laimer im November 2009 kündigt Frasnelli durchaus selbstbewusst an, dass er und seine Partner – sollten sie benachteiligt werden – den Gerichtsweg bis ans Ende bestreiten werden. Als der SEL-Sieg bekannt wird, bereitet die Eisackwerk GmbH die erwähnte Eingabe an die Staatsanwaltschaft vor. Am 8. Jänner 2010 hinterlegt Anwalt Mellaia die Eingabe bei der Staatsanwaltschaft Bozen.

Es ist ein Schritt, mit dem weder die SEL-Spitze noch die Politik gerechnet haben. Hellmuth Frasnelli:

> „Danach sagten uns Politiker, aber auch hohe Landesbeamte mehrmals vorwurfsvoll: Man wendet sich ans Wassergericht oder an das Verwaltungsgericht. Aber doch nicht an die Staatsanwaltschaft."

Von Anfang an machen die von der Eingabe direkt Betroffenen zwei große Fehler. Zum einen gehen sie davon aus, dass der vermeintlich zweifelhafte Ruf des privaten Unternehmers Hellmuth Frasnelli, der von Laimer & Co bei jeder Gelegenheit hervorgezogen wird, dafür sorgen wird, dass seine Eingabe bei Gericht direkt im Papierkorb landet. Zum anderen brüsten sich mehrere hohe Politiker damit, dass sowieso nichts passieren wird, weil man die Bozner Justiz „in der Hand" habe.

Diese Aussagen werden auch Guido Rispoli zugetragen. Der Oberstaatsanwalt erinnert sich:

> „Ich muss ehrlich sagen, dass ich am Anfang, als ich die Eingabe auf den Tisch bekam, keine großen Möglichkeiten sah, hier wirklich zu einem Verfahren zu kommen. Dann aber haben mich diese Aussagen, dass die SVP das Gericht in der Hand hat und die Staatsanwaltschaft sich nicht getraue, angestachelt zu beweisen, dass die Bozner Justiz wirklich unabhängig ist."

Guido Rispoli beauftragt die Finanzwache mit den Ermittlungen. Als die Beamten am 28. Jänner 2010 in der Generaldirektion der Landesregierung auf Anordnung des Oberstaatsanwalts die Unterlagen und Beschlüsse zu den Konzessionsvergaben beschlagnahmen,

erleben sie eine erste Überraschung. Alle Beschlüsse zu den Großkraftwerken sind vorhanden, jener aber zum Kraftwerk St. Anton
fehlt. „Der Beschluss muss von unseren Ämtern erst verfasst werden", erklärt der Direktor des Amtes für institutionelle Angelegenheiten Andrea Tezzele den Ermittlern. Tatsache ist, dass der schriftliche Beschluss der Landesregierung zur Vergabe der Konzession
des Kraftwerks St. Anton erst am 18. Februar 2010 vorliegt. Also
50 Tage nachdem die Landesregierung entschieden hat.

Die Finanzwache beschlagnahmt Ende Jänner 2010 alle anderen
Beschlüsse zur Konzessionsvergabe und das Protokoll der letzten
Sitzung der Landesregierung im Jahr 2009, zudem die Abschlussbe-
richte des Amtes für Stromversorgung und dessen Vorschläge zur
Konzessionsvergabe. Am 1. Februar 2010 holen die Beamten beim
Amt für Stromversorgung dann alle Unterlagen zur Konzessionsver-
gabe.

Als der Landesregierungsbeschluss zu St. Anton endlich vorliegt,
wird ersichtlich, dass im Beschluss die Unterschriften der zuständigen Abteilungsdirektorin Cinzia Flaim und des zuständigen Amtsdirektors Hans Unterholzner fehlen. Beide sagen vor den Beamten
der Gerichts- und Finanzpolizei aus, dass sie ihre Unterschrift verweigern, weil sie mit dem Beschluss nicht einverstanden sind. Flaim
und Unterholzner begründen ihre Position, indem sie mit fachlichen
Argumenten Punkt für Punkt den Regierungsbeschluss widerlegen.
Damit erhält die Eingabe der Eisackwerk GmbH von unverdächtiger
Seite eine gewichtige Unterstützung.

Die Durchsuchung

In den Ermittlungen zeichnen sich aber schon bald zwei ganz neue,
durchaus beunruhigende Szenarien ab. Als die Finanzwache im Amt
für Stromversorgung die Unterlagen zur Konzessionsvergabe beschlagnahmt, fällt den Beamten ein brisantes Schriftstück in die
Hände. Es handelt sich um den ominösen Aktenvermerk, den Amtsdirektor Hans Unterholzner, Ingenieur Luca Corona und Mitarbeiterin Anneliese Psenner unterzeichnet haben. In dem Dokument wird
dargelegt, dass sämtliche Unterlagen der SEL zu den Konzessionsansuchen von Anfang 2006 bis zum Mai 2006 im Büro von Landesrat

Michl Laimer gelegen haben und erst dann ins Amt für Stromversorgung gebracht wurden. Am 10. März 2010 sagt die ehemalige Sekretärin im Amt für Stromversorgung, Karolina Thaler, vor den Beamten der Gerichtspolizei aus und bestätigt die Tatsache, dass die Unterlagen der SEL im Jahr 2006 monatelang im Büro Laimers lagen. Da Thaler vom Aktenvermerk nichts weiß, ist ihre Aussage eine weitere Bestätigung einer zumindest unorthodoxen Verwaltungspraxis.

Im Juni 2010 erklärt Hans Unterholzner vor den Ermittlern offen, warum er und seine Mitarbeiter diesen Aktenvermerk verfasst haben. Spätestens jetzt wird der Verdacht deutlich größer, dass es nicht nur beim Kraftwerk St. Anton zu Unregelmäßigkeiten bei der Konzessionsvergabe gekommen sein könnte.

Dazu ergänzten die Anwälte der Eisackwerk GmbH Franco Mellaia und Anton von Walther Mitte Februar 2010 die erste Eingabe durch einen Zusatz, in dem zum ersten Mal auch die Vorgänge um die Schottergrube Platari zur Sprache kommen. Auch in diesem Fall nimmt die Staatsanwaltschaft wenig später Ermittlungen auf.

Im Ermittlungsakt 229/10 gibt es somit drei verschiedene Ermittlungsstränge:

- die Konzessionsvergabe St. Anton
- den Aktenvermerk und die Umstände, wie die SEL-Unterlagen 2005/2006 hinterlegt und aufbewahrt wurden
- die Machenschaften um die Schottergrube"

In allen drei Bereichen wird gegen die gesamte SVP-Landesregierung ermittelt. Die beiden PD-Landesräte Barbara Repetto und Christian Tommasini, die bei der Konzessionsvergabe zu St. Anton bewusst den Sitzungssaal verlassen haben, bestätigen vor den Ermittlern ihre Verwunderung und ihre Bedenken zur Entscheidung zugunsten der SEL. Beide Landesräte werden – aufgrund dieser Haltung und weil sie nicht mitgestimmt haben – nicht ins Ermittlungsregister eingetragen.

Die ersten Ermittlungsschritte enden im Juni 2010. Danach kehrt über ein Jahr lang absolute Ruhe ein. Die Ermittlungen gehen nicht weiter und der Fall scheint wie unzählige ähnliche Affären in den Mäandern des (lokalen) Justizapparates zu versanden.

Doch im Herbst 2011 dreht der Wind und es kommt neuer Schwung in die Angelegenheit. Die Ermittlungen beginnen plötzlich auf Hochtouren zu laufen. Einer der Gründe dafür ist eine neue, detaillierte Eingabe der Eisackwerk GmbH vom 13. Oktober 2011. Darin wird Schritt für Schritt die unglaubliche Geschichte um die Schottergrube Platari dokumentiert – auch die vier Treffen und Aussprachen mit Michl Laimer zwischen Juli und November 2009. Vor allem aber ist der Eingabe das Urteil 343/2010 des Bozner Verwaltungsgerichts beigelegt. Die Landesregierung lehnt am 29. Juni 2009 die Erweiterung der Pragser Schottergrube mit einer fadenscheinigen Begründung ab. Gegen diesen Beschluss ziehen die Obermarbach KG und Hellmuth Frasnelli vor das Bozner Verwaltungsgericht. Das Verwaltungsgericht nimmt am 27. Oktober 2010 den Rekurs an. Im Urteil steht, dass die Landesregierung „mit sachfremden Begründungen das Projekt abgelehnt hat". Das Resümee der Richter:

> „Es kann deshalb hinsichtlich der Rechtswidrigkeit der angefochtenen Maßnahme keinen Zweifel geben, weswegen dieselbe aufzuheben ist."

Das Urteil des Verwaltungsgerichts macht augenscheinlich, dass es sich bei der Ablehnung der Schottergrubenerweiterung um einen reinen Willkürakt handelt. Gleichzeitig bestätigen der Wirtschaftsberater Roland Rabanser und auch Notar Walter Crepaz bei ihrer Einvernahme vor dem Staatsanwalt Mitte Oktober 2011 die unrühmliche Rolle von Landesrat Michl Laimer, so wie sie in der Eingabe der Eisackwerk GmbH dargestellt wird.

Spätestens jetzt beginnen sich die Ermittlungen auf Landesrat Michl Laimer zuzuspitzen. Mitte Oktober erweitert die Staatsanwaltschaft die Anklage gegen den Energielandesrat. Gegen Laimer wird jetzt auch wegen „versuchter Erpressung im Amt" (Art. 56 und 317 des Strafgesetzbuches) ermittelt.

Gleichzeitig taucht eine neue Behörde in diesem Fall auf, die dafür sorgt, dass sich der Wind schneller dreht, als es manchem in Südtirol lieb ist. Oberstaatsanwalt Guido Rispoli schaltet im Spätsommer 2011 die Carabinieri-Sondereinheit ROS in die Ermittlungen ein. Diese Sondereinheit ist nicht nur für die organisierte Kriminalität, den Staatsschutz, die Terrorismusbekämpfung und politisch motivierte Verbrechen zuständig, sondern sie hat auch die beste Analyseabteilung und Fachleute für die elektronische Aufklärung, darunter auch die Sicherung von elektronischen Beweismitteln. Die ROS-Gruppen sind national organisiert. Die Zentrale befindet sich in Rom und dazu gibt es in jeder Antimafia-Staatsanwaltschaft eine Außenstelle. Für Südtirol ist die Antimafia-Staatsanwaltschaft Trient zuständig. Dort residiert auch die regionale ROS-Gruppe mit einer Außenstelle in Leifers. Die regionale ROS-Abteilung wird von Oberstleutnant Michael Werner Senn geleitet. Der Sterzinger Jurist ist ein Kenner der politischen und gesellschaftlichen Realität in Südtirol. Er findet sich in den lokalen Gegebenheiten weit besser zurecht als viele auswärtige Polizeikräfte. Weil diese Spezialeinheit in Südtirol keinen hierarchischen Vorgesetzten hat, sind die Beamten zudem vor lokaler politischer Einflussnahme gefeit.

Am Freitag, dem 21. Oktober 2011, sprechen die ROS-Beamten im Büro von Landesrat Michl Laimer vor. Die Ermittler überreichen dem SVP-Politiker an diesem Tag einen Ermittlungsbescheid und beschlagnahmen Laimers Dienstcomputer, zwei Handys sowie den Dienstcomputer von Laimers Sekretärin.

Es ist Michl Laimer selbst, der die Nachricht offensiv noch am selben Abend per Pressemitteilung bekanntmacht:

> „Ich bin fest davon überzeugt, dass die Staatsanwaltschaft im Laufe der Untersuchungen feststellen wird, dass ich und die Landesregierung immer im Rahmen des Gesetzes korrekt gehandelt haben. Außerdem behalte ich mir vor, gegen den, der die Anzeige angestrengt hat, strafrechtlich vorzugehen, weil ich mir nicht alles gefallen lasse."

Der Durchbruch

Bereits im Oktober 2011 leitet Oberstaatsanwalt Guido Rispoli eine Entwicklung ein, die man als prozesstaktischen Schritt sehen kann. Rispoli trennt das Verfahren und die Ermittlung gegen Michl Laimer vom ursprünglichen Ermittlungsstrang gegen die Landesregierung ab.

Nachdem er die gesamte Landesregierung anhört, beantragt der Oberstaatsanwalt am 12. November 2011 die Archivierung der Ermittlungen gegen Luis Durnwalder, Sabina Kasslatter-Mur, Hans Berger, Florian Mussner und Thomas Widmann. Dieser Schritt wird von den Klägern und ihren Anwälten, inzwischen hat die Eisackwerk GmbH auch den renommierten Bozner Strafverteidiger Beniamino Migliucci hinzugezogen, alles andere als goutiert. Es kommt zu lebhaften Diskussionen zwischen den Einbringern der Eingabe und dem Staatsanwalt.

Guido Rispoli resümiert drei Jahre später:

„Hätte ich die gesamte Landesregierung vor Gericht bringen sollen? Ich hatte große Zweifel, dass wir mit den Beweisen vor Gericht durchkommen würden. Gegen Michl Laimer war etwas da. Aber gegen den Rest der Landesregierung? Jeder Landesrat hätte sich auf Kosten des Steuerzahlers zwei Staranwälte genommen und am Ende hätte die Staatsanwaltschaft im Gerichtssaal gegen 15 Strafverteidiger antreten müssen."

Im Oktober 2011 beschlagnahmen die Ermittler in den zuständigen Landesämtern sowie in den beiden Gemeinden Prags und Niederdorf die gesamte Dokumentation zur Schottergrube Platari. Gleichzeitig werden rund ein Dutzend am Genehmigungsverfahren beteiligte Beamte und Politiker angehört. Die Ermittlungen bestätigen den Verdacht, dass der private Unternehmer mit der Nichtausweisung der Schottergrube in Sachen Kraftwerkskonzession in die Enge getrieben werden sollte.

Aber auch die Ermittlungen in Sachen St. Anton laufen auf Hochtouren. Noch bevor der Voruntersuchungsrichter die Archivierung für die Landesregierung bestätigt, macht die Ermittlung gegen Michl Laimer den entscheidenden Qualitätssprung.

Am Freitag, dem 18. November 2011, rücken die ROS-Beamten am Sitz der SEL an. Sie beschlagnahmen den Computer und das Handy von SEL-Direktor Maximilian Rainer. Ebenso den Dienstcomputer von SEL-Ingenieur Armin Kager. Zudem den Computer der SEL-Chefsekretärin Renate Niedermair.

Die EDV-Spezialisten werten umgehend den gesamten E-Mail-Verkehr zwischen Michl Laimer und Maximilian Rainer, aber auch jenen zwischen dem SEL-Direktor und seinen Mitarbeitern aus. Der Fokus liegt dabei auf dem Kraftwerk St. Anton. Schon bald finden die ROS-Beamten jenes Dokument, das am SEL-Sitz am 28. Dezember 2009 von Armin Kager und Bernd Platter erstellt wurde: der von Maximilian Rainer bestellte „Vermerk Konzessionsvergabe GS/2400 – St. Anton" sowie das angehängte einseitige „Argumentarium". Bereits ein oberflächlicher Vergleich mit dem Promemoria von Landesrat Michl Laimer und dem späteren Landesregierungsbeschluss macht deutlich, dass die von Maximilian Rainer geschriebene Argumentationshilfe vollinhaltlich und mit demselben Wortlaut von der Landesregierung übernommen wird, um die Konzession für St. Anton der SEL zuzusprechen.

Am 21. und 22. November 2011 verhören die ROS-Beamten Armin Kager und Bernd Platter. Die beiden SEL-Mitarbeiter schildern offen das Zustandekommen der beiden Dokumente. Damit liegt der Beweis vor, dass es bei der Konzessionsvergabe für St. Anton zu haarsträubenden Unregelmäßigkeiten gekommen ist.

Am 28. Dezember 2011 verhört Oberstaatsanwalt Guido Rispoli dann zum ersten Mal Michl Laimer und Maximilian Rainer. Sowohl der Landesrat wie auch der SEL-Generaldirektor müssen ob der erdrückenden Beweislage die Manipulationen widerwillig zugeben.

Grüne Enthüllungen

Fast zur selben Zeit spielt sich auf einem politischen Nebenschauplatz ein anderer Skandal ab. 2010 stellen die Südtiroler Grünen und auch die beiden SVP-Landtagsabgeordneten Arnold Schuler und Sepp Noggler mehrmals im Landtag den Antrag, in die Verträge Einsicht zu nehmen, welche die SEL zwischen 2008 und 2010 mit den beiden Unternehmen Enel und Edison abgeschlossen hat.

Landesrat Michl Laimer und SEL-Generaldirektor Maximilian Rainer schmettern dieses Ansinnen aber kategorisch ab. Ihr Argument: In den Verträgen seien Verschwiegenheitsklauseln enthalten, deshalb könnten sie den Landtagsabgeordneten nicht zugänglich gemacht werden.

Obwohl ein Rechtsgutachten des Landtages zum eindeutigen Schluss kommt, dass die Landtagsabgeordneten sehr wohl das Recht haben,

Einblick in die Verträge zu nehmen, weigern sich Land und SEL. Die beiden grünen Landtagsabgeordneten Hans Heiss und Riccardo Dello Sbarba ziehen daraufhin vor das Bozner Verwaltungsgericht, das den Klägern im Jänner 2011 Recht gibt. Landesregierung und SEL gehen daraufhin nochmals in Berufung. Aber auch der Staatsrat gibt den Klägern Recht. Im Frühjahr 2011 dürfen die Abgeordneten dann endlich am SEL-Sitz Kopien der umfangreichen Verträge einsehen.

Das Land und die SEL wollen sich mit der Niederlage immer noch nicht abfinden: Sie ziehen vor den Kassationsgerichtshof. Erst Anfang 2012 wird diese Klage zurückgezogen. Die gesamten Gerichts- und Anwaltskosten dieser Aktion zahlt am Ende der Steuerzahler. Land und SEL werden in diesem Verfahren von Rechtsanwalt Gerhard Brandstätter vertreten. Brandstätter und seine Kanzlei wirken zwischen 2005 und 2011 auch maßgeblich an der Ausarbeitung jener Verträge mit, die man jetzt unbedingt geheim halten will. Der Laimer-Verteidiger kassiert für die Verträge und begleitende Operationen ein Honorar von 1.543.530 Euro. Ebenso eingebunden in das große Vertragsgeschäft als SEL-Berater ist Rainers Wirtschaftsberater Paul Schweitzer. Seine Kanzlei kassiert für dieselben Leistungen ein Honorar von 1.480.866 Euro.

Warum sich die SEL-Spitze und ihre Berater auf diesen für sie aussichtslosen Gerichtsstreit einlassen, wird klar, als die Südtiroler Grünen die Verträge endlich in der Hand halten. Die Wirtschaftsberaterin Renate Holzeisen und Riccardo Dello Sbarba analysieren in wochenlanger Kleinarbeit das umfangreiche und höchst komplizierte Vertragswerk.

Am 16. November 2011 stellen die Grünen auf einer Pressekonferenz den ersten Teil ihrer Analyse vor. Thema ist dabei der Deal mit der Edison.

Die Stationen: Am 11. April 2008 wird ein Rahmenvertrag zwischen der SEL und der Edison unterzeichnet. Es geht um die gemeinsame Führung der sieben Großkraftwerke Laas, Bruneck, Wiesen-Pfitsch, Marling, Barbian-Waidbruck, Graun und Prembach in Pontives. Am 24. Oktober 2008 gründet man die Hydros GmbH, die die sieben Kraftwerke führen soll. Die Konzessionen der Kraftwerke verfallen allesamt zwischen 2011 und 2020. Die Hydros gehört zu 40 Prozent der Edison und zu 60 Prozent der SEL. 177 Millionen Euro blättert das Land für diesen Einstieg hin. Bis zum Oktober 2009 kommt es zu Änderungen und Zusatzverträgen rund um die Hydros. Das Resümee, das die Grünen in ihrer Analyse ziehen, ist vernichtend: Die „Heimholung der Energie" ist vor allem für die Edison ein großes Geschäft. Der Stromriese verdient allein an der Produktion und am Verkauf sechs Mal so viel wie die SEL. Riccardo Dello Sbarba sagt zur Presse:

> „Die Verträge machen mehr als deutlich, wie sich die Verhandler des Landes vom Stromriesen Edison über den Tisch ziehen ließen."

In den Verträgen spiegelt sich das reale Machtverhältnis zwischen dem großen italienischen Energieriesen und der Südtiroler Landesenergiegesellschaft wider. Die SEL hat weder das nötige Know-how noch das Personal, die Kraftwerke selbst zu führen. Deshalb übergibt die SEL der Edison die gesamte Betriebsführung, die Instandhaltung und Führung der Kraftwerke und das gesamte Informatiksystem.

Vor allem aber übernimmt der italienische Stromriese auch das sogenannte *dispatchment,* also die Vertretungsposition gegenüber dem nationalen Stromnetzbetreiber Terna. Damit entscheidet Edison, welches Kraftwerk wann wie viel produziert, handelt mit dem nationalen Netzbetreiber die Tages-, Wochen und Monatsprogramme aus und regelt die gesamte Stromproduktion. Im Klartext: Die Produktionsplanung und -organisation liegt damit in der Hand der Edison. Durch diese Regelung lässt sich auch das operative Ergebnis zugunsten der Edison und zuungunsten der SEL beeinflussen.

Wenige Woche später legen die Grünen dann den zweiten Teil ihrer Analyse vor. Diesmal geht es um die Verträge zwischen SEL und Enel. Obwohl ähnlich aufgebaut, hat dieser Deal einen völlig anderen Hintergrund. Im Geschäft mit der Edison geht es um sieben Kraftwerkskonzessionen, die der italienische Stromkonzern bereits hat und die noch jahrelang laufen. Beim Enel-Deal handelt es sich aber um jene Kraftwerke, deren Konzessionen mit 31. Dezember 2010 verfallen. Wie wir gesehen haben, läuft bereits seit Ende Dezember 2005 das Verfahren um die Neuvergabe der 12 Kraftwerke. Am 23. Oktober 2008 unterzeichnen die SEL und die Enel eine Rahmenvereinbarung. Ein Jahr später, am 20. Oktober 2009, wird

COPIA

STAATSANWALTSCHAFT BOZEN

Nr. 7026/11 Allg. Reg.   Bozen, 21.10.2011

DURCHSUCHUNGSDEKRET
MIT BESTELLUNG DES AMTSVERTEIDIGERS,
MITTEILUNG ZUR INTERESSENWAHRUNG UND
BELEHRUNG DER DEN ERHEBUNGEN UNTERWORFENEN PERSON ÜBER DAS
RECHT AUF VERTEIDIGUNG
- Art. 247-252, 369, 369-*bis* StPO und 97 StPO
in Verbindung mit Art. 28-30 gesetzesvertr. Dekret Nr. 271/89 -

---

Strafverfahren Nr. 7026/2011 Allg. Reg. gegen:

1. **LAIMER Michael Josef**, geboren am 08.03.1965 in München (D)
   o wohnhaft in: Tirol, ▨▨▨▨▨▨

beschuldigt der strafbaren Handlung nach Art. 56 und 317 StGB

In Erwägung des Umstandes, dass auf der Grundlage von Aussagen einiger Personen, die über die Umstände Bescheid wissen, deren Namen aus Gründen der Geheimhaltung nicht genannt werden, sowie von verschiedenen, im Verlauf der Ermittlungen herangezogenen Unterlagen berechtigter Grund für die Annahme besteht, dass die den Erhebungen unterworfene Person **LAIMER Michael Josef** sich in Bezug auf die Erteilung der Stromkonzessionen für die Anlagen in Mühlbach und St. Anton und die nicht erfolgte Genehmigung des Projekts der Schottergrube „Platari 2" der „Obermarbach KG" der strafbaren Handlung nach Art. 56 und 317 StGB schuldig gemacht hat;·

in Erwägung des Umstandes, dass es daher erforderlich ist, sämtliche Unterlagen – auch in digitaler Form – betreffend die oben erwähnten Konzessionen und das o. e. Projekt, und zwar Unterlagen, Akten, Korrespondenz, Terminkalender, sämtliche (auf dem in seiner Verfügbarkeit stehenden und von ihm verwendeten PC, auf externen HD-Speichern, sog. USB-Sticks, Microcards SD) gespeicherten Dateien, E-Mails im Ein- und Ausgang des Landesamts für Raumordnung, Umwelt und Energie und der Landesumweltagentur vom 01.01.2009 bis heute und jedenfalls sämtliche Sachen, die für die Ermittlungen als zweckdienlich anzusehen sind, für das Verfahren heranzuziehen,

wird, gestützt auf Art. 247, 249, 250 und 251 ff. StPO, folgende Ermittlungshandlung

VERFÜGT:

-   die Durchsuchung des Büros von LAIMER Michael Josef, bei der *Autonomen Provinz Bozen-Südtirol, Landesamt für Raumordnung, Umwelt und Energie und Landesumweltagentur,* gelegen in *Bozen, Rittnerstraße 4,* und der zugehörigen Räumlichkeiten bzw. sämtlicher Örtlichkeiten, über die er, auch nur teilweise, verfügt;

Durchsuchungsbefehl für Laimers Büro: Handys und Computer beschlagnahmt.

der endgültige Vertrag unterzeichnet, und am 27. Mai 2010 folgt das sogenannte *closing memorandum*. Mit diesem Vertragswerk wird die SE Hydropower GmbH gegründet, die zu 60 Prozent der SEL und zu 40 der ENEL gehört. Im Mai 2010 bringt die SEL dann jene 10 Konzessionen in die SE Hydropower GmbH ein, die ihr fünf Monate zuvor durch die inzwischen bewiesenen Manipulationen zugesprochen wurden.

Die grünen Landtagsabgeordneten lassen nach Durchsicht der Verträge Ende November 2011 eine Bombe platzen, die den politischen Hintergrund der illegalen Aktionen ausleuchtet.

Mit den Rahmenvereinbarungen und den Verträgen von 2008 und 2009 legen SEL und Enel auch die finanzielle Ausgestaltung der gemeinsamen Gesellschaft fest. Der Anteil der Enel sind die Kraftwerksanlagen. Sie werden von den Sachverständigen auf insgesamt 340 Millionen Euro geschätzt. Ebenso geschätzt wird aber der Wert der 12 Konzessionen, die die SEL – laut Vertrag – in die Gesellschaft einzubringen hat. Auch hier hat man nach einer klaren Formel, die eine Funktion der Produktionsmenge ist, jede Kraftwerkskonzession einzeln geschätzt. Der Wert reicht von 155,2 Millionen beim größten Kraftwerk Kardaun bis zu 11,4 Millionen Euro beim kleinsten, jenem in Gröden. Insgesamt werden die 12 Konzessionen mit genau 510 Millionen Euro bewertet.

Das Verhältnis 40 Prozent Enel zu 60 Prozent SEL bleibt damit gewahrt. Das Ganze hat aber einen entscheidenden Haken. Die Verträge werden zu einem Zeitpunkt unterzeichnet, an dem das Land Südtirol die Konzessionen noch gar nicht vergeben hat. Das passiert erst zwischen November 2009 und April 2010. Weil es für jedes Kraftwerk mehrere konkurrierende Bewerber und damit einen offenen Wettbewerb gibt, ist es nicht sicher, dass der SEL die Konzessionen für die Kraftwerke auch wirklich zugesprochen werden.

Deshalb werden in den Verträgen genaue Ausgleichszahlungen festgelegt, die die SEL an die Enel zahlen muss, wenn sie eine Konzession nicht einbringen kann: Es sind jeweils 40 Prozent des Wertes der Konzession laut dem besprochenen Vertrag. Im Klartext: Hätte die SEL nur die Konzession für das größte Kraftwerk Kardaun erhalten, hätte sie eine Ausgleichszahlung von 142 Millionen Euro an die ENEL leisten müssen. Wäre ihr nur die Konzession für das kleinste Kraftwerk Gröden zuerkannt worden, wären es gar 199

Millionen gewesen. Bei Verlust der Konzession Lana hätte die SEL 18,1 Millionen an die Enel zahlen müssen, ohne Lana und St. Anton wären es 42,5 Millionen und ohne Lana, St. Anton und Brixen gar 92,2 Millionen. Aus diesem Grund wird der endgültige Vertrag auch erst nach der Vergabe der Konzessionen am 27. Mai 2010 unterzeichnet. Damit wird sozusagen die Endsumme der Rechnung präsentiert. Was heißt das aber? Als die Landesregierung am 30. Dezember 2009 die Konzessionen für die Großkraftwerke vergibt, ist Michl Laimer, Maximilian Rainer, Gerhard Brandstätter und sicher auch Luis Durnwalder eines klar: Wird die Konzession für das Kraftwerk St. Anton – wie von den zuständigen Ämtern vorgeschlagen – der Eisackwerk GmbH zuerkannt, so kostet das die SEL eine Ausgleichszahlung von 24,4 Millionen Euro. Genau das passiert beim Kraftwerk Mühlbach, das Frasnelli & Co zugesprochen wird. Dort muss die SEL ein halbes Jahre später 7,9 Millionen Lire an die Enel zahlen.

Diese skurrile Vertragsklausel, die für eine öffentliche Gesellschaft kaum tragbar ist, führt aber zwangsläufig zu einer berechtigten Grundsatzfrage: „Ist das noch ein offener, fairer Wettbewerb?", so der Grüne Riccardo Dello Sbarba. Tatsache ist, dass die Landesregierung zum Zeitpunkt der Konzessionsvergabe genau weiß: Vergibt sie eine Konzession an einen Dritten, verliert die eigene Landesenergiegesellschaft nicht nur eine lukrative Einnahmequelle, sondern die SEL muss auch Millionen an Steuergeldern als Ausgleich an die Enel zahlen.

Allein vor diesem Hintergrund wackelt aber die gesamte Konzessionsvergabe gewaltig. Die grünen Landtagsabgeordneten fällen auf der Pressekonferenz ein klares Urteil:

„Die Vertragsklauseln machen deutlich, dass das Ganze ein von vornherein konditionierter Wettbewerb war."

Sicher ist: Diese Vertragsklauseln machen noch verständlicher, warum Michl Laimer Hellmuth Frasnelli mit allen Mitteln zum Verzicht auf das Kraftwerk St. Anton bewegen wollte.

Mär vom öffentlichen Interesse

Michl Laimer zeigt sich bis zuletzt durchaus selbstbewusst. Noch im April 2012 meint der SVP-Politiker in einem Interview mit *Tageszeitung*-Chefredakteur Artur Oberhofer:

> „Ich bin nicht der Typ, der Schräges im Kopf hat, ich wurde nicht so erzogen. Wenn man mich mit den Fingern in der Marmelade erwischt hätte, dann würde ich sofort die Konsequenzen ziehen. Aber in meinem Fall geht es nicht um die Wahrnehmung von Privatinteressen. Oft denke ich mir: Michl, du bist im falschen Film."

Laimer – damals noch für wenige Wochen Landesrat – versucht im selben Interview, die Manipulationen bei der Vergabe der Konzessionen mit einem ebenso simplen wie absurden Argument zu rechtfertigen:

> „Es geht in dieser Geschichte nicht um Privatinteressen. Ich habe immer nach bestem Wissen und Gewissen und im öffentlichen Interesse gehandelt."

Es ist ein Motiv, das immer wiederkehrt, der Erklärungsversuch: Man habe zwar geschwindelt, aber ausschließlich im Interesse des Landes und der Südtiroler Öffentlichkeit.

Dabei ist genau das eine Lüge mit sehr kurzen Beinen. Deutlich wird das spätestens am 8. November 2012.

Fast zwei Jahre lang versucht man den Südtiroler Bürgern vorzugaukeln, Michl Laimer und Maximilian Rainer hätten ausschließlich im öffentlichen Interesse gehandelt, indem sie die Großwasserkonzessionen einem privaten Spekulanten weggenommen und der Landesenergiegesellschaft zugeschanzt hätten. Der Prozess gegen Laimer und Rainer wird als eine Art Zweikampf der öffentlichen Amtsträger gegen den privaten Unternehmer Hellmuth Frasnelli und die Eisackwerk GmbH um das Kraftwerk St. Anton hingestellt.

Spätestens als die Ermittler aber die Beweise in der Hand haben, dass das Duo Laimer/Rainer nicht nur beim Kraftwerk St. Anton, sondern bei allen 12 Großkraftwerken geschwindelt hat, lässt sich diese Mär nicht mehr aufrechterhalten. Bei der Verhandlung am

8. November 2012 lassen sich die Stadtwerke Brixen und die Etschwerke AG neben der Eisackwerk GmbH als Nebenkläger ein.
Der Hintergrund: Die kommunalen Energiebetriebe hatten sich an der Vergabe der Konzessionen für die Großkraftwerke beteiligt und Ende 2005 ihre Projekte beim Amt für Stromversorgung eingereicht. Die Brixner Stadtwerke gehen leer aus, die Etschwerke verlieren eines ihrer beiden Großkraftwerke an die SEL. Beide Gesellschaften werden dabei Opfer der Manipulationen zwischen SEL und Michl Laimer. Wie übel man dabei vor allem der Etschwerke AG mitgespielt hat, zeigt sich beim Kraftwerk Töll. Dieses Kraftwerk wurde 1896 von den Etschwerken erbaut und eröffnet. Bis Ende 2010 führt der älteste Südtiroler Energieversorger dieses Kraftwerk. Die Landesregierung vergibt am 30. Dezember 2009 dann aber diese Konzession an die SEL.

Wie dieser Sieg allerdings zustande kommt und wie unverfroren Maximilian Rainer dabei vorgeht, zeigt sich bei den Ermittlungen der Staatsanwaltschaft zum Austausch der SEL-Umweltpläne. Beim Etschwerke-Kraftwerk Töll hatte die SEL ursprünglich 7,7 Prozent des Jahresumsatzes als Umweltgelder geboten. Als Michl Laimer im März 2006 dann aber Maximilian Rainer die genaue Summe vorlegt, welche die Etschwerke in ihrem Projekt anbieten, lässt der SEL-Generaldirektor die Beträge des SEL-Ansuchens deutlich nach unten korrigieren. Im ausgetauschten Umweltplan für das Kraftwerk Töll stehen schließlich anstatt der ursprünglich angegebenen 7,7 Prozent des Jahreserlöses nur mehr 2 Prozent.

Dass diese Korrektur alles andere als eine Kleinigkeit ist, wird anhand des konkreten Strompreises klar. Rechnet man diese Prozentsätze auf den Strompreis von 2008 um, so bleiben von den ursprünglich angebotenen 23.608.200 Euro nur noch 6.132.000 Euro. Die direkt Leidtragenden sind die Ufergemeinden von Partschins und Algund. Die Etschwerke AG gehört zu je 50 Prozent den beiden Städten Bozen und Meran. Damit haben Michl Laimer und Maximilian Rainer durch ihren Schwindel eine rein öffentliche Gesellschaft benachteiligt. Der Landesrat und der SEL-Generaldirektor haben den beiden größten Gemeinden des Landes durch illegale Machenschaften einen Millionenschaden zugefügt.

Um wie viel Geld es dabei geht, zeigt die Schadenersatzforderung, die der Anwalt der Etschwerke, Paolo Corti, im November 2012 im

Prozess gegen Michl Laimer und Maximilian Rainer erhebt: 517.546.843 Euro. Im Frühjahr 2013 reicht der kommunale Energieversorger dann vor dem Bozner Landesgericht eine Zivilklage gegen die SEL ein. Die Etschwerke fordern darin 807 Millionen Euro an Schadenersatz. Bereits vorher hat die Etschwerke AG beim Obersten Wassergericht die gesamten Konzessionsvergaben vom Dezember 2009 angefochten. Alle diese Verfahren sind bei Drucklegung dieses Buches noch im Gang. Sicher aber ist: Im öffentlichen Interesse haben weder Laimer noch Rainer gehandelt.

Rolling Stones

Das Auftauchen der Carabinieri-Sondereinheit ROS und der frenetische Aktivismus der Ermittler im Herbst 2011 haben aber noch einen anderen Grund. 2011 beginnt die Staatsanwaltschaft auch mit Ermittlungen in einem ganz anderen Bereich. Es geht um die Treuhandbeteiligungen im Energiesektor. Dabei rückt schon bald jener Fall ins Visier der Ermittler, über den ich in der *Neuen Südtiroler Tageszeitung* zwei Jahre zuvor geschrieben habe und der dann wieder in der Versenkung verschwunden ist: die Geschichte um das Stein-an-Stein-Kraftwerk in Mittewald.

Die Steine beginnen 2011 plötzlich zu rollen und sie rollen gleich von mehreren Seiten auf Maximilian Rainer und Michl Laimer zu. So gelten die Aktionen und die Beschlagnahmen der ROS in den Büros des SVP-Politikers und des SEL-Generaldirektors nicht nur den Ermittlungen zu St. Anton, sondern noch mehr den Ermittlungen rund um die verdeckten Treuhandbeteiligungen.

Wie in allen anderen Ländern ist auch in Italien die Treuhandschaft ein vom Gesetz erlaubtes Rechtsgeschäft. Demnach kann eine natürliche oder eine juridische Person Beteiligungen oder sonstige Vermögenswerte einem Treuhänder zur Verwaltung übergeben. Der Treuhänder übernimmt für den Treugeber auch die Besteuerung des verwalteten Vermögens. Der Treugeber scheint damit öffentlich nicht mehr auf.

Auch in Italien gibt es Hunderte professionelle Treuhandgesellschaften, die als Dienstleistung die diskrete Verwaltung von Beteiligungen anbieten. Damit können Beteiligungen sozusagen mit Einverständnis des Gesetzgebers verschleiert werden. Gesetzlich vorgeschrieben ist nur ein öffentlich nicht zugängliches Register, das bei der italienischen Bankenaufsicht bei der Banca D'Italia angesiedelt ist, in dem alle Treugeber namentlich angeführt werden müssen. Eine Offenlegung der Treugeber ist nur mit richterlicher Verfügung möglich. In Südtirol operieren seit Langem Dutzende solcher Treuhandgesellschaften. Dahinter verbergen sich nationale, ausländische, aber auch lokale Investoren. Vor allem im boomenden Energiebereich nehmen Treuhänderschaften in diesen Jahren immer mehr zu.

Ausgangspunkt der Ermittlungen ist auch hier eine Eingabe an die Staatsanwaltschaft. Doch dieses Mal kommt der Fingerzeig an die Staatsanwaltschaft aus der Politik. Am 12. November 2010 sitzen im Büro von Oberstaatsanwalt Guido Rispoli die beiden freiheitlichen Landtagsabgeordneten Thomas Egger und Roland Tinkhauser. Egger und Rispoli haben zusammen in Innsbruck Jura studiert und man kennt und schätzt sich gegenseitig.

Thomas Egger war zuerst zehn Jahre lang SVP-Vizebürgermeister von Sterzing und zwischen 2000 und 2005 Bürgermeister des Wipptaler Hauptortes. Weil auch SEL-Direktor Maximilian Rainer aus dieser Gegend kommt, beobachtet der inzwischen zur Opposition gewechselte Landespolitiker seit Jahren die diskreten Bewegungen auf dem Südtiroler Energiesektor.

Thomas Egger und Roland Tinkhauser übergeben Guido Rispoli ein Dokument mit dem Betreff: „Eingabe gegen Herrn Maximilian Rainer und gegen Unbekannt". In der knapp eineinhalb Seiten langen Eingabe samt Anlagen heißt es:

„In unserer Funktion als Landtagsabgeordnete erhalten wir immer wieder Hinweise von Bürgern, wonach angeblich Politiker bzw. hohe Landesfunktionäre selbst am Stromkuchen mitzunaschen versuchen. Dies auch über Strohmänner oder über Treuhandgesellschaften. Ohne irgendjemandem Amtsmissbrauch oder Wahrnehmung von privaten Interessen im Amte o. ä. unterstellen zu wollen, dürfen wir Ihnen, sehr geehrter Herr Rispoli, einige Beispiele aufzählen, welche uns untersuchenswert erscheinen."

Als Beispiele werden in der Eingabe dann die Cordusio Società Fiduciaria per Azioni aus Mailand angeführt, die an der Wiesen Energie GmbH beteiligt ist, sowie die Veroneser AF Società di Amministrazione Fiduciaria Spa, die Teilhaberin an der Burgumer Energie GmbH in Pfitsch ist. Ebenso hält die AF Spa aus Verona die Anteile der Ciamp GmbH, die in Sand in Taufers ein Blockheizwerk baut. Ihr Hauptaugenmerk legen die beiden Freiheitlichen in der Eingabe aber auf Maximilian Rainer. So wird die Beteiligung des SEL-Generaldirektors an der Müller Energie GmbH angeführt und die Weitergabe der Anteile an seinen Bruder Alexander Rainer. Hierzu schreiben Thomas Egger und Roland Tinkhauser:

> „Immer wieder werden wir im Zusammenhang mit Herrn M. Rainer auch mit der Gesellschaft Stein an Stein Italia GmbH mit Sitz in einem Wirtschaftsberaterbüro in Bozen konfrontiert. Es soll Kontakte Rainers zu den in Österreich sitzenden Eigentumsgesellschaften geben. Die Ges. Stein an Stein plant ein E-Werk-Vorhaben in der Gemeinde Franzensfeste."

Im Herbst 2010 werden die Ermittlungen um die Konzessionsvergabe und die Eingabe von Hellmuth Frasnelli durch die Medien öffentlich bekannt. Die Eingabe der Freiheitlichen und die gerichtlichen Untersuchungen der Südtiroler Treuhandbeteiligungen gehen zu diesem Zeitpunkt aber noch diskret über die Bühne.

Anfang April 2011 erscheint in der *Tageszeitung* unter dem Titel „Treue Hände" eine mehrteilige Artikelserie zu den Treuhandbeteiligungen, die über den Energiesektor hinausgehen. In einem der von mir verfassten Artikel werden auch die Eingabe der freiheitlichen Landtagsabgeordneten und die darin angesprochenen Verdachtsfälle wiedergegeben. Wenig später folgt ein ähnlicher Artikel in der Wochenzeitschrift *FF*.

Während die Ermittler darangehen, in Mailand und Verona die Bücher der Treuhandbeteiligungen offenzulegen, wird das Ganze in Südtirol zum gesellschaftlichen und politischen Diskussionsthema. Die Politik steht plötzlich unter Zugzwang.

Die Offenlegungsfarce

„Das ist eine ganz große Pflanzerei,
und sie gehen davon aus, sich
über das Auslandsschild schadlos
zu halten.“

Uwe Staffler, Partikularsekretär
von Michl Laimer (September 2011)

Am Nachmittag des 14. Juli 2011 kommt es im Südtiroler Landtag zu einer äußerst hitzigen Debatte. In den Monaten zuvor ist die Südtiroler Öffentlichkeit vor allem durch die kritischen Medien *Neue Südtiroler Tageszeitung* und *FF* über die Treuhandbeteiligungen im Land informiert worden. Vor allem die Oppositionsparteien fordern eine Offenlegung dieser Treuhandverhältnisse. Im Frühjahr 2011 reichen sowohl die Freiheitlichen als auch die Grünen im Landtag Gesetzesvorschläge ein, die eine verpflichtende Offenlegung der Treugeber vorsehen. Die SVP merkt schnell, dass die öffentliche Meinung eindeutig in Richtung Transparenz geht, und reagiert. Die Regierungspartei legt jetzt selbst einen Gesetzesentwurf vor, ausgearbeitet und eingebracht von der Anwältin und Vizepräsidentin des Landtages, Julia Unterberger.

Am 14. Juli 2011 stehen die Gesetzesvorschläge im Landtag zur Behandlung an. Es kommt zu einer heftigen Debatte zwischen Mehrheit und Minderheit. Der Streit geht dabei nicht nur um die politischen Urheberrechte an der Offenlegungspflicht, sondern vor allem um die Frage, wie weit die neue Transparenz gehen soll und kann.

Der geplante Gesetzentwurf fußt auf einer Anti-Mafia-Bestimmung, die im Geschäftsverhältnis mit der öffentlichen Hand auch die Offenlegung möglicher Treuhänderschaften vorsieht. Die Opposition fordert, dass die neue Bestimmung rückwirkend gelten muss und auch alle bestehenden Treugeber offengelegt werden. SVP-Juristin Julia Unterberger meldet hier aber im Namen ihrer Partei größte Bedenken über die Verfassungsmäßigkeit einer solchen rückwirkenden Gültigkeit an.

Zudem gibt es massive Differenzen über den Anwendungsbereich der neuen Bestimmung. Die SVP will die Offenlegungspflicht auf den Bereich der Stromkonzessionen beschränken, die vom Land vergeben werden, während die Opposition die Bestimmung auf alle Konzessionen – zum Beispiel auch die Baukonzessionen – ausdehnen will. Der grüne Landtagsabgeordnete Riccardo Dello Sbarba legt in diesem Sinne einen Abänderungsantrag zum SVP-Vorschlag vor. Doch diese Verschärfung und Ausdehnung der Offenlegungspflicht wird vom Landtag mit 10 Ja-Stimmen, 15 Nein-Stimmen und zwei Enthaltungen abgelehnt.

Gleich zu Beginn der Debatte kommt es zu einem SVP-internen Streit zwischen Julia Unterberger und Sepp Noggler. Unterberger hat in den Tagen zuvor Noggler in den Medien angegriffen, weil der Vinschger Landtagsabgeordnete bei der Behandlung des Gesetzentwurfes in der Gesetzgebungskommission angeblich einem Landesrat unterstellt habe, Anteile an einer Treuhandgesellschaft zu halten. Noggler stellt schließlich richtig, dass er so etwas nie gesagt habe. Am 14. Juli genehmigt der Landtag den SVP-Gesetzentwurf mit 24 Ja-Stimmen, 2 Nein-Stimmen und 4 Enthaltungen.

Rückblickend gibt es heute sowohl für die Aufregung um die Äußerung Sepp Nogglers als auch für die Gegenstimmen im Landtag eine zugleich logische wie beunruhigende Erklärung.

An diesem Nachmittag sitzen auf der Regierungsbank im Landtag mindestens zwei SVP-Landesräte, die aktiv als Treugeber über Treuhänder an Energieprojekten beteiligt sind.

Der Saubermann

Am 14. Juli 2011 beschließt der Landtag die Offenlegungspflicht für Treuhandgesellschaften. Am 9. August tritt das Gesetz in Kraft. Vorgesehen ist, dass alle Treuhandgesellschaften, die über Wasserkonzessionen des Landes verfügen, ihre Treugeber innerhalb von 30 Tagen offenlegen müssen. Der Termin endet um Mitternacht des 8. September 2011. Michl Laimer hat es eilig.

Bereits am nächsten Vormittag präsentiert Michl Laimer auf einer Pressekonferenz die Ergebnisse seiner Transparenzoffensive. Laimers Ämter haben systematisch alle Konzessionsinhaber mit dem Fokus auf Treuhandgesellschaften durchsucht.

Warum Michl Laimer plötzlich einen solchen Elan entwickelt und über Nacht vom Saulus zum Paulus wird, darüber kann heute nur spekuliert werden. Wahrscheinlich versucht der SVP-Politiker ganz einfach die Flucht nach vorne. Laimer will die eigene, politische Haut retten. Deshalb kniet er sich in die Aktion Saubermann hinein. Der Landesrat deckt ohnehin nur das auf, was die Staatsanwaltschaft und die Medien bereits seit Monaten wissen. Die Veroneser Treuhandgesellschaft AF Spa hält 27 Prozent an der Burgumer Energie GmbH. Laimer bestätigt auf der Pressekonferenz, dass der

Treugeber in diesem Fall Alexander Rainer, Bruder des SEL-Generaldirektors Maximilian Rainer, ist.

Auch den zweiten Treugeber kann man zur erweiterten Familie Rainer zählen. Josef Volgger, ehemaliger SVP-Gemeindeassessor in Pfitsch, ist Maximilian Rainer mehr als freundschaftlich verbunden. Wie wir noch sehen werden, haben Volgger und Rainer durchaus gemeinsame geschäftliche Interessen. Josef Volgger ist der Treugeber, der über die Mailänder Cordusio Spa die 55 Prozent an der Wiesen Energie GmbH und somit indirekt rund 8 Prozent an der Kraftwerk Wiesen Konsortial GmbH hält – einer Gesellschaft, an der auch die SEL beteiligt ist und die ein Großkraftwerk am Pfitscher Bach baut.

Während in diesen beiden Fällen die Treugeber ihre Anteile offengelegt haben, wird es beim dritten Fall schwieriger. Es geht hier um die Stein an Stein Italia und die wahren Besitzverhältnisse um das Kleinkraftwerk in Mittewald. Laimers Büro will vor allem wissen, wer hinter der Osttiroler EVB GmbH steht. Wie der SVP-Politiker aber vor der Presse ausführt, erhält er dazu weder von Petra Windt noch vom Osttiroler Wirtschaftsberater Martin Kofler eine klare und überzeugende Auskunft. Michl Laimer gibt sich an diesem Freitagvormittag kämpferisch:

„Wenn in den nächsten Tagen keine klare Erklärung erfolgt, dann werde ich diese Konzession widerrufen."

In Wirklichkeit wird Michl Laimer aber nichts tun. Die Stein an Stein GmbH produziert noch fast ein Jahr lang unbekümmert in ihrem Mittewalder Kleinkraftwerk Strom. Erst nachdem es zu einer Eingabe beim Amt für Stromversorgung kommt, leitet Laimers Nachfolger Florian Mussner ein Verfahren zum Entzug der Konzession ein.

Doch damit kommt das Land nicht weit. Die Stein an Stein GmbH rekurriert beim Bozner Verwaltungsgericht gegen den geplanten Konzessionsentzug. In einer ersten einstweiligen Verfügung setzt das Gericht die Maßnahme des Landes vorläufig außer Kraft. Die endgültige Entscheidung steht aber noch aus.

Welches Schmierentheater im September 2011 in großem Stil gespielt wird und mit welcher Unverfrorenheit die eigentlichen Stein-an-Stein-Italia-Eigner die Behörden und die Öffentlichkeit an der Nase herumführen, wird deutlich, wenn man sich genauer anschaut, was Anfang September im Hintergrund passiert. Das Folgende ist eine Rekonstruktion, die sich aus dem wenige Monate später beschlagnahmten E-Mail- und SMS-Verkehr der beteiligten Hauptpersonen ergibt.

Anfang September 2011 stecken die eigentlichen Macher des Mittewalder Kraftwerkdeals die Gangart ab, wie man der Offensive des Landes begegnen soll. Am 5. September 2011 treffen sich der Wirtschaftsberater Paul Schweitzer und SEL-Generaldirektor Maximilian Rainer zum Mittagessen. Zwei Tage später fährt der Brunecker Wirtschaftsberater Franz Pircher nach Heinfels, dem Osttiroler Wohnort des Wirtschaftsberaters Martin Kofler.

Am nächsten Morgen, dem 8. September 2011, schreibt der Osttiroler Treuhänder an Michl Laimers Partikularsekretär Uwe Staffler:

> „Ich hatte gestern wenig Zeit, mich mit der Materie zu beschäftigen. Am Abend habe ich mir noch durchgesehen, was der Südtiroler Landtag beschlossen hat. Ich kann Ihnen dazu mitteilen, dass ich diesbezüglich als Gesellschafter und Geschäftsführer der EVB GmbH keine Meldung zu erstatten habe."

Michl Laimer will sich damit nicht abfinden. Der Landesrat greift noch am gleichen Tag selbst zum Telefonhörer, um Petra Windt in Wien anzurufen. Wenig später schickt er der Wiener Unternehmerin dann eine E-Mail. Darin heißt es:

> „Ich habe Sie heute telefonisch kontaktiert und Sie auf die bestimmungen des neuen landesgesetzes hingewiesen, wonach Sie innerhalb des heutigen tages die treuhändische beteiligung am e-werk in südtirol offenlegen müssen [...] ich ersuche Sie daher, mir den namen des treugebers mitzuteilen (mail, brief, fax), da ich ansonsten morgen den widerruf der konzession verfügen muss – unabhängig davon wird dennoch die staatsanwaltschaft mit sicherheit den treugeber herausfinden und auch bekanntgeben."

Noch am Vormittag des 8. September schreibt der SVP-Politiker auch direkt an den Lienzer Wirtschaftsberater:

„Sehr geehrter herr mag. martin kofler – ich habe Ihr mail, welches Sie meinem mitarbeiter staffler uwe geschickt haben, gelesen – ich habe allerdings den inhalt nicht verstanden – wollten Sie mit ihrem mail sagen, dass die evb gmbh nicht unter die bestimmungen des landesgesetzes fällt, weil sie keine treuhandgesellschaft ist, oder wollten Sie sagen, dass Ihnen der treugeber verboten hat, seinen namen zu nennen – ich ersuche Sie eindringlich und ultimativ um eine präzisierende schriftliche antwort."

Wenig später schreibt Michl Laimer ein zweites Mal an Petra Windt:

„hallo – wir hatten heute vormittag telefoniert – Sie sagten mir, es wäre für Sie kein problem, den namen zu nennen – allerdings habe ich von Ihnen nichts mehr gehört – anbei übermittle ich Ihnen nun das mail, welches ich der evb gmbh gemailt habe – nachdem Sie auch konzessionsinhaberin sind, wollte ich Sie in kenntnis setzen, welche schritte vom landesgesetz vorgesehen sind – ich ersuche Sie eindringlich zu erklären, ob die evb eine treuhändische beteiligung darstellt oder nicht."

Wie die Macht- und Besitzverhältnisse rund um das Mittewalder Kleinkraftwerk in Wirklichkeit stehen, zeigt sich spätestens jetzt. Denn Petra Windt tut vorerst nur eines: Sie leitet die gesamte E-Mail-Korrespondenz umgehend an den Bozner Wirtschaftsberater Paul Schweitzer weiter.
In Schweitzers Büro wird dann eine Erklärung aufgesetzt, die nach Wien gemailt wird. Von dort sendet sie Petra Windt noch am Nachmittag des 8. September 2011 an Michl Laimer:

„Sehr geehrter Herr Landesrat, meines Wissens ist mein Mitgesellschafter nach wie vor die EVB Energie Verwaltungs- und Beteiligungs-GmbH des Herrn Mag. Martin Kofler, den ich im Jahr 2007 an meiner Gesellschaft beteiligt habe. Ich bin sicher, dass Herr Mag. Martin Kofler in keiner Weise als Treuhänder fungiert."

Am Freitag, dem 9. September 2011, hält Michl Laimer seine schon vorab angekündigte Pressekonferenz. Zur Stein an Stein Italia GmbH erklärt der Energielandesrat, dass die Teilhaber am Mittewalder

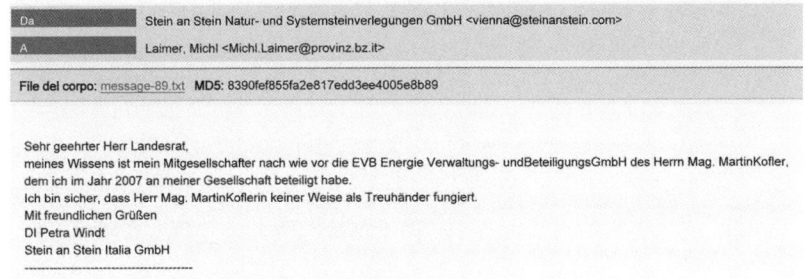

E-Mail von Petra Windt an Michl Laimer: Keine Treugeber.

Kleinkraftwerk ausweichende Antworten geliefert haben und er und seine Ämter deshalb davon ausgehen, dass es sich auch hier um eine treuhänderische Beteiligung handelt. Das Rechtsamt des Landes werde den Fall jetzt überprüfen und dann entscheiden, ob die Konzession zu widerrufen sei. Jetzt wird es für die verdeckten Besitzer des Kraftwerks eng. Man übt Schadensbegrenzung. Am Montag, dem 12. September 2011, trudelt eine neue E-Mail von Martin Kofler ein. Der Osttiroler Wirtschaftsberater schreibt an Laimers Partikularsekretär Uwe Staffler:

„Nachdem ich von gewissen Irritationen gehört habe, dass meine Antwort nicht eindeutig genug wäre, darf ich hiermit bestätigen, dass es sich bei der EVB Energie Verwaltungs- und BeteiligungsgmbH mit dem Sitz in A-9900 Lienz, Amlacher Straße 12, um keine Treuhandgesellschaft handelt und dass es keinen Treugeber gibt."

Gleichzeitig wendet sich Paul Schweitzer an diesem Vormittag an die Rechtsanwaltskanzlei Brandstätter. In der Kanzlei Brandstätter übernimmt der Anwalt Andreas Widmann den Fall. Kurz nach Mittag übermittelt Andreas Widmann an Paul Schweitzer zwei Textvorschläge für schriftliche Erklärungen, die Petra Windt und Martin Kofler abgeben sollen. Im Begleitschreiben dazu heißt es:

„Im Nachgang zu unserem Gespräch übermittle ich Dir nachstehend das Muster zweier Textvorschläge, wie eine Erklärung aus meiner Sicht abzufassen wäre, um der Offenlegungsverpflichtung gemäß Landesgesetz Nr. 9 vom 19. Juli 2011 Genüge zu tun."

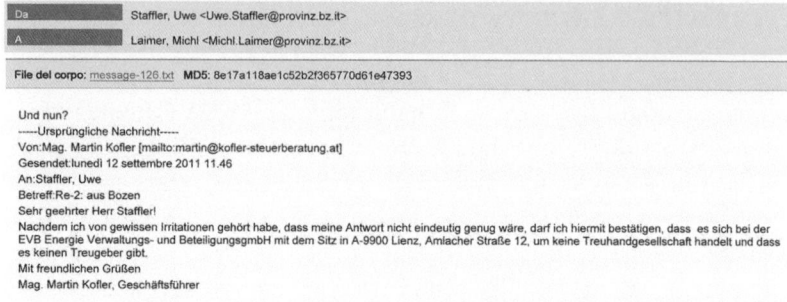

| Da | Staffler, Uwe <Uwe.Staffler@provinz.bz.it> |
| A | Laimer, Michl <Michl.Laimer@provinz.bz.it> |

File del corpo: message-126.txt   MD5: 8e17a118ae1c52b2f365770d61e47393

Und nun?
-----Ursprüngliche Nachricht-----
Von:Mag. Martin Kofler [mailto:martin@kofler-steuerberatung.at]
Gesendet:lunedì 12 settembre 2011 11.46
An:Staffler, Uwe
Betreff:Re-2: aus Bozen
Sehr geehrter Herr Staffler!
Nachdem ich von gewissen Irritationen gehört habe, dass meine Antwort nicht eindeutig genug wäre, darf ich hiermit bestätigen, dass es sich bei der EVB Energie Verwaltungs- und BeteiligungsgmbH mit dem Sitz in A-9900 Lienz, Amlacher Straße 12, um keine Treuhandgesellschaft handelt und dass es keinen Treugeber gibt.
Mit freundlichen Grüßen
Mag. Martin Kofler, Geschäftsführer

E-Mail von Martin Kofler: Und nun?

Spätestens zu diesem Zeitpunkt dürfte Michl Laimer und seinen engsten Mitarbeitern klar sein, dass man sie an der Nase herumführt. Am Dienstag, dem 13. September 2011, macht Uwe Staffler in einer E-Mail an Laimer seinem Ärger Luft:

„Quod erat demonstrandum. Die haben diese Firma gegründet und nichts anderes getan, als sich an der stein an stein Italia zu beteiligen. Rein gar nichts anderes. Wenn das nicht komisch ist. Anwalt Widmann hat sich wieder gemeldet, er könne leider derzeit keinen Kontakt mit Kofler aufnehmen, wird sich aber darum kümmern, dass wir dieses offizielle Schreiben mit Unterschrift erhalten. Er weiß genau, dass wir da ein Katz- und Mausspiel treiben. Indirekt habe ich verstanden, dass die auch schon die Variante untersucht haben, das Gesetz anzufechten. Ich weiß hingegen nicht, ob er mir indirekt auch sagen wollte, dass wir's jetzt lassen sollen … Das ist eine ganz große Pflanzerei, und sie gehen davon aus, sich über das Auslandsschild schadlos zu halten."

Noch am selben Tag trudelt im Büro Laimer jene schriftliche Erklärung ein, die man in Bozen vorbereitet hat. Allerdings nicht aus der Kanzlei Brandstätter, sondern offizieller Absender ist jetzt der renommierte Innsbrucker Rechtsanwalt Günther Riess.
Drei Tage später erstattet Michl Laimer dann auch der Landesregierung detaillierten Bericht über die Treuhandbeteiligungen.

Versteckte Beteiligung

Michl Laimer weiß, dass ihm die Ermittler im Spätsommer 2011 immer näherkommen. Deshalb kann man die große Offenlegungskampagne zu den Treuhandgesellschaften auch als klaren Versuch des Politikers sehen, sich in der Öffentlichkeit das Image eines Saubermannes zu geben.

Was aber niemand in der SVP und in der Öffentlichkeit weiß: Der Saubermann in Sachen Treuhand ist alles andere als jungfräulich rein. Denn Michl Laimer, der sich öffentlich als großer Aufdecker gebärdet, ist gleichzeitig selbst als Treugeber im Energiebereich außerhalb Südtirols aktiv.

Am 17. Mai 1999 gründen die beiden Unterlandler Ulrich Foppa und Gerd Grossgasteiger die IFA Consult GmbH (die inzwischen unbenannt wurde) mit Sitz in Neumarkt, die 2011 zu 70 Prozent dem Anlagenberater Ulrich Foppa und zu 30 Prozent Gerd Grossgasteiger gehört. Anfänglich ist die Firma vor allem in der Unternehmensberatung und im Leasinggeschäft tätig.

Doch die IFA Consult ist auch Aktionärin jenes Treuhandunternehmens, das 2010/2011 in Südtirol ins Gerede kommt, nämlich der AF Società di Amministrazione Fiduciaria Spa aus Verona. Das Neumarkter Unternehmen um Ulrich Foppa hält 4 Prozent an dem Veroneser Treuhänder.

Im Laufe der Jahre weitet die IFA Consult über mehrere eigene Tochtergesellschaften ihre Tätigkeit vor allem im Bereich der Fotovoltaik aus. So realisieren Foppa & Co insgesamt neun große Fotovoltaikanlagen: eine im Südtiroler Unterland, eine in der Toskana und sieben Großanlagen in den Marken. Die Unterlander Anlagefirma geht dabei meistens nach demselben Schema vor. Man erwirbt die Grundverfügbarkeit und die nötigen Genehmigungen, entwickelt die Projekte und tritt sie dann an Investoren und private Anleger ab. Es ist ein durchaus erfolgreiches Geschäftsmodell, das den Anlegern sehr schnell saftige Renditen beschert.

Am 1. Februar 2010 wird in Neumarkt die IFA Energy GmbH als 100-prozentige Tochter der IFA Consult gegründet. Das Unternehmen errichtet in der Nähe von Macerata eine Fotovoltaikgroßanlage. Anfang April 2011 ändern sich dann die Besitzverhältnisse in der IFA Energy GmbH grundlegend. Die IFA Consult behält nur mehr

1,85 Prozent an der Tochterfirma. 2,6 Prozent werden an ein Mailänder Unternehmen verkauft und je 1,3 Prozent an zwei Südtiroler. Die restlichen 92,95 Prozent verkauft das Duo Foppa/Grossgasteiger am 7. April um 348.205 Euro an die AF Società di Amministrazione Fiduciaria Spa. Es ist eine völlig legale Transaktion, denn in den Tagen zuvor haben 71 Südtiroler Anleger einen Treuhandvertrag mit dem Veroneser Treuhandunternehmen unterzeichnet.

Die Treugeber sind Handwerker, Freiberufler, Hoteliere, Geschäftsleute oder einfache Privatpersonen. Unter ihnen auch eine enge Verwandte eines damals hohen SVP-Politikers. Jeder der 71 Anleger erwirbt für 130 Euro 1,3 Prozent an der IFA Energy GmbH und zahlt 50.000 Euro an Gesellschafterfinanzierung ein.

Das eingezahlte Geld, 3,55 Millionen Euro verwendet das Unternehmen zusammen mit einer Bankfinanzierung zum Bau der Fotovoltaikgroßanlage in den Marken, die mit einer Spitzenleistung von 4.200 Kilowatt-Peak im Sommer 2011 ans Netz geht. Der Vorteil für die Anleger: Ihre Beteiligung bleibt verdeckt. Im Firmenregister scheint nur die Veroneser Treuhandfirma AF Spa auf.

Einer der 71 Treugeber dürfte besonderen Wert auf diese Diskretion legen. Denn am 7. April 2011 unterschreibt auch ein gewisser Michael Josef Laimer den Treuhandvertrag mit dem Veroneser Unternehmen. Der SVP-Landesrat überweist als Treugeber etwas über 50.000 Euro und hält damit 1,3 Prozent an der IFA Energy GmbH.

Dass Michl Laimer wenig später im Landtag von der Regierungsbank aus die Treuhanddebatte verfolgt, ohne ein Wort zu sagen, kann man noch als lässliche Sünde ansehen. Was aber danach geschieht, wirft ein bezeichnendes Schlaglicht auf Laimers Überzeugung, unangreifbar zu sein.

Am 29. August 2011 treffen sich die SVP-Parteileitung und alle SVP-Mandatare zu einer Klausurtagung. Auf dieser beschließt man unter anderem eine Ehrenerklärung der SVP-Abgeordneten zur Offenlegung von Treuhandverträgen. „Wir wollen die größtmögliche Transparenz, denn es geht hierbei ganz wesentlich um die Glaubwürdigkeit der Partei", kommentiert SVP-Obmann Richard Theiner damals. Auf Vorschlag von Parteiobmannstellvertreter Thomas Widmann wird beschlossen, von sämtlichen SVP-Abgeordneten eine Ehrenerklärung einzuholen. Darin müssen die Abgeordneten eventuelle Treuhandverträge mit Treuhandgesellschaften offenlegen.

Am 6. September 2011 geben alle Mandatare diese Ehrenerklärung in der Brennerstraße schriftlich ab. Allesamt geben an, keine Treuhandbeteiligung zu halten. Unter ihnen auch Michl Laimer. Drei Tage später tritt der Landesrat dann als Offenleger der Treuhandgesellschaften vor die Presse.

Als gegen Mittag des 21. Oktober 2011 Beamte der Carabinieri-Sondereinheit ROS das Büro des Landesrats durchsuchen, wird dem SVP-Politiker anscheinend auch diese diskrete Treuhandbeteiligung zu heiß. Fünf Tage nach dem unerwarteten Besuch stößt Michl Laimer seine Anteile an der IFA Energy GmbH wieder ab. Am 26. Oktober 2011 verkauft er die 1,3 Prozent genau zu jenem Preis, den er ein halbes Jahr zuvor gezahlt hat. Käufer ist die IFA Consult GmbH, welche die Beteiligung wenig später an eine Südtiroler Unternehmerin weitergibt. Damit erlischt auch das Treugeberverhältnis von Michl Laimer.

Michl Laimers Doppelspiel geht fast auf. Denn seine Treugeberschaft wird erst 12 Monate später, im Herbst 2012 bekannt. Laimer ist zu diesem Zeitpunkt bereits auf dem absteigenden Ast und so hält sich die Entrüstung in Grenzen.

Nach dem Strafrecht hat der SVP-Landesrat in diesem Fall nichts Ungesetzliches getan. Er ist ein halbes Jahr lang Treugeber eines Energieunternehmens, das seinen Sitz in Südtirol hat, aber ausschließlich außerhalb der Provinz operiert. Deshalb gibt es keinen offenen Interessenkonflikt.

Doch dieses Engagement ist nicht die einzige, diskrete Investition des selbsternannten Saubermannes auf dem Energiesektor.

Frauenpower

Am 6. April 2010 wird die BHKW KG der Huber Monika & Co gegründet. Unternehmenszweck ist die „Produktion von elektrischer Energie". Die Kommanditgesellschaft hat ein Gesellschaftskapital von 1.000 Euro. 99 Prozent des Unternehmens gehören Monika Huber, 1 Prozent ihrem Vater Josef Huber.

Monika Huber ist die Ehefrau von Energielandesrat Michl Laimer, Josef Huber der Schwiegervater des Landesrates. Die Familie Huber führt seit Jahrzehnten das Hotel, Restaurant und Weingut Pacherhof in Neustift. Im Frühjahr 2011 wird dort das Blockheizkraftwerk errichtet.

Als ich Michl Laimer als zuständigen Landesrat im Sommer 2011 auf einen möglichen Interessenkonflikt anspreche, reagiert der SVP-Politiker ungehalten. „Ja darf denn meine Frau nicht einmal Solarplatten aufs Dach tun?", fragt er sarkastisch zurück. Und der SVP-Politiker versichert: „Ich habe mit diesem Projekt meiner Frau nichts zu tun."

Aber auch hier sagt Michl Laimer nur die halbe Wahrheit. Das zeigt eine Recherche einige Hundert Kilometer von Südtirol entfernt. Im Februar 2012 werden in Argenta in der Nähe von Ravenna zwei große Fotovoltaikparks eröffnet. Die beiden Anlagen zur Stromerzeugung gehören einem Unternehmen mit dem klingenden Namen Event Sol Srl mit Sitz in Meran, Rennweg 19. Das Unternehmen wird am 18. Oktober 2010 in der Provinz Vicenza gegründet und am 29. September 2011 in die Südtiroler Handelskammer eingeschrieben. Im Verwaltungsrat der Event Sol Srl sitzen der Meraner Anwalt Martin Ganner, der Meraner Wirtschaftsberater Walter Holzner und die Veroneser Unternehmerin Patrizia Ciechi.

Besitzer der Event Sol Srl sind Fabio De Rossi, ein auf Fotovoltaikparks spezialisierter Architekt aus Isola Vicentina mit 12 Prozent und mit 22 Prozent das Meraner Unternehmen Solitalia Srl, das Wirtschaftsberater Holzner und Rechtsanwalt Ganner gehört. 33 Prozent hält das in Verona residierende Unternehmen Masarei der Patrizia Ciechi & Co KG.

Patrizia Ciechi ist zufällig die Ehefrau eines bekannten Bozner Notars, der in diesem Buch mehrmals vorkommt: Walter Crepaz. Dazu kommt noch eine zweite Ehefrau: jene von Michl Laimer. Denn weitere 33 Prozent der Event Sol Srl hält die BHKW KG der Huber Monika & Co.

Obwohl die Ehefrauen offiziell das Unternehmen besitzen, scheint die Entscheidungskette eher männlicher Natur zu sein. Das zeigt ein E-Mail-Verkehr, den die Ermittler auf Laimers Dienstcomputer gefunden haben.

Am Dienstag, dem 14. Juni 2011, schreibt Rechtsanwalt Martin Ganner, der zu diesem Zeitpunkt für die SEL als Verwaltungsrat in der Passeirer Kraftwerksgesellschaft Enerpass GmbH sitzt, an Walter Crepaz:

„Hallo Walter,

wie am Freitag besprochen, übermittle ich Dir die Kosten/Ertragsanalyse hinsichtlich des Projektes in Ravenna. Da wir den Bau der Anlage unmittelbar beginnen sollten, müssen wir heute entscheiden, ob wir den Bau angehen oder nicht.

Walter [gemeint ist Walter Holzner – Anm. d. A.] und ich haben heute um 12.00 Uhr einen Termin bei der Raika Algund zur Besprechung unseres Finanzierungsanteiles.

Falls Du Fragen zum Zahlenmodell hast, ruf bitte direkt Walter unter der Telefonnummer [...] an. Ansonsten stehe ich Dir zur Verfügung.“

Der Bozner Notar leitet am nächsten Tag diese E-Mail mit dem Betreff „Event Sol“ direkt an Michl Laimer weiter. Der Text:

„Zur Kenntnis“

In den E-Mails Laimers finden sich auch die Zwischenbilanzen des Fotovoltaikparks in Ravenna.

Die Senatorinnentochter

Zwei Tage vor Weihnachten 2010 unterzeichnet eine junge Frau bei einem Bozner Notar einen Kaufvertrag. Bei der Käuferin handelt es sich um Esther Ausserhofer, Tochter der langjährigen SVP-Senatorin Helga Thaler Ausserhofer. Esther Ausserhofer, 25 Jahre alt, Absolventin der Mailänder Bocconi, arbeitet seit Kurzem in Südtirol. Ihre Liebe gehört vor allem den Pferden, sodass sie in der Handelskammer ein Unternehmen eintragen lässt, das sich mit der Pferdezucht beschäftigt.

Doch Ende 2010 steigt die Senatorinnentochter geschäftlich in einen ganz anderen Bereich ein. Esther Ausserhofer kauft an diesem Dezembertag Anteile an der E-Werk Graf Konsortial GmbH in Welsberg. Die Gesellschaft hat eine kurze, aber bewegte Geschichte hinter sich.

Die Vorschichte: Seit 1935 betreibt die Elektrowerk-Genossenschaft Welsberg ein Kleinkraftwerk an der Rienz. Die Genossenschaft mit

300 lokalen Mitgliedern beliefert jahrelang vor allem die Gemeinde Welsberg-Taisten mit Strom. 2008 steigt die Gemeinde aber selbst in das Stromgeschäft ein. Zusammen mit der SEL gründet man die Energy Welsberg GmbH und errichtet am Gsieserbach ein neues Großkraftwerk.

Die Konzession der Elektrowerk-Genossenschaft Welsberg an der Rienz verfällt mit 31. Dezember 2009. Insgesamt sechs Ansuchen werden beim Land für diese Konzession eingereicht. Am Ende schließen sich alle privaten Konkurrenten in einer gemeinsamen Gesellschaft zusammen. Die Überlegung: Wenn nur ein Gesuchsteller da ist, muss er auch die Konzession bekommen.

So wird am 10. Juni 2009 die E-Werk Graf Konsortial GmbH gegründet. Das Unternehmen mit einem Gesellschaftskapital von 100.000 Euro gehört zu diesem Zeitpunkt zu 29,4 Prozent der Trading & Service GmbH des Bruno Heiss, 12,6 Prozent hält Markus Sader, 19,4 Prozent Dietmar Niederkofler, 9,6 Prozent Reinhold Huber und 29 Prozent die Kraftwerk Graf Welsberg GmbH.

Von Anfang an ist aber geplant, auch die Elektrowerk-Genossenschaft Welsberg mit ins Boot zu holen. Das tut man mit dem Kaufvertrag am 21. Dezember 2010. Die bisherigen Eigentümer der E-Werk Graf Konsortial GmbH geben an diesem Tag insgesamt 30 Prozent ihrer Beteiligung an die Genossenschaft ab.

Im selben Kaufvertrag kommt aber auch eine neue Gesellschafterin zum Zug. Dietmar Niederkofler gibt 6,79 Prozent seiner Anteile an Esther Ausserhofer, die Tochter der damaligen SVP-Senatorin und Wirtschaftsberaterin Helga Thaler Ausserhofer, ab. Esther Ausserhofer kauft die Anteile um den Nominalwert von 6.790 Euro.

Welches Bombengeschäft die Politikerinnentochter damit gemacht hat, zeigt ein Blick in die Gesellschaftsbücher und die Entwicklung der Gesellschaft. 2011 beginnt die E-Werk Graf Konsortial GmbH mit dem Bau eines neuen Kraftwerks. 2012 wird der Bau fertiggestellt und Ende 2012 geht das neue E-Werk ans Netz. Im Jahr 2013 hat das Kraftwerk um 2,3 Millionen Euro Strom produziert und verkauft. Ging die Bilanz 2012 noch auf null aus, so hat die E-Werk Graf Konsortial GmbH im Jahr 2013 einen Gewinn nach Steuern von 376.217 Euro gemacht. Allein in diesem Jahr hat Ester Ausserhofer damit vier Mal so viel verdient, wie sie für ihre Beteiligung bezahlt hat.

E-WERK GRAF KONSORTIAL GMBH

mit Sitz in 39031 Bruneck (BZ), Nordring 25
Gezeichnetes Gesellschaftskapital Euro 100.000,00
Eingezahltes Gesellschaftskapital Euro 100.000,00
eingetragen im Firmenregister der Handelskammer von Bozen
Steuernummer: 02636510212

***

PROTOKOLL DER VOLLVERSAMMLUNG
VOM 29. April 2014

Am 29. April 2014 um 09.00 Uhr wurde in Bruneck, in der Kanzlei Notar Vitalini/Mairhofer, Herzog Sigmundstraße 1, eine ordentliche Vollversammlung in zweiter Einberufung abgehalten, nachdem zur ersten Einberufung am Montag, den 28. April 2014, 16.00 Uhr niemand erschienen ist, um über nachstehende Tagesordnung zu diskutieren und zu beschließen.

TAGESORDNUNG:

1. Vorlage der Bilanz zum 31.12.2013 samt Anhang;
2. Bericht des Rechnungsprüfers;
3. Genehmigung der Bilanz zum 31.12.2013 mit entsprechenden Beschlussfassungen;
4. Ver~~~~~~~ ~ ~ ~ ~~~~ ~~chusses;

- Kraftwerk Graf Welsberg GmbH in der Person der gesetzlichen Vertreterin Frau Margareth Graf;
- Esther Ausserhofer durch Vollmacht an Benno Hofer;
- Elektrowerkgenossenschaft Welsberg durch den Präsidenten Ing. Klaus Oberjakober;
- Markus Sader mittels Vollmacht an RA Meinhard Durnwalder.
- die Verwaltungsräte Heiss Bruno, Huber Reinhold und Sonnerer Georg persönlich anwesend sind;
- die Vollversammlung somit beschlussfähig ist (100,00 Prozent des Kapitals anwesend);
- die Bes~~~~~~~~ ~ ~ ~

Protokoll der Vollversammlung: Vollmacht an Benno Hofer.

„Diese Sache hat meine Tochter mit Bekannten gemacht", sagt SVP-Senatorin Helga Thaler Ausserhofer im Frühjahr 2011, „ich persönlich habe damit überhaupt nichts zu tun". So ganz dürfte das aber nicht stimmen. Denn in den Deal um das Kraftwerk sind auch einige Personen involviert, die wir bereits aus den Geschäften rund um Maximilian Rainer kennen. Bei der Gründung der E-Werk Graf Konsortial GmbH wird auch Hans Heinz Hofer in den dreiköpfigen Verwaltungsrat berufen. Hofer bleibt bis zu seinem frühen Tod im Mai 2013 Verwaltungsrat. Danach wird er von Renate Hofer ersetzt.

Hans Heinz Hofer war zusammen mit seinem Bruder Benno Hofer und Greti Hofer Besitzer der Burgumer Energie GmbH. Benno Hofer hat bereits bei der Gründung der Gesellschaft mit einer Spezialvollmacht 27 Prozent des Unternehmens an Wirtschaftsberater Paul Schweitzer übertragen. 2009 übernimmt dann Maximilian Rainer diese 27 Prozent über eine Veroneser Treuhandgesellschaft.

Die Familie Hofer und damit auch Paul Schweitzer sind auch beim Kraftwerk in Welsberg mit von der Partie. Der Bozner Wirtschaftsberater konferiert dabei auch mit Helga Thaler Ausserhofer. So jedenfalls ist es im elektronischen Terminkalender von Paul Schweitzer festgehalten. Dort findet sich für Montag, den 23. März 2009, der Eintrag:

„Helga Thaler Ausserhofer anrufen wg Kraftwerk Graf Welsberg"

Aber auch sonst scheint der Rainer-Vertraute Benno Hofer eine äußerst gute Beziehung zur Familie Ausserhofer zu haben. Als am 29. April 2014 in Bruneck die Gesellschafterversammlung der E-Werk Graf Konsortial GmbH tagt und die Bilanz 2013 genehmigt, lässt sich Esther Ausserhofer durch eine Vollmacht vertreten – von Benno Hofer.

Es muss gesagt werden, dass – trotz gewisser Zufälle – sowohl das Engagement von Helga Thaler Ausserhofers Tochter, wie auch jenes von Michl Laimers Ehefrau legal sind. Aus der Warte der politischen Anständigkeit betrachtet, sieht die Lage allerdings anders aus. Beunruhigend ist zudem eine andere Tatsache: Michl Laimer ist in der Landesregierung und in seiner Partei nicht der Einzige, der im Sommer 2011 ein solches Doppelspiel betreibt.

Der treue Hans

„Hier wird ein Kesseltreiben veranstaltet,
und das finde ich einfach niederträchtig."
Landeshauptmannstellvertreter Hans Berger (Juli 2011)

Hans Berger

Der Gerichtsfall Hans Berger endet im Frühjahr 2012. Das Ermittlungsverfahren gegen den Landeshauptmannstellvertreter wird vom Landesgericht Bozen archiviert und eingestellt. „Ich war mir von Vorneherein sicher, dass es so kommen wird", reagiert der SVP-Politiker sichtlich erleichtert auf die gute Nachricht aus dem Justizpalast. Oberstaatsanwalt Guido Rispoli selbst stellt am 14. Februar 2012 den Antrag auf Einstellung des Verfahrens. Der Chefermittler kommt zum Schluss, dass kein Fall von Amtsmissbrauch vorliegt. Rispolis Archivierungsantrag kommt einer strafrechtlichen Reinwaschung von Hans Berger gleich, das Resümee, das der Staatsanwalt in seinem Archivierungsantrag zieht, ist für einen Politiker aber alles andere als schmeichelhaft:

„Die Angelegenheit macht eine Vermischung von privaten Interessen und öffentlichen Funktionen offenbar."

Hans Berger ist kein politischer Hinterbänkler. Der 1947 geborene Ahrntaler Hotelier, Bauer und Skilehrer sitzt zu diesem Zeitpunkt seit fast 20 Jahren für die SVP im Landtag. Zuerst als Regionalassessor und ab 1999 als Landesrat für Landwirtschaft, Informationstechnik und später auch für Tourismus ist er einer der mächtigsten Politiker im Land. Die letzten fünf Jahre seiner Amtszeit wird er auch formal zum ersten Stellvertreter von Landeshauptmann Luis Durnwalder ernannt.

„Nur weil über Zeitungsmeldungen eine Kampagne gegen mich losgetreten wird, werfe ich noch lange nicht das Handtuch", entrüstet sich Berger im Juli 2011 auf meine Interviewfrage, ob er nicht an einen Rücktritt denke. In jedem anderen Land hätte diese Affäre das Ende einer politischen Karriere bedeutet. Aber auch hier ist Südtirol anders.

Die SVP stellt Hans Berger 2013 bei den Parlamentswahlen als Spitzenkandidaten im Senatswahlkreis Brixen-Pustertal auf. Der Ahrntaler Politiker erhält 54.474 Vorzugsstimmen und wird in den Senat gewählt.

Im Keller des Bürgermeisters

Der Ausgangspunkt der Ermittlungen, die schließlich zu Hans Berger führen, ist die Heimatgemeinde des SVP-Politikers im Ahrntal. Am 7. September 2010 erscheinen Beamte der Finanzpolizei in Zivil im Rathaus in Sand in Taufers. Auf Antrag der Staatsanwaltschaft Bozen beschlagnahmen sie umfangreiches Aktenmaterial: Beschlüsse des Gemeindeausschusses, Baukonzessionen, Sitzungsprotokolle, Ausschreibungsunterlagen. Die Aufmerksamkeit der Beamten gilt zwei großen Projekten: dem Hallenbad Cascade sowie zwölf bereits gebauten oder in Bau befindlichen Blockheizkraftwerken. Im Zentrum der Ermittlungen steht der SVP-Bürgermeister von Sand in Taufers, Helmuth Innerbichler. Der stellvertretende Staatsanwalt am Landesgericht, Igor Secco, trägt Ende 2010 den Namen Innerbichler in das Ermittlungsregister ein. Die Ermittlungshypothese: Amtsmissbrauch.

Der Hintergrund: In Sand in Taufers ist ein Energiedeal der besonderen Art über die Bühne gegangen. Die Wärmeproduktion wird von der öffentlichen Hand an Private abgetreten. Anstatt die Fernwärmegesellschaft Taufer GmbH, die zu 100 Prozent der Gemeinde Sand gehört, mit der Wärmeproduktion zu beauftragen, werden 2009/10 in Rekordzeit zwölf Blockheizkraftwerke von Privaten genehmigt. Die Kraftwerke sollen mit Rapsöl betrieben werden und Strom und Wärme dann an die gemeindeeigene Taufer GmbH verkaufen.

Acht dieser Blockheizkraftwerke sind im Keller des Firmensitzes der Innerbichler Helmuth GmbH untergebracht, die dem SVP-Bürgermeister und seinem Bruder gehört. Ein neuntes Blockheizkraftwerk steht auf einem Grundstück des Bürgermeisters. Pro Blockheizkraftwerk soll Innerbichler eine Jahresmiete von 10.000 Euro kassieren.

Die Liste der frischgebackenen Energieunternehmer, die im Keller des Bürgermeisters residieren, ist exklusiv: Zu den Investoren gehören der Brunecker Anwalt und SVP-Grande Dieter Schramm, der Brunecker Immobilienmakler Dietmar Niederkofler, der Schlanderser Immobilienmakler Bernhard Wellenzohn und der Gaiser Hotelier Franz Mairhofer.

Neben dem Bürgermeister Helmuth Innerbichler selbst errichtet aber auch der Sandner Gemeindereferent und Präsident der Fernheizwerkgesellschaft, Meinhard Fuchsbrugger, dort ein Blockheizkraftwerk. Das Paradoxe dabei: Als Private sind Innerbichler und Fuchsbrugger Verkäufer der Wärme, als Amtspersonen sind sie Käufer. Dass die Optik mehr als schief ist, wird schnell klar. Zumal die Verteilerleitungen von der Allgemeinheit finanziert und instandgehalten werden, die Gewinne aber die privaten Unternehmer kassieren.

Nach einer Eingabe beginnt die Bozner Staatsanwaltschaft wegen Amtsmissbrauch zu ermitteln. Dabei gerät schon bald ein anderes am Projekt beteiligtes Unternehmen ins Visier der Ermittler: die Ciamp GmbH.

Die Ciamp GmbH wird am 21. Juni 2010 vor dem Bozner Notar Herald Kleewein, Sozius von Notar Walter Crepaz, gegründet. An diesem Tag wird auch Franz Mairhofer zum Alleinverwalter ernannt. Einen Tag später übernimmt die Veroneser AF Società di Amministrazione Fiduciaria Spa als einzige Gesellschafterin das Unternehmen. Es ist genau jene Treuhandgesellschaft, mit der SEL-Generaldirektor Maximilian Rainer ein Jahr zuvor seine 27-Prozent-Beteiligung an der Burgumer Energie GmbH verschleiert hat.

Am 23. Juni 2010 wird die Ciamp GmbH wie vorgeschrieben in das Firmenregister der Bozner Handelskammer eingetragen. Die neue Gesellschaft startet mit Vollgas. Genau vier Tage nach ihrer Gründung, am 25. Juni 2010, stellt die Gemeinde Sand in Taufers die Baukonzession Nummer 96 aus. Es ist die Konzession zum „Einbau einer Stromerzeugungsanlage", also die behördliche Genehmigung zur Verwirklichung eines Blockheizkraftwerks; vergeben wird sie an die Ciamp GmbH.

Wenig später nimmt die Gesellschaft Kredite bei den Volksbank-Filialen von Bruneck und Sand in Taufers auf und kauft ein rund 500.000 Euro teures Blockheizwerk für die kombinierte Herstellung von Strom und Fernwärme an. Schon bald aber tauchen erste Gerüchte auf, dass hinter der Ciamp GmbH Hans Berger steht. Zum einen ist es schwer, in einer kleinen Gemeinde etwas wirklich geheim zu halten, zum anderen kennt man den offiziellen Alleinverwalter des Unternehmens, Franz Mairhofer, weit über das Pustertal hinaus als engen persönlichen Freund des Landesrates.

Ende 2010 machen diese Gerüchte aber einen entscheidenden Qualitätssprung. In der Eingabe der beiden freiheitlichen Landtagsabgeordneten Thomas Egger und Roland Tinkhauser an die Staatsanwaltschaft vom 12. November 2010 ist auch die Ciamp GmbH angeführt. „Wer verbirgt sich hinter der Veroneser Treuhandgesellschaft AF Spa?", fragen die beiden Landtagsabgeordneten.

Während der Recherche zur Treuhand-Artikelserie konfrontiere ich Hans Berger Ende März 2011 mit dem Gerücht. Ich frage den SVP-Politiker im Foyer des Landtages direkt, ob er hinter der Veroneser Treuhandgesellschaft als Treugeber steckt. Hans Berger zögert etwas und weicht dann mit einer Gegenfrage aus. „Warum sollte ich?", sagt der Landeshauptmannstellvertreter, sichtlich um Höflichkeit bemüht. Danach verschwindet Hans Berger in die Aula des Landtages.

Geld nach Verona

Genau in den Tagen und Wochen, als man innerhalb der SVP noch kontrovers über die Offenlegungspflicht von Treuhandbeteiligungen debattiert, kommt es im Fall Hans Berger zu einer spektakulären Wende. Am 6. Juli 2011 unterzeichnet Oberstaatsanwalt Guido Rispoli einen Durchsuchungs- und Beschlagnahmebefehl.

Bereits am nächsten Tag werden Beamte der Bozner Finanzwache in einem Bürokomplex am linken Etschufer in Verona vorstellig. Dort am Lungadige Bartolomeo Rubele 16 hat die AF Società di Amministrazione Fiduciaria Spa ihren Sitz.

Die 1997 gegründete Treuhandgesellschaft verwaltet nach ihrer Eigendarstellung 227.707.944 Euro an Kundenbeteiligungen. Die Veroneser Treuhandgesellschaft hat ein Gesellschaftskapital von 260.000 Euro, das in eben so viele Aktien zu einem Euro unterteilt ist. Laut Gesellschaftsregister hat die Aktiengesellschaft über zwei Dutzend Aktionäre. Darunter einige Privatpersonen und Unternehmen, aber auch eine weitere Treuhandgesellschaft. Die IFM Trust Ltd mit Sitz auf der Kanalinsel Jersey und Niederlassungen in der Schweiz, Südafrika, Neuseeland, Irland und England ist ein international tätiger Treuhänder. Ideal, um Beteiligungen weltweit treuhänderisch zu verstecken. Die AF Spa ist aber nicht nur als Treuhänder in Südtirol aktiv, sie hat auch Aktionäre entlang der Etsch. Unter den AF-Aktionären findet sich die Neumarkter IFA Consulting GmbH. Sie hält 4 Prozent an dem Veroneser Treuhänder.

Ausgestattet mit einer Verfügung der Staatsanwaltschaft Bozen, verlangen die Beamten der Finanzwache die Offenlegung des Treugebers, der hinter der Ciamp GmbH steht. Es kommt ein Name zum Vorschein: Johann Karl Berger. Es ist der Taufname von Hans Berger. Die Ciamp GmbH gehört zu 100 Prozent dem SVP-Landesrat.

Die Finanzwache rekonstruiert in ihren Ermittlungen nicht nur die Geldflüsse nach und aus Verona, sie schaut sich auch die Verästelungen der Berger-Firma in Südtirol an.

Den offiziellen Sitz hat die Ciamp GmbH in einer kurzen Sackgasse im Zentrum von Stern/La Villa im Gadertal. In der Ninzstraße 63 wohnt und arbeitet der Wirtschaftsberater Lodovico Comploj. Comploj ist Partner der Bozner Wirtschafts- und Steuerberaterkanzlei Pichler, Dejori, Comploj & Partner. Diese Kanzlei hält wichtige Aufsichtsratsmandate in mehreren öffentlichen Gesellschaften des Landes. Vor allem innerhalb der Landesenergiegesellschaft SEL sind die renommierten Wirtschaftsberater eine Fixgröße.

So ist die Steuerberaterin Margareth Dejori zu diesem Zeitpunkt Aufsichtsratsmitglied in der SELEdison GmbH und auch in der Pensplan Centrum AG. Kanzleipartner Josef Vieider ist Aufsichtsrat der SEL AG, Rechnungsprüfer der Export Organisation Südtirol (EOS), Aufsichtsratspräsident der ECO Center AG und auch Mitglied im neu gewählten Verwaltungsrat der LVH Service- und Bildungsgenossenschaft. Lodovico Comploj sitzt als Aufsichtsrat in den SEL-Tochtergesellschaften für das Fernheizwerk Klausen und das Fernheizwerk Sexten. Der Gadertaler Wirtschaftsberater hat aber auch ein Mandat in einer öffentlichen Gesellschaft, die genau in jener Gemeinde Strom produziert, in der auch Hans Berger über eine Treuhandgesellschaft unternehmerisch tätig wird. Comploj ist Ersatzaufsichtsrat der Tauferer Elektrowerk Konsortial GmbH (TEW). Das Unternehmen gehört zu 51 Prozent der Gemeinde Sand in Taufers und zu 49 Prozent der SEL. Die TEW betreibt ein Kraftwerk am Reinbach in Sand in Taufers.

Als Wirtschaftsberater betreut Lodovico Comploj aber auch einige der privaten Geschäfte von Hans Berger. Dass der SVP-Landesrat im Fall der Ciamp GmbH auf ein Treuhandunternehmen zurückgreift, was vom Gesetz erlaubt ist, kann man aus der Sicht des Beraters als einfache Dienstleistung betrachten. Doch Comploj dürften die politischen Implikationen von Anfang an bewusst sein: Immerhin versteckt er im Auftrag des zweithöchsten Südtiroler Politikers eine Beteiligung in Südtirol hinter einer Treuhandkonstruktion.

Dass Hans Berger sich unternehmerisch gerade im Energiebereich engagiert, liegt in der Familientradition. 1935 erbauen die Bergers am Knuttenbach in Rein ein Kraftwerk. In den Neunzigerjahren übernimmt Hans Berger das Kraftwerk von seinem Vater. Seit 1997 ist Hans Berger alleiniger Gesellschafter der E-Werk Rein KG. Das Kraftwerk, dessen Konzession bis 2036 läuft, produziert rund 1,1 Millionen Kilowattstunden Strom im Jahr. Mit den staatlichen Förderungen hat diese Produktion einen Wert von über 200.000 Euro im Jahr.

Kein Verbrechen

Durch die Beschlagnahmung in Verona ist Hans Berger informiert, dass gegen ihn ein Ermittlungsverfahren läuft. Am 14. Juli 2011, genau an dem Tag, als der Landtag das Treuhandgesetz debattiert und genehmigt, sucht der Landeshauptmannstellvertreter bei Oberstaatsanwalt Guido Rispoli um eine Anhörung an. Seine Partei informiert Hans Berger über das drohende Unheil aber nicht.

Zwölf Tage später enthülle ich unter dem Titel „Berger im Fadenkreuz" in der *Neuen Südtiroler Tageszeitung* Hans Bergers Veroneser Treugeberschaft und die Ermittlungen der Staatsanwaltschaft gegen den SVP-Politiker.

Die Nachricht schlägt ein wie eine Bombe. Vor allem für die SVP ist die Affäre ein Super-GAU. Eben hat man im Landtag mit der Offenlegungspflicht für Treugeber versucht, sich ein Saubermacherimage zu geben und dann kommt heraus, dass einer der höchsten SVP-Politiker selbst Treugeber ist. Weil es für ein Blockheizkraftwerk mit Ausnahme der Baukonzession keiner weiteren Konzession vonseiten des Landes bedarf, ist Hans Berger formal zwar von der Pflicht der Offenlegung nicht betroffen, politisch aber setzt er die gesamte SVP der Lächerlichkeit aus.

Die Freiheitlichen fordern umgehend den Rücktritt Bergers und kündigen einen Misstrauensantrag gegen den Landeshauptmannstellvertreter im Landtag an. Dieser Antrag wird am Ende aber nie vorgelegt.

Hans Berger versucht noch am selben Tag in die Offensive zu gehen und Schadensbegrenzung zu betreiben. Am 27. Juli 2011 stellt er sich in seinem Büro einem langen Interview, in dem er sich zum Opfer einer politischen Kampagne hochstilisiert. Es ist ein Einblick in die Weltsicht des hohen SVP-Politikers. Ein Auszug:

„Tageszeitung: Herr Landesrat Berger, gehört die Ciamp GmbH, die von der Veroneser Treuhandgesellschaft AF Società di Amministrazione Fiduciaria Spa gehalten wird, in Wirklichkeit Ihnen?

Hans Berger: Ich glaube, es ist inzwischen hinlänglich bekannt und ich habe es auch nie verneint. Es war der Weg für eine Investition, die interessant schien und die gesetzlich in jeder Hinsicht legitim ist. Ich halte das für eine Privatangelegenheit, die daher auch unter den Schutz der Privatsphäre fällt. Mit dieser Reaktion habe ich freilich nicht gerechnet, sodass ich im Nachhinein sagen muss, dass ich wohl etwas blauäugig war.

Tageszeitung: Verstehen Sie, wenn die Leute sagen: Wenn ein Politiker eine Beteiligung verstecken muss, dann hat er etwas zu verbergen?

Hans Berger: Ich glaube, es ist genau umgekehrt. Wenn ein Politiker namentlich auftaucht, dann wird gleich vermutet, dass er sich irgendwelche Vorteile verschaffen möchte. Wie ich jetzt schmerzlich erfahren muss, wird am Ende dem Politiker immer der Schwarze Peter zugeschoben.

Tageszeitung: Seit Monaten diskutiert man im Südtiroler Landtag über ein Gesetz zur Offenlegung der Treuhandgesellschaften. Jetzt kommt heraus, dass sich der Landeshauptmannstellvertreter einer solchen Treuhandgesellschaft bedient. In der Fußballsprache würde man sagen: Die SVP hat ihren Gegnern einen Elfmeter aufgelegt?

Hans Berger: Natürlich versucht die Opposition und die sogenannte kritische Presse das auszuschlachten. Aber ganz klar: Ich habe kein Gesetz verletzt. Für Blockheizkraftwerke unter einem Megawatt ist allein die Gemeinde zuständig, die diskutierte Offenlegung soll aber Interessenkonflikte zwischen Körperschaften und Vertragspartnern verhindern; einen solchen Konflikt gibt es hier nicht. Das Ganze wird aber beinahe als Verbrechen dargestellt. Aber nochmals: Es ist kein Verbrechen. Hier wird ein Kesseltreiben veranstaltet und das finde ich einfach niederträchtig.

Tageszeitung: Die Bozner Staatsanwaltschaft untersucht, ob Sie Ihr privilegiertes öffentliches Amt als Landesrat missbraucht haben, um als privater Unternehmer Vorteile zu erzielen?

Hans Berger: Schauen Sie, ich weiß sehr wohl, wo die Grenzen der unternehmerischen Tätigkeit sind und wo die Grenzen meiner amtlichen Tätigkeit verlaufen. Das Problem liegt darin, dass man als Politiker anscheinend nicht Unternehmer sein kann. Denn es entstehen hier immer irgendwelche Verdachtsmomente. Die Kritiker sehen in jeder unternehmerischen Tätigkeit, die ein Politiker macht, irgendeine Spekulation oder vermuten irgendeinen unehrlichen Akt. Das ist zu bedauern."

Beim Aussitzen der Affäre kommen Hans Berger und der SVP zwei Faktoren entgegen. Der Skandal wird im Hochsommer öffentlich, mitten in der Ferienzeit. Allein diese Tatsache sorgt dafür, dass sich die öffentliche Entrüstung in Grenzen hält. Als das politische Tagesgeschäft später wieder seinen normalen Lauf nimmt, wird die Enthüllung von skandalösen Nachrichten aus der SEL überdeckt.

Vor allem aber hält sich das meinungsbildende Medienhaus Athesia im Fall Hans Berger auffallend bedeckt. In den *Dolomiten* erscheint kaum etwas, und im Online-Portal *stol* begnügt man sich mit einer Meldung zum freiheitlichen Misstrauensantrag. Diese Zurückhaltung hat einen persönlich-geschäftlichen Hintergrund. *Athesia*-Direktor Michl Ebner hält jahrelang über den Innsbrucker Anwalt und Treuhänder Franz Pegger und dessen PEG Beteiligungs GmbH 60 Prozent am Südtiroler Tappeiner-Verlag.

Auch hier eine absurde Situation: Der Präsident der Südtiroler Handelskammer, der über einen Treuhänder im Ausland verdeckt eine Beteiligung in Südtirol hält. Alles ist möglich. Doch wer im Glashaus sitzt, wirft bekanntlich nicht mit Steinen.

Bergers Mähmaschine

Sehr selbstbewusst sagt Hans Berger im *Tageszeitung*-Interview: „Ich weiß sehr wohl, wo die Grenzen der unternehmerischen Tätigkeit sind und wo die Grenzen meiner amtlichen Tätigkeit verlaufen." Oberstaatsanwalt Guido Rispoli kommt fast sieben Monate später in seinem Archivierungsantrag aber zu einem grundlegend anderen Schluss.

Der Grund dafür liegt nicht nur in der Rolle Hans Bergers als Treugeber, sondern auch in einer Verwaltungspraxis, die selbst für Südtirol wohl einmalig ist. Hans Berger ist als Landwirt, Hotelier und Kraftwerksbesitzer vielseitig unternehmerisch tätig. Der hohe SVP-Politiker beharrt darauf, dass ein Mitglied der Landesregierung genauso zu behandeln ist wie jeder andere Bürger und Unternehmer. Hans Berger ist deshalb das einzige Mitglied der Landesregierung, das auch immer wieder um öffentliche Beiträge ansucht und/oder in den Genuss von Landes- oder EU-Fördermitteln kommt. So breit gefächert wie die Tätigkeit des amtierenden SVP-Senators sind auch die Beiträge, die er erhält.

Auf alle diese Beiträge hat der SVP-Politiker laut den geltenden Landesgesetzen Anrecht. Ob diese Art der Inanspruchnahme öffentlicher Hilfen durch einen Multiunternehmer und äußerst gut verdienenden Spitzenpolitiker moralisch zu rechtfertigen ist, steht auf einem anderen Blatt Papier.

Brisant wird diese Vorgangsweise aber dann, wenn Hans Berger im eigenen Ressort und Wirkungsbereich um Beiträge ansucht und sie auch erhält. Dann wird ein Interessenkonflikt evident. Aber auch hier scheint der Landeshauptmannstellvertreter keine großen Hemmungen zu kennen.

Hans Berger ist fast 14 Jahre lang Landesrat für Landwirtschaft und erhält in dieser Zeit jährlich als Bauer mehrere Beiträge. Alpungsprämien, Beihilfe zur Förderung der Tiergesundheit, Kapitalbeiträge für den landwirtschaftlichen Betrieb oder finanzielle Nothilfe bei Unwetterschäden wie etwa nach Lawinenabgängen. Dazu kommen noch Beiträge aus dem EU-Topf für Agrarumweltmaßnahmen oder Ausgleichszahlungen, die ebenfalls von den Ämtern Bergers vergeben werden. Es sind Beiträge zwischen 280 und 4.300 Euro.

Dass Hans Berger damit in einen rechtlich zumindest fragwürdigen Raum rutscht, wird 2011 deutlich. Die Staatsanwaltschaft beginnt in einem Fall gegen den Landesrat zu ermitteln.

Ausgangspunkt ist die Gewährung eines Darlehens, das die Landesregierung am 15. September 2008 beschließt.

Das Land Südtirol vergibt an zehn Südtiroler Bauern zinsbegünstigte fünfjährige Kredite für den Ankauf von landwirtschaftlichen

Prot.Nr. 31.5-83.04.01 - 507023/MS/vr   BERGER JOHANN KARL - BACHER

39032 SAND IN TAUFERS

Bozen / Bolzano   25.09.2008

Darlehensgewährung im Sinne des L.G.12/22.05.80 Beschluss der Landesregierung Nr. 3309 vom 15.09.2008 - Gesuch Nr. 2276	Concessione prestito ai sensi della L.P.12/22.05.80 Deliberazione della Giunta provinciale n. 3309 del 15.09.2008 - domanda n. 2276
Es freut mich Ihnen mitteilen zu können, dass Ihr Ansuchen vom 01.09.2008 berücksichtigt werden konnte und dass Ihnen folgendes Darlehen gewährt wird:	Ho il piacere di comunicarLe, che la Sua domanda del 01.09.2008 é stata accolta e che Le viene concesso il seguente prestito:

VORHABEN OGGETTO	ZUGELASS.BETRAG SPESA AMMESSA	% %	GENEHMIGTES DARLEHEN PRESTITO CONCESSO
MAEHMASCHINE MOTOFALCIATRICE	12.083,33 €	79,45	9.600,00 €
Insgesamt Totale	12.083,33 €		9.600,00 €

Der oben angeführte Betrag steht Ihnen bei der Bank für Trient und Bozen zur Verfügung.	L'importo di cui sopra è a Sua disposizione presso gli sportelli della Banca di Trento e Bolzano.
Mit freundlichen Grüßen	Cordiali saluti

DER LANDESRAT (L'ASSESSORE
Hans Berger

Brief an sich selbst: „Es freut mich ..."

Maschinen und Geräten. Insgesamt werden mit diesem Beschluss 230.600 Euro ausgeschüttet.

Unter den Empfängern ist einer, für den es aber besonders schnell geht. Am 1. September 2008 sucht Johann Karl Berger um einen Beitrag für den Kauf einer Mähmaschine an. Die Mähmaschine kostet 12.083,33 Euro. Bereits drei Tage später bereiten Bergers Ämter dann die Beschlussvorlage für die Landesregierung vor. Unter den zehn Empfängern findet sich auch der Landesrat. Und an besagtem 15. September 2008 legt Hans Berger den Beschluss in der Landesregierung nicht nur vor, sondern stimmt auch mit.

Zwei Wochen später verlässt dann ein Brief Bergers Büro. Es ist ein Standardschreiben:

> „Es freut mich, Ihnen mitteilen zu können, dass Ihr Ansuchen vom 01.09.2008 berücksichtigt werden konnte und dass Ihnen folgendes Darlehen gewährt wird [...]"

Im Schreiben wird dem Empfänger mitgeteilt, dass er 9.600 Euro als Beitrag erhält.

Das Absurde daran: Der Brief, unterzeichnet von Landesrat Hans Berger, geht an Johann Karl Berger aus Sand in Taufers. Hans Berger schreibt sich damit selbst.

Was wie ein schlechter Witz klingt, wird im Sog der Treuhandermittlungen von der Bozner Staatsanwaltschaft untersucht. Auch hier geht man von möglichem Amtsmissbrauch aus. Mit dem Archivierungsantrag zur Treuhandbeteiligung fordert Oberstaatsanwalt Guido Rispoli im Februar 2012 aber auch hier die Einstellung des Verfahrens.

Laut Antrag bestehe zwar kein Zweifel, dass Landesrat Berger die rechtliche Auflage, sich bei einem Fall von Eigeninteresse zu enthalten, nicht eingehalten habe. Doch als Bauer habe Berger die Kriterien für die Förderung erfüllt, und der Beitrag sei ihm deshalb zu Recht zugesprochen worden. Dazu kommt, dass Hans Berger ein Sammelbeschluss vorgelegt wurde. „Mein eigener Namen auf dem Schreiben ist mir einfach nicht ins Auge gestochen", rechtfertigt Hans Berger vor Guido Rispoli das Schreiben an sich selbst.

Eine absurde Rechtfertigung: Dem Beschluss der Landesregierung sind die Namen der zehn Empfänger beigelegt. Aber anscheinend ist niemandem in der Landesregierung an diesem Septembertag 2008 – kurz vor den Landtagswahlen – der Name des SVP-Politiker aufgefallen, der mit am Regierungstisch sitzt.

Vor diesem Hintergrund wird der bereits zitierte Satz in Rispolis Archivierungsantrag mehr als verständlich:

> „Die Angelegenheit macht eine Vermischung von privaten Interessen und öffentlichen Funktionen offenbar."

Deutlicher kann man das Südtiroler Sittenbild wohl kaum beschreiben.

Böse Journalisten

„Wenn ich also überall dort beteiligt wäre, wo ich geholfen habe, dann müsste ich in ganz Südtirol beteiligt sein."

Landeshauptmann Luis Durnwalder (September 2011)

Luis
Durnwalder

Als ich Ende August 2011 Maximilian Rainer interviewe und ihm einige kritische Fragen stelle, entschlüpft dem SEL-Generaldirektor ein Satz, der seine Auffassung von Medien wohl am besten zum Ausdruck bringt. Rainer antwortet:

„Das ist die Qualität von Journalismus, die mir nicht gefällt."

Selbst in guten Zeiten empfindet die SEL-Führung kritische Berichterstattung als Beleidigung. Als sich die Lage 2011 dann zuspitzt, beginnen Maximilian Rainer und Klaus Stocker offensiv gegen jene vorzugehen, die sie für ihre missliche Lage verantwortlich machen. Das sind auf der einen Seite Politiker, die zu viel nachfragen, und auf der anderen Seite die unabhängigen Medien.

Maximilian Rainer sieht von Anfang an das größte Problem nicht in seinen fragwürdigen Handlungen, sondern in der „Berichterstattung gegen meine Person". SEL-Präsident Klaus Stocker spricht wochenlang von einer „Verleumdung und Kriminalisierung des SEL-Generaldirektors" und davon, „dass der gute Ruf und die Unbescholtenheit Dr. Rainers in unverantwortlichster Weise infrage gestellt wird". Selbstredend steht in der Stellungnahme der SEL-Führung an die Landesregierung Anfang September 2011 auch das Wort „Medienkampagne".

Rainer versucht bereits im Frühjahr 2011, die kritischen Medien und Journalisten einzuschüchtern. Nach einem Artikel von Karl Hinterwaldner in der Wochenzeitung *FF* zu den Südtiroler Treuhandbeteiligungen schreibt der SEL-Direktor am 20. Mai 2011 einen langen Brief an *FF*-Herausgeber Kurt W. Zimmermann und Chefredakteur Norbert Dall'Ò. Rainer:

„Ich verwehre mich ganz entschieden gegen die Art der Berichterstattung, mit der Ihr Organ mich zum wiederholten Male unfair und allen Grundsätzen einer korrekten Behandlung widersprechend darstellt. Der randvermerkte Bericht reiht sich in eine Serie von Berichterstattungen ein, bei denen mit dem gleichen Muster der Namen meiner Person in Verbindung mit anderen Fakten gebracht wird, aus denen bewusst missverständliche, widersprüchliche und falsche Ableitungen entstehen. Es gibt weder einen Hinweis noch einen Beleg noch einen Beweis für die Umstände, die Ihr Journalist mir zu unterstellen beliebt. Die von ihm ausgedrückten Vermutungen präjudizieren mein Recht auf Schutz des Ansehens und der Persönlichkeit schwerstens. […] Auch wenn angesichts der Freiheit, die das Gesetz den Medien einräumt, die Chancen nicht groß sind, dass ein Journalist für den moralischen Schaden haften muss, den er einer Person zufügt, werde ich trotzdem meinen Rechtsbeistand beauftragen, den Sachverhalt eingehend zu prüfen. Dies zum Schutz meiner Person, meines guten Namens, meiner Persönlichkeitsrechte und des Unternehmens, bei dem ich arbeite. Ebenfalls werde ich beim Vorstand der Journalistenkammer bzw. beim dort zuständigen Ethik-Organ vorstellig werden und mich in aller Form gegen diese unqualifizierbare Art, sich unter dem Deckmantel der freien Berichterstattung über andere Menschen auszulassen und diese in Misskredit zu bringen, zur Wehr setzen."

Die Eingabe an die Journalistenkammer folgt umgehend. Gemacht wird sie von einem treuen Handlanger Rainers. Hartmann Gallmetzer, studierter Übersetzer, Berufsjournalist, jahrelang SVP-Landessekretär und inzwischen gutbezahlter Pressechef der SEL AG, fordert von der Berufskammer Disziplinarmaßnahmen gegen den *FF*-Journalisten Karl Hinterwaldner. Gallmetzer beanstandet in seiner schriftlichen Eingabe, dass der Journalist den Namen Rainers in den Dreck zieht und das Image der SEL schwerstens schädigt. Der SEL-Pressesprecher schlägt Alarm:

„Solche Handlungen fügen nicht nur unschuldigen Personen Schaden zu, sie schaden auch dem guten Namen des Journalismus selbst."

Hartmann Gallmetzer hat bei seiner Eingabe aber ein Problem. Er ist Jahre zuvor von der regionalen Journalistenkammer ausgeschlossen und aus dem Berufsalbum gestrichen worden. Der Grund dafür: Gallmetzer hatte seit 2004 nicht mehr den jährlichen Mitgliedsbeitrag bezahlt.
Die rechtliche Regelung der Journalistenkammer ist dabei mehr als klar: Wer nicht zahlt, wird per Einschreibebrief zuerst dreimal gemahnt. Dann folgen drei Mahnungen, dass ein Verfahren eingeleitet wird, und weitere drei Mahnungen, bevor es zu einer Entscheidung

kommt. Rund zwei Jahre dauert im Fall Gallmetzer diese Prozedur. Hartmann Gallmetzer antwortet auf keines dieser Schreiben. Deshalb beschließt der Kammerrat in seiner Sitzung vom 19. Dezember 2006, Gallmetzer aus dem Berufsverzeichnis zu streichen. Die unehrenhafte Entlassung aus der Berufsgilde ist keine Bagatelle. Denn laut dem geltenden Gesetz darf in Italien kein Journalist als solcher arbeiten, der nicht im Berufsverzeichnis der Kammer eingetragen ist. Der Ausschluss aus der Kammer kommt ganz klar einem Berufsverbot gleich. Dafür gibt es Dutzende von Präzedenzfällen in ganz Italien. Die SEL-Führung schert sich aber um diese Spielregeln nicht und gibt dem Journalisten einen gut dotierten Beratervertrag.

Als Hartmann Gallmetzer im Frühsommer 2011 die Eingabe gegen Karl Hinterwaldner machen will, muss er diese Situation umgehend sanieren. Er zahlt die ausstehenden Mitgliedsbeiträge von 2004 bis 2011 – insgesamt rund 700 Euro – nach und sucht am 13. Juli 2011 um eine Wiederaufnahme in das Berufsverzeichnis an. Auf der Sitzung vom 4. August 2011 nimmt der Kammerrat dieses Gesuch an. Am 16. September 2011 beschäftig sich der Kammerausschuss dann mit der Eingabe von Hartmann Gallmetzer gegen Karl Hinterwaldner. Einstimmig wird die Archivierung der Eingabe beschlossen, weil sich der Artikel im Rahmen normaler kritischer Berichterstattung bewegt.

Aber auch ich bekomme Post. Am 5. Oktober 2011 erreicht mich ein Einschreibebrief der Anwälte Peter Platter und Alexander Ausserer. In dem sechs Seiten langen Schreiben mit dem Betreff „Vorwurf der Beleidigung und/oder üblen Nachrede gegenüber Herrn Klaus Stocker" erläutern die Anwälte, dass sich „Herr Klaus Stocker in seiner Ehre und seinem Ansehen zutiefst verletzt" sieht. Nach Ausführung der Anwälte sei die *Tageszeitung* aufgrund ihrer Berichterstattung gegenüber Klaus Stocker zum Schadenersatz verpflichtet. Der *SEL*-Präsident würde aber auf eine Klage und einen Schadenersatz verzichten, wenn die *Tageszeitung* auf der Titelseite eine ausführliche Richtigstellung bringt und sich „der Herausgeber und der Journalist bei Herrn Stocker für besagte Unterstellungen entschuldigen". Die Anwälte geben uns dafür ganze zehn Tage Zeit.

In Absprache mit dem Verleger und Herausgeber entscheiden wir, weder auf das Schreiben zu antworten noch Stockers Forderungen zu entsprechen. Als die Frist verstrichen ist, hat Klaus Stocker längst andere, weit schwerwiegendere Probleme am Hals.

Südtiroler Kopfjägerkultur

Am Freitag, dem 26. August 2011, schickt Maximilian Rainer eine E-Mail mit dem Titel „Medienkampagne gegen meine Person" an den gesamten Verwaltungs- und Aufsichtsrat der SEL. In dem Schreiben heißt es:

„Seit Tagen wird in einer beispiellosen Medienkampagne versucht, bewusst der Integrität meiner Person Schaden zuzufügen. Auf anonyme Mitteilungen hin haben in einer konzertierten Aktion zwei Medien (gleichzeitig!) begonnen, einen Sachverhalt in ein Licht zu rücken, der in den Augen der Öffentlichkeit eine Reihe von Vermutungen provoziert, welche gezielt meinen Ruf in Misskredit bringen sollen. Der eigentliche Sachverhalt betrifft nur mich als Privatperson und die Nennung unseres Unternehmens in diesen Medienberichten bedaure ich sehr.

Ich werde mir erlauben, in den nächsten Tagen eine Sachverhaltsdarstellung aus meiner Sicht aufzusetzen und Ihnen zu übermitteln. Es liegt mir vor allem daran, auch meine Sicht der Dinge darstellen zu können."

Einer der Verwaltungsräte reagiert umgehend. Der ehemalige Passeirer Bürgermeister und heutige Präsident des Wohnbauinstitutes Konrad Pfitscher antwortet noch am selben Tag. Pfitscher schreibt direkt an Maximilian Rainer und im Dialekt zurück:

„Hoi Maximilian,
loss di nit unterkriegen, es läuft noch üblichen Schema ab, seit der Londtog die Treuhandregelung getroffen hot, der Reihe noch wern olle Politiker beglückt werden, zuerst Berger, Innerbichler, Ebner … und leider wern nou viele folgen und rückwirkend durch den Kakau gezogen werden für etwas, wos bisher vollkommen legal und ok war. Es isch sicher nit uenfoch, de Verdächtigungen zu ertrogen, ober es klingt unerseits durch, dass kuene Beteiligungen

heint bestehen und a Onerkennung für deine Leistung in der Sel.
Beholt di Nerven, bold beruhigt sich der Sturm. Leider weckt Erfolg Neid und der führt zu solchen Ergebnissen. Der Verwoltungsrot steht hinter dir.

LG Konrad"

Einen Tag später, am Samstag den 27. August 2011, bedankt sich Maximilian Rainer bei Konrad Pfitscher.

„Danke dir für deine lieben und aufmunternden worte und deinen rückhalt. Diese kopfjägerkultur von seiten der medien und politik ist eine zäsur fuer unsere südtiroler gesellschaftskultur, empfinde ich für nachhaltig gefährlich und sorgt für eine aufgeheizte stimmung, die den sozialen frieden, der uns auszeichnet, in gefahr bringt. Werde euch meine position nochmals klarlegen, es liegt aber sicherlich keine verfehlung oder ein fehlverhalten, erst gar nichts unrechtsmässiges vor. Habe gerade diese polemiken vermeiden wollen und, wie du mich kennst, tut es mir selbst am meisten leid, dass unser unternehmen in diese politische schlammschlacht, die eigentlich ganz andere ziele verfolgt, mit hineingezogen wird."

Das Treffen in der Kaiserkron

Das Medienhaus Athesia und sein Zeitungsflaggschiff *Dolomiten* schweigen sich bis zum September 2011 über den längst ausgebrochenen Energieskandal völlig aus. Über die Treuhandermittlungen kann das *Tagblatt der Südtiroler* nicht gut berichten. Die Besitzerfamilie bedient sich in mehreren Fällen selbst treuhänderischer Unternehmenskonstruktionen.

Das erste Mal wird der Name Stein an Stein in den *Dolomiten* am 9. September 2011 genannt, als Michl Laimer auf seiner Offenlegungspressekonferenz die Probleme mit den österreichischen Teilhabern erläutert.

Mit der Durchsuchung bei Franz Pircher schafft es das Thema aber plötzlich auf die Titelseite. Der Grund dafür ist ein persönlich-politischer. Franz Pircher ist einer der engsten Freunde von Luis Durnwalder. Zwischen der Verlegerfamilie Ebner und dem Landeshauptmann herrscht seit Jahren eine Art Gleichgewicht des Schreckens. Keiner tut dem anderen etwas. Jetzt aber sieht die einflussreiche Verlegerfamilie die Chance gekommen, Luis Durnwalder, der zu diesem Zeitpunkt ernsthaft eine Wiederkandidatur bei den Landtagswahlen 2013 ins Auge fasst, aus dem Amt zu jagen.

Berichte zur Verwicklung von Franz Pircher und gemeinsame Fotos des Brunecker Wirtschaftsberaters mit dem Landeshauptmann werden ab sofort prominent und systematisch ins Blatt gerückt. Der Spuk dauert genau drei Monate. Mit Jahresende 2011 beendet Chefredakteur Toni Ebner diese journalistische Gangart genauso schnell, wie sie begonnen hat.

Diese neue publizistische Linie hat auch einen konkreten wirtschaftlichen Hintergrund. Jahrzehntelang verdient sich die Athesia an den Werbegeldern der SEL eine goldene Nase. Der Ebner-Verlag behandelt die Landesenergiegesellschaft in seinen Medien positiv. Obwohl sich SEL-Präsident Klaus Stocker mehrmals bei Athesia-Direktor Michl Ebner und dessen Bruder, *Dolomiten*-Chefredakteur Toni Ebner, schriftlich über zu wenig Wertschätzung und Aufmerksamkeit beklagt, funktioniert die Zusammenarbeit durchaus. Bis die Familie Ebner ihre ökonomischen Interessen auch auf den Energiebereich ausweitet.

Am 10. September 2010 wird in Bozen die Athesia Energy GmbH gegründet. Das Unternehmen mit einem Gesellschaftskapital von 100.000 Euro gehört zu 95 Prozent der Athesia Druck GmbH und zu fünf Prozent dem selbstständigen Berater im Umweltbereich und Präsidenten des Bozner Versorgungsbetriebs SEAB Rupert Rosanelli. Verwaltungsratspräsident ist Michl Ebner.

Die Athesia Energy GmbH soll den Ebner-Verlag vor allem im Bereich der erneuerbaren Energien zum Player machen. Wenige Wochen nach der Gründung der Gesellschaft übernimmt das Unternehmen in Apulien zwei Fotovoltaikkraftwerke in der Nähe von Lecce. Die Athesia Energy GmbH will aber auch in Südtirol groß ins Energiegeschäft einsteigen. Ende 2010 kommt es zu ernsthaften Verhandlungen mit Hellmuth Frasnelli über einen Einstieg in die Eisackwerk GmbH. Doch die Verhandlungen zerschlagen sich. Anfang 2011 wollen die Ebners deshalb unbedingt mit der SEL ins Geschäft kommen. Im Februar 2011 kommt es im Bozner Traditionsrestaurant Zur Kaiserkron zu einem Mittagessen, an dem Michl Ebner, Rupert Rosanelli,

Maximilian Rainer und Klaus Stocker teilnehmen. Es ist ein Arbeitstreffen. Das Gesprächsthema: eine mögliche Zusammenarbeit zwischen SEL und Athesia Energy.

Doch Klaus Stocker und Maximilian Rainer machen an diesem Februartag keinerlei Zusicherungen. Im Gegenteil: Die beiden *SEL*-Manager geben sich im Gespräch deutlich distanziert. Da die SEL in einer anderen Liga spiele, sei eine gemeinsame unternehmerische Tätigkeit in Südtirol sehr schwierig. Man debattiert am Tisch auch darüber, ob die *SEL* nicht wenigstens Informationen über Energieprojekte außerhalb Südtirols an das Ebner-Unternehmen weitergeben könnte. Auch hier erhält Michl Ebner aber nur vage Zusicherungen. Das Treffen in der Kaiserkron soll eigentlich nur der Beginn einer Geschäftsbeziehung sein. Man vereinbart, dass man sich wieder zusammensetzen wird. Doch am Ende kommt kein Folgetreffen mehr zustande. „Der Michl hat diese kühle Reaktion der SEL-Spitze als eine Art Majestätsbeleidigung empfunden", sagt ein hoher SVP-Funktionär zu mir.

Sieben Monate später betreibt das *Tagblatt der Südtiroler* plötzlich Aufdeckungsjournalismus in Richtung SEL-Spitze.

Wohl kaum ein Zufall.

Durnwalder in Mittewald

Um den 20. September 2011 beginnt der *Alto Adige* zu berichten, dass sich die Ermittlungen der Staatsanwaltschaft auf eine „hochgestellte Persönlichkeit" zuspitzen. Wer gemeint ist, darüber schweigt sich das italienische Tagblatt zwar aus, dennoch ist klar, wen man damit im Visier hat: Luis Durnwalder.

Der Grund ist ein anonymes Schreiben, das Ende August an die Bozner Staatsanwaltschaft geht, und in dem eine konkrete Begebenheit geschildert wird. Die Stein an Stein Italia GmbH braucht für den geplanten Neubau des Kraftwerks in Mittewald die Grundverfügbarkeit mehrerer angrenzender Grundeigentümer. Laut Schreiben hätten sich Franz Pircher und Luis Durnwalder direkt in diese Verhandlungen eingeschaltet. So habe es im Mittewalder Gasthof Thaler eine Aussprache zwischen Besitzer Paul Thaler, Pircher und Durnwalder dazu gegeben.

Nachdem Mitte September diese Episode in einer weiteren, diesmal namentlich unterzeichneten Eingabe erwähnt wird, setzen sich die Ermittler in Bewegung. Sie werden nicht nur bei Franz Pircher vorstellig, sondern auch bei Paul Thaler. Als ich als erster Journalist am 30. September 2011 unter dem Titel „Das Treffen in Mittewald" über diese Geschichte schreibe, befrage ich sowohl Franz Pircher als auch Luis Durnwalder. Beide bestätigen das Treffen.

Luis Durnwalder schildert die Geschichte allerdings etwas anders, als sie in der Eingabe an die Staatsanwaltschaft dargestellt wird. Bei den Recherchen für dieses Buch wiederholt der Altlandeshauptmann im August 2014 diese Version.

Das Treffen findet Mitte August 2011 statt. Paul Thaler ist der Vater von Matthias Thaler. Dieser war Kabinettschef des österreichischen Landwirtschaftsministers Friedrich Molterer, arbeitete in der EU-Kommission, war Direktor des österreichischen Bauernbundes und ist 2011 Geschäftsführer des österreichischen Maschinenringes. „Ich kenne Vater und Sohn Thaler seit Langem", sagt Luis Durnwalder. Matthias Thaler hat Durnwalder schon seit Längerem eingeladen. Der Landeshauptmann ist damals im Sommerurlaub in seinem Haus in Pfalzen. Franz Pircher spielt in dieser Zeit immer wieder für Durnwalder den Chauffeur. Durnwalder muss am Vormittag nach Sterzing zu einer Veranstaltung und gegen Mittag fährt man zu dem privaten Treffen nach Mittewald.

Beim Mittagessen in dem an der Brennerstraße liegenden Gasthaus kommt Franz Pircher auch auf das Grundproblem mit der Stein an Stein Italia zu sprechen. Es geht um ein Durchfahrtsrecht. Luis Durnwalder erinnert sich im August 2014:

> „Ich habe mit dem Sohn zuerst die Trophäensammlung angeschaut, während der Franz mit dem Vater geredet hat. Während des Essens ist die Diskussion weitergegangen und die beiden haben dann auch mich gefragt, was ich tun würde. Ich habe dem Paul Thaler den Rat gegeben, er soll sich etwas einhandeln. Danach redeten wir über andere Dinge."

Franz Pircher sagt im September 2011 zu mir, dass er als Wirtschaftsberater in dieser Sache nur als Vermittler tätig, aber nicht am Kraftwerk beteiligt ist. Die Ermittlungen ergeben wenig später dann ein anderes Bild.

Die Staatsanwaltschaft geht monatelang der Hypothese nach, dass Luis Durnwalder einer der verdeckten Teilhaber der Stein an Stein Italia ist. Oberstaatsanwalt Guido Rispoli sagt später: „Wir haben dafür keine verwertbaren Beweise gefunden." Im Herbst 2011 spreche ich Luis Durnwalder in einem Interview direkt auf den Verdacht an, dass er hinter der Beteiligung von Franz Pircher stehe. Durnwalder:

„Wenn Sie auch nur einen einzigen Anhaltspunkt dafür finden, dann kann ich Ihnen sagen, dass ich der Erste bin, der sofort zurücktreten würde. Ich bin mit Klaus Stocker und Franz Pircher befreundet. Das heißt aber noch lange nicht, dass ich in ihre privaten Tätigkeiten eingeweiht bin. Vor allem aber lasse ich mir nicht unterstellen, dass ich sogar darin verwickelt bin. [...]
Ich habe weder vor noch nach dem Mittagessen mit irgendjemandem verhandelt. Ich wurde gefragt und habe einen Ratschlag gegeben. Wissen Sie, wie oft ich einen Ratschlag gegeben habe oder in wie vielen Fällen ich mich eingesetzt habe? Auch bei Grundablösen, Erbschaften oder Enteignungen. Ich lade Sie ein, mit mir einmal durch die Stadt zu gehen und sich anzuhören, womit sich die Menschen an mich wenden. Glauben Sie, die Leute kommen in der Früh mit politischen Fragen zu mir? Die wollen Hilfe bei der Lösung eines Problems. Wenn ich also überall dort beteiligt wäre, wo ich geholfen habe, dann müsste ich in ganz Südtirol beteiligt sein."

Ab Oktober 2011 gliedern die *Dolomiten* Luis Durnwalder systematisch in ihre Grafiken zum Fall Stein an Stein ein. Der Ebner-Verlag macht damit bewusst öffentlichen Druck auf den Landeshauptmann. Durnwalder damals im Interview mit mir:

„Es ist so, dass ein Medium mich mit allen Mitteln in eine Affäre hineinziehen will. Hier will man eine Verwicklung konstruieren, nur weil ich mit Franz Pircher befreundet bin."

Luis Durnwalder wiederholt auch heute noch, dass er nichts von der Beteiligung seines Freundes am Mittewalder Kraftwerk wusste. Kennt man das Verhältnis zwischen dem Altlandeshauptmann und Franz Pircher, so tut man sich schwer, das zu glauben.

Der Einsturz des Kartenhauses

„Der Verwaltungsrat der SEL AG stellt fest, dass die Vorwürfe gegen den Generaldirektor vollkommen haltlos sind.“

Klaus Stocker in seinem Bericht an die Landesregierung (September 2011)

Klaus Stocker und Luis Durnwalder

Nach der Eingabe der Freiheitlichen bei der Staatsanwaltschaft Bozen rückt auch der SEL-Generaldirektor Maximilian Rainer ins Visier der Ermittler. Als die Finanzwache Anfang Juli 2011 bei der Treuhandgesellschaft AF Spa in Verona die Treugeber offenlegt, interessieren sich die Beamten nicht nur für die Ciamp GmbH, hinter der Landesrat Hans Berger steht.

Die AF Spa hält darüber hinaus 27 Prozent an der Burgumer Energie GmbH, die ein neues Kraftwerk in Pfitsch gebaut hat und führt. Die Bozner Staatsanwaltschaft verlangt auch hier die Offenlegung der Treugeber. Dabei kommt der Name Maximilian Rainer zum Vorschein.

Wir erinnern uns: Hauptgesellschafter Benno Hofer gibt bereits bei der Unternehmensgründung im September 2005 über eine Spezialvollmacht an Wirtschaftsberater Paul Schweitzer 27 Prozent seiner Anteile ab. 2009 ist der Bau des Kraftwerks beendet und das Unternehmen beginnt mit der Stromproduktion. Maximilian Rainer weist am 6. April 2009 die Veroneser AF Spa an, diese 27 Prozent zu erwerben. Zum Nominalwert von 5.400 Euro. Der eigentliche Marktwert der Beteiligung beträgt ein Hundertfaches davon.

Formal ist der SEL-Generaldirektor knapp zwei Monate Treugeber, denn am 4. Juni 2009 reicht Maximilian Rainer die Beteiligung an seinen Bruder Alexander weiter. Auch diese Aktion kennen wir bereits: Sieben Jahre zuvor hat es der SEL-Generaldirektor bei der Müller Energie GmbH genauso gemacht.

Als der *FF*-Journalist Karl Hinterwaldner am 25. August 2011 Rainers Treugeberschaft in einer Titelgeschichte aufdeckt und zudem alle weiteren Geschäfte des äußerst gut verdienenden SEL-Generaldirektors seziert, beginnt es für Maximilian Rainer eng zu werden. Der arrogant auftretende Landesmanager ist nicht nur bei der Opposition angeeckt, sondern er hat sich auch innerhalb der regierenden SVP im Laufe der Jahre viele Feinde gemacht.

Gleichzeitig beginnt im Sommer 2011 auch wieder die Stein-an-Stein-Affäre hochzukochen. Durch die Eingabe der Freiheitlichen werden das kleine Kraftwerk und die Hintergrundgeschichte plötzlich aus ihrem Dornröschenschlaf gerissen. Es gibt erste Gerüchte über eine Verwicklung von Franz Pircher und Maximilian Rainer. Die Staatsanwaltschaft leitet Vorermittlungen gegen den SEL-Generaldirektor wegen möglichen Amtsmissbrauchs ein.

Am 26. August 2011 geben die Freiheitlichen und die Grünen eine Pressekonferenz. Beide Oppositionsparteien fordern den Rücktritt von Landesrat Hans Berger und von SEL-Generaldirektor Maximilian Rainer. Der Freiheitliche Thomas Egger:

„Wer als Politiker, aber auch wer als hoher Beamter bzw. Manager des Landes Südtirol verdeckte Treuhandgeschäfte betreibt, ist politisch nicht länger tragbar und seiner Position zu entheben."

Gleichzeitig kündigt man eine Landtagsanfrage zur Verwicklung von SEL-Aufsichtsratspräsident Franz Pircher an. Als Pircher von mir für die *Tageszeitung* befragt wird, reagiert er ungehalten: „Ich versichere ihnen, dass ich weder ein Treuhandverhältnis noch andere versteckte Beteiligungen habe." Gleichzeitig kündigt er rechtliche Schritte an, sollte jemand das Gegenteil behaupten.
Die SEL-Führung will sich anfänglich nicht zur Affäre um ihren Direktor äußern. Dann folgt doch noch ein kurzes Kommuniqué von Präsident Klaus Stocker:

„In Bezug auf die in den Medien geführte Kampagne gegen den Direktor der SEL AG, Maximilian Rainer, wird festgestellt, dass Dr. Rainer von sich aus gefordert hat, auf die gegen ihn vorgebrachten Anschuldigungen als Privatperson zu antworten und in den zuständigen Gremien der SEL Stellung zu beziehen. Diese werden sich mit der Angelegenheit zu gegebener Zeit befassen, sofern die Notwendigkeit entsteht. Vorab stellt sie fest, dass die SEL seit ihrem Bestehen zu Kleinstkraftwerken […] keinerlei geschäftliche Kontakte unterhält oder Beteiligungen innehat, sodass im Verhältnis zur SEL kein Interessenkonflikt besteht."

Maximilian Rainer gibt mir noch am selben Tag ein Interview, in dem er das wiederholt, was auch schon Klaus Stocker in der SEL-Presseaussendung sagt. Die Treuhandkonstruktion versucht der SEL-Generaldirektor mit einem absurden Argument abzutun:

„Ich habe das damals so gemacht, weil ich genau diese Polemik und diese Diskussionen vorausgesehen habe. Und ich wollte das nicht. Zudem muss ich unterstreichen, dass die Treuhandgesellschaft damals wie heute ein rechtsgültiges Instrumentarium ist, auch um Personen vor solchen Polemiken zu schützen. Ich finde auch heute nichts Verwerfliches dabei. Ich hatte die Treuhandbeteiligung zwei Monate und habe sie dann an meinen Bruder abgegeben. […] Solange es keinen Interessenkonflikt gibt, muss es für Manager möglich sein, dass sie sich in diesem Bereich bewegen. Aber ich wiederhole nochmals: Ich bin nirgends beteiligt, ich habe alle Beteiligungen wieder abgegeben. Gerade um einem möglichen Interessenkonflikt auszustellen."

An einen Rücktritt oder an eine Abberufung – wie sie die Opposition im Landtag fordert – will der SEL-Direktor erst gar nicht denken:

„Nein. Denn ich bin mir absolut keines Fehlverhaltens bewusst. Es ist alles ordentlich und rechtmäßig und ohne Interessenkonflikt abgelaufen. Deswegen sehe ich weder einen Anlass zurückzutreten, noch fühle ich mich irgendwie in Verlegenheit: Auf der anderen Seite wird hier von den Medien gegen eine Familie in einer Art und Weise vorgegangen, die absolut rücksichtslos ist. Ich finde es Wahnsinn, was da passiert."

Maximilian Rainer geht zu diesem Zeitpunkt noch davon aus, mit einem blauen Auge davonzukommen.

Orchestrierte Reinwaschung

Wichtig ist für den SEL-Direktor jetzt ein geschlossenes Auftreten der SEL-Gremien. So bereitet er am 29. August 2011 die mehrmals angekündigte lange Sachverhaltsdarstellung für den SEL-Verwaltungs- und Aufsichtsrat vor. Auf der Verwaltungsratssitzung am 8. September 2011 soll das Leitungsgremium der Landesenergiegesellschaft dann eine eigene Stellungnahme verfassen, die an die Landesregierung geht.

Doch die Politik steht unter Zugzwang und will eine schnelle Entscheidung. Das Thema steht bereits am 7. September 2011 auf der Tagesordnung der Landesregierung. Die Gangart gefällt dem SEL-Generaldirektor ganz und gar nicht. Am 6. September schreibt

Maximilian Rainer eine lange E-Mail an Michl Laimer. Unter dem Betreff „Antwort auf deine Fragen" heißt es dort:

> „Lieber Michl,
> bin überrascht, dass morgen die Behandlung meiner Angelegenheit von der Landesregierung vorgezogen wird. Für diesen Donnerstag ist der Verwaltungsrat der SEL einberufen und er wird sich u. a. auch mit der Berichterstattung gegen meine Person beschäftigen. Der Verwaltungsrat wird dabei einen Beschluss zu einem schriftlichen Bericht fassen, der anschließend an die Landesregierung weitergeleitet wird. […] Habe letzte Woche für diese Verwaltungsratssitzung sowohl den Überwachungsrat als auch die Revisoren – als Überwachungsorgane der Gesellschaft bzw. der gesamten SEL-Gruppe – in eigenem Namen beauftragt, jeweils einen eigenen Bericht zu verfassen, die gemeinsam mit dem Bericht des Verwaltungsrates der SEL an Euch weitergeleitet werden. Diese Berichte verfolgen den Zweck, mit einer akkuraten und zielgerichteten Untersuchung feststellen zu lassen, dass keine Interessen der SEL, der Allgemeinheit, keine Bevorteilung meiner Person erfolgt sind und insbesondere kein Interessenkonflikt bestanden hat."

Danach antwortet der SEL-Direktor auf Laimers Vorhaltungen. Es sind jene Antworten, die wenig später auch der SEL-Verwaltungsrat in seinem Bericht an die Landesregierung geben wird. Zur Affäre Stein an Stein schreibt Rainer lapidar:

> „Diese Unterstellungen gegen mich gehen von Christoph Franceschini aus. Wer dahinter steht, weiß ich nicht. […] Ersuche nach den Fakten zu urteilen und, wenn möglich, die Berichte der Überwachungsorgane und die Beschlüsse des Verwaltungsrates abzuwarten, damit sie in Eure Beschlüsse einfließen können."

Diese E-Mail macht deutlich, wie Maximilian Rainer seine Reinwaschung durch die SEL-Gremien selbst orchestriert. Am 8. September 2011 verabschiedet der SEL-Verwaltungsrat einstimmig und ohne Stimmenthaltung einen achtseitigen Bericht an den Landeshauptmann und die Mitglieder der Landesregierung. Im Dokument, das von SEL-Präsident Klaus Stocker unterzeichnet ist, aber in weiten

Teilen aus der Feder von Maximilian Rainer stammt, versucht man, alle Vorwürfe zu widerlegen. In den „Schlussfolgerungen" heißt es:

„Aus all den vorgenannten Darlegungen sowie den Schlussfolgerungen der Untersuchungen des Überwachungsrates sowie der Revisionsgesellschaft stellt der Verwaltungsrat der SEL AG fest, dass die Vorwürfe gegen den Generaldirektor vollkommen haltlos sind und der Generaldirektor kein Fehlverhalten oder sonstige Verfehlungen an den Tag gelegt hat. Der Verwaltungsrat hat vielmehr weiterhin vollstes Vertrauen in die Integrität von Generaldirektor Dr. Maximilian Rainer. Abschließend ist es ausdrücklicher Wunsch des Verwaltungsrats auch nochmals festzuhalten, dass Generaldirektor Dr. Rainer mit seiner Triebkraft und seinem überdurchschnittlichen Einsatz für das Unternehmen den wohl maßgeblichsten Anteil daran hat, dass aus der SEL AG mit 3 Mitarbeitern innerhalb von nur 10 Jahren die bedeutendste Südtiroler Unternehmensgruppe im Energiesektor mit mittlerweile weit über 400 Mitarbeitern geworden ist und somit ein erheblicher und nachhaltiger Mehrwert für unser Land geschaffen wurde."

Am Ende dieses Sermons fehlt eigentlich nur mehr ein Halleluja. Mit dieser Stellungnahme sollte die Affäre eigentlich vorbei sein. Das Papier ist dazu da, die Landesregierung und die SVP-Parteileitung zu beruhigen und zu überzeugen, dass das Ganze nur eine Kampagne der missliebigen, oppositionellen Presse ist.
Doch dann beginnt die Staatsanwaltschaft umfangreiche Durchsuchungen und Beschlagnahmungen durchzuführen. Acht Tage nachdem der SEL-Verwaltungsrat seinen Generaldirektor reingewaschen hat, kommt es zu einer konzertierten Polizeiaktion.
Am 16. September 2011 tauchen Beamte der ROS, der Finanzwache und der Gerichtspolizei gleichzeitig in mehreren Bozner Notarkanzleien, im Büro und im Privathaus von Wirtschaftsberater Paul Schweitzer sowie im Brunecker Büro von Wirtschaftsberater und SEL-Aufsichtsratspräsident Franz Pircher auf. Es werden Akten und Computer beschlagnahmt. Am 28. September 2011 beschlagnahmen die Ermittler am SEL-Sitz alle Dokumente und Computerdaten zum Nichtankauf des Kraftwerks der Stein an Stein Italia sowie Unterlagen zur Burgumer Energie GmbH.

Allein diese von Oberstaatsanwalt Guido Rispoli angeordnete Aktion macht der Südtiroler Öffentlichkeit deutlich, dass die Ermittlungen gegen Maximilian Rainer & Co noch lange nicht eingestellt sind. Auch in Sachen Stein an Stein.

Volkspartei in Verlegenheit

Die Opposition im Südtiroler Landtag schießt sich immer energischer auf die SEL-Spitze ein. Die Forderungen sind klar: Maximilian Rainer, Klaus Stocker und Franz Pircher sind in ihren Führungsrollen in der Landesenergiegesellschaft nicht länger tragbar.

Am 4. Oktober 2011 wird im Landtag ein vom Unitalia-Abgeordneten Donato Seppi eingebrachter Misstrauensantrag gegen den SEL-Generaldirektor Maximilian Rainer behandelt. Die Grünen und Freiheitlichen nutzen die Debatte im Landtag geschickt, um Details aus den Ermittlungen und Verdachtsmomente an die Öffentlichkeit zu bringen.

Die SVP reagiert wie ein aufgeschreckter Hühnerhaufen. Die Volkspartei, die sonst als Bollwerk gegen die politische Minderheit auftritt, ist in diesem Fall alles andere als geschlossen. Dazu kommt noch eine katastrophale politische Regie. Denn lange ist nicht klar, wer im Landtag die Verteidigung von Maximilian Rainer übernehmen soll.

Institutionell dafür zuständig wäre SVP-Fraktionssprecher Elmar Pichler-Rolle. Doch dieser ist zu diesem Zeitpunkt noch mit Rainers Schwester verheiratet und sein Engagement könnte damit in eigener, familiärer Sache missverstanden werden. Deshalb soll sein Stellvertreter Arnold Schuler einspringen. Doch der wehrt sofort ab. „Ich stehe der SEL und der SEL-Führung viel zu kritisch gegenüber", begründet Schuler sein Nein.

So muss schließlich einer die Amtsverteidigung Rainers übernehmen, der bereits selbst im Fokus der Ermittlungen steht: Landesrat Michl Laimer. Laimers Rede im Landtag ist eine Gratwanderung. Der SVP-Politiker stellt sich nicht vorbehaltlos hinter den SEL-Direktor. „Es war nicht klug und das ganze hätte sicherlich nicht so sein sollen", analysiert der Landesrat die versteckten Beteiligungen Rainers. Doch ungesetzlich oder unkorrekt sei das Ganze nicht gewesen.

/\L\ .4

ANTRAG AUF AUSSTELLUNG EINER BANKHAFTUNG	An die SÜDTIROLER SPARKASSE AG CORPORATE CENTER BRUNECK
Der/Die Unterfertigte/n	_Rce 19-6.11_
ANTRAGSTELLER	PIRCHER DR. FRANZ
	39032 SAND IN TAUFERS (BZ)
	Steuernr. -
	MwSt. Nr. -
beantragt/en:	. 00.624
ART	AUSSTELLUNG DER IN DER FOLGE BESCHRIEBENEN BANKHAFTUNG VON EURO 250.000,00
LAUFZEIT	BIS 15.01.2013 ZUZÜGLICH EINER ZEITSPANNE VON 0 TAGEN, INNERHALB WELCHER DIE HAFTUNG VOM BEGÜNSTIGTEN IN ANSPRUCH GENOMMEN WERDEN KANN;
ART DER KREDITLINIE	EIGENE KREDITGEWÄHRUNG

DATEN DER AUSZUSTELLENDEN HAFTUNG

BEGÜNSTIGTER	Raiffeisen Landesbank Südtirol - Laurinstrasse 1 - 39100 BOZEN
VERPFLICHTUNG WOFÜR GEHAFTET WIRD	Garantie im Interesse der Fa. Stein an Stein Gmbh - als Garantie für die pünktliche Bezahlung des für die Realisierung einDarlehen ueber denselben Betrag , welches die Anzahlungen für den Stahlwasserbau ermöglicht.
UNTERLAGEN	e-mail Hr Luca Devescovi - Raiff. Landesbank
BESONDERE WEISUNGEN	

Der/Die Unterfertigte/n verpflichtet/n sich:
der Sparkasse die Provisionen im vereinbarten Ausmaß und Periodizität - gemäß gesondertem Krediteröffnungsvertrag - sowie alle anderen mit der Haftung verbundenen Spesen oder Gebühren zu bezahlen und ermächtigt sie zur Belastung derselben auf das ▮

Bruneck, 22.8. 2011
(Ort und Datum)   (Unterschrift des/der Antragsteller/s)

Bürgschaft von Franz Pircher: In Aktentasche sichergestellt.

Auch sei es weder zu einem Interessenkonflikt noch zu einem Schaden für die SEL gekommen. Am Ende schafft es die SVP, den Misstrauensantrag abzuschmettern. 12 Abgeordnete der Opposition stimmen für den Antrag, 19 der Mehrheit dagegen. Auffallend aber ist, dass sich der SVP-Abgeordnete Sepp Noggler der Stimme enthält. Noggler begründet seinen Dissens damals so:

„Ich habe bereits bei der Haushaltsdebatte im vergangenen Dezember in meiner Rede im Landtag die Abberufung der amtierenden SEL-Spitze gefordert. Ich glaube einfach, dass Verwalter von öffentlichen Gesellschaften transparenter vorgehen müssen, als es Klaus Stocker und Maximilian Rainer tun. Innerhalb der SEL AG besteht eine Geheimnistuerei, die so nicht tragbar ist, Ich glaube, die Bevölkerung hat ein Anrecht zu wissen, was in der Landesenergiegesellschaft vorgeht. Auch ob und seit wann der Direktor privat an Kraftwerken beteiligt ist."

Geht die Rettungsaktion im Landtag noch einmal gut, so steigt schon wenig später die politische Nervosität. Denn die Affäre beginnt in den Wochen darauf zu eskalieren. Bereits am 28. September beschlagnahmen die Ermittler in der SEL umfangreiche Unterlagen zum nicht erfolgten Ankauf des Stein-an-Stein-Kraftwerks. Am 21. Oktober 2011 durchsuchen die ROS-Beamten das Büro von Landesrat Michl Laimer. Es wird bekannt, dass die Staatsanwaltschaft gegen den SVP-Politiker wegen Amtsmissbrauch und Erpressung im Amt ermittelt.

Einen Tag später erscheint der Wiener Unternehmer Johann Breiteneder im Büro von Oberstaatsanwalt Guido Rispoli. Breiteneder beschreibt in seiner Zeugenaussage detailliert die Rolle, die Maximilian Rainer beim Verkauf des Mittewalder Kleinkraftwerks fünf Jahre zuvor gespielt hat. Damit wird klar, dass Maximilian Rainer selbst dem SEL-Verwaltungsrat nicht die Wahrheit aufgetischt hat. Michl Laimer, durch die staatsanwaltschaftlichen Ermittlungen selbst in Bedrängnis, reagiert jetzt deutlich ungehaltener:

„Ich erwarte mir jetzt eine klare und deutliche Stellungnahme des SEL-Direktors und ich gehe davon aus, dass er klären wird, ob die Vorwürfe stimmen, und dann sein Handeln rechtfertigen wird."

Die Stimmung in der SVP-Basis ist längst aufgebrachter. Die Tatsache, dass wöchentlich neue Enthüllungen erscheinen und die Wahrheit scheibchenweise ans Tageslicht kommt, löst bei der SVP-Führung blankes Entsetzen aus. Unterm Edelweiß wird jetzt die Forderung nach der Ablöse der gesamten SEL-Spitze immer lauter. Am 3. November 2011 sagt SVP-Obmann Richard Theiner offen, dass es für den SEL-Generaldirektor nur mehr den Rücktritt oder eine eindeutige Klärung der Vorwürfe gebe. Man weiß in der Brennerstraße, dass man etwas tun muss, um der Opposition den Wind aus den Segeln zu nehmen.

Ist das Verhältnis zwischen Michl Laimer und Maximilian Rainer fast zwei Jahrzehnte lang von absolutem Vertrauen geprägt, so beginnt sich der SVP-Landesrat im Herbst 2011 von dem SEL-Generaldirektor abzusetzen. Laimers Ton gegenüber Rainer wird deutlich rauer. Man kann dies als Versuch Laimers sehen, die eigene Haut zu retten. Oder aber der SVP-Landesrat fühlt sich von seinem langjährigen Mitarbeiter ganz einfach aufs Kreuz gelegt.

Auch Maximilian Rainer ist sich inzwischen des Ernstes der Lage bewusst. Zusammen mit seinem Anwalt Gerhard Brandstätter gibt der SEL-Generaldirektor erstmals eine schriftliche Stellungnahme zu den Vorwürfen rund um die Stein an Stein Italia GmbH ab. Rainer sagt zwar immer noch, dass er sich nichts zu Schulden kommen habe lassen, muss aber seine Kontakte zu Petra Windt und seine Hilfe beim Kauf und bei der Abwicklung des Kaufs des Mittewalder Kraftwerks einräumen.

Etwas kleinlaut schließt seine Stellungnahme mit einer halben Entschuldigung:

„Es bleibt die Tatsache, dass mein Vorgehen im Rückblick offensichtlich falsche Schlüsse zugelassen hat. Das tut mir leid."

Maximilian Rainer und mit ihm auch SEL-Präsident Klaus Stocker sind angeschlagen. Der Eindruck, dass noch einiges kommen könnte, was noch niemand weiß, wird innerhalb der SVP zu einer Art Schreckgespenst.

Am 4. November 2011 beschreibt Michl Laimer in einer E-Mail an den SEL-Generaldirektor die Situation recht nüchtern:

„hallo max – deine erklärung war gut und höchst notwendig, aber nun mal sehr spät, für viele viel zu spät und damit auch nicht glaubwürdig – aber es braut sich ein innerparteiliches gewitter zusammen – für viele in der partei ist dieses schreiben zu wenig … es bestätigt, dass deine aussagen von damals nicht die ganze wahrheit waren … am montag wird es in der parteileitung ,aufgehen' – es gibt einige/zahlreiche, die deinen kopf wollen – die medien lassen dich nicht in ruhe (*ff, tageszeitung* und die *dolomiten* von morgen sowie *alto adige*), bis du ,draußen' bist – ziel ist deine entlassung – wenn du druck von dir und der gesellschaft abwenden willst, dann bleibt nur noch die aussetzung als generaldirketor (nicht als präsident der hydropower usw), bis der staatsanwalt den akt archiviert –

ich habe diesen vorschlag lanciert – ich glaube, dass es das beste ist,
wenn du jetzt einen schritt zurückmachst, bis der staatsanwalt abschließt – ohne diesen schritt riskierst du wirklich alles – michl."

Rispolis Schachzug

Innerhalb der SVP stehen sich zu diesem Zeitpunkt zwei Lager gegenüber: Eine breite Gruppe, die Schadensbegrenzung üben will und
eine sofortige Ablöse der gesamte SEL-Spitze fordert – und eine
zweite Gruppe, die zwar ein Zeichen setzten will, aber im Grunde
auf Zeit spielt. Der Hintergedanke: Hält man dem ersten Sturm
stand, dann legt sich der Wind schon wieder.

Die zweite Gruppe hat einen gewichtigen Fürsprecher: Landeshauptmann Luis Durnwalder.

„Ich glaube nicht, dass wir als Landesregierung Maximilian Rainer
nach dem derzeitigen Stand der Dinge suspendieren können", sagt
Durnwalder noch Anfang November 2011 zu mir.

Es ist Gerhard Brandstätter, der in dieser brisanten Ausnahmesitua-
tion versucht, die politische Regie zu übernehmen. Der Chef der
SVP-Wirtschaft und Rechtsberater der SEL ist nicht nur Durnwalders Vertrauensanwalt, er übernimmt anfänglich auch den Rechtsbeistand für Maximilian Rainer, Michl Laimer und Franz Pircher.

In dieser Funktion spricht Brandstätter am 3. November 2011 bei
Oberstaatsanwalt Guido Rispoli vor und bekommt dabei informell
einen ersten Einblick in den Ermittlungsstand. Spätestens jetzt ist
klar, dass die Situation ernster ist, als es viele wahrhaben wollen.

Für Montag, den 7. November 2011, steht die Affäre rund um die
SEL-Spitze auf der Tagesordnung der SVP-Parteileitungssitzung.
Spätestens dann muss die SVP offiziell Farbe bekennen.

Am Sonntag, dem 6. November 2011, findet am Parteisitz in der
Brennerstraße eine Krisensitzung statt, auf der die Marschrichtung
der SVP festgelegt werden soll. Die Teilnehmer: Landeshauptmann
Luis Durnwalder, SVP-Obmann Richard Theiner, dessen Stellver-
treter Thomas Widmann, Energielandesrat Michl Laimer, SEL-
Präsident Klaus Stocker und Anwalt Gerhard Brandstätter.

Auf der Sitzung prallen absolut kontroverse Meinungen aufeinander.
Vor allem Richard Theiner, aber auch Michl Laimer versuchen bei

der Aussprache Klaus Stocker von der Notwendigkeit zu überzeugen, dass Rainer und er einen Schritt zurück machen. Klaus Stocker fühlt sich von den Medien ungerecht behandelt und schaltet während der Aussprache auf stur. Andere wie Luis Durnwalder, aber auch Gerhard Brandstätter wollen, dass die Parteileitung der gesamten SEL-Spitze das Vertrauen ausspricht. Sie gehen immer noch davon aus, dass die Ermittlungen der Staatsanwaltschaft im Nichts enden werden.

Am Ende einigt man sich notgedrungen auf einen Kompromiss, mit dem eigentlich niemand zufrieden ist: Maximilian Rainer soll um Wartestand ansuchen und Klaus Stocker und Franz Pircher ihrer Rücktritt anbieten. Die Behandlung der Angebote durch die Landesregierung wird mindestens eine Woche dauern. Damit gewinnt man Zeit. Und ist der politische und mediale Druck erst einmal vom SVP-Dampfkessel genommen, wird die Landesregierung die Rücktritte kurzerhand ablehnen. Auch Rainer soll später in aller Stille wieder als SEL-Direktor aus dem Wartestand zurückkommen.

Bereits am nächsten Tag beginnt man diesen Plan umzusetzen. Klaus Stocker und Franz Pircher übermitteln ihre Rücktrittsangebote an die Landesregierung zeitlich so, dass sie nicht mehr behandelt werden können. Gleichwohl kann sie Landeshauptmann Luis Durnwalder aber umgehend der Presse als große Geste präsentieren. Dasselbe Schauspiel soll sich dann am Nachmittag in der SVP-Parteileitung wiederholen, wobei laut Regiebuch am Ende eine Unterstützungserklärung für die angeschlagene SEL-Spitze herauskommen soll.

Doch dann passieren zwei Dinge, mit denen die Strippenzieher unterm Edelweiß nicht gerechnet haben. In der SVP-Parteileitung ist der Widerstand gegen diese Gangart weit größer und energischer als angenommen. Es kommt zu einem harten Schlagabtausch. Vor allem aber macht während der Sitzung eine Nachricht die Runde, die Klaus Stocker und Franz Pircher den letzten Funken Glaubwürdigkeit raubt und ihren Unterstützern den Boden unter den Füßen wegzieht.

In den Wochen zuvor sind den Ermittlern bei ihren Durchsuchungen in Bozen, Bruneck und Auer auch zwei Bankbürgschaften für die Stein an Stein Italia GmbH in die Hände gefallen. Jene Bürgschaft über 450.000 Euro, die Rudolf Stocker, der Bruder des SEL-Präsidenten, im Frühjahr 2007 unterschrieben hat, und die Bürgschaft über 250.000 Euro, die Franz Pircher gerade im Begriff war zu leisten, als die ROS-Beamten sein Büro durchsuchen.

Guido Rispoli dürfte im Gespräch mit Anwalt Gerhard Brandstätter gemerkt haben, wie man sich aus dem Schlamassel befreien will. Der Oberstaatsanwalt hält deshalb mit einem geschickten Schachzug dagegen. Am frühen Nachmittag erscheinen in der Staatsanwaltschaft täglich die Gerichtsreporter auf der Jagd nach News. Rispoli plaudert an diesem Montag vor den Journalisten die Tatsache aus, dass man diese zwei Bürgschaften gefunden hat.

Es ist im wahrsten Sinne des Wortes der finale Schlag. Denn was verstehen die Menschen besser, als wenn es um Geld geht. Franz Pircher ist direkt verwickelt. Klaus Stocker kann sich zwar auf seinen Bruder hinausreden, doch der Vertrauensbruch ist längst so groß, dass man dem SEL-Präsidenten nun nichts mehr glaubt.

Die Aktion „Zeitgewinn" ist damit für die SVP vorbei und weicht der Aktion „Empörung". Unterm Edelweiß wird einigen plötzlich klar, dass man sie in den vergangenen Wochen ordentlich reingelegt hat. Damit setzt sich eine klare Mehrheit durch, die für das große Aufräumen in der SEL plädiert.

Das letzte Aufbegehren

Bereits am nächsten Vormittag nimmt die Landesregierung die Rücktritte von Klaus Stocker als SEL-Präsident und von Franz Pircher als SEL-Aufsichtsratspräsident an. Gleichzeitig wird eine dreimonatige Suspendierung von SEL-Generaldirektor Maximilian Rainer beschlossen.

Damit sollte die Affäre eigentlich ihrem Ende zugehen. Doch man macht die Rechnung ohne das Duo Stocker/Rainer.

Als SEL-Präsident ist Klaus Stocker eigentlich schon nicht mehr im Amt, trotzdem leitet er noch am selben Abend eine Verwaltungsratssitzung. Man beruft sich dabei auf eine Formalität: Stocker muss noch von der Gesellschafterversammlung der SEL abberufen werden. Erst dann will Stocker seinen Sessel räumen.

Auf der Sitzung beschließt der SEL-Verwaltungsrat, dass der dreimonatige Wartestand von SEL-Direktor Maximilian Rainer erst mit 1. Februar 2012 beginnen soll. Man verdreht so den Beschluss der Landesregierung ins Absurde. Auch wird an diesem Abend recht offen darüber gesprochen, dass Stocker zwar als SEL-Präsident abtreten wird, auf sein lukratives, mit 100.000 Euro dotiertes Mandat im Edison-Verwaltungsrat aber nicht verzichten will.

Als diese Entscheidungen am nächsten Tag durchsickern, brandet nicht nur in der SVP die nächste Empörungswelle auf. Die SVP-Landtagsfraktion reagiert umgehend und beruft eine Fraktionssitzung ein, auf der einstimmig die sofortige Versetzung Maximilian Rainers in den Wartestand und die Annullierung des anderslautenden Beschlusses des SEL-Verwaltungsrates gefordert wird.

Als die SVP-Abgeordneten aber aus dem Sitzungssaal kommen, erleben sie die nächste Überraschung. Jemand aus der SVP hat die SEL-Spitze über die feindliche Gangart in der Fraktion vorab informiert. Die gefallene SEL-Führung kontert mit ihrer üblichen Präpotenz. Man gibt sofort eine Pressemitteilung heraus, um den Termin 1. Februar 2012 öffentlich zu machen. Man will Tatsachen schaffen, bevor die SVP den Rückwärtsgang einlegen kann.

Doch das gelingt nicht. Die Landesregierung besteht darauf, dass innerhalb einer Woche eine neue SEL-Verwaltungsratssitzung stattfindet, auf der Rainers Wartestand sofort angenommen wird.

Jetzt geht es Schlag auf Schlag. Klaus Stocker und Franz Pircher treten zurück. Maximilian Rainer muss in den unbezahlten Wartestand gehen. Wenig später wird der gesamte SEL-Verwaltungsrat abgesetzt. Bereits am 28. November 2011 präsentiert Michl Laimer den neuen SEL-Präsidenten Wolfram Sparber und einen völlig neuen fünfköpfigen Verwaltungsrat.

Am selben Tag durchsuchen die Beamten der Carabinieri-Sondereinheit ROS das Büro von Maximilian Rainer in der SEL. Sie beschlagnahmen das Mobiltelefon des beurlaubten SEL-Direktors und seine Computer, außerdem auch den Computer der Chefsekretärin und jenen von SEL-Ingenieur Armin Kager.

Aus der Analyse dieses Datenmaterials, des E-Mail-Verkehrs und der Daten aus Laimers Computer gewinnen die Ermittler jene Beweismittel, die dafür sorgen, dass Maximilian Rainer die SEL-Direktion von innen nicht mehr sehen wird und Michl Laimer nicht mehr allzu lange Landesrat bleibt.

Die Bauernfänger

„In der Anlage übermittle ich eine Vollmacht sowie zwei Kaufvorverträge mit der Bitte, diese an Herrn Dr. Pircher weiterzuleiten."

E-Mail aus einer Notarkanzlei an Maximilian Rainer
(Dezember 2009)

Dass die Machenschaften um die Stein an Stein Italia nur die Spitze eines Eisberges sind und ein System hinter diesen verdeckten Operationen im Südtiroler Energiesektor steht, zeigt ein anderer, bei Gericht noch anhängiger Fall, in dem Maximilian Rainer und Franz Pircher ebenfalls eine unrühmliche Rolle spielen. Schon 2004 beginnt die SEL über eine neue Art von Energiegewinnung nachzudenken. Angedacht ist die Errichtung von Biogasanlagen auf Bezirksebene, in denen die Viehbauern ihre Gülle anliefern, die dann zur Energieproduktion verwendet wird. Im Februar 2005 erteilt SEL-Präsident Klaus Stocker dem Bozner Umweltberatungsunternehmen Syneco GmbH schriftlich den Auftrag, eine Studie zur Biogasnutzung in Südtirol zu erstellen. Die Studie kommt zum Schluss, dass die Errichtung solcher Bezirksbiogasanlagen durchaus sinnvoll ist.

Der Zufall will es, dass die Landesenergiegesellschaft genau dort mit der Umsetzung dieser neuen Strategie beginnt, wo der SEL-Generaldirektor zuhause ist und auch seine primären geschäftlichen Interessen hat: im Wipptal.

Am 3. Jänner 2008 wird die Biogas Wipptal GmbH gegründet. Die Gesellschaft hat ein Gesellschaftskapital von 2 Millionen Euro und gehört zu 70 Prozent der SEL und zu 30 Prozent 29 Bauern aus dem Wipptal. Unter diesen Bauern befindet sich auch der Bruder von Maximilian Rainer: Alexander Rainer erwirbt 5 Prozent der Gesellschaft.

Im Sterzinger Talkessel ist aber bereits auf Pfitscher Gemeindegebiet eine moderne Anlage geplant, bei der Festmist und Gülle zur Erzeugung von Strom und Wärme verwendet werden. Verwaltungsratspräsident der Biogas Wipptal GmbH wird SEL-Präsident Klaus Stocker, Präsident des Aufsichtsrates der Brunecker Wirtschaftsberater und SEL-Aufsichtsratspräsident Franz Pircher.

Bereits bei der Gründung der Gesellschaft geht man davon aus, dass der Milchhof Sterzing die Hälfte der SEL-Anteile übernimmt. Doch dazu kommt es letztlich nicht. Das ist einer der Gründe, warum die SEL wieder aus dem Unternehmen aussteigt. Im 29. September 2009 wird das Gesellschaftskapital von 2 Millionen auf 500.000 Euro herabgesetzt. Gleichzeitig gibt die Landesenergiegesellschaft ihre Anteile an der Biogas Wipptal GmbH zum Nominalwert an insgesamt 48 Bauern ab.

Der Hauptgrund für den Austritt der SEL ist aber ein strategischer. Die Biogas Wipptal GmbH sucht für die Errichtung der Anlage um einen Landesbeitrag an. Mit der SEL als Gesellschafter kann das Land das Projekt aber nicht fördern. Interessant dabei: Trotz dieses Ausstiegs bleiben Klaus Stocker weiterhin Verwaltungsratspräsident und Franz Pircher Aufsichtsratspräsident der Gesellschaft. Weil die Gesellschaft beim Ansuchen um die Landesbeiträge einen Formfehler macht, strengt Klaus Stocker in seiner Funktion als Präsident der Biogas Wipptal GmbH sogar ein Verfahren vor dem Bozner Verwaltungsgericht gegen das Land an, in dem das Wipptaler Unternehmen aber unterliegt.

Ohne Landesbeiträge und ohne die geplante Zusammenarbeit mit dem Milchhof Sterzing ist die geplante Biogasanlage aber kaum zu realisieren. Am 30. April 2009 schreibt Aufsichtsratspräsident Franz Pircher in einem vertraulichen Memorandum an Landeshauptmann Luis Durnwalder:

„Lieber Luis!

Ich darf Dir in meiner Eigenschaft als Überwachungsrat der Biogas Wipptal einige Überlegungen mitteilen:

Seit über einem Jahr suchen wir nach einer Lösung für den Bau des Biogaswerkes für das gesamte Wipptal. Die Erhebungen an Großvieheinheiten, die Ausbringung von Phosphaten und Stickstoff, die aufgezeigten Logistikprobleme, die mit großer Mehrheit vonseiten der Sennerei Sterzing getroffene Absage, lassen mich zu folgendem Schluss kommen:

1. Eine zentrale Biogasanlage mit der Beteiligung der SEL AG ist wegen der Streichung der Beiträge unwirtschaftlich (SEL AG hat nicht die Voraussetzungen für den Erhalt landwirtschaftlicher Beiträge).

2. Die Logistik-Probleme sind ebenfalls mit untragbaren Kosten verbunden.

Schlussfolgerung: Würde eher empfehlen, dass in Anbetracht der EU-Bestimmungen bezüglich der Ausbringung von Gülle kleinere, dezentrale Biogasanlagen von den Bauern selbst erstellt werden, z. B. in Sterzing, Pfitsch und Mareit."

Jetzt passiert genau das, was wir bereits aus der Geschichte um das Stein-an-Stein-Italia-Kleinkraftwerk kennen. Die SEL zieht sich zurück, und auf den Plan treten umgehend private Investoren. Darunter wiederum Teilhaber aus dem Ausland, die in Wirklichkeit nur Strohmänner sind.

Der Brief der Bauern

Am 2. Dezember 2009 wird in Bozen vor Notar Walter Crepaz die Bioenergie Pfitsch GmbH mit einem Gesellschaftskapital von 100.000 Euro gegründet. Gesellschaftszweck ist die Errichtung und Führung einer Biogasanlage im Pfitschertal. Die Bioenergie Pfitsch GmbH will ihre Tätigkeit aber nicht nur auf die Wiederverwertung der Gülle beschränken, sondern auch direkt in den Strommarkt einsteigen. Zur Querfinanzierung der 7,3 Millionen Euro teuren Biogasanlage plant das Unternehmen den Bau eines neuen Wasserkraftwerks am Pfitscher Bach.

Sechs Wochen nach der Gründung erhalten Landeshauptmann Luis Durnwalder, Landwirtschaftslandesrat Hans Berger und Energielandesrat Michl Laimer einen Brief von der Bauerngemeinschaft Innerpfitsch. In diesem Schreiben vom 15. Jänner 2010 mit dem bezeichnenden Betreff „Bau einer Feigenblatt-Biogasanlage in Innerpfitsch" heißt es:

„Wir wenden uns mit diesem Schreiben an Sie, um Sie über einige beunruhigende Vorgänge im Zusammenhang mit dem geplanten Bau einer Biogasanlage in Innerpfitsch zu unterrichten.

Leider ist zu befürchten, dass dieses Projekt nur als ökologisches Feigenblatt für das eigentlich angestrebte Ziel der Erlangung einer Konzession für ein neues Wasserkraftwerk am Pfitscher Bach dienen soll.

Die schon jetzt sehr wohlhabenden Investoren, die hinter diesem Projekt stehen und die selbst zumeist keinen Bezug zum Pfitschertal haben, versuchen also über einen üblen Bauernfängertrick die hiesige bäuerliche Bevölkerung von der Nutzung einer der wenigen wertvollen lokalen Ressourcen auszuschließen. Verständlicherweise stößt das Vorgehen dieser Gruppe (Bau einer Geheimbiogasanlage) bei der überwältigenden Mehrheit der Bauern im Tale auf Ablehnung."

wir wenden uns mit diesem Schreiben an Sie um Sie über einige beunruhigende Vorgänge im Zusammenhang mit dem geplanten Bau einer Biogasanlage in Innerpfitsch zu informieren.
Leider ist zu befürchten, dass dieses Projekt nur als ökologisches Feigenblatt für das eigentlich angestrebte Ziel der Erlangung einer Konzession für ein neues Wasserkraftwerk am Pfitscherbach, dienen soll. Die schon jetzt sehr wohlhabenden Investoren, die hinter diesem Projekt stehen und die selbst zumeist keinerlei Bezug zum Pfitschertal haben, versuchen also über einen üblen Bauernfängertrick die hiesige bäuerliche Bevölkerung von der Nutzung einer der wenigen wertvollen lokalen Ressourcen auszuschließen. Verständlicherweise stößt das Vorgehen dieser Gruppe (Bau einer „Geheimbiogasanlage") bei der überwältigenden Mehrheit der Bauern im Tale auf breite Ablehnung. Um die Glaubwürdigkeit dieser Behauptungen zu unterstreichen, und um Ihnen ein besseres Bild der Situation zu geben, zeichnen wir im Folgenden die Vorgänge bei der Gründung der Betreibergesellschaft für die Biogasanlage (soweit uns bekannt) und aller darauf folgenden Ereignisse nach.
Im Spätsommer 2009 sind einer der Zeichner dieses Schreibens, Herr Messner Stefan (Bartlhof) und andere Personen über einen Mittelsmann gezielt angesprochen worden, dass unter der Regie von Volgger Josef der Bau einer

Schreiben der Pfitscher Bauern: Biogasanlage als Feigenblatt.

Das Schreiben ist von zehn Pfitscher Bauern unterzeichnet. Um die Glaubwürdigkeit der Behauptungen zu unterstreichen, werden im Brief die Hintergründe der Entstehung der Bioenergie Pfitsch GmbH genau beschrieben:

„Im Spätsommer 2009 sind einer der Zeichner dieses Schreibens, Herr Messner Stefan (Bartlhof) und andere Personen über einen Mittelsmann gezielt angesprochen worden, dass unter der Regie von Volgger Josef der Bau einer Biogasanlage in Innerpfitsch geplant sei. Bei dieser Gelegenheit wurde ihm auch eine Beteiligung am Projekt vorgeschlagen. Gleichzeitig wurden aber die bewusst ausgewählten Personen angehalten, absolute Verschwiegenheit in Bezug auf die neu zu gründende Gesellschaft zu bewahren. Begründet wurde das damit, dass ein diskretes Vorgehen die Aussichten auf öffentliche Fördergelder verbessern würde.

Am 1.12.2009 schließlich erhielt Herr Messner eine telefonische Einladung zu einer für den nächsten Tag anberaumten Versammlung in Bozen, bei der angeblich alle ökologischen und ökonomischen Aspekte (Investitionskosten, öffentliche Förderungen usw.) des Baus der Biogasanlage mit Experten beraten werden sollten. Auf der Fahrt nach Bozen wurde Herr Messner plötzlich darüber in Kenntnis gesetzt, dass es sich bei der Versammlung nicht um eine Informationsveranstaltung handelt, sondern um einen Notartermin zur Gründung der Bioenergie Pfitsch GmbH. [...]

Bei der Ankunft im Notarbüro in Bozen erwartete Herrn Messner die nächste Überraschung. Die zu gründende Gesellschaft sollte nicht mehrheitlich von Bauern getragen und bestimmt werden, sondern von einer Gruppe von Gesellschaftern, deren Interesse an einer Biogasanlage in Innerpfitsch bis zu diesem Zeitpunkt völlig unklar erscheinen. Trotz der merkwürdigen Aufteilung der Gesellschaftsanteile ließ sich Herr Messner blauäugig und naiverweise davon überzeugen, den Gründungsakt, den er bei dieser Gelegenheit zum 1. Mal zu Gesicht bekam, zu unterzeichnen.

Wenige Tage nach diesen Ereignissen kamen die oben angesprochenen wahren Beweggründe für die Gründung der Bioenergie Pfitsch GmbH ans Tageslicht. Bei verschiedenen Gelegenheiten gaben einige der wenigen eingeweihten Gesellschafter unumwunden zu, dass die Biogasanlage in Wirklichkeit nur als ökologisches Feigenblatt für ein neues Wasserkraftwerk in Innerpfitsch dienen sollte."

Stefan Messner übernimmt an diesem Dezembertag 2009 2 Prozent an der neu gegründeten Gesellschaft. Interessant aber sind die anderen 12 Gesellschafter der Bioenergie Pfitsch GmbH, und noch mehr jene Personen, die in Wirklichkeit hinter dem Kraftwerksprojekt stehen.

Der Jochwirt

Josef Volgger ist eine lokale Größe in Pfitsch. Der Gastwirt, der auch die Schutzhütte am Pfitscher Joch betreibt, ist 20 Jahre lang SVP-Assessor in Pfitsch und 15 Jahre lang SVP-Ortsobmann. Als Unternehmer ist er vor allem im Energiebereich äußerst rührig. Volgger ist an rund einem Dutzend Energieunternehmen und Kraftwerken innerhalb und außerhalb des Tales beteiligt.

Als Michl Laimer im September 2011 die Südtiroler Treugeber offenlegt, kommt auch der Name Josef Volgger zum Vorschein. Die Mailänder Treuhandgesellschaft Cordusio Spa hält 55 Prozent an der Wiesen Energie GmbH. Dieses Unternehmen ist mit 16 Prozent an der Kraftwerk Wiesen Konsortial GmbH beteiligt, in der die SEL-Tochter Hydros GmbH führend mitmischt und die inzwischen ein Kraftwerk in Pfitsch betreibt. Hinter der Cordusio-Beteiligung steht als Treugeber Josef Volgger.

Josef Volgger, der mit einer Cousine zweiten Grades von Maximilian Rainer verheiratet ist, scheint dem SEL-Generaldirektor mehr als nur freundschaftlich verbunden zu sein. Wie die Ermittler nachweisen können, finden sich auf Rainers Dienstcomputer mehrere Dokumente und E-Mails, die offenbaren, dass der SEL-Generaldirektor dem Pfitscher Wirt bei geschäftlichen Operationen behilflich ist. Josef Volgger ist offiziell an der Bioenergie Pfitsch GmbH nicht beteiligt. Trotzdem wird der einflussreiche Pfitscher Volkspartei-Exponent bereits bei der Gründung der Gesellschaft zum Vizepräsidenten ernannt. Verständlich wird das, wenn man weiß, dass die Bioenergie Pfitsch GmbH von Beginn an eine Art Familienunternehmen für Josef Volgger ist.

11 Prozent an der Gesellschaft hält Josef Volggers Tochter Magdalena. Dazu kommen vier Neffen von Josef Volgger: Thomas und Michael Volgger halten 10 Prozent, Philipp Volgger 7 Prozent und Markus Tötsch 16 Prozent. Allein damit kommt die Großfamilie Volgger auf 44 Prozent an der Bioenergie Pfitsch.

Außerdem gibt es eine Reihe von Gesellschaftern, die Geschäftspartner des Jochwirtes sind. 4 Prozent hält Alois Hofer, der Besitzer eines Grundstücks ist, über das die Kraftwerksleitungen der Unagga Energie GmbH, einer anderen Kraftwerkgesellschaft, laufen sollen. Alleinverwalter der Unagga Energie ist Josef Volgger. 2 Prozent hält

Florian Rainer, Gesellschafter in der Kor GmbH, in der Josef Volgger zu diesem Zeitpunkt geschäftsführendes Verwaltungsratsmitglied ist. Präsident der Bioenergie Pfitsch GmbH wird Karl Holzer. Holzer hält 7 Prozent und ist geschäftlich über das Energieunternehmen AKW GmbH mit Josef Volgger verbunden. Damit bleiben als unabhängige Gesellschafter noch Stefan Holzer mit 7 Prozent, Andreas Wieland mit einem Prozent, Rosa Wieser mit 3 Prozent und Stefan Messner, der Autor des Protestbriefes an die hohe Landespolitik, mit 2 Prozent übrig. Diese Konstellation macht bereits deutlich, wer wirklich hinter der Bioenergie Pfitsch GmbH steht. Was aber bisher nicht bekannt ist: Als die Ermittler den E-Mail-Verkehr von SEL-Generaldirektor Maximilian Rainer und SEL-Aufsichtsratspräsident Franz Pircher auswerten, stoßen sie auch auf mehrere Dokumente zum Pfitscher Biogasunternehmen. Darunter ist auch ein Kaufvorvertrag, der am 2. Dezember 2009 unmittelbar nach der Gesellschaftsgründung vor Notar Walter Crepaz unterzeichnet wird. In dem Vertrag heißt es:

„Herr Volgger Michael, Inhaber eines Gesellschaftsanteils von Euro 5.000,00, Herr Volgger Thomas, Inhaber eines Gesellschaftsanteils von Euro 5.000,00, Herr Volgger Philipp, Inhaber eines Gesellschaftsanteils von Euro 5.000,00, und Tötsch Markus, Inhaber eines Gesellschaftsanteils von Euro 9.000,00, versprechen den jeweils gesamt ihnen gehörenden Gesellschaftsanteil und somit insgesamt Euro 24.000,00, welchen sie an der Gesellschaft Bioenergie Pfitsch GmbH mit Sitz in Pfitsch (BZ), Kematen, Platz Nr. 115, halten, an Herrn Volgger Josef zu verkaufen; Letzterer verspricht die besagten Gesellschaftsanteile zu kaufen. [...] Der Kaufpreis wurde in insgesamt Euro 24.000,00 vereinbart und wurde bereits anteilsmäßig vom Käufer den Verkäufern ausbezahlt, wie diese bestätigen und die dementsprechende Saldoquittung ausstellen."

Josef Volgger verfügt damit – rechnet man den Anteil seiner Tochter Magdalena Volgger dazu – über eine verdeckte 35-Prozent-Beteiligung an der Bioenergie Pfitsch GmbH.

Der Strohmann aus Potsdam

Josef Volgger ist aber nicht der einzige Gesellschafter der Bioenergie Pfitsch GmbH, der seine Beteiligung versteckt. Bereits bei der Gründung ist SEL-Aufsichtsratspräsident Franz Pircher mit 2 Prozent an der Gesellschaft beteiligt. Offizieller Grund: Pircher betreut als Wirtschaftsberater das Unternehmen dafür kostenlos. So etwa wird in seinem Büro zwei Monate vor Gründung der Gesellschaft die Satzung verfasst. Auch die Bilanzerstellung übernimmt das Büro von Franz Pircher.

Der eindeutig auffallendste Gesellschafter ist aber ein Deutscher mit einem sehr langen Namen:
Roman Harald Olaf Dinslage. Der damals 38-jährige Dinslage ist in Warstein in Nordrhein-Westfalen geboren und in Stahnsdorf bei Potsdam wohnhaft. Dinslage hält 28 Prozent an der Bioenergie Pfitsch GmbH über ein in Potsdam ansässiges Unternehmen mit dem wohlklingenden Namen 3B Biogas Bauüberwachungs- und Betriebs-UG.

Als der *FF*-Journalist Karl Hinterwaldner Anfang 2010 die Geschichte um die Pfitscher Biogasanlage in einem Artikel enthüllt, befragt er unter anderen den Bioenergie-Pfitsch-Präsidenten Karl Holzer. Holzer erklärt dabei:

„Wir haben im Internet einen Anbieter für Biogasanlagen gesucht und da sind wir auf Dinslage gestoßen."

Dinslage, so Holzer, habe in Potsdam eine Firma, die Biogasanlagen überwacht und betreibt und sei damit genau der richtige Fachmann. Anscheinend sind Grimms Märchen in Pfitsch immer noch willkommene Lektüre. Denn in Wirklichkeit hat Roman Harald Olaf Dinslage zu Pfitsch eine ganz besondere Beziehung. Er ist Stammgast am Jochhaus und Freund des Wirtes Josef Volgger. Zudem ist er für den lokalen SVP-Obmann ein Geschäftspartner. 2002 gründet Volgger die Bolotana Energy GmbH – ein Energieunternehmen, das 2007 wieder aufgelöst wird. Gesellschafter der Bolotana Energy GmbH ist mit 15 Prozent Roman Harald Olaf Dinslage.

Als 2009 die Operation Biogas beginnt, braucht man den Potsdamer Geschäftsmann wieder. Anhand der sichergestellten E-Mails und

Unterlagen kann man lückenlos nachzeichnen, wie man den Strohmann aus Ostdeutschland eingesetzt hat.

Roman Harald Olaf Dinslage gründet am 12. Oktober 2009 die 3B Biogas Bauüberwachungs- und Betriebs-UG mit Sitz in der Karl-Marx-Straße 72 in Potsdam. Am 23. November 2009 wird das Unternehmen in das Handelsregister am Amtsgericht Potsdam eingetragen. Dass die Firmengründung und die Namensgebung ausschließlich dazu erfolgen, die Pfitscher Bauern und die Südtiroler Behörden zu täuschen, lässt sich an einem Detail erkennen: Die 3B Biogas Bauüberwachungs- und Betriebs-UG hat ein Gesellschaftskapital von einem Euro.

Am frühen Abend des 29. Oktober 2009 schreibt Roman Harald Olaf Dinslage eine E-Mail an Franz Pircher:

„Sehr geehrter Herr Pircher,
auf Bitte von Herrn Josef Volgger gebe ich Ihnen folgenden Sachstand zur Kenntnis:
Die 3B Biogas-Gesellschaft ist am 12.10. vor dem Berliner Notar Dr. Markus Jacoby gegründet worden. Der Handelsregistereintrag steht noch aus.
Die Adresse der Gesellschaft lautet: 3B Biogas Bauüberwachungs- und Betriebs-UG (haftungsbeschränkt) Karl-Marx-Str. 71, D-14482 Potsdam. Zum Geschäftsführer wurde bestellt: Herr Roman Dinslage [...]
Ich hoffe, Ihnen mit den Informationen gedient zu haben und verbleibe mit freundlichen Grüßen
Roman Dinslage"

Am 17. November 2009 übermittelt Roman Harald Olaf Dinslage dann eine Kopie seines Personalausweises an Franz Pircher. Der Ausweis wird für die Vorbereitung der Gesellschaftsgründung in Bozen benötig. Für die Gründung der Bioenergie Pfitsch GmbH kommt Dinslage Anfang Dezember 2009 für zwei Tage nach Südtirol.

Dass es sich bei dem angeblichen ostdeutschen Fachmann, der auch als Geschäftsführer der Potsdamer Firma Intecus GmbH fungiert, in diesem Fall um einen bezahlten Strohmann handelt, geht eindeutig aus einer E-Mail hervor, die Franz Pircher am 23. Dezember 2009 erreicht.

Dinslage schreibt einen Tag vor Weihnachten:

„Sehr geehrter Herr Pircher,

im Folgenden finden Sie die Kalkulation meiner Aufwendungen für die Gesellschaftsgründung der 3B Biogas und der Südtiroler Bioenergie Pfitsch GmbH mit der Bitte um Bestätigung, ob die Rechnung durch die Intecus GmbH so gestellt werden kann. Ich gehe in diesem Fall von keiner Umsatzsteuerpflicht aus, da ich die Rechnung der Intecus GmbH als ‚wirtschaftliche Beratung' betiteln werde. Hier meine Kalkulation: Basis ist das deutsche Bundesreisekostengesetz:

01.12: 12 € Verpflegungspauschale, (100 € Übernachtung, braucht nicht in Rechnung gestellt werden, da von Herrn Volgger geleistet)

02.12: 24 € Verpflegungspauschale

Fahrtkosten: 850 km bis Bozen x 2 x 0,3 € = 510 €, Maut 16 €

Zeitaufwand: 1,5 Tage Reise und Gesellschaftsgründung, 0,5 Tage Vorbereitung, Gründung der Potsdamer Gesellschaft 3B Biogas UG. beim Notar und Eröffnen einer Bankverbindung, insgesamt 2 Tage à 400 €

Auslagen: 90 € Handelsregistereintragung, 11 € Handelsregisterauszug, 48,13 € Notar

in Summe 1.511,13 € (bzw. zzgl. 152,– € Umsatzsteuer auf die Tagessätze, wenn eine solche Steuerpflicht gegeben wäre 1.663,13 €, ist aber als wirtschaftliche Beratungsleistung aus meiner Sicht nicht erforderlich).

Das ist die vollständige Aufstellung für dieses Jahr, in 2010 kommt dann ein Steuerberater für einen jährlich zu erstellenden Abschluss ins Spiel. Es muss auch noch geklärt werden, wie der Verkauf der Gesellschaftsanteile der 3B Biogas gebucht werden muss [...]

Frohe Weihnachten wünscht Ihnen

Roman Dinslage"

Was es mit dem Verkauf der Gesellschaftsanteile auf sich hat, den Roman Harald Olaf Dinslage in dieser E-Mail anspricht, und für wen der Potsdamer Strohmann in Wirklichkeit agiert, lässt sich eindeutig sagen.

Am späten Nachmittag des 1. Dezember 2009 – einen Tag vor Gründung der Bioenergie Pfitsch GmbH – wird aus der Notariatskanzlei

Kleewein & Crepaz eine E-Mail direkt an die Dienstadresse von SEL-Generaldirektor Maximilian Rainer geschickt. Der Betreff: „Für Herrn Dr. Pircher". Eine Mitarbeiterin des Notars schreibt:

„In der Anlage übermittle ich eine Vollmacht sowie zwei Kaufvorverträge mit der Bitte, diese an Herrn Dr. Pircher weiterzuleiten."

Einer der Kaufverträge ist der bereits zitierte Vertrag, mit dem die Volgger-Neffen versprechen, 24 Prozent der zu gründenden Gesellschaft ihrem Onkel Josef Volgger zu übertragen.
Der zweite Kaufvorvertrag, der an diesem Tag in der Kanzlei Kleewein & Crepaz aufgesetzt wird, betrifft Roman Harald Olaf Dinslage. Der Postdamer Geschäftsmann tritt damit zur Unternehmensgründung alle Anteile an der Bioenergie Pfitsch GmbH an den Brunecker Wirtschaftsberater und SEL-Aufsichtsratspräsidenten Franz Pircher ab.
In Artikel 2 des Vorvertrags zwischen Dinslage und Pircher heißt es:

„Die Gesellschaft 3B Biogas Bauüberwachungs- und Betriebs-UG, wie eingangs vertreten, verspricht den gesamten ihr gehörenden Gesellschaftsanteil von insgesamt Euro 28.000,00 (achtundzwanzigtausend), gleich 28 Prozent (achtundzwanzig Prozent), welchen sie an der Gesellschaft Bioenergie Pfitsch GmbH mit Sitz in Pfitsch (BZ), Kematen, Platz Nr. 115, hält, an Herrn Dr. Pircher Franz zu verkaufen. Letzterer verspricht den besagten Gesellschaftsanteil zu kaufen."

Der Kaufpreis wird mit 28.000 Euro, dem Nominalwert der Gesellschaftsanteile, festgesetzt.
Der deutsche Unternehmer unterzeichnet am selben Tag auch noch eine Spezialvollmacht, mit der er Franz Pircher „zum Spezialbevollmächtigten der 3B Biogas Bauüberwachungs- und Betriebs-UG [macht] und erteilt ihm den Auftrag, die ihr gehörenden Gesellschaftsanteile [...] an der Gesellschaft Bioenergie Pfitsch GmbH [...], an wen er will, und auch an sich selbst, zu verkaufen". Die Vollmacht ist „unwiderruflich".
Beide Schriftstücke werden am nächsten Tag unmittelbar nach der Gesellschaftsgründung vor Notar Walter Crepaz von Roman Harald Olaf Dinslage und von Franz Pircher unterschrieben.

```
KAUFVORVERTRAG

Die Unterfertigten:

- als versprechende Verkäuferin:

- Dinslage Roman Harald Olaf, geboren in Warstein (D) am 5. April 1961,

wohnhaft in Stahnsdorf (D), ███████████████ der an dieser Urkunde in

seiner Eigenschaft als ............... und gesetzlicher Vertreter der

Gesellschaft "3B Biogas Bauüberwachungs- und Betriebs- UG" mit Sitz in

Potsdam (D), Karl-Marx-Strasse Nr. 71, eingetragen im Handelsregister des

Amtsgerichtes Potsdam unter Nummer HRB 22700, italienische Steuernummer

92033040210, teilnimmt und dies laut den Befugnissen die ihm

gemäss ................. zustehen;

- als versprechender Käufer:

- Dr. Pircher Franz, geboren in Leifers (BZ) am 5. September 1947, mit

Wahldomizil in Sand in Taufers (BZ), ███████████████ italienischer

Staatsbürger, Steuernummer ███████████████

                          schliessen folgenden Vertrag ab:

                                    Art. 1

Die Gesellschaft "3B Biogas Bauüberwachungs- und Betriebs- UG", wie eingangs

vertreten, verspricht den gesamt ihr gehö- renden Gesellschaftsanteil von

insgesamt Euro 28.000,00 (achtundzwanzigtausend), gleich 28% (achtundzwanzig

Prozent), welchen sie an der Gesellschaft "Bioenergie Pfitsch GmbH" mit Sitz

in Pfitsch (BZ), Kematen, Platz Nr. 115, hält, an Herrn Dr. Pircher Franz zu

verkaufen; Letzterer verspricht den besagten Gesellschaftsanteil zu kaufen.
```

Kaufvorvertrag für Franz Pircher: Deutscher Strohmann.

Das Instrument Spezialvollmacht und denselben Text hatten wir bereits: Bei Benno Hofer und der Burgumer Energie GmbH und Petra Windt und der Stein an Stein Italia GmbH. Aber es gibt noch eine andere auffallende Parallele zwischen diesen Energiegeschäften. Franz Pircher hält 2 Prozent an der Bioenergie Pfitsch GmbH direkt und 28 Prozent über seinen deutschen Strohmann. Macht zusammen 30 Prozent. 30 Prozent sind genau jener Anteil, den Franz Pircher über die Osttiroler EVB GmbH auch an der Stein an Stein Italia und am Kraftwerk in Mittewald hält.

Das Trio und der Steinbruch

Allein die Tatsache, dass die Notariatskanzlei Kleewein & Crepaz solch hochsensible und delikate Kaufvorverträge an Maximilian Rainer schickt, lässt darauf schließen, dass der SEL-Generaldirektor mit Josef Volgger und Franz Pircher in diskreten geschäftlichen Beziehungen steht.

Wie weit diese Verbindungen aber gehen und wie sehr sie mit der Stein an Stein Italia verzahnt sind, wird erst im Sommer 2014 klar, als die Bozner Staatsanwaltschaft Ermittlungen im Pfitscher Fall aufnimmt.

Am 4. November 2011 spricht beim damaligen SVP-Parteiobmann und Gesundheitslandesrat Richard Theiner der Pfitscher Bauer Helmuth Holzer vor und schildert eine Episode, die sich zwei Jahre zuvor zugetragen hat. Theiner scheint die Aussprache und deren Inhalt vergessen zu haben, aber im Akt der Staatsanwaltschaft liegt eine schriftliche Sachverhaltsdarstellung, die Holzer wenige Wochen nach der Aussprache im November 2011 an den SVP-Obmann schickt. Holzer schreibt darin:

„Etwa 1 Jahr vor der Gründung der Bioenergie Pfitsch GmbH wurde ich, Bauer und Grundstücksbesitzer Holzer Helmuth, Blasighof in St. Jakob in Pfitsch, vom einschlägig bekannten und in Treuhandgesellschaften als Treugeber aktiven Energiemanager Volgger Josef kontaktiert.

Volgger teilte mir mit, er habe einen finanzkräftigen Investor, der sich für mein Grundstück in unmittelbarer Nähe des Pfitscherbaches und angrenzend an den Steinbruch der Firma Grünig interessiere, um angeblich ebenfalls einen Steinbruch zu eröffnen.

Wir vereinbarten eine Besichtigung des Waldstücks am Bach, zu der folgende Personen erschienen:
• Herr Volgger Josef, der Geschäftsanbahner für Energiegeschäfte
• Herr Maximilian Rainer, SEL-Direktor
• an Dr. Rainers Arm die Studienfreundin, Petra Windt aus Wien (die der SEL-Direktor laut eigenen Angaben angeblich jahrelang nicht gesehen hatte), die eine Errichtung eines Steinbruches plante
• eine weitere elegante männliche Person, deren Identität mir nicht bekannt war.

Wir einigten uns, den Verkauf durchzuführen. Der Treugeber Josef Volgger setzte nach dem Lokalaugenschein eine handgeschriebene Vereinbarung auf, die einen Kaufpreis von 150.000 Euro vorsah. Wenig später wurde nochmals ein handgeschriebenes Dokument verfasst, in welchem der Preis des Waldstücks auf 300.000 Euro erhöht wurde. Man vereinbarte, während der folgenden Monate die Hälfte an mich zu überweisen. Einige Monate später kontaktierte ich den Ansprechpartner, Volgger Josef, und sprach ihn auf die fehlenden Zahlungen an, worauf dieser mir entgegnete, dass die Geschäfte auf dem Steinmarkt aufgrund der Konkurrenz aus Südamerika und Fernost kaum noch rentabel seien. Er und seine Investoren seien nicht mehr gewillt, dieses Grundstück zu erwerben.

Wiederum ein paar Monate später gründete Herr Volgger die Bioenergie Pfitsch GmbH mit."

Am 25. Juni 2014 sagt Helmuth Holzer vor der Gerichtspolizei als Zeuge aus: Dabei bestätigt er nicht nur diese Episode, sondern fügt auch noch einige Details hinzu:

„Ich teile noch mit, dass vor zirka 5 Jahren, als noch keine Rede von einem E-Werk war, eines Tages Herr Rainer Maximilian, Frau Windt Petra und Herr Volgger Josef bei mir zu Hause aufgetaucht sind. Frau Windt wurde mir als Besitzerin eines Steinbruchs in Wien vorgestellt und Herr Volgger hat mir erklärt, dass sie meinen Steinbruch um die Summe von 350.000 Euro kaufen wollte. Herr Volgger hat sofort ein Schreiben mit dem Kaufpreis verfasst und ein paar Tage später hat er mich zum Präsidenten der Raiffeisenkasse in Sterzing begleitet, um mir zu bestätigen, dass er imstande ist, die Summe zu bezahlen. Damals schien es, als ob der Kaufvertrag bald zustande kommen sollte. […] Erst später habe ich verstanden, dass die Personen nicht am Steinbruch interessiert waren, sondern am Grund, um dann ein E-Werk zu bauen. Ich habe diesen Grund dann Herrn Grünig, dem Betreiber des Steinbruchs verkauft."

Stilles Begräbnis

Das Schreiben der Bauerngemeinschaft Innerpfitsch vom 15. Jänner 2010 an Landeshauptmann Luis Durnwalder, Landwirtschaftslandesrat Hans Berger und Energielandesrat Michl Laimer bringt die eigentlichen Macher der Bioenergie Pfitsch GmbH in Zugzwang. Will man nicht die gesamte Bauernschaft gegen sich aufbringen, muss man umgehend reagieren.

So verschickt die Bioenergie Pfitsch GmbH bereits am 18. Jänner 2010 an alle Pfitscher Landwirte ein Rundschreiben mit Informationen über das Biogasprojekt. Gleichzeitig wird den Bauern mitgeteilt, dass sie ihr Interesse an einer Gülle-Anlieferung innerhalb 28. Februar 2010 mitteilen müssen.

Aus dem Schreiben geht auch hervor, dass Helmuth Holzers Befürchtungen durchaus der Realität entsprechen. Im Brief heißt es:

„Die Gesamtinvestition der geplanten Biogasanlage mit den notwendigen Nebeneinrichtungen (inklusive Grundstückskosten) beläuft sich auf geschätzte 7,3 Millionen Euro. Das Investitionsvolumen ist gewaltig und dazu kommen die Kosten für den laufenden Betrieb. Um die Finanzierbarkeit des Vorhabens zu gewährleisten, haben die Promotoren eine bisher in Südtirol einzigartige Idee entwickelt: Die Biogasanlage soll mit einem Kleinwasserkraftwerk gekoppelt werden. Somit kann mit den Einnahmen aus der Wasserkraft die Biogasanlage quersubventioniert werden.

Das Kleinwasserkraftwerk ist auf einem kurzen Abschnitt des Pfitscherbaches im Bereich des Steinbruches der Firma Grünig geplant. Die Dimension soll die notwendigen Wertschöpfungen gewährleisten, die für die Finanzierung und den laufenden Betrieb der Biogasanlage benötigt werden. Der Standort des Krafthauses wird direkt auf dem Betriebsgelände der Biogasanlage vorgesehen."

Das dreiseitige Schreiben ist vom Präsidenten der Bioenergie Pfitsch GmbH, Karl Holzer, unterzeichnet. Verfasst wird es aber von keinem Geringeren als von SEL-Generaldirektor Maximilian Rainer auf seinem Dienstcomputer.

In dem Brief an die Bauern heißt es auch:

„Vor einigen Tagen wurde ein entsprechendes Projekt für die geplante Biogasanlage bei den zuständigen Landesämtern zur Genehmigung eingereicht."

Der freiheitliche Landtagsabgeordnete Thomas Egger stellt daraufhin eine Landtagsanfrage zu den Plänen der Bioenergie Pfitsch GmbH. Landesrat Michl Laimer antwortet am 5. März 2010, dass es keinen Antrag dieser Gesellschaft auf den Bau einer Biogasanlage gebe. Dafür habe die Bioenergie Pfitsch GmbH aber bereits am 11. Jänner 2010 beim Amt für Stromversorgung ein Konzessionsansuchen zur Errichtung eines Kraftwerks am Pfitscherbach hinterlegt. Es soll kein Kleinkraftwerk werden, sondern ein mittleres Kraftwerk mit einer Leistung von 770 Kilowatt.

Auch diese Vorgangsweise macht deutlich, dass die Befürchtungen der Pfitscher Bauern, die Biogasanlage sei nur ein Feigenblatt und das Ziel die Errichtung eines Kraftwerks, mehr als gerechtfertigt sind. Fast zwei Jahre lang kämpft die Bauerngemeinschaft Innerpfitsch weiter gegen die Pläne der verdeckten Investoren. Es kommt zu mehren Aussprachen mit Landeshauptmann Durnwalder, den Landesräten Berger und Laimer, SVP-Obmann Richard Theiner und der Spitze des Südtiroler Bauernbundes. Im Akt der Staatsanwaltschaft sind die Schreiben gesammelt. Es ist ein dicker Ordner. Doch die Politik tut nichts. Auch die Gemeinde Pfitsch steht mehr auf der Seite der privaten Investoren.

Während die Planung der Biogasanlage stockt, erschließen mehrere Gesellschafter der Bioenergie Pfitsch GmbH eine neue Erwerbsquelle. Innerhalb kürzester Zeit werden in der Nähe des Dorfkerns von St. Jakob fünf riesige Gewächshäuser errichtet. Offiziell sollen darin Himbeeren gezüchtet werden. In Wirklichkeit sind es aber Scheinbauten, auf denen Fotovoltaikmodule zur Stromproduktion installiert werden.

Alle zuständigen Landesämter geben negative Gutachten ab, und auch die Experten des Versuchszentrums Laimburg und des Landwirtschaftsassessorates kommen zum Schluss, dass diese Gewächshäuser aus landwirtschaftlicher Sicht nicht rentabel sind und eigentlich nur zur Stromproduktion errichtet werden. Die Landesraumordnungskommission gibt ein negatives Gutachten. Doch die Landes- und die Pfitscher Gemeindepolitik winken die Projekte trotzdem durch.

Der Kampf gegen die Investoren führt zur Spaltung des Pfitscher Bauernbundes und zu schweren Konflikten innerhalb der SVP. Als im November 2012 die beiden Landtagsabgeordneten Arnold Schuler und Sepp Noggler zu einer Informationsveranstaltung der Bauerngemeinschaft Innerpfitsch ins Tal kommen, droht die Lage zu eskalieren. Der Bauernbund und die Pfitscher SVP protestieren energisch gegen die Einmischung von außen, und der Wipptaler SVP-Obmann Christian Egartner fordert von Landeshauptmann Durnwalder und von SVP-Obmann Theiner Sanktionen gegen die beiden Landtagsabgeordneten.

Der anhaltende Wirbel in Pfitsch und die Details rund um die Machenschaften von Maximilian Rainer, Josef Volgger und Franz Pircher, die im Zuge der SEL-Affäre ans Tageslicht kommen, führen dazu, dass die eigentlichen Macher in der Bioenergie Pfitsch GmbH merken, dass man mit dieser Operation nicht mehr weiterkommt. Still und leise wird die Gesellschaft zwei Jahre nach ihrer Gründung deshalb wieder beerdigt. Im Dezember 2011 beantragt die Bioenergie Pfitsch GmbH die Auflösung und Löschung aus dem Handelsregister.

Das eigentliche Ziel, die Errichtung eines neuen Kraftwerkes am Pfitscherbach, geben die Hintermänner damit aber noch lange nicht auf.

Projekt Kajoma

Am 13. März 2014 wird in Bozen die Kajoma GmbH gegründet. Die Gesellschaft mit Sitz am Barterhof in Pfitsch ist in der Produktion und dem Verkauf von Energie tätig. Die Kajoma GmbH hat ein Gesellschaftskapital von 100.000 Euro, das auf insgesamt 18 Gesellschafter aufgeteilt ist.

Schaut man diese neue Gesellschaft an, so findet man mehr oder weniger die gesamte Belegschaft aus der Bioenergie Pfitsch GmbH wieder. Von 18 Gesellschaftern kommen 12 aus dem alten, stillgelegten Biogasunternehmen.

Präsident des Verwaltungsrates ist der Volgger-Neffe Markus Tötsch, Vizepräsident der ehemalige Präsident der Bioenergie Pfitsch GmbH, Karl Holzer, und der dritte Verwaltungsrat ist Josef Volgger selbst.

Dasselbe Bild spiegelt sich in der Gesellschafterstruktur wider. Josef Volgger hält 19 Prozent an der Kajoma GmbH, dazu kommen seine Neffen Markus Tötsch (19 Prozent), Philipp, Thomas und Michael Volgger mit 4 bzw. je 2 Prozent. Mit dabei sind auch wiederum die Volgger-Geschäftspartner Karl Holzer (18 Prozent), Alois Holzer (3 Prozent), Walter Holzer (2 Prozent) und Florian Rainer (2 Prozent). Außerdem sind von den Bioenergie Pfitsch-Gesellschaftern mit an Bord: Stefan Holzer mit 15 Prozent und Andreas Wieland mit 4 Prozent.

Neue Gesellschafter sind Hermann und Rudolf Hofer sowie Waltraud Holzer mit jeweils 2 Prozent, und Egon Hofer, Martin Messner und Karl Pircher mit jeweils einem Prozent.

Die Kajoma GmbH kann im Frühjahr 2014 einen fast unglaublichen Erfolg verbuchen. In den Jahren zwischen 2010 und 2012 werden insgesamt 10 Projekte für die Errichtung eines neuen Kraftwerks am Pfitscherbach und seinen Zuflüssen beim Amt für Stromversorgung eingereicht. Vier dieser Konzessionsgesuche stammen direkt von Josef Volgger bzw. von seinen Neffen oder Geschäftspartnern. Zwei Gesuche stammen von Pfitscher Bauern und zwei von auswärtigen Investoren. Dazu kommt noch ein Gesuch von der Gemeinde Pfitsch und eines von der Interessengemeinschaft St. Jakob.

In den Jahren 2013 und 2014 finden mehrere Treffen in Pfitsch statt, bei denen unter der Regie des Bauernbundes vorab eine Einigung zwischen den Bewerbern gesucht wird. Obwohl Josef Volgger bei den Gesprächen Kompromissbereitschaft signalisiert, kommt man sich nicht näher. Auch weil man schon kurz darauf ein Verfahren gegen die Interessengemeinschaft St. Jakob anstrengt, mit dem man der Bauerngemeinschaft die Berechtigung absprechen will, überhaupt ein Konzessionsansuchen zu stellen.

Stefan Messner, Vorsitzender des Pfitscher Ortsbauernrates und Vertreter der Interessengemeinschaft St. Jakob, der vor vier Jahren mit dem Protestbrief an die SVP-Führung auch die Machenschaften um die Bioenergie Pfitsch GmbH aufdeckte, weist in mehreren Schreiben an die Landesregierung darauf hin, dass Josef Volgger und seine Gesellschaften von der Landes- und Gemeindepolitik bevorzugt behandelt werden. So erweitert Volgger mit seiner Kor GmbH ein Kraftwerk in einer alpinen Schutzzone auf über 2.000 Metern.

Obwohl die Landespolitiker immer wieder betonen, dass man die Interessen der Pfitscher Bauern bei der Konzessionsvergabe auf jeden Fall berücksichtigen wird, kommt es im Frühjahr 2014 dann zum Paukenschlag.

Am 4. Februar 2014 lehnt die Dienststellenkonferenz der Umweltämter neun Projekte ab und erteilt nur einem Projekt ein positives Gutachten. Es ist das Projekt von Josef Volgger, Markus Tötsch und Karl Holzer zur Errichtung eines mittleren Kraftwerks am Pfitscherbach mit einer Jahresproduktion von 6,24 Millionen Kilowattstunden. Der Hauptgrund für die Ablehnung der meisten Konkurrenzprojekte ist ein Beschluss der Landesregierung vom 29. August 2011, mit dem ein Teil des Pfitscherbaches unter Schutz gestellt wird. Der Zufall will es, dass der Schutzbereich genau dort endet, wo Josef Volgger & Co ihr Kraftwerksprojekt realisieren wollen. Im März 2014 übernimmt die Kajoma GmbH das siegreiche Konzessionsansuchen. Das Amt für Stromversorgung muss jetzt eigentlich nur mehr die Konzession für das neue Kraftwerk ausstellen. Das Dekret dafür wird auch vorbereitet.

Am 5. Juni 2014 sprechen aber Stefan Messner und Helmuth Holzer bei Energielandesrat Richard Theiner vor. Die beiden Pfitscher Bauern schildern dem Landesrat, seinem Ressortdirektor Florian Zerzer und der Spitze des Amtes für Stromversorgung noch einmal die Machenschaften um die Bioenergie Pfitsch GmbH und ihren Verdacht, dass der ursprüngliche Plan jetzt mit der Kajoma GmbH umgesetzt werden soll.

Richard Theiner geht kein Risiko ein. Am 6. Juni 2014 übermittelt der Landesrat die gesamte Dokumentation an Oberstaatsanwalt Guido Rispoli mit der Bitte, den Fall zu prüfen. Die Staatsanwaltschaft nimmt unter Aktenzeichen 697/2014 Vorermittlungen gegen unbekannt auf. Ende Juni 2014 werden Helmuth Holzer und Stefan Messner von den Ermittlern angehört. Dabei liefern die beiden Pfitscher Bauern neue, bisher nicht bekannte Details.

Kaninchen aus dem Zylinder

*„Mit den Sachen, die ich in der Hand habe,
wird Licht ins Dunkel kommen."*
Landesrat Michl Laimer (Februar 2012)

Michl Laimer

Die Schlinge zieht sich immer weiter zu. Anfang 2012 haben die Ermittler der Finanzwache und der Carabinieri-Sondereinheit ROS bereits so viele Beweise gesichert, dass sich ein klares Bild ergibt: Bei der Konzessionsvergabe für die Großkraftwerke durch die Landesregierung ging es nicht mit rechten Dingen zu. Landesrat Michl Laimer und Maximilian Rainer haben getrickst. Noch aber fehlt den Ermittlern und der Staatsanwaltschaft der endgültige, gerichtlich verwertbare Beweis für diese schwerwiegende Anschuldigung.

Genau in dieser heiklen Phase lässt Michl Laimer eine Bombe platzen. „Es hat eine massive Einmischung in das Vergabeverfahren gegeben", enthüllt der Energielandesrat am 22. Februar 2012 in einem Gespräch mit der *Tageszeitung*. Laimer wirkt fast schon euphorisch: „Mit den Sachen, die ich in der Hand habe, wird Licht ins Dunkel kommen."

Landesrat Michl Laimer und seine Verteidiger wollen bei Oberstaatsanwalt Guido Rispoli neue Fakten und eine Aussage vorlegen, die den Gang der Ermittlungen grundlegend verändern sollen. Der SVP-Politiker geht davon aus, dass er den Fokus der Anschuldigungen verschieben kann. Michl Laimer will beweisen, dass er nicht Täter, sondern Opfer ist. Der Landesrat wörtlich:

„Jetzt kann ich beweisen, dass ich nicht nur keine Wettbewerbsverzerrung begangen, sondern diese sogar verhindert habe."

Michl Laimer glaubt – so wie George W. Bush vor dem Irakkrieg – endlich eine *smoking gun* in der Hand zu haben. Einen Beweis, der den Verdacht bestätigt, den der SVP-Landesrat und die Spitze der SEL „angeblich" immer schon gehegt haben: Es sei die andere Seite – und mit der anderen Seite meint Laimer seinen Widerpart Hellmuth Frasnelli und dessen Eisackwerk GmbH –, die bei der Konzessionsvergabe von Anfang an falsch gespielt habe. Laimer:

„Ich habe es jetzt schwarz auf weiß, dass da ein perfides System dahintersteckte: Man hat die Sache gezielt geplant und vorbereitet."

Ein Satz, den man auch ganz anders lesen kann – und zwar gemünzt auf den Gegenangriff, den der SVP-Politiker und seine Verteidigung im Februar 2012 einleiten.

Die E-Mail

Es ist Sonntag, der 15. Jänner 2012. Um 7.47 Uhr geht am Dienst-computer des Direktors des Amtes für Stromversorgung Hans Unter-holzner eine Nachricht ein. Absender ist Georg Fuga. Der damals 38-jährige, in Mailand geborene und inzwischen in Innsbruck wohnhafte Akademiker war bis Ende 2010 in Unterholz-ners Amt als Jurist tätig. Fuga ist heute wieder im selben Landesamt tätig. Damals aber hat er für ein Doktoratsstudium seine Arbeit im Amt für Stromversorgung unterbrochen. Die Nachricht, die der Untergebene seinem Amtsdirektor an diesem Sonntag schickt, ist sehr persönlich gehalten, vom Inhalt her aber durchaus brisant:

„Sehr geehrter Herr Amtsdirektor,
ich lese immer wieder aus Südtiroler Medien (Onlineausgaben) über die Geschichte des Erneuerungsverfahrens des Wasserkraftwerks St. Anton. Nach meinen Informationen stellt sich nicht so sehr die Frage, warum Landesrat Laimer und die Landesregierung der SEL die Wasserkonzession erteilt haben, sondern vielmehr warum und wie das Amt für Stromversorgung die entsprechenden Gutachten vorbereitet hat.
Bis zu dem Zeitpunkt, als man davon ausgehen konnte, dass die Staatsanwaltschaft einfach das Verfahren automatisch aufgrund der Anzeige eröffnen musste und die Sache früher oder später mit einer Archivierung ein Ende gefunden hätte, war das alles nicht mein Problem. […] Jetzt muss ich aber leider eine regelrechte Medien-kampagne gegen die Landesregierung, die politisch motiviert ist, beobachten.
Ich bin politisch nicht aktiv, stehe aber persönlich zur Südtiroler Autonomie und zu den Behörden, die diese Autonomie verkörpern, und der Schaden, der hier entsteht, ist nicht zumutbar. […] Auf je-den Fall wollte ich zuerst mit diesem E-Mail mit Ihnen Kontakt aufnehmen, in der Hoffnung, dass Sie mir eine Antwort schreiben können, die mir zum Beispiel die Geschichte mit der signierten Word-Datei anders erscheinen lässt.
Ich meine jetzt die Word-Datei, die ich von Ihnen als Anhang eines E-Mails erhalten habe, und die angeblich Sie zusammen mit Ihrer

Schreiben von Fuga an Unterholzner: „Geschichte mit der signierten Word-Datei".

Tochter geschrieben hätten, auf jeden Fall mit dem Computer eines Dritten, dessen Signatur ersichtlich ist.
Ich weiß nicht, inwiefern Sie und Ing. Corona [Luca Corona, Mitarbeiter des Amtes für Stromversorgung – Anm. d. A.] der Staatsanwaltschaft bereits die gleichen Informationen, die mir zur Verfügung stehen, mitgeteilt haben. Weiß auch nicht, ob Landesrat Laimer oder die Landesregierung bereits über meine Informationen verfügen. [...]
Ich habe mit Abteilungsdirektor Dr. Schaller [Engelbert Schaller, Direktor der Personalabteilung des Landes – Anm. d. A.] einen Termin am Dienstag ausgemacht, um mich von ihm beraten zu lassen, wie ich mit den Informationen, die ich im Rahmen meiner Tätigkeit als Mitarbeiter des Amtes für Stromversorgung erfahren habe, umgehen darf und muss. Er ist zuständig für diese Fragen.
Mit freundlichen Grüßen
Georg Fuga"

Als Amtsdirektor Hans Unterholzner am Montag früh dieses Schreiben liest, ist er zunächst einmal verwundert über die Ausführungen seines ehemaligen Mitarbeiters. Vor allem aber wertet er den Tenor der E-Mail eher als subtile Drohung denn als eine Mitteilung.
Der Aufforderung Fugas, sich bei ihm zu melden, kommt Hans Unterholzner nicht nach. „Zum Glück habe ich das nicht getan", sagt der Amtsdirektor später. Unterholzner ist überzeugt, dass man ihm eine Falle stellen wollte.

Um was aber geht es in dieser kryptischen Botschaft, die so plötzlich aus Innsbruck kommt? Was ist die „signierte Word-Datei", die angeblich vom Computer eines Dritten gekommen ist? Und vor allem: Über welche geheimen Informationen verfügt Georg Fuga, die in dem sich abzeichnenden politischen Skandal zu einer grundlegenden Wende führen könnten?

Verdächtige Signatur

Das Amt für Stromversorgung steht in den Jahren 2008 und 2009 vor einer Herausforderung und Belastung, die kaum zu bewältigen ist. Es geht um die Konzessionsvergabe von 14 Großkraftwerken, für die Dutzende Gesuche eingereicht wurden; eine Handvoll Beamte müssen innerhalb kurzer Zeit den entsprechenden Wettbewerb durchziehen. „Sowohl die Politik als auch das Rechtsamt des Landes haben uns im Regen stehen lassen", erinnert sich Hans Unterholzner. Sein Amt bewältigt die Arbeit dennoch. Als alle Unterlagen für alle Kraftwerke vorliegen, geht es darum, ein juristisch haltbares Bewertungssystem auszuarbeiten. Dafür wäre eigentlich Georg Fuga zuständig. Aber auch der Jurist ist damit offenbar deutlich überfordert. Zudem ist besondere Eile angesagt. Die Landesregierung will sich ursprünglich bei der Vergabe der Konzessionen Zeit lassen. Doch die Eisackwerk GmbH und ihre Anwälte strengen drei Verfahren vor dem Obersten Wassergericht an. Die privaten Unternehmer berufen sich dabei auf geltende EU-Richtlinien und entsprechende staatliche Übernahmegesetze, die vorsehen, dass die öffentliche Verwaltung innerhalb eines gewissen Zeitraumes eine Entscheidung fällen muss. Das Gericht gibt der Eisackwerk GmbH Recht, sodass die Landesämter 2009 gezwungen sind, innerhalb von sechs Monaten die Vergabeprozeduren konkret abzuwickeln und abzuschließen. Unterholzner und sein Amt entwerfen zur Jahreswende 2008/09 ein Muster für den sogenannten „Abschlussbericht über das Untersuchungsverfahren", mit dem die Konzessionsverfahren auf fachlicher Ebene abgeschlossen werden. Weil die Materie aber äußerst komplex ist und es von vornherein feststeht, dass es zu Rekursen kommen wird, will der Amtsdirektor den Entwurf von einem Fachmann im Verwaltungsrecht prüfen lassen.

Hans Unterholzner wendet sich dazu an den Bozner Rechtsanwalt Anton von Walther, der bei den Prozessen zur Konzessionsvergabe die Eisackwerk GmbH vertritt. Anton von Walther war als Anwalt im Rechtsamt des Landes tätig, bevor er sich als freiberuflicher Anwalt vor allem im Verwaltungsrecht einen Namen machte. Außerdem hält der Bozner Jurist seit 20 Jahren jährlich Weiterbildungskurse für Beamte der öffentlichen Verwaltung im Verwaltungsrecht. In einem dieser Kurse lernt Unterholzner von Walther als Referenten kennen.

Dem Direktor des Amtes für Stromversorgung ist natürlich klar, wen er vor sich hat. Deshalb holt Hans Unterholzner von Walthers Rat bewusst in einem Konzessionswettbewerb ein, an dem sich dessen Klient Eisackwerk GmbH nicht beteiligt. Es handelt sich um den Abschlussbericht für das Kraftwerk in St. Pankraz im Ultental. An der Ausschreibung dieser Konzession GS/6989 beteiligen sich die SEL AG, die Edison, die Enel und die Etschwerke.

Anton von Walther schaut sich den Entwurf an und schlägt am 2. Februar 2009 schriftlich im Dokument einige Änderungen vor. „Es waren vor allem formale, rechtstechnische Änderungen", sagt von Walther. Diese Erklärung bestätigt auch Hans Unterholzner. Der Rechtsanwalt fügt im Text genauere Begründungen und vor allem die Berücksichtigung der gesetzlichen Umwelt- und Sicherheitsvorschriften ein. Amtsdirektor Hans Unterholzner gibt anschließend den kommentierten Text an seinen Juristen Georg Fuga weiter. Dieser hat nichts zu beanstanden. Doch Fuga macht eine nach seinem Ermessen schwerwiegende Entdeckung. Im Textverarbeitungsprogramm Word gibt es eine Funktion, mit der Änderungen nachverfolgt werden können: Erstellt oder verändert man eine Datei, so wird registriert, von wem und wann der Text verändert oder kommentiert wurde. Die Änderungsfunktion war bewusst aktiviert worden, damit die Beamten die Änderungen sehen, prüfen und überarbeiten können.

Georg Fuga überprüft die Eigenschaften der Datei, die ihm von seinem Vorgesetzten übergeben wird. Dort findet er in der Rubrik „Autor" den Namen von Walther. Der Beamte wittert eine Mauschelei und schickt die Datei umgehend an seine private E-Mail-Adresse. Erst drei Jahre später stellt er die Datei Michl Laimer und seinen Anwälten zur Verfügung.

„Eine eindeutigere Verzerrung und Beeinflussung eines Wettbewerbs kann es nicht mehr geben", jubelt der Energielandesrat deshalb im Februar 2012. Michl Laimers These: Man habe durch diese Machenschaften die Ausschreibungen der Kraftwerke St. Anton und Mühlbach getürkt. Alle Aktionen, die er und die SEL AG danach gesetzt hätten – so die Argumentation des Landesrates – seien demnach nur eine Art Notwehr gewesen, um diese Machenschaften zu korrigieren.

„Ich habe damals vielleicht einen Fehler gemacht", sagt Hans Unterholzner später durchaus selbstkritisch, „aber eine Beeinflussung des Wettbewerbs war das ganz sicher nicht." Sprich: Die Optik möge zwar schief sein, aber es sei nicht getrickst worden. Für Unterholzners Interpretation spricht der Umstand, dass der Text, der von Rechtsanwalt Anton von Walther kommt und den Fuga später vorlegt, für ein Kraftwerk gedacht war, an dessen Ausschreibung sich die Eisackwerk GmbH gar nicht beteiligt hat. „Das war auch der Grund, warum ich auf die Bitte eingegangen bin", sagt Anton von Walther.

Am späten Nachmittag des 9. Februar 2012 werden in der Kanzlei Brandstätter in der Bozner Streitergasse die Aussagen des neuen vermeintlichen Kronzeugen protokolliert. 165 Minuten lang schildert Georg Fuga vor den drei Laimer-Anwälten Gerhard Brandstätter, Domenico Aiello und Karl Pfeifer detailliert die amtsinternen Vorkommnisse von 2009 und die angeblichen Machenschaften um die Word-Datei mit der Autorenangabe „Anton von Walther".

Das zweieinhalb Seiten lange Protokoll will die Laimer-Verteidigung zur Entlastung ihres Klienten der Staatsanwaltschaft übergeben. Michl Laimer ist überzeugt, mit dem neuen Zeugen und seinen Enthüllungen die Täter-Opfer-Rollen umkehren zu können. „Ich werde den entsprechenden Beweis nächste Woche dem leitenden Staatsanwalt übergeben", sagt Michl Laimer am 22. Februar 2012 recht siegessicher.

Ende eines Arbeitsstreits

Selbst dem neutralen Beobachter drängt sich nach dem plötzlichen Auftauchen des Innsbrucker „Kronzeugen" eine Frage auf: Warum rückt Georg Fuga erst jetzt, nach über drei Jahren, mit seinem Wissen heraus?

Eine mögliche Antwort auf diese Frage könnte in einer Geschichte zu finden sein, die so nie ans Tageslicht kommen sollte. Der Zufall will es, dass die Landesregierung am 27. Februar 2012 mit Beschluss Nummer 235/2012 eine politische Entscheidung trifft, deren direkter Nutznießer ausgerechnet der gerade aufgetauchte, mutmaßliche Entlastungszeuge für Michl Laimer ist: Georg Fuga. Formell beschließt die Landesregierung an diesem Vormittag den Rekurs in einem Arbeitsstreit gegen Fuga vor dem Oberlandesgericht Trient/Außenstelle Bozen zurückzuziehen. Damit ist der seit fast zwei Jahren anhängige Arbeitsstreit beendet.

Der Hintergrund des Streits: Georg Fuga beantragt im Dezember 2009 die Gewährung eines bezahlten außerordentlichen Wartestandes für die Absolvierung eines Forschungsdoktorates. Der Wartestand soll zweieinhalb Jahre dauern, von März 2010 bis Ende Oktober 2012. Das Personalamt des Landes gewährt dem Angestellten im Februar 2010 aber nur einen „unbezahlten Wartestand für Bildungsurlaub", wie es im Kollektivvertrag für Landesangestellte vorgesehen ist.

Georg Fuga tritt am 10. Februar 2010 seinen Wartestand an, wehrt sich aber gegen die seiner Meinung nach falsche Gesetzesauslegung des Personalamtes. Fuga klagt vor dem Arbeitsgericht und bekommt mit Urteil 200/11 vom 27. Mai 2011 auch Recht. Sein Verteidiger Mauro De Pascalis gräbt ein Staatsgesetz aus, das bei einem Forschungsdoktorat einen bezahlten Wartestand vorsieht. Demnach müsste das Land Georg Fuga die vollen Bezüge inklusive Abfertigungs- und Pensionsbeiträge für den gewährten Wartestand bezahlen – im Widerspruch zu den Regelungen des Kollektivvertrags der Landesbediensteten.

Sowohl in der Personalabteilung als auch im Rechtsamt des Landes geht man daher von einem Fehlurteil aus und drängt energisch auf eine Berufung. Am 29. August 2011 beschließt die Landesregierung, das Urteil vor dem Oberlandesgericht anzufechten. Der Hauptgrund dafür wird im Beschluss der Landesregierung festgehalten. Dort heißt es:

„Das Urteil könnte einen wichtigen Präzedenzfall darstellen, da es Artikel 29 Absatz 4 des bereichsübergreifenden Kollektivvertrages vom 12. Februar 2008 außer Kraft setzt, welches lediglich einen unbezahlten, außerordentlichen Wartestand zum Zweck der Absolvierung eines Forschungsdoktorates zulässt."

Landesregierungsbeschluss: Berufung gegen Fuga-Urteil einlegen.

Das Rechtsamt des Landes bereitet daraufhin den Schriftsatz für die Berufung vor. Doch im Jänner 2012 ändert das Land plötzlich die Gangart. Engelbert Schaller, oberster Personalchef des Landes, begründet diese Wende später in einer Stellungnahme so:

„Die Personalabteilung hat die von der Anwaltschaft des Landes vorgeschlagene Anfechtung des Urteiles des Landesgerichtes Bozen mitgetragen, jedoch gleichzeitig auch auf die rechtlichen Umstände hingewiesen, die aufgrund eines Urteiles des Verfassungsgerichtshofes aus dem Jahre 1995 bestanden, laut dem in der gleichen Rechtsfrage die Provinz Trient Unrecht bekam. Es geht in der Sache darum, ob im Falle eines Forschungsdoktorates das Land den betroffenen Bediensteten aufgrund eines Staatsgesetzes für die gesamte Zeit das volle Gehalt zahlen muss, obwohl von der Personalordnung des Landes ausgeschlossen. Laut Verfassungsgerichtshof gilt in diesem Bereich die staatliche Regelung, da die Forschung zum Bereich der Universität gehöre, der in die alleinige Zuständigkeit des Staates falle. Für die Personalabteilung war somit der Ausgang des Berufungsverfahrens zugunsten der Landesverwaltung alles eher als sicher."

Engelbert Schaller und Georg Fuga unterschreiben am Vormittag des 11. Jänner 2012 eine Schlichtung, in der man dem Landesbediensteten eine Sonderbehandlung zukommen lässt. Das machen die Eckpunkte der Schlichtung deutlich. Laut offiziellem Schlichtungsprotokoll bekommt Georg Fuga 12 Monatsgehälter ausbezahlt. Von Februar 2011 bis Ende Februar 2012 erhält der Jurist unbezahlten Wartestand aus Studiengründen.

Danach folgt eine Regelung, die selbst für den Südtiroler Landesdienst einzigartig ist. Georg Fuga tritt mit 1. März 2012 – also sieben Wochen nach der Schlichtung – wieder seinen Dienst an, aber unter Sonderkonditionen. Der Jurist arbeitet in den Monaten März, September und Oktober 2012 in Teilzeit (50 Prozent). Von Anfang April bis Ende August 2012 wird er für sein Forschungsdoktorat freigestellt, das er in Göttingen ablegen will. Ab 1. November 2012 tritt Fuga dann wieder seine Vollzeitstelle im Amt für Stromversorgung an.

Das Land verpflichtet sich, innerhalb 15. Februar 2012 die Berufung gegen das Urteil des Arbeitsgerichtes zurückzuziehen. Im Gegenzug verzichtet Georg Fuga auf die Umsetzung des erstinstanzlichen Urteils.

Wie sehr man damit den Bedürfnissen Georg Fugas entgegenkommt, wird vier Monate später in einem Rundschreiben des Generaldirektors des Landes, Hermann Berger, aber noch deutlicher. Im Rundschreiben Nr. 11 vom 16. Mai 2012, das an alle leitenden Landesangestellten geht, heißt es:

„Forschungsauftrag: Das Personal mit einem Forschungsauftrag oder einem Universitätsstipendium laut geltenden staatlichen Bestimmungen wird auf Antrag für die Dauer des Kurses in den unbezahlten Wartestand aus Studiengründen versetzt."

Der Standard im Landesdienst ist somit das genaue Gegenteil von dem, was man im Fall Fuga entschieden hat.

Perfektes Timing

Der Leser möge sich anhand einer genauen zeitlichen Abfolge selbst ein Bild machen, wie perfekt das Ende des Arbeitsstreites und das Auftauchen des „Kronzeugen" Georg Fuga ineinandergreifen.

11. Jänner 2012: Engelbert Schaller und Georg Fuga unterschreiben vor der Schlichtungskommission einen außergerichtlichen Vergleich, der dem Bediensteten eine Nachzahlung von 12 Monatsgehältern sichert. Laut Darstellung von Engelbert Schaller ersucht Fuga an diesem Tag nach der erfolgten Schlichtung „um einen Termin in einer persönlichen Angelegenheit". Schaller gibt Fuga einen Termin für den 17. Jänner 2012.

15. Jänner 2012: Georg Fuga schickt die E-Mail an Hans Unterholzner, in der er auf angebliche Unregelmäßigkeiten bei der Ausarbeitung der Wettbewerbsunterlagen hinweist und Unterholzner und den Anwalt Anton von Walther schwer belastet. Fuga verweist im Schreiben auf den Termin bei Schaller zwei Tage später und legt Amtsdirektor Unterholzner nahe, sich zuvor bei ihm zu melden.

17. Jänner 2012: Georg Fuga schildert in einer Aussprache mit Engelbert Schaller die angeblichen Verfehlungen im Amt für Stromversorgung. Schaller in seiner Stellungnahme: „Fakt ist, dass ich Herrn Fuga geraten habe, er möge sich an die zuständigen Vorgesetzten wenden."

9. Februar 2012: Georg Fuga legt in der Kanzlei Brandstätter eine detaillierte schriftliche Zeugenaussage ab, in der er all das wiederholt, was er in der E-Mail an Amtsdirektor Unterholzner angedeutet hat. Auf die Frage der Laimer-Verteidiger, ob er eine Kopie der beanstandeten Word-Datei habe, antwortet der Kronzeuge laut Protokoll: „Ja, ich habe aus Sicherheitsgründen eine Kopie aufbewahrt und behalte mir vor, sie Ihnen zu übergeben."

10. Februar 2012: Georg Fuga erkundigt sich beim Personalamt des Landes nach dem Fortgang seiner Causa. In einer E-Mail an eine Mitarbeiterin Engelbert Schallers, die zur Kenntnis an den Personalchef des Landes geht, mahnt der Jurist: „Der außergerichtliche Vergleich vom 11.01.2012 sieht vor, dass dieser unter der

Bedingung gilt, dass eine Ratifizierung der Landesregierung erfolgt, die uns bis zum 15.02.2012 mitgeteilt werden sollte."

12. Februar 2012: Engelbert Schaller fragt bei Stefan Beikircher, dem stellvertretenden Leiter des Landesrechtsamtes nach, ob man den Landesregierungsbeschluss, mit dem man die Berufung gegen das Fuga-Urteil zurückzieht, schon vorbereitet hat. Beikircher antwortet: „Wird nächste Woche erledigt". Wie ernst der Personalchef des Landes die Angelegenheit nimmt, zeigt das Datum dieses E-Mail-Wechsels. Er erfolgt an einem Sonntag, der bekanntlich dienstfrei ist.

13. Februar 2012: Engelbert Schaller leitet den E-Mail-Verkehr an Georg Fuga weiter mit dem Zusatz: „Ich bin mir sicher, dass die Regierung den Vergleich genehmigt."

24. Februar 2012: Die *Neue Südtiroler Tageszeitung* berichtet exklusiv über das Auftauchen des „Kronzeugen" und dessen Enthüllungen. Michl Laimer spricht von einer massiven Wettbewerbsverzerrung.

27. Februar 2012: Die Landesregierung beschließt die Schlichtung des Arbeitsstreites mit Georg Fuga und den Verzicht auf die Berufung an das Oberlandesgericht. Michl Laimer beteiligt sich an der Beschlussfassung.

Ein Rohrkrepierer

Zu der von Michl Laimer und seiner Verteidigung erhofften Wende in den Ermittlungen kommt es aber nicht. Denn die groß angekündigte „Bombe" erweist sich am Ende als Rohrkrepierer.

Zum Zeitpunkt, als Laimer und seine Verteidiger mit dem neuen „Kronzeugen" an die Öffentlichkeit gehen, hat die Staatsanwaltschaft längst Kenntnis vom Sachverhalt. Hans Unterholzner hat Anton von Walther von der kryptischen E-Mail Fugas informiert. Weil der Rechtsanwalt davon überzeugt ist, nichts Ungesetzliches getan zu haben, wird von Walther sofort bei Guido Rispoli vorstellig und übergibt dem Oberstaatsanwalt die E-Mail von Georg Fuga. Auch Amtsdirektor Hans Unterholzner beantragt umgehend eine Anhörung bei der Staatsanwaltschaft. „Sollte die Verteidigung diese Erkenntnisse vorlegen, werden wir natürlich diesen auch nachgehen", reagiert Oberstaatsanwalt Guido Rispoli auf die neue Entwicklung professionell gelassen. Genau das tut man dann auch. Die ROS-Beamten hören Hans Unterholzner und Anton von Walther an. Zudem stellt der Eisackwerk-Rechtsanwalt den Ermittlern seinen gesamten E-Mail-Verkehr mit dem Amt für Stromversorgung zur Verfügung.

Vor allem aber analysieren die Beamten das von Georg Fuga ausgegrabene Dokument akribisch. Dabei fallen die Vorhaltungen schon bald wie ein Kartenhaus zusammen. Es handelt sich um den Entwurf des Endberichts für das Kraftwerk St. Pankraz im Ultental, um dessen Konzession sich die Eisackwerk GmbH gar nicht beworben hat. Der Bericht wertet die SEL als Siegerin im Wettbewerb. Demnach hat Anton von Walther mit seinen Änderungen und Verbesserungen nichts anderes getan, als den Wettbewerbssieg der Landesenergiegesellschaft argumentativ noch besser abzusichern.

Die vorgeschlagenen Änderungen dokumentieren zudem, wie fair sich der Rechtsanwalt der Eisackwerk GmbH gegenüber dem Konkurrenten SEL verhalten hat. Denn das Amt für Stromversorgung hat zu diesem Zeitpunkt ein ernsthaftes Problem: In den technischen Projekten der SEL steht eine Restwassermenge, in den Umweltplänen eine ganz andere. Die Diskrepanz ist durch den Schwindel und den Austausch der Wettbewerbsunterlagen der SEL am Karfreitag 2006 gekommen. Maximilian Rainer & Co konnten im Büro Laimers nämlich nur die Umweltpläne austauschen, nicht aber in die technischen Projekte eingreifen. Formaljuristisch wäre diese Diskrepanz ein Grund, den Bewerber aus dem Verfahren auszuschließen. Dies jedoch wäre ein Eklat. Hans Unterholzner und das Amt für Stromversorgung brüten über eine mögliche Lösung. Letztlich ist es ausgerechnet Anton von Walther, der mit seinen schriftlichen Vorschlägen in diesem Dokument einen Ausweg aufzeigt, mit dem dieses Problem der SEL gelöst werden kann.

Von Walther verweist in seinen Änderungen auf die europäische und staatliche Gesetzgebung, wonach der Konzessionsgeber – also die Landesverwaltung – und nicht der Bewerber die Restwassermengen verbindlich vorgibt. Es ist die Lösung, die am Ende dann bei allen Konzessionen so angewandt wird und mit ausschlaggebend dafür ist, dass die SEL AG zehn von zwölf Großwasserkonzessionen gewinnt.

Michl Laimer und seine Verteidigung argumentieren aber von Anfang an anders. Anton von Walther hätte gewusst, dass jenes Raster, das zur Bewertung des Kraftwerks St. Pankraz hergenommen wird, genau gleich auf alle anderen Kraftwerke übertragen wird. Demnach sei der Rechtsanwalt so schlau gewesen, in den Endbericht des Ultner Kraftwerks Kriterien hineinzureklamieren, die am Ende bei den Kraftwerken Mühlbach und St. Anton der Eisackwerk GmbH zum Sieg verhelfen sollten.

Aber auch diese Vorhaltung löst sich durch die Ermittlungen in Luft auf. Sechs Monate, nachdem Anton von Walther seine Vorschläge zum Entwurf macht, legt das Amt für Stromversorgung am 8. Juni 2009 der Landesregierung den offiziellen Endbericht für St. Pankraz vor. Dieser Bericht ist absolut anders aufgebaut, und es finden sich darin auch keineswegs die Vorschläge wieder, die von Walther schriftlich gemacht hat.

Der Grund dafür: Im Frühjahr 2009 kommt es in der Abteilung Wasser und Energie zu einem Direktorenwechsel. Wilfried Rauter wird als Abteilungsdirektor von der Juristin Cinzia Flaim abgelöst. Die neue Abteilungsdirektorin überarbeitet persönlich die Abschlussberichte für die Kraftwerke grundlegend. Dabei fallen von Walthers Überlegung vollkommen unter den Tisch.

So bleibt am Ende weder etwas vom Kronzeugen noch von der Wende im Gerichtsfall übrig. Dennoch haben die Aussagen Georg Fugas ein Nachspiel.

Angriff auf Beamte

„Es ist nicht nur eine Pflicht,
sondern es braucht dazu auch
Zivilcourage."

Flavio Ruffini, Ressortdirektor von
Michl Laimer (Jänner 2012)

Mit dem Auftauchen des „Kronzeugen" Georg Fuga spitzt sich eine Problematik zu, die lange Zeit nur Eingeweihten bekannt war: die Desavouierung der Beamten im Amt für Stromversorgung durch ihre politischen und hierarchischen Vorgesetzten. Es ist durch eine Vielzahl von E-Mails, Dokumenten und Vorgängen nachgewiesen, dass Michl Laimer seinen Beamten nicht traut. Der Hauptansprechpartner des SVP-Politikers in allen Energiefragen ist ausschließlich SEL-Generaldirektor Maximilian Rainer. Rainer ist es auch, der den Landesrat immer wieder auf die angebliche Nichtkooperation der Beamten hinweist.

Im Rückblick lässt sich aufzeigen, wie sich das Klima im Laufe der Jahre grundlegend verändert. Solange das Verhältnis zwischen SEL und Amt für Stromversorgung harmonisch ist, klappt auch die Zusammenarbeit zwischen dem Landesrat und seinen Beamten hervorragend. Weil Maximilian Rainers Arroganz aber im Laufe der Jahre ins Unermessliche steigt und zudem Michl Laimer und der SEL-Generaldirektor immer wieder Aktionen durchführen, die nicht im Lehrbuch der ordentlichen Verwaltung stehen, wird das Klima deutlich frostiger.

Die Beamten und ihre Bedenken stehen dem Duo Rainer/Laimer immer mehr im Weg. Deshalb erhöht der Landesrat systematisch den Druck auf Hans Unterholzner, Cinzia Flaim und deren Mitarbeiter. Viele Ereignisse im sogenannten SEL-Skandal müssen vor diesem Hintergrund betrachtet werden.

Symptomatisch für dieses Klima ist ein E-Mail-Wechsel zwischen Rainer und Laimer im Sommer 2011. Der SEL-Generaldirektor schreibt am 23. Juli 2011 an den Landesrat:

> „Lieber michl,
> hatte am donnerstag abend ein eher unsympathisches treffen [...]
> Es bleibt alles einfach schwierig, personal sollte allerdings wirklich
> verändert werden.
> Liebe grüße maximilian"

Als die Ermittlungen der Bozner Staatsanwaltschaft im Herbst 2011 in die heiße Phase treten und die Büros von Michl Laimer und Maximilian Rainer durchsucht werden, eskaliert der Kampf des Landesrates gegen seine Beamten. Michl Laimer versucht, strafrechtlich

relevantes Belastungsmaterial gegen die eigenen Beamten im Amt für Stromversorgung zu finden. Juristische Hilfe erhält der Politiker dabei durch seine Verteidiger, „moralische" und praktische durch seinen Ressortdirektor Flavio Ruffini.
Wie generalstabsmäßig man dieses Manöver plant und wie weit man in diesem Unterfangen geht, zeigen einige Episoden.

Geheime Aufnahme

Bei der Beschlagnahme im Büro von Michl Laimer im Oktober 2011 werden unter anderem die Telefone des Landesrates sicherge-stellt und der Datenverkehr darauf analysiert. Was bisher nicht be-kannt war: Die ROS-Beamten wiederholen diese Operation neun Monate später noch einmal.
Nach der Anklagehebung durch Oberstaatsanwalt Guido Rispoli tritt Michl Laimer – wie vorher angekündigt – am 11. Mai 2012 als Landesrat zurück. Laimer bleibt zwar noch für einige Monate einfa-cher Landtagsabgeordneter, muss aber – wie es die entsprechende Verordnung der Landesverwaltung vorsieht – seine Befugnisse als Landesrat ablegen. Dabei muss der Landesrat auch sein Diensthandy dem zuständigen Amt zurückgeben.
Genau dort werden die ROS-Beamten vorstellig und beschlagnah-men das Telefon erneut, bevor die Daten gelöscht und der Speicher neu formatiert wird. Bei der Analyse der Daten stoßen die Ermittler auf eine interessante, vielsagende Datei.
Es handelt sich um die Tonaufnahme eines Gesprächs, das am Nach-mittag des 23. Jänners 2012 im Büro des SVP-Landesrates stattfin-det. Anwesend: Landesrat Michl Laimer, dessen Ressortdirektor Flavio Ruffini und Georg Fuga. Aus der Aufnahme geht eindeutig hervor, dass Laimer das rund 40-minütige Gespräch mit seinem Mobiltelefon heimlich aufzeichnet. Ressortdirektor Flavio Ruffini dürfte eingeweiht sein, Georg Fuga sicher nicht.
Anhand der Aufzeichnung lässt sich auch das Zustandekommen des Treffens nachzeichnen. Nach dem Gespräch zwischen Georg Fuga und Engelbert Schaller informiert der Personalchef des Landes den Generalsekretär der Landesregierung, Hermann Berger, über die bri-santen Andeutungen des Landesbediensteten im Wartestand. Berger

wendet sich umgehend an Ressortdirektor Flavio Ruffini. Ruffini kontaktiert Georg Fuga und arrangiert bereits sechs Tage später das Treffen mit Michl Laimer.

„Ihnen geht es sicher besser als mir", leitet Michl Laimer das Gespräch ein. Dann klagt der SVP-Landesrat, wie schwierig die letzten Monate für ihn waren, vor allem wegen der Medienhetze. Laimer stellt sich dumm: „Ich weiß zwar nicht, um was es hier geht, aber wenn es der Wahrheit dient ..." Georg Fuga erklärt dann mehr oder weniger das, was er acht Tage zuvor auch schon in seiner E-Mail an Hans Unterholzner geschrieben hat. Der Jurist führt aus, dass er eine Datei besitze, in der die Signatur des Rechtsanwaltes der Eisackwerk GmbH Anton von Walther vorkomme. Fuga sagt wörtlich, dass es sich um den Endbericht des Kraftwerks Mühlbach handelt, den von Walther ergänzt haben soll. Michl Laimer ist wie elektrisiert: „Bei St. Anton auch?", fragt der Landesrat mehrmals nach. Fugas Antwort ist ein Bestätigung dafür: „Der Eisackwerk-Rechtsanwalt hat dort die Thematik Sicherheit eingebracht, die dann für St. Anton wichtig gewesen wäre."

Michl Laimers Fragen sind fast ein Verhör. Bereits nach 10 Minuten resümiert der Landesrat:

„Das ändert die Sache schon entscheidend. Praktisch hat der Anwalt eines Mitbewerbers beim Verfassen des Gutachtens Begründungen angeliefert."

Ressortdirektor Flavio Ruffini assistiert:

„Zudem kennt er damit die Bewertungsstrategien, die dann bei jedem Gutachten gleich ablaufen. Damit hat er den Wettbewerb beeinflusst."

Dann allerdings folgt die Ernüchterung. Georg Fuga hat das Schreiben von Walthers vorab an Flavio Ruffini übergeben. Der Ressortdirektor merkt jetzt plötzlich, dass es sich nicht um den Endbericht des Kraftwerks Mühlbach oder St. Anton handelt, sondern um St. Pankraz in Ulten. „Dort haben sich die Eisackwerke ja nicht beworben", meint Laimer sichtlich enttäuscht.

Das Gespräch geht noch eine halbe Stunde lang weiter. Das Duo Laimer/Ruffini versucht dabei von Fuga Informationen zu erhalten, die Hans Unterholzner und die Mitarbeiter des Amtes für Stromversorgung belasten sollen. Man fragt Fuga mehrmals nach den Treffen von Hans Unterholzner und seinem Mitarbeiter Luca Corona mit Vertretern der Eisackwerk GmbH.

Flavio Ruffini gibt in dem Gespräch dann die Richtung des geplanten Befreiungsschlages vor:

Der Ressortdirektor meint:

„Es geht darum zwei Dinge nachzuweisen:
• das Nahverhältnis, das sich da aufgebaut hat zwischen den Eisackwerken und dem Amt;
• den Druck und die Einflussnahme, die diese Leute ausgeübt haben."

„Wenn sich das bewahrheitet, dann haben einige Leute des Amtes ernsthafte Probleme", sagt Michl Laimer im Laufe des Gesprächs. Man beschließt den „Kronzeugen" Fuga so gut wie möglich zu schützen, indem man über den Landesserver den E-Mail-Verkehr zwischen Hans Unterholzner und Anton von Walther rekonstruiert. Gleichzeitig klärt man Georg Fuga auf, dass er zuerst vor dem Laimer-Anwalt Gerhard Brandstätter und dann vor dem Staatsanwalt aussagen muss.

Unter sechs Augen bespricht man auch das Problem, dass Georg Fuga einen amtlichen und unter Verschluss stehenden Bericht an seine private E-Mail-Adresse geschickt hat. Laut Personalchef Engelbert Schaller eine klare Verletzung dienstrechtlicher Bestimmungen. „Das ist wohl ein lässliche Sünde", wischt Michl Laimer diese Bedenken lachend vom Tisch.

Am Ende bedankt sich Michl Laimer. „Ich sehe das als Pflicht", antwortet Georg Fuga. Flavio Ruffini kommentiert:

„Es ist nicht nur eine Pflicht, sondern es braucht dazu auch Zivilcourage."

Scheinheilige Nachfrage

Das Gespräch mit Georg Fuga, das Michl Laimer heimlich aufzeichnet, findet am 23. Jänner 2012 statt. Über zwei Wochen später, am 9. Februar 2012, wiederholt der Landesbeamte in der Kanzlei Brandstätter seine Aussagen, wo sie von den drei Laimer-Anwälten im Sinne der Verteidigung protokolliert werden. Am 24. Februar 2012 schreibe ich unter dem Titel „Der Kronzeuge aus Innsbruck" in der *Tageszeitung* über die Geschichte von Georg Fuga, die E-Mail an Hans Unterholzner und die Überzeugung Michl Laimers, damit dem Gerichtsfall eine entscheidende Wende geben zu können. In den Tagen danach erscheinen noch weitere Artikel zu Fuga und seinem Arbeitsstreit, der durch Zufall im Februar 2012 plötzlich beigelegt wird.

Flavio Ruffini tut offiziell fünf Wochen lang nichts. Erst nachdem die Landesregierung per Beschluss am 27. Februar 2012 die Schlichtung des Arbeitsstreites mit Georg Fuga und den Rückzug des Rekurses am Oberlandesgericht beschließt, wird der Ressortdirektor tätig.

Am 1. März 2012 schreibt er der zuständigen Abteilungsdirektorin Cinzia Flaim eine amtliche E-Mail, in der er so tut, als wisse er von nichts. In dem Schreiben verlangt Ruffini von seiner Untergebenen Erklärungen:

„Liebe Cinzia,

mit großer Verwunderung habe ich am Freitag und Samstag die *Tageszeitung* und heute die *FF* gelesen. Was in der Presse derzeit erscheint, lässt bei mir alle Alarmglocken schrillen. Ich bin doch etwas [überrascht], [dass über die – unvollständiger Satz, Korrekturen d. A.] in der Verwaltung kompromittierende Dokumente aufgetaucht sind, und bin gelinde gesagt etwas sprachlos. Ich beginne mir Sorgen um die Mitarbeiter der Abteilung zu machen. Ich möchte nicht, dass diese in diesen Strudel mit hineingezogen werden.

Wie Du besser weißt als ich, ist es – unabhängig von den laufenden Ermittlungen – Aufgabe der Verwaltung, eine interne Erhebung zu veranlassen, falls sich Vermutungen über Unregelmäßigkeiten ergeben. Im konkreten Fall scheinen die in den Dokumenten gemachten Ausbesserungen von einem externen Anwalt gemacht worden zu sein, welcher angeblich auch Vertreter eines anderen Anbieters war. Ich frage mich schon, ob diese aus dem Dokument hervorgehenden Vermutungen stimmen, wie und ob es dazu einen formellen Auftrag gegeben hat. Für mich ergeben sich doch einige Fragen, welche ich Dich höflich bitte mir möglichst erklärend zu beantworten.

a) Was hat es mit den entsprechenden Dokumenten auf sich?

b) Wie kommt es, dass ein solches Dokument scheinbar für Korrekturen nach außen gegeben wird?

c) Falls ja, wieso kommt ein externer Anwalt dazu, Korrekturen in solch wichtigen Dokument selbst einzufügen, und stimmen die Vermutungen zu dessen Beziehungen zu anderen Anbietern?

d) Wurde er für die Korrekturen beauftragt und falls ja, von wem?

e) Wurden noch andere Dokumente von externen Anwälten korrigiert, neben jenen, die mir nun bereits vorliegen?

f) Bist du darüber informiert und was schlägst du vor, sollen wir tun?

Ich bitte Dich, mir eine möglichst umfassende Darstellung der Sachverhalte zu geben, was hier gelaufen ist.

Mit bestem Gruß und herzlichem Dank

Flavio Ruffini"

Flavio Ruffini legt dem Schreiben den von Georg Fuga gelieferten und angeblich durch Anton von Walther manipulierten Endbericht des Amtes für Stromversorgung bei. Der Ressortdirektor verschickt die E-Mail an diesem Tag um 12.35 Uhr.

Cinzia Flaim erkennt die Brisanz des Schreibens sofort. Die Abteilungsdirektorin antwortet zweieinhalb Stunden später und schickt gleichzeitig die Antwort zur Kenntnis auch an Generaldirektor Hermann Berger und Personalchef Engelbert Schaller.

Cinzia Flaim:

Lieber Flavio,

dem Dokument, das du beigelegt hast, entnehme ich, dass es sich um den Entwurf zu einem vorbereitenden Bericht für die Vergabe der Konzession für das Wasserkraftwerk St. Pankraz/Ulten handelt. Ich weise Dich darauf hin, dass dieses Dokument den Vordruck für die Unterschrift des amtierenden Abteilungsdirektors Dr. Wilfried Rauter trägt; es handelt sich damit um ein Schriftstück, das aus einer Zeit stammt, als ich noch nicht der Abteilung 37 vorstand. Ich bin der Meinung, dass Du dich deshalb für eventuelle Erläuterungen an ihn wenden musst.

Auf jeden Fall aber muss ich hinzufügen, dass ich – als ich die Führung der Abteilung 37 übernahm – die Kriterien für die großen Konzessionen und die Abschlussberichte in Bezug auf die verfallenden Konzessionen persönlich und entscheidend überarbeitet habe. Diese Schlussberichte sind dann – ohne Einfluss oder Korrekturen von Seiten Dritter – direkt in den Beschlussvorschlag eingeflossen und wurden so auf die Tagesordnung der Landesregierung gesetzt.

Ich stelle zudem fest, dass das von Dir beigelegte Dokument aus unerklärlichen Gründen auf der letzten Seite das heutige Datum trägt.

In jedem Fall schicke ich dieses Schreiben mit dem besagten Dokument auch an den Generaldirektor und den Personalchef des Landes.

Cinzia Flaim

Da man heute weiß, dass Flavio Ruffini am 23. Jänner beim Gespräch zwischen Fuga und Laimer anwesend ist und dabei die Linie (mit)vorgibt, wie man mit den Beamten des Amtes für Stromversorgung umgehen soll, erhält dieser amtliche Schriftverkehr eine ganz andere Bedeutung. Scheinheiliger kann ein hoher Landesbeamter gegen seine Mitarbeiter und Untergebenen wohl kaum vorgehen.

Die unbequeme Abteilungsdirektorin

Georg Fugas Aussage ist aber nur der Startschuss für die geplante Offensive gegen die eigenen Beamten. Weil Hans Unterholzner sich anschickt, in Rente zu gehen, verschiebt sich der Fokus relativ schnell auf Cinzia Flaim. Die Abteilungsdirektorin gerät ins Fadenkreuz der Laimer-Verteidigung und bekommt gleichzeitig den langen Arm des Systems zu spüren.

Die resolute Landesbeamtin macht einen Kreuzweg durch, den kaum jemand anderer überstanden hätte. Der Abteilungsdirektorin werden ihre Auffassung von Rechtsstaat und objektiver, unbeeinflusster Verwaltung, ihre Standfestigkeit gegenüber politischem Druck von oben und ihre Zusammenarbeit mit den Ermittlern in der SEL-Affäre fast zum Verhängnis.

Cinzia Flaim ist in den Augen von Michl Laimer und Maximilian Rainer von Anfang ein rotes Tuch. Die beiden selbstherrlichen Macher der Südtiroler Energiepolitik wissen, dass die Juristin an der Spitze jener Abteilung, die für die Konzessionsvergabe zuständig ist, kaum nach ihrer Pfeife tanzen wird und ihnen bei ihren Machenschaften mit größter Wahrscheinlichkeit im Weg sein wird.

Cinzia Flaim arbeitet jahrelang als Direktorin im Amt für institutionelle Angelegenheiten im Palais Widmann. Als die Landesverwaltung 2008 dringend einen Direktor für die Abteilung Wasser und Energie sucht, zeigt Flaim Interesse. Unterstützt wird die Juristin dabei von ihrem direkten Vorgesetzten Hermann Berger, dem Generaldirektor der Landesverwaltung.

Für das Duo Laimer/Rainer wäre eine Ernennung von Cinzia Flaim aber die unangenehmste Lösung. Deshalb setzen sie auf einen anderen Kandidaten, einen Amtsdirektor der Landesverwaltung (Der Name ist dem Autor bekannt). Wie weit das Duo dabei geht, zeigt eine bisher kaum bekannte Episode: Weil der Amtsdirektor aus einem anderem Bereich kommt, wird der Mann unter der Regie von Michl Laimer und Maximilian Rainer zur SEL geschickt, wo er von einigen Bereichsleitern eine Art Nachhilfeunterricht in Sachen Stromkonzessionen erhält.

Am Ende gelingt der geplante Coup aber nicht und Cinzia Flaim tritt im April 2009 ihr Amt als neue Abteilungsdirektorin an. Sie übernimmt damit zu einem Zeitpunkt die Führung der Abteilung, als die Vergabe der Konzessionen für die Großkraftwerke in die entscheidende Phase geht.

Die Abteilungsdirektorin ist zusammen mit Amtsdirektor Hans Unterholzner und Luca Corona für die Bewertung der eingereichten Projekte zuständig. Weil diese Bewertungen – etwa beim Kraftwerk St. Anton – nicht überall zugunsten der SEL ausfallen, macht Michl Laimer immer wieder Druck auf die Beamtin. Flaim und ihr Amt lassen sich aber nicht umstimmen.

Vor diesem Hintergrund beginnen Michl Laimer und seine Verteidigung im Frühjahr 2012, bewusst auf Cinzia Flaim zu zielen – und zu schießen. Weil die Abteilungsdirektorin die Vorhaltungen ihres Ressortdirektors Flavio Ruffini geschickt und wahrheitsgemäß pariert

und auch die Aussagen des „Kronzeugen" Georg Fuga verpuffen, sucht man nach einem anderen Weg, die Beamtin unter Druck zu setzen.
Man glaubt, ihn in einer Schreibtischnachbarin von Cinzia Flaim gefunden zu haben.
Stefania Stramacchia, Sekretärin im Amt für Stromversorgung, wird am 24. April 2012 im Studio Brandstätter von drei Laimer-Anwälten angehört. Die Zeugin erklärt dabei:

> „Die Frau Doktor Flaim hat kein gutes Verhältnis zum Landesrat Laimer. Mehrmals habe ich von ihr wenig respektvolle, wenn nicht beleidigende Äußerungen in Richtung des Landesrats gehört. In einem Fall, als er gerade auf einem Flug war, wünschte sie ihm sogar den Tod (Februar 2011 – ‚hoffen wir, dass der Flieger abstürzt …‘). Ich könnte detailliert Dutzende solche beleidigende Gespräche gegen Laimer anführen. [...]
> Die Flaim und die Frau Ingeborg Hofer, die ehemalige Partikularsekretärin von Landesrat Laimer, haben dem Landesrat gegenüber immer wenig Höflichkeit an den Tag gelegt. Die Beziehung der beiden war durch eine besondere Vertraulichkeit und vor allem durch einen ständige Austausch von Informationen und Meldungen gekennzeichnet, die die Person von Michl Laimer betrafen. (Darunter einige absolut vertraulicher Natur).
> Hofer schickte Flaim Dokumente jedweder Art, die Laimer betrafen, ohne dessen Einverständnis. Zu diesen Informationen bin ich gekommen, weil mein Schreibtisch neben dem von Flaim steht und ich deshalb die Telefonate zwischen diesen beiden mithören konnte."

Stefania Stramacchia schildert vor den Laimer-Anwälten dreieinhalb Stunden lang detailliert angebliche Gespräche und Vorfälle im Amt für Stromversorgung. Sie stützt sich dabei auf ein Notizbuch, in dem sie über Monate hinweg angeblich verdächtige Bewegungen, Aussagen und Telefonate der Abteilungsdirektorin festgehalten hat. Als die Anwälte nachfragen, warum die Sekretärin diese Notizen gemacht habe, antwortet Stramacchia:

> „Wegen des Drucks der Medien und dem Klima, das im Büro geherrscht hat, habe ich mich entschieden diese Details aufzuschreiben,

um mich selbst zu schützen, da ich in einer inzwischen unerträglichen Umgebung arbeite."

Im Gespräch mit Georg Fuga hat Ressortdirektor Flavio Ruffini die Verteidigungslinie vorgegeben. Man muss das Nahverhältnis zwischen den Beamten und den Vertretern der Eisackwerk GmbH dokumentieren. Genau in diese Richtung gehen dann auch die Fragen, die man der neuen Zeugin stellt. Stefania Stramacchia:

„Der Frasnelli und die Flaim pflegten aus dem Büro zu gehen, um vertraulich reden zu können, indem sie Kaffee trinken gingen. Ich kann mich erinnern, dass Frasnelli nie im Amt blieb um zu reden, sondern immer aus dem Büro hinausging [...] Ich habe den Anwalt von Walther in einer Sitzung mit zwei anderen Herren und Frau Doktor Flaim gesehen. An das Datum kann ich nicht mehr genau erinnern."

Der Frontalangriff gegen Cinzia Flaim und das Amt für Stromversorgung geht aber noch weiter. Laimers Rechtsanwalt Domenico Aiello versucht, der Abteilungsdirektorin eine weitere Unredlichkeit zu unterstellen: eine unlautere Kollaboration mit den Ermittlern. Auch hier soll Stefania Stramacchia als Zeugin dienen. Die Sekretärin erzählt laut Protokoll von „verdächtigen" Telefongesprächen Flaims mit einem Ermittler der Carabinieri-Sondereinheit ROS und sogar von einem Anruf der Abteilungsdirektorin bei Oberstaatsanwalt Guido Rispoli, bei dem ein Treffen ausgemacht wurde. Dass dieser Gegenschlag bei Oberstaatsanwalt Guido Rispoli alles andere als Wohlwollen auslöst, dürfte verständlich sein. Vor allem, weil Rispoli über die Kontakte zwischen den ROS-Ermittlern und der Direktorin der Abteilung Wasser und Energie bereits bestens informiert ist.
Der Hintergrund: Die ROS-Beamten beschlagnahmen bei den Sicherstellungen im Februar 2012 im Amt für Stromversorgung den gesamten Inhalt der Dienstcomputer. Dabei nehmen sie auch die Unterlagen zu neuen, laufenden Konzessionsverfahren mit. Es sind die zuständigen Landesbeamten und die Abteilungsleiterin, die den Ermittlern klarmachen, dass diese Dokumente, bei denen es weder um St. Anton noch um die Konzessionsvergaben von 2009 geht, der

amtlichen Geheimhaltung unterstellt sind. Diese Dokumente dürfen damit weder an den Nebenkläger Hellmuth Frasnelli noch an die Laimer-Anwälte ausgehändigt werden. Aus diesem Grund beschließt man, diese Dokumente aus den Akten zu nehmen. Dazu bedarf es aber der Fachleute und der Hilfe des Amtes.

Obwohl sich alle Vorwürfe in kürzester Zeit in Luft auflösen, ist der Angriff gegen die unbequeme Landesbeamtin noch lange nicht vorbei. Es gibt noch einen anderen Schauplatz. Kurz vor seinem Rücktritt als Landesrat setzt Michl Laimer 2012 politisch eine Ämterneuordnung um, mit der ganz zufällig die Abteilung Wasser und Energie aufgelöst wird. Das Amt für Stromversorgung wird dabei der Umweltagentur angegliedert. Chef der Umweltagentur wird wenig später Laimers Ressortchef Flavio Ruffini.

Hans Unterholzner, Direktor des Amtes für Stromversorgung, geht 2013 in Pension. Georg Fuga ist heute immer noch als „Experte allgemeiner Angelegenheiten" im Amt für Stromversorgung tätig. Cinzia Flaim hingegen wird 2013 in die Generaldirektion des Landes abkommandiert. Acht Monate lang sitzt die Juristin unter Generalsekretär Hermann Berger in einem leeren Büro ohne Arbeit, „zur besonderen Verfügung".

Weil sich die kämpferische Beamtin aber auch dadurch nicht mürbe machen lässt und man bei einer Zurückstufung einen Arbeitsprozess fürchtet, der einige unangenehme Dinge ans Tageslicht bringen könnte, sieht man sich gezwungen, ihr nach rund einem Jahr wieder eine Direktorenstelle anzubieten.

Heute ist Cinzia Flaim Direktorin der Prüfbehörde für die EU-Förderungen.

Flavio Ruffini ist als Direktor der Umweltagentur auch für den Energiebereich zuständig. Erst im Sommer 2014 weilte Ruffini in dieser Funktion zusammen mit dem neuen Landesrat für Energie Richard Theiner in Rom, um dort den zuständigen Minister zu treffen. Das Thema: die Konzessionsvergabe bei Kraftwerken in Südtirol.

Man tut noch immer so, als wäre da nichts gewesen.

Der Super-GAU

*„Es ist unvermeidlich,
dass Verführungen kommen.
Aber wehe dem,
der sie verschuldet."*

Domenico Aiello, Anwalt von
Michl Laimer (Mai 2012)

Es ist ein Begriff, der aus der Technik kommt, aber längst in die Umgangssprache Einzug gefunden hat. Der GAU bezeichnet eigentlich einen schweren Störfall in einem Atomkraftwerk. Genaugenommen ist es die Abkürzung für den „größten anzunehmenden Unfall". Die Steigerung davon ist der Super-GAU.

Bei den Ermittlungen gegen Michl Laimer und Maximilian Rainer kommt es im Frühjahr 2012 zu einem solchen Super-GAU – ausgelöst durch die Verteidigung von Michl Laimer. Es ist vor allem der Mailänder Anwalt Domenico Aiello, Sozius von Gerhard Brandstätter, der durch eine aggressive Verteidigungsstrategie für seinen Mandanten strafrechtliche Erleichterung erreichen will. Am Ende legt die Laimer-Verteidigung der Staatsanwaltschaft aber einen Elfmeter auf. Dabei schießt die Anklage aber nicht nur ein Tor, sondern das Spiel endet mit der Aufdeckung des größten öffentlichen Betruges in der Südtiroler Nachkriegsgeschichte.

Im Februar 2012 taucht wie berichtet der angebliche Kronzeuge Georg Fuga auf, gleichzeitig findet man in der Sekretärin Stefania Stramacchia eine mögliche Belastungszeugin. Die Linie der Laimer-Verteidigung ist einfach: Man sucht nach Material, das die Beamten und die Führungsspitze des Amtes für Stromversorgung belasten kann. Damit hofft man, von den illegalen Machenschaften Michl Laimers abzulenken und die Aktionen in der Öffentlichkeit als eine Art Notwehr darstellen zu können.

Das Hauptaugenmerk liegt auf Hellmuth Frasnelli und auf der Eisackwerk GmbH. Die Laimer-Verteidigung will nachweisen, dass der private Unternehmer die Beamten unter Druck gesetzt habe. Es gibt dafür außer den widersprüchlichen und äußerst dünnen Aussagen der beiden neuen Zeugen zwar keinerlei Beweise, doch versucht Laimers Anwalt durch eine neue, aggressive Linie den Kläger Frasnelli, aber auch die Ermittler in die Defensive zu drängen.

Am 7. Mai 2012 geben Domenico Aiello und Gerhard Brandstätter im Büro von Oberstaatsanwalt Guido Rispoli einen siebenseitigen Schriftsatz ab, der ein Bibelzitat enthält.

Aiello, der als Anwalt in Mailand auch die Lega und ihre Exponenten betreut, zitiert das Evangelium nach Matthäus, und zwar das Kapitel 18 mit dem Titel „Warnung vor Verführung zur Sünde". Der Anwalt wählt Vers 7, den er wie folgt frei wiedergibt:

„Es ist unvermeidlich, dass Verführungen kommen. Aber wehe dem, der sie verschuldet."

Wer damit gemeint ist, erschließt sich dem geneigten Leser nicht zwingend; fest steht jedenfalls, dass im Verteidigungsschriftsatz, der aus der Feder Domenico Aiellos stammt, aber auch von Gerhard Brandstätter unterzeichnet ist, nicht nur Hellmuth Frasnelli und sein Anwalt Anton von Walther, sondern auch die Beamten der Carabinieri-Sondereinheit ROS frontal angegriffen werden. Aiello nennt den Chefermittler Alessandro Fontana namentlich und wirft dem Hauptmann unlautere Kontakte zu den Beamten im Amt für Stromversorgung vor.

Der Hauptvorwurf, der sich wie ein roter Faden durch den Verteidigungsschriftsatz zieht, ist die Unterstellung, die ROS-Beamten würden „absolut einseitig ermitteln". Gegen Laimer, aber nicht gegen Frasnelli.

Einige Wochen zuvor findet im Büro von Oberstaatsanwalt Guido Rispoli eine Besprechung statt, bei der es fast zum Eklat kommt. Anwesend sind neben Rispoli die beiden Laimer-Verteidiger Aiello und Brandstätter sowie der Leiter der ROS, Oberstleutnant Michael Werner Senn, und sein Chefermittler in Sachen SEL, Alessandro Fontana. Guido Rispoli erinnert sich:

> „Es war ein eisiges und aggressives Klima. Vor allem Rechtsanwalt Aiello erhob gegen die ROS-Beamten schwerwiegende Anschuldigungen. Er bezichtigte sie der bewusst einseitigen Ermittlung gegen Laimer. Die Carabinieri hielten dagegen und es wurde laut."

Diese Besprechung hat Folgen. Aber keineswegs jene, die sich Michl Laimer und seine Verteidiger erwarten.

941 Seiten mehr

Der Angriff auf die Ermittler erfolgt, obwohl die Staatsanwaltschaft sehr wohl die von der Verteidigung vorgelegten Erkenntnisse bereits in der Ermittlungsphase berücksichtigt. So waren die ROS-Beamten auf Weisung von Staatsanwalt Guido Rispoli unmittelbar nach

Bekanntwerden der Aussagen des Zeugen Georg Fuga tätig geworden. Bereits im März 2012 wird im Amt für Stromversorgung der entsprechende E-Mail-Verkehr beschlagnahmt.

Der EDV-Experte der Laimer-Verteidigung mahnt in seinem Gutachten aber an, dass diese beschlagnahmten Dateien Lücken aufweisen. Beim Angriff auf die Ermittler verlangen die Laimer-Verteidiger deshalb, dass das gesamte Datenmaterial im Amt für Stromversorgung sichergestellt wird.

Genau das passiert Anfang Mai 2012. Die Ermittler spiegeln den Dienstcomputer des für die Konzessionsvergabe zuständigen Landesbeamten und Ingenieurs Luca Corona. Wie von der Strafprozessordnung vorgesehen, müssen sämtliche sichergestellten Materialien der Anklage der Verteidigung, aber auch den Nebenklägern zur Verfügung gestellt werden. So erhalten im Frühsommer 2012 auch die Anwälte von Hellmuth Frasnelli das gesamte Material. Die Nebenkläger haben bereits vorher jenes Datenmaterial erhalten, das im Herbst 2011 in der SEL sichergestellt worden ist.

Zu diesem Zeitpunkt ermittelt die Staatsanwaltschaft gegen Michl Laimer nur im Fall des Kraftwerks St. Anton und im Zusammenhang mit der verweigerten Erweiterung der Schottergrube Platari; bekannt sind auch die Vorgänge um den in der SEL geschriebenen Vermerk und das von Maximilian Rainer verfasste Argumentarium.

Im neuen Datenmaterial aus dem Amt für Stromversorgung finden sich dann auch die PDF-Scans der Gesuche und Projekte, die beim Wettbewerb um die Konzessionen 2005 eingereicht wurden. Der Eisackwerk-Gesellschafter Karl Pichler und Rechtsanwalt Anton von Walther machen wenig später eine spektakuläre Entdeckung.

Die ROS-Beamten haben bereits im November 2011 den Dienstcomputer von SEL-Generaldirektor Maximilian Rainer beschlagnahmt. Auf diesem Computer finden sie, in einem für Rainer reservierten Bereich, einen unscheinbaren Ordner mit dem Titel „home-rainer\ Alte Dateien\Büro\Enel Produktion\umweltpläne_dezember_2005". In diesem Ordner sind 14 Word-Dokumente enthalten – es sind die Entwürfe der Umweltpläne der SEL, die alle am 30. Dezember 2005 zwischen 4.58 und 7.07 Uhr zum letzten Mal gespeichert und am selben Tag im Büro von Michl Laimer hinterlegt wurden.

Karl Pichler schaut sich nun – sieben Monate später – den SEL-Umweltplan für das Kraftwerk St. Anton aus dem Computer von

Maximilian Rainer an und vergleicht ihn mit jenem offiziellen Scan des Umweltplans, der im Frühsommer 2006 im Amt für Stromversorgung hinterlegt wird. Schon ein erster Blick genügt, um zu merken, dass hier etwas nicht stimmen kann. Der Umweltplan für St. Anton aus dem SEL-Computer hat 85 Seiten; jener, den das Amt für Stromversorgung bewertet hat, umfasst aber 206 Seiten. Das sind 121 Seiten mehr. Als Pichler und von Walther den Inhalt der beiden Umweltpläne vergleichen, kommen entscheidende Veränderungen zutage. In der zweiten Version ist der Text viel ausgefeilter. So ist das Kapitel „Umweltmaßnahmen" um Dutzende Seiten länger und andere Kapitel wurden völlig umgeschrieben. Was aber noch gravierender ist: Auch die Restwassermengen und vor allem die Summe der Umweltgelder sind verschieden. Steht in der Version vom 30. Dezember 2005, dass die SEL 5,5 Prozent des Jahresumsatzes von St. Anton für Umweltmaßnahmen investieren will, so findet sich im offiziellen SEL-Umweltplan aus dem Amt für Stromversorgung eine genaue Zahl: 49 Millionen Euro.

Karl Pichler und Anton von Walther beginnen jetzt alle Umweltpläne der Kraftwerke zu vergleichen. Das ist keine große Arbeit. Müsste man normalerweise riesige Stapel an Papieren und Dokumenten durchschauen, geht der Vergleich der Files auf dem Computer relativ schnell vor sich. Am Ende wird klar: Diese Unterschiede ziehen sich wie ein roter Faden durch alle eingereichten Projekte. Insgesamt haben die dem Amt für Stromversorgung vorliegenden SEL-Umweltpläne 941 Seiten mehr als jene, die angeblich am 30. Dezember 2005 hinterlegt wurden.

Den privaten Unternehmern liegt gleichzeitig auch der Aktenvermerk vor, mit dem die Spitze des Amtes für Stromversorgung erklärt, dass diese SEL-Unterlagen vom 30. Dezember 2005 bis Ende April 2006 im Büro von Michl Laimer lagen und erst danach ins Amt für Stromversorgung gebracht wurden. Damit gibt es eigentlich nur mehr eine Erklärung: Die ursprünglichen SEL-Projekte wurden nach dem 1. Jänner 2006 im Büro von Michl Laimer ausgetauscht. Am 9. August 2012 hinterlegt Eisackwerk-Anwalt Beniamino Migliucci einen 25 Seiten langen Bericht bei der Staatsanwaltschaft, in dem diese Vergleichsanalyse detailliert dargestellt wird. Oberstaatsanwalt Guido Rispoli beauftragt die ROS umgehend mit der

SEL-Umweltplan St. Anton: Ursprüngliches Inhaltsverzeichnis vom Dezember 2005.

Überprüfung dieser Vorwürfe. Am 4. Oktober 2012 liefern die Ermittler einen ersten Zwischenbericht ab, in dem diese Fakten bestätigt werden. Zudem gehen die EDV-Spezialisten der Carabinieri noch einen Schritt weiter. Im September 2012 stellen sie den gesamten Server der Landesenergiegesellschaft SEL sicher und finden darauf jene Dateien, die im Amt für Stromversorgung liegen. Die Experten können jetzt genau den Zeitpunkt nachweisen, an dem die neuen Umweltpläne gedruckt und gespeichert wurden: Es ist die Osterwoche 2006.

Spätestens jetzt ist bewiesen, dass die SEL mithilfe Michl Laimers bei sämtlichen Konzessionsansuchen geschwindelt hat und die Unterlagen nachträglich zum Schaden der Mitbewerber ausgetauscht und nachgebessert hat.

Zwischen dem 27. September und dem 1. Oktober 2012 verhören die ROS-Beamten die SEL-Mitarbeiter Armin Kager, Bernd Platter und Martin Kössler. Alle drei geben in den Verhören die Austauschaktion am Karfreitag 2006 sofort zu.

Damit geht es plötzlich nicht mehr nur um Mauscheleien bei der Konzessionsvergabe für das Kraftwerk St. Anton. Die Ermittler weisen eine systematische Manipulation nach, die Südtirols Energiepolitik der vergangenen zehn Jahre mit einem Schlag zunichtemachen könnte. Ausgelöst wird dieser Durchbruch durch einen Ermittlungsschritt, der von Michl Laimers Verteidigung eingefordert wurde.

SEL-Umweltplan St. Anton: Inhaltsverzeichnis nach dem Austausch (April 2006).

Rücktritt auf Raten

Michl Laimers Rückzug erfolgt stufenweise. Als die *Tageszeitung* im Dezember 2011 detailliert über den SEL-Vermerk und Maximilian Rainers Argumentarium berichtet, die ausschlaggebend bei der Vergabe der Konzession St. Anton waren, muss der Energielandesrat in der Parteileitung Rede und Antwort stehen. Michl Laimer gibt sich an diesem 9. Jänner 2012 vor seiner Partei noch selbstsicher:

> „Ich bin absolut überzeugt, dass die Ermittlungen gegen mich archiviert werden."

Die SVP-Leitung steht offiziell noch hinter Laimer. Doch auf der Sitzung wird eines deutlich gesagt: Sollte es zur Einleitung des Hauptverfahrens gegen den SVP-Landesrat kommen, muss die Situation politisch neu bewertet werden. Am 16. Februar 2012 gibt die Staatsanwaltschaft den Abschluss der Ermittlungen gegen Laimer bekannt. Oberstaatsanwalt Guido Rispoli wirft dem Landesrat Amtsmissbrauch, Wettbewerbsbeeinflussung, Falschbeurkundung, Offenbarung und Nutzung von Amtsgeheimnissen sowie versuchte Erpressung im Amt vor. Noch geht es ausschließlich um das Kraftwerk St. Anton. Michl Laimer und seine Verteidiger haben jetzt 30 Tage Zeit, um Entlastungsmaterial vorzubringen.

Anfang April 2012 erklärt Michl Laimer offiziell, dass er im Falle einer Anklageerhebung durch die Staatsanwaltschaft als Landesrat zurücktreten wird. In einem Interview mit *Tageszeitung*-Chefredakteur Artur Oberhofer sagt Laimer:

> „Es geht in dieser Geschichte nicht um Privatinteressen. Ich habe immer nach bestem Wissen und Gewissen und im öffentlichen Interesse gehandelt. Deshalb wäre für mich die Eröffnung eines Hauptverfahrens nicht nachvollziehbar. [...] Ich bin mir sicher, dass am Ende alles gut ausgehen wird.
>
> Daneben gibt es auch noch den politischen Aspekt, und da kann man im Falle der Eröffnung eines Hauptverfahrens nicht so tun, als ob nichts wäre. Ich mache keine halben Sachen, sondern setze ein klares Zeichen. Und das tue ich, falls es zur Anklageerhebung

kommen sollte. [...] Es war eine persönliche Entscheidung von mir. Ich will die Partei schützen, ich will das Amt schützen und auch mich selbst."

Bereits am 20. Februar 2012 hinterlegen die Grünen im Landtag einen Misstrauensantrag gegen Michl Laimer. Der Antrag wird von der gesamten Opposition mitunterzeichnet. Als der Misstrauensantrag am 8. Mai 2012 im Landtag zur Abstimmung kommt, zeigen sich die SVP und der Regierungspartner PD noch einmal geschlossen. Der Antrag wird mit 20 Gegen- und 14 Ja-Stimmen abgewiesen. Die SVP-Redner im Landtag verweisen auf die Unschuldsvermutung.

Wie schlecht diese politische Regie allerdings ist, zeigt sich keine drei Tage später. Gegen Mittag des 11. Mai 2012 erklärt Oberstaatsanwalt Guido Rispoli, dass er Anklage gegen Michl Laimer erheben und die Eröffnung des Hauptverfahrens beantragen wird. Zwei Stunden später erklärt Michl Laimer:

„Sobald ich etwas Amtliches in der Hand habe, trete ich, wie vor einem Monat versprochen, zurück. Das ist sicher kein Eingeständnis einer Schuld, nachdem ich mir keiner solchen bewusst bin, sondern ein notwendiger Schritt, um meine Person, meine Familie und mein Amt zu schützen."

SVP-Obmann Richard Theiner kommentiert wenig später:

„Mit seiner Entscheidung hat Michl Laimer Druck von sich selbst und von der Partei genommen. Ich zolle ihm dafür Respekt. Für uns ist wesentlich zu wissen, dass Laimer stets im Sinne der Allgemeinheit und zu keinem Zeitpunkt im persönlichen Interesse gehandelt hat. Die Anklage soll seine Leistungen für die Landespolitik nicht infrage stellen."

Auch Landeshauptmann Luis Durnwalder lobte Laimer als „verlässlichen, innovativen Kollegen" und erklärt:

„Ich habe eigentlich gehofft, dass er bleibt, bis seine Position geklärt ist. Der Rücktritt ist aber ein konsequenter Schritt."

Michl Laimer scheidet damit aus seinem Regierungsamt aus, bleibt aber noch einfacher SVP-Landtagsabgeordneter. Am 28. Juni 2012 entscheidet Voruntersuchungsrichter Walter Pelino, dass im Fall St. Anton das Hauptverfahren gegen Michl Laimer und Maximilian Rainer eingeleitet wird. Der Prozess soll im Oktober 2012 vor dem Bozner Landesgericht beginnen.

Doch dann folgt die Wende in den Ermittlungen: Im September 2012 ist klar, dass Michl Laimer und Maximilian Rainer nicht nur bei der Konzessionsvergabe zum Kraftwerk St. Anton geschwindelt haben, sondern dass es bei der Vergabe aller 14 Enel-Kraftwerke zu entscheidenden Manipulationen gekommen ist.

Am 3. Oktober 2012 berichte ich in unter dem Titel „Aktion Ostertausch" erstmals detailliert über diese neuen Ermittlungen und die erdrückende Beweislast. Umgehend ziehen alle anderen Südtiroler Medien nach. Laimers Tage als Politiker sind damit gezählt.

Am 10. Oktober 2012 tritt Michl Laimer auch als Landtagsabgeordneter zurück. Michl Laimer verschickt über das Landespresseamt eine letzte Stellungnahme. Darin heißt es:

„Ich habe nicht im Eigeninteresse gehandelt, sondern im Übereifer, die Interessen des Landes auch vor ungerechtfertigten Eingriffen Dritter wahren zu wollen, Fehler gemacht. Dafür trage ich die Verantwortung, und daher lege ich auch mein Amt als Landtagsabgeordneter zurück. Ich bedaure dies alles sehr, und es tut mir auch leid, dass es zu dieser Situation gekommen ist. Ich bin nach wie vor überzeugt, dass die Wertschöpfung aus der Wasserkraft im Interesse der Bevölkerung und nicht einiger Weniger genutzt werden soll."

Es ist das Ende einer politischen Karriere und der Beginn der Aufarbeitung der Affäre durch ein unabhängiges Gericht.

Die Daumenschrauben

*„Die Strategie war klar, man ging davon aus,
dass mir finanziell die Luft ausgeht.“*

Privater Stromunternehmer Hellmuth Frasnelli (Juli 2014)

Hellmuth Frasnelli und seine Partner sind mit ihrer Eingabe bei der Staatsanwaltschaft der Auslöser dafür, dass innerhalb von zwei Jahren nicht nur die gesamte SEL-Spitze und Landesrat Michl Laimer gehen müssen, sie bringen durch ihr Vorgehen auch das politisch so angepriesene Projekt „Heimholung des Stroms" nachhaltig ins Wanken.

Dass das politische Establishment diese Demütigung nicht einfach hinnehmen wird, ist von vorneherein klar. Es ist Rechtsanwalt Domenico Aiello, der mit seinem Bibelzitat jenes Motto wiedergibt, das man umsetzt. Bestraft werden soll nicht der Sünder, sondern jener, der die Sünde oder den Skandal aufdeckt.

Wie perfide man dabei vorgeht, lässt sich an den Vorgängen rund um das Kraftwerk Mühlbach exemplarisch nachzeichnen.

Die Eisackwerk GmbH erhält im November 2009 – wie wir gesehen haben, widerwillig – von der Landesregierung die Konzession für das Großkraftwerk Mühlbach zugesprochen. Die SEL legt 2010 beim Obersten Wassergericht in Rom Rekurs gegen diese Konzessionsvergabe ein. Dabei entsteht eine wirklich absurde Situation. Die Landesenergiegesellschaft kann nicht direkt gegen die Eisackwerk GmbH klagen, sondern sie muss gegen jene Behörde vor Gericht rekurrieren, welche die Konzession vergeben hat. Das sind die Landesregierung und das Land Südtirol, also der Mehrheitseigentümer der SEL. Normalerweise müsste die Landesregierung ihre Entscheidung vor Gericht verteidigen. Obwohl das Landesrechtsamt bereits einen Schriftsatz vorbereitet, beschließt die Landesregierung genau das Gegenteil – nämlich, dass sich das Land am Verfahren nicht beteiligt. Doch damit nicht genug: Die Ermittler können anhand der sichergestellten E-Mails nachweisen, dass der SEL-Rekurs vor der Abgabe mehrmals zwischen Maximilian Rainer und Michl Laimer hin und her geht – und dabei der SVP-Landesrat den Rekurs absegnet, der gewissermaßen gegen ihn selbst gerichtet ist.

Mühlbacher Tango

Hellmuth Frasnelli und seine Partner wollen das Kraftwerk in Mühlbach völlig erneuern und gründen dazu im Mai 2010 das Tochterunternehmen Eisackwerk Mühlbach GmbH. Den privaten Unternehmern ist klar, dass sie sich jetzt in einem Bereich bewegen, wo die Luft finanziell dünn wird, wenn man nur auf Bankdarlehen angewiesen ist. Deshalb sucht man schon bald nach finanzkräftigen Partnern.

Nachdem sich die Verhandlungen mit der Athesia AG zum Jahresende 2010 zerschlagen, steigen zwei renommierte Partner in die Eisackwerk Mühlbach GmbH ein. Peter Thun aus der gleichnamigen Keramikdynastie übernimmt 20 Prozent der Anteile am Unternehmen, und die Finanzierungsgesellschaft Botzen Invest AG steigt ebenfalls mit 5,5 Prozent ein. Den Rest an der Eisackwerk Mühlbach GmbH halten Hellmuth Frasnellis Investa GmbH und Karl Pichlers Flumen GmbH mit jeweils 37,25 Prozent.

Mit 1. Jänner 2011 gehen die Südtiroler Großkraftwerke an die neuen Konzessionäre über. Bei allen übrigen Kraftwerken klappt das ohne Problem, nur im Fall Mühlbach kommt es zu großen Schwierigkeiten.

Laut Gesetz muss der neue Konzessionär die Maschinen und unveräußerlichen Teile der Kraftwerksanlagen vom scheidenden Konzessionär finanziell ablösen. Genau in diesem Punkt kommt es aber zum Streit. Die gemeinsame SEL-Enel-Tochter SE Hydropower GmbH, die das Kraftwerk seit 2009 führt, legt eine Schätzung vor, nach der die Kraftwerksanlagen 6.080.000 Euro wert sind. Weil die Eisackwerk Mühlbach GmbH aber selbst die neu eingebauten Maschinen weit weniger bezahlt, lehnen Frasnelli & Co die Bezahlung dieser Summe für den fast 70 Jahre alten Maschinenpark als zu hoch ab.

Da keine Einigung in Sicht ist, legt die Eisackwerk Mühlbach GmbH im Oktober 2010 beim zuständigen regionalen Wassergericht in Venedig Rekurs ein. Die Forderung: Das Gericht soll den wahren Wert der Anlagen und Güter festlegen.

Vor dem Hintergrund des behängenden Rechtsstreites unterschreiben beide Seiten aber ein Übergabeprotokoll. Darin wird vereinbart, dass die Eisackwerk Mühlbach GmbH eine Kaution von 1,5 Millionen Euro hinterlegt. Zudem verpflichten sich die privaten Unternehmer, sämtliche Erlöse aus dem Kraftwerk auf ein Konto zu überweisen, in das auch die SE Hydropower GmbH Einblick hat – und zwar solange, bis auf dem Konto 4,5 Millionen Euro angehäuft sind. Das Geld soll für den Maschinenkauf bereitgestellt werden. Im Protokoll wird auch festgelegt, dass der endgültige Wert durch ein Gerichts-gutachten oder durch ein Schiedsgericht festgelegt werden soll. Hellmuth Frasnelli und seine Anwälte gehen nach dieser Abma-chung davon aus, dass der Streitfall damit innerhalb eines halben Jahres geklärt sein wird. Doch sie täuschen sich gewaltig. Als es am 10. März 2011 vor dem Wassergericht in Venedig zur Verhandlung kommt, weigern sich die Anwälte der SE Hydropower GmbH, der Einholung eines unabhängigen Gerichtsgutachtens zuzustimmen. Ganz im Gegenteil: Plötzlich stellt die SEL-Tochter die Zuständig-keit des Venediger Gerichtes infrage. Auch von einem Schiedsge-richt will man nichts mehr wissen.

Nach dieser Entwicklung geben Frasnelli & Co selbst ein Schätzgut-achten für den Mühlbacher Maschinenpark in Auftrag. Der Trenti-ner Ingenieur Maurizio Lutterotti kommt in seinem beeideten Gut-achten auf einen Wert von 734.000 Euro. Dieser Wert ist mit der hinterlegten 1,5-Millionen-Euro-Kaution zweimal abgesichert.

Die Eisackwerk Mühlbach GmbH hat bis Ende Juli 2011 rund 1,8 Millionen Euro auf das Konto eingezahlt – Geld, das damit einge-froren ist. Weil die Verzögerungstaktik der SEL und die Strategie, Hellmuth Frasnelli & Co finanziell in die Zange zu nehmen, immer deutlicher werden, entschließen sich die privaten Unternehmer zu einem Schritt, auf den die Gegenseite nur gewartet hat.

Die Eisackwerk Mühlbach GmbH verlangt, dass die SE Hydropow-er ihre Obstruktion gegen ein Gerichtsgutachten aufgibt und erklärt, bis zur Ernennung eines Gutachters keine Gelder mehr sicherstellen zu wollen. Im September 2011 teilt man das dem Verwaltungsrat der SE Hydropower GmbH schriftlich mit. Dieser Schritt wird von der Gegenseite als Vertragsbruch interpretiert. Am 27. September 2011 beschließt der Verwaltungsrat der SE Hydropower GmbH, die Be-schlagnahme der Güter der Eisackwerk GmbH bis zu einem Wert von 4.568.000 Euro zu veranlassen. Der Beschluss wird vom Präsi-denten der SEL-Tochter, Maximilian Rainer, vorgeschlagen und vom damaligen SEL-Präsidenten Klaus Stocker abgesegnet.

Am Donnerstag, dem 29. Dezember 2011, sitzt Landesrat Michl Laimer zusammen mit seinem Anwalt Gerhard Brandstätter vor Oberstaatsanwalt Guido Rispoli. In dem rund vierstündigen Verhör geht es um die Konzessionsvergabe für das Kraftwerk St. Anton und um einen angeblichen Erpressungsversuch des Landesrates.

Genau an diesem 29. Dezember 2011 wird Hellmuth Frasnelli eine Klageschrift Brandstätters zugestellt. Gerhard Brandstätter verlangt darin als Anwalt der SE Hydropower GmbH im Dringlichkeitswege die Beschlagnahme der Güter der Eisackwerk Mühlbach GmbH.

Danach geht es sehr schnell. Am 4. Jänner 2012, also vier Tage später, wird bereits die Verhandlung festgelegt. Am 5. Jänner gibt Einzelrichterin Elisabeth Roilo der Eingabe Brandstätters statt und verfügt die Beschlagnahme der Eisackwerk-Güter bis zu einem Wert von 4,5 Millionen Euro. Die Entscheidung wird nach einem Rekurs der Eisackwerk GmbH wenige Wochen später von einem dreiköpfigen Richtersenat besätigt. Im Oktober 2013 hinterlegt ein Gerichtsgutachter sein Amtsgutachten und schätzt den Wert der alten Maschinen – je nach Bewertungsansatz – auf einen Betrag zwischen 782.353 und 1.064.545 Euro. Am 6. Februar 2014 schließen die Parteien einen gerichtlichen Vergleich – die mehr als zweijährige Beschlagnahmung wird aufgehoben.

Hellmuth Frasnelli heute:

„Die Strategie war klar, man ging davon aus, dass mir finanziell die Luft ausgeht. Und es wurde damals wirklich eng. Gerettet hat mich dann eine Finanzspritze unseres Teilhabers Peter Thun."

Es ist der erste Versuch, Hellmuth Frasnelli finanziell den Garaus zu machen. Der zweite Versuch folgt neun Monate später und ist noch irrwitziger.

Durnwalders Angriff

Ende September 2012 lässt Luis Durnwalder auf der traditionellen Montagspressekonferenz nach der Sitzung der Landesregierung ganz bewusst eine Bombe platzen. Der Landeshauptmann berichtet, dass die Landesämter den Verdacht hätten, an der Eisackwerk Mühlbach GmbH sei eine Treuhandgesellschaft beteiligt. Das aber könne laut Durnwalder zum Widerruf der Konzession führen. Nach dem 2011 erlassenen Landesgesetz haben Treuhandgesellschaften, die Konzessionen übernehmen, die Pflicht, innerhalb von 30 Tagen ihre Treugeber offenzulegen. Laut Darstellung der Landesämter hätte die Eisackwerk Mühlbach GmbH das aber unterlassen. Die Landesregierung reagiert umgehend. Bereits am 24. September 2012 leitet das Amt für Stromversorgung das Verfahren für den Widerruf der Konzession ein. Bedenkt man, dass die zuständigen Landesämter im Fall Stein an Stein Italia keinen Finger gerührt haben, wird klar, dass man hier bewusst mit zweierlei Maß misst. Noch absurder wird der Vorstoß aber, wenn man die Vorwürfe im Detail kennt. An der Eisackwerk Mühlbach GmbH ist mit 5,5 Prozent auch die Botzen Invest AG beteiligt. Diese Investmentgesellschaft wird im März 2009 mit einem Gesellschaftskapital von 10 Millionen Euro gegründet und hat hochkarätige Aktionäre. 2012 hält das Diözesaninstitut für den Unterhalt des Klerus (DIUK) 6 Prozent, je 5 Prozent halten der Latscher Immobilienmakler Peter Paul Pohl, die Unternehmer Paolo Foradori und Walter Pichler, die Rubner Vermögensverwaltungs-GmbH, die Progress Holding AG, die Pedross Immobilien GmbH, die Gasser GmbH, und die Agba AG. Mit je einem Prozent sind Giorgio Franceschi, Ulrich Foppa, Michael Atzwanger und der Bozner Notar Walter Crepaz beteiligt. Hellmuth Frasnellis Investa hält 10 Prozent an der Botzen Invest AG. Hauptaktionär aber ist mit 40 Prozent das Istituto Atesino di Sviluppo Spa (ISA). Die ISA Spa ist das Finanzierungsinstitut der Trentiner Kurie. Die Gesellschaft hat Hunderte von Beteiligungen, auch in Südtirol. So ist die ISA Spa unter anderem der zweitgrößte Aktionär der Gesellschaft, welche die Bozner Tageszeitung *Alto Adige* herausgibt.

Die ISA Spa hat ein Gesellschaftskapital von 79,45 Millionen Euro und insgesamt 3.910 Aktionäre. Unter diesen Gesellschaftern gibt es einige, die auch den Weg über eine Treuhandgesellschaft gewählt haben. 2011 kaufen die beiden Treuhandgesellschaften Delta Erre Spa Società Fiduciaria (Padua) und die bereits genannte AF Società di Amministrazione Fiduciaria Spa (Verona) größere Aktienpakete. Diese Aktienpakete werden dann umgehend gestückelt und noch am selben Tag an gut drei Dutzend Südtiroler Unternehmer und Anleger weiterverkauft. Diese Privatpersonen halten die Aktien unter ihrem Namen und nicht als Treuhandbeteiligung. Anscheinend hat aber jemand den Aktientransfer in der Trentiner Gesellschaft genau studiert und die Tatsachen der Umweltagentur gemeldet. Deren Direktor Flavio Ruffini, ehemaliger Ressortchef von Michl Laimer, wird umgehend tätig.

Am 20. November 2012 übermitteln die Anwälte der Eisackwerk Mühlbach GmbH dem Amt für Stromversorgung und der Landesregierung ihre Gegenäußerungen. Darin wird genau auf den Fall der Treuhandbeteiligung der Delta Erre Spa eingegangen. Die Beteiligung stammt ausgerechnet vom ehemaligen Trentiner Staatsanwalt und damaligen Chef der europäischen Korruptionsbekämpfungsbehörde OLAF, Giovanni Kessler. Kessler hat die Treuhandgesellschaft als Instrument zum Verkauf seiner Anteile benutzt. Die Treuhandgesellschaft war formal niemals ISA-Aktionär.

Die Konstruktion einer angeblichen, indirekten Treuhandbeteiligung über drei Ecken, bei der es am Ende um einen Anteil von 0,012 Prozent an der Eisackwerk Mühlbach GmbH geht, ist an und für sich schon irrwitzig. Doch die Eisackwerk-Mühlbach-Eigner führen in ihren schriftlichen Gegenäußerungen noch ein Argument an, das die forschen Detektive im Amtskittel nicht bedacht haben.

Die SEL hat die Konzessionen der Südtiroler Großkraftwerke mit zwei Tochtergesellschaften übernommen, an denen die Edison und die Enel mit jeweils 40 Prozent beteiligt sind. Beide italienischen Stromriesen sind an der Börse notiert. In ihrem breit gestreuten Gesellschafterfeld finden sich Dutzende Treuhandgesellschaften. Mit derselben Logik müsste das Land demnach auch der SEL alle Konzessionen widerrufen.

Spätestens damit dürfte der Landesregierung klar werden, wie gefährlich und unsinnig dieser Angriff auf Hellmuth Frasnelli ist. Das Verfahren gegen die Eisackwerk Mühlbach GmbH wird am 30. November 2012 von der Landesagentur für Umwelt offiziell archiviert.

Teurer Schotter

Wie sehr man Hellmuth Frasnelli bewusst unter Druck setzt, zeigt sich auch am Nachspiel um die Schottergrube Platari in Prags. Wir erinnern uns: Michl Laimer hat im Frühsommer 2009 versucht Hellmuth Frasnelli zu erpressen. Laimers unmoralisches Angebot: Der private Unternehmer soll sein Ansuchen für das Kraftwerk St. Anton zurückziehen, nur dann genehmigt die Landesregierung die Erweiterung der Pragser Schottergrube. Zuerst lässt Laimer die Erweiterung wochenlang vertagen, dann lehnt die Landesregierung den Antrag entgegen den Vorgaben der Landesämter ab.

Hellmuth Frasnellis Obermarbach KG klagt vor dem Bozner Verwaltungsgericht gegen die Ablehnung und bekommen im Oktober 2010 Recht. Die Ablehnung durch die Landesregierung ist nicht rechtens. Trotzdem korrigiert die Landesregierung den eigenen Beschluss nicht. Die Obermarbach KG reicht deshalb im Juli 2011 vor dem Bozner Verwaltungsgericht eine Anschlussklage ein. Am 20. Dezember 2011 verfügt das Verwaltungsgericht, dass die Landesregierung innerhalb von 30 Tagen den Beschluss zur Erweiterung erlassen muss. So genehmigt die Landesregierung am 30. Dezember 2011 die Erweiterung der Schottergrube Platari. Es ist aber ein Beschluss mit einer besonderen Bedingung.

Nach der Vorgabe des Amtes und nach dem Landesgesetz müssen Unternehmer, die eine Konzession für den Schotterabbau erhalten, eine Kaution hinterlegen. Diese Kaution beläuft sich üblicherweise auf 150.000 Euro. Genau diese Kaution hat auch die Obermarbach KG für die Schottergrube Platari entrichtet. Im Beschluss für die Erweiterung steht dann aber eine neue, zusätzliche Kaution, in bisher noch nicht dagewesener Höhe: 700.000 Euro.

Dass das eine Sondermaßnahme ist, die ausschließlich auf den unbequemen Bozner Unternehmer zugeschnitten ist, wird 18 Monate später klar.

Hellmuth Frasnelli hat die Obermarbach KG und somit die Schottergrube Platari inzwischen verkaufen müssen. Am 8. Juli 2013 beschließt die Landesregierung auf Antrag des neuen Besitzers, die Kaution für die Schottergrube Platari von insgesamt 850.000 Euro wieder auf 150.000 Euro zu senken.

Auf Wanzensuche

*„Der Sicherheitscheck wurde nicht
für mich oder für eines der anderen
Regierungsmitglieder gemacht,
sondern ausschließlich zum Schutz
der Institution Land."*

Landesrat und SVP-Vizeobmann
Thomas Widmann (Februar 2013)

Thomas
Widmann

Im Februar 2013 wird ein neuer Skandal bekannt. Es ist eine Art Nebenprodukt der Affären SEL, Stein an Stein und der Treuhandermittlungen rund um die Mitglieder der Südtiroler Landesregierung. Der Skandal, der sich zwischen August und Dezember 2011 abspielt, ist beim Abschluss dieses Manuskriptes noch gerichtsanhängig. Anhand der Aktenlage lässt sich aber jetzt schon sagen, dass es auch hier zu verwaltungsmäßigen Unregelmäßigkeiten gekommen ist.

Im Dezember 2012 trudelt im Organisationsamt des Landes plötzlich eine E-Mail ein, die eigentlich niemand bestellt hat. In Anhang befindet sich eine Visitenkarte der Trentiner Agenzia Investigativa Montipool. Die in Roncegno bei Levico Terme im Trentino angesiedelte Detektei und ihr Inhaber Vittorio Montibeller sind spezialisiert auf das Aufspüren von Abhörtechnik.

Neben der Visitenkarte liegt der E-Mail die vom Land bezahlte Rechnung Nummer 37/2011 über 2.678,52 Euro bei. Dazu ein Dokument, das außer Michl Laimer und dessen Anwalt Gerhard Brandstätter bis dahin noch niemand gesehen hat: der Abschlussbericht *(Rapporto investigativo)* der Trentiner Agentur, aus dem hervorgeht, dass die privaten Techniker 13 Monate zuvor in Laimers Büro nicht nur nach Abhörtechnik gesucht haben, sondern dabei auch fündig wurden.

Die Leiterin des Organisationsamtes, Patrizia Nogler, traut ihren Augen nicht. Nogler und ihr Amt sind unter anderem für die Sicherheit der Landesbüros und damit auch für die Abwehr eines möglichen Lauschangriffes zuständig. Der hohen Landesbeamtin wird die Brisanz des Montipool-Abschlussberichtes schnell bewusst.

Hätte Michl Laimer dieses Ergebnis dem zuständigen Amt mitgeteilt, so hätte die Amtsdirektorin oder der Generaldirektor des Landes umgehend Meldung an die Staatsanwaltschaft machen müssen.

Nachdem man aber erst jetzt Kenntnis von dem angeblichen Wanzenfund bekommt, wird diese Meldung erst über ein Jahr später erstattet. Generaldirektor Hermann Berger weist Patrizia Nogler nach Auftauchen des positiven Abschlussberichts unmittelbar an, die Carabinieri-Sondereinheit ROS, die unter anderem auf Abhörungen spezialisiert ist, zu unterrichten. Die ROS gibt die Nachricht an Oberstaatsanwalt Guido Rispoli weiter, der formell Ermittlungen einleitet.

Anhand dieser Ermittlungen lässt sich die „Wanzenaffäre" detailliert rekonstruieren. Im Mittelpunkt stehen auch hier drei bekannte SVP-Landesräte: Michl Laimer, Thomas Widmann und Hans Berger.

Nächtliche Anrufe

Im Sommer 2011 ermittelt Oberstaatsanwalt Guido Rispoli gegen Hans Berger. Im Strafverfahren 4619/2011 geht es um die Treuhandbeteiligung Bergers an der Ciamp GmbH. Zwischen dem 7. und dem 15. Juli 2011 beschlagnahmt die Finanzwache in Verona und Bozen Unterlagen und Dokumente und führt erste Einvernahmen durch. Spätestens am 14. Juli 2011, als Hans Berger persönlich bei Oberstaatsanwalt Guido Rispoli um eine Anhörung ersucht, weiß der SVP-Politiker, dass die Staatsanwaltschaft gegen ihn ermittelt. Genau zu diesem Zeitpunkt kommt der Landeshauptmannstellvertreter auf eine Idee, die vor ihm noch kein anderer Landesrat hatte. Er lässt sein Büro und seine Amtsräume auf Wanzen und Abhörtechnik untersuchen.

Am 5. März 2013 wird Hans Berger von den Ermittlern angehört. Dabei begründet der SVP-Landesrat seine Entscheidung so:

„Bereits im Laufe des Jahres 2011 hatte ich den Verdacht, dass ich überwacht werde. Ich erhielt nämlich immer wieder zur Nachtzeit Anrufe mit unterdrückter Nummer, wo dann aber niemand sprach. Diese Anrufe kamen gegen 2, 3 Uhr oder gegen 4, 5 Uhr in der Nacht. [...] Es ist bekannt, dass in meinem Büro für alle die Türen immer offen sind. Es ging dort jeder ein und aus, der wollte. Diejenigen, die die Pflanzen pflegen, jene, die die Klimaanlage warten. Um die Gewissheit zu haben, in meinem Büro unbeschwert und ruhig reden zu können, habe ich deshalb beschlossen, eine Bonifizierung der Umgebung machen zu lassen."

Vittorio Montibeller, Inhaber der Agenzia Investigativa Montipool führt diese „Bonifizierung" am 25. August 2011 durch. Montibeller und ein Mitarbeiter untersuchen nur das Büro des Landesrates. Hans Berger ist während der Wanzensuche nicht anwesend. Er lässt sich

– laut eigener Aussage – von seinem Partikularsekretär Dominik Holzer vertreten.

Die Säuberungsaktion verläuft ohne Zwischenfälle. Der private Abhörtechniker gibt am Ende Entwarnung. Bergers Büro ist sauber.

Für die Staatsanwaltschaft und die Ermittler ist von Anfang an klar, dass die Tatsache, dass Hans Bergers plötzliches Interesse an Wanzen genau zu dem Zeitpunkt erwacht, als die Staatsanwaltschaft den SVP-Politiker ins Ermittlungsregister einträgt, kein Zufall ist. Diesen direkten Zusammenhang kann selbst Hans Berger nicht leugnen. Der Politiker sagt bei seiner Anhörung:

„Die Gründe [für die Wanzensuche – Anm. d. A.] waren demnach vielfältig. Darunter waren die Streitfälle im Energiesektor mit dem Rechnungshof, meine persönliche Situation in Bezug auf die Treuhandbeteiligung und die Anfechtungen von Privaten im Bereich der großen Kraftwerkskonzessionen, sowie die merkwürdigen Telefonanrufe, über die ich bereits gesprochen habe."

Die Empfehlung für die Trentiner Agentur Montipool kommt von einem privaten Bekannten von Hans Berger: dem Carabinieri-General Italo Franzoso.

Der in Bozen wohnhafte General hat eine lange und steile berufliche Karriere hinter sich. Franzoso arbeitet kurzzeitig unter dem Terroristenjägers Carlo Alberto Della Chiesa, der 1982 in Sizilien von der Mafia ermordet wird. Er leitet später mehrere große Carabinieri-Kommandos in Norditalien. So ist er bis zum Februar 2003 auch Chef des regionalen Carabinieri-Kommandos Trentino-Südtirol.

Italo Franzoso ist besonders sportbegeistert. Der hohe Carabinieri-Offizier, der in jungen Jahren in Bozen selbst Fußball spielte, engagiert sich im Basket-, Hand- und Fußball. Zeitweilig ist Franzoso auch Vizepräsident des FC Südtirol. Nach seiner Pensionierung arbeitet der Carabinieri-General für mehrere private Unternehmen als Berater. So ist er etwa für die Sicurplan tätig, dem Marktführer in Italien in Sachen Videoüberwachung. Franzoso ist aber auch als Berater für den Trentiner Fernsehsender *TCA* tätig und trifft in dieser Funktion auch immer wieder Südtiroler Regierungspolitiker.

Der General ist damit seit Langem bestens in die Südtiroler Politik eingeführt. Italo Franzoso pflegt private Kontakte zu mehreren Mitgliedern der Landesregierung. Hans Berger gibt bei seiner Zeugeneinvernahme zu Protokoll, dass er mit Franzoso befreundet ist und man sich öfters telefonisch hört.

Im August 2011 ersucht Hans Berger den General um ein Treffen. In einem Café am Bozner Waltherplatz berichtet Berger Franzoso von seinem Verdacht, abgehört zu werden, und bittet den Carabinieri-General um Hilfe. Italo Franzoso setzt Berger umgehend mit Vittorio Montibeller, dem Inhaber von Montipool, in Verbindung. Montibeller war früher selbst Carabiniere und hat unter Franzoso gedient. Nach der Gründung von Montipool engagiert er Italo Franzoso als Berater für sein Unternehmen. „Meine Aufgabe ist es, die Klienten mit der Agentur in Verbindung zu bringen", beschreibt der General vor den Kollegen der ROS seine Rolle.

Diese Aufgabe erfüllt Italo Franzoso nicht nur bei Hans Berger.

Frequenz 443,935 MHz

Am 14. Oktober 2011 wird Michl Laimer formell in das Ermittlungsregister der Staatsanwaltschaft Bozen eingetragen. Es geht um das Strafverfahren 7026/2011 und die angeblichen Manipulationen bei der Vergabe der Kraftwerkskonzession St. Anton. Genau eine Woche später durchsuchen Beamte der ROS und der Gerichtspolizei die Amtsräume und Büros von Michl Laimer. Dabei werden auch die Telefon- und Computerdaten gesichert.

Sofort nach dieser Durchsuchung wird Michl Laimer aktiv. Der Landesrat kontaktiert telefonisch Italo Franzoso. Der SVP-Politiker und der pensionierte Carabinieri-General treffen sich in einem Gastlokal am Bozner Mazziniplatz. Laimer berichtet von seinem Verdacht, abgehört zu werden, und Franzoso tut genau das, was er auch schon bei Hans Berger tat: Er stellt den direkten Kontakt zu Vittorio Montibeller und dessen Agentur Montipool her.

Michl Laimer kontaktiert Montibeller umgehend, und man legt den Termin für die Aktion fest. Der Politiker wählt dabei bewusst einen Zeitpunkt, an dem er sicher sein kann, allein im Bürohaus zu sein: Freitag, 4. November 2011, um 19 Uhr.

An diesem Abend werden Vittorio Montibeller und sein Mitarbeiter Aldo Pedrotti von Michl Laimer höchstpersönlich vor dem Landhaus in der Rittnerstraße empfangen. Laimer sperrt die Tür zum Landhaus auf, und das Trio fährt in den vierten Stock. Der Landesrat gibt den Auftrag, drei Räume bonifizieren zu lassen: das Büro seiner Sekretärin, den Sitzungssaal und sein Büro.

Pedrotti arbeitet mit einem Oscor 5000, einem der professionellen Systeme zum Aufspüren von Abhör- und Videospionagegeräten, das auch von Staatsdiensten auf der ganzen Welt verwendet wird. Das Gerät scannt alle Frequenzen in einem Raum und erkennt Signale, die aus dem allgemeinen Frequenzschema fallen. Pedrotti untersucht zuerst das Büro der Sekretärin, dann den Sitzungssaal und als letztes Laimers Büro.

Dort wird der Techniker fündig. Michl Laimer berichtet in seiner Zeugenaussage vor den Ermittlern von lauten Geräuschen, die das Gerät ausgesandt habe und die sich plötzlich an einem Punkt rechts hinter seinem Schreibtisch verändert haben sollen. Diese Aussage dürfte eher dem Reich der Fantasie angehören als der Wirklichkeit. Es stimmt zwar, dass das Oscor 5000 mit einer Antenne ausgestattet ist, die über eine akustische Modulation Wanzen und Kameras aufspürt, doch kein professioneller Techniker macht diese Arbeit mit eingeschaltetem Lautsprecher. Denn dann wären die Abhörer sofort davon informiert, dass ihre Wanzen aufgeflogen sind. Deshalb dürfte Pedrotti, wie es Standard ist, an diesem Novemberabend mit Kopfhörern gearbeitet haben.

Tatsache ist, dass der Techniker hinter dem Schreibtisch ein nicht zuordenbares Signal lokalisieren kann, das auf der Frequenz 443,935 Megahertz sendet. Das Gerät Oscor 5000 speichert ermittelte Frequenzen automatisch auf einem Datenträger. Fast 15 Monate später übergibt Vittorio Montibeller diese Daten dann den ROS-Beamten. Damit gibt es einen konkreten Nachweis für das Vorhandensein eines Abhörgerätes in Laimers Büro.

Nach dem Fund informiert Pedrotti diskret und ohne dass Laimer mithören kann, seinen Chef Montibeller. Weil Montibeller aber weiß, dass die Staatsanwaltschaft Bozen gegen Laimer ermittelt, versucht man erst gar nicht, die Wanze freizulegen. Dem ehemaligen Carabiniere ist klar, dass man sich damit strafbar macht. Die Abhörung könnte theoretisch von den Ermittlungsbehörden gemacht und richterlich genehmigt sein. Somit bewegt man sich bereits mit der Wanzensuche auf kritischem Terrain.

Vittorio Montibeller teilt Michl Laimer zwar kurz mit, dass man in seinem Büro fündig geworden ist, doch der Politiker wird nicht im Detail informiert. Der Agenturchef will sich zuerst mit seinem honorigen Berater Italo Franzoso absprechen. Unmittelbar nachdem Michl Laimer Montibeller und Pedrotti vor dem Landhaus in der Rittnerstraße wieder verabschiedet, fährt das Duo zur Bozner Wohnung des Carabinieri-Generals. Montibeller informiert Franzoso detailliert über den Fund. Der Carabinieri-General ruft sofort Michl Laimer an, der bereits auf dem Heimweg von Bozen nach Brixen ist, und bittet ihn umzukehren. Man trifft sich erneut in Bozen. Dabei dürfte man beraten haben, wie man nach dem Wanzenfund weiter vorgeht.

Wenig später informiert Michl Laimer seinen Rechtsanwalt Gerhard Brandstätter von der Aktion und der beunruhigenden Entdeckung. Es stellt sich jetzt die Frage, ob Laimer von der Staatsanwaltschaft abgehört wird. Brandstätter fragt daraufhin direkt bei Oberstaatsanwalt Guido Rispoli nach, ob er eine Abhörung beantragt habe. Rispoli verneint.

Jetzt schreitet Michl Laimer selbst zur Tat. Am 5. März 2013 gibt er zu Protokoll:

„Ich zweifelte und war aber auch neugierig, ob es wirklich Abhörwanzen in meinen Büro gab, deshalb leitete ich persönlich eine Suche in meinem Büro ein."

Laut seiner Aussage macht sich der Landesrat eigenhändig, zusammen mit seinem persönlichen Referenten Uwe Staffler, seinem Ressortdirektor und heutigen Chef der Umweltagentur Flavio Ruffini sowie dem Mitarbeiter Armin Gluderer auf die Suche nach der Wanze. Im Büro Laimers werden Möbelstücke verstellt und alle Schubladen des Schreibtischs ausgeräumt. Zudem schraubt man Steckdosen und Lichtschalter ab und untersucht andere mögliche Verstecke mit Stromzufuhr, um die Abhörtechnik zu entdecken. Diese Suche verläuft aber ergebnislos. „Ich bin der Meinung, dass jemand die Wanze in der Zwischenzeit entfernt hat", erklärt sich Michl Laimer 15 Monate später diese Tatsache.

Laut Laimers Aussage habe Italo Franzoso ihm bei einem weiteren Treffen kurz nach dem Wanzenfund geraten, auch die Büros der SEL nach Abhörtechnik durchsuchen zu lassen. Der Carabinieri-General widerspricht dieser Schilderung. Tatsache ist, dass Michl Laimer den neu gewählten SEL-Präsidenten Wolfram Sparber von dem Wanzenfund erzählt und ihm nahelegt, auch den SEL-Sitz kontrollieren zu lassen.

Widmanns Palais

Nach Hans Bergers und Michl Laimers Wanzensuche gibt es innerhalb eines dreiviertel Jahres noch drei weitere Aktionen in Sachen Lauschangriff.
Am Rande einer Landtagssitzung erzählt Laimer im November 2011 von dem Fund in seinem Büro. Fast gleichzeitig bereitet Patrizia Nogler, Leiterin des Organisationsamtes und von Amts wegen für die Sicherheit der Amtsräume zuständig, eine Bonifizierung im Zentrum der Macht vor. Die Amtsräume von Landeshauptmann Luis Durnwalder und der Sitzungssaal der Landesregierung im Palais Widmann sollen nach Abhörvorrichtungen durchsucht werden. Es ist das erste Mal, dass es zu einer solchen Bonifizierungsaktion kommt. Nogler sagt später vor den Ermittlern aus:

> „Soviel ich weiß, hat es vorher nie eine solche Säuberung gegeben, weil Landeshauptmann Durnwalder es für nicht nötig hielt."

Der Vorschlag sei nicht von Durnwalder gekommen, sondern von ihr. Der Landeshauptmann sei über die Bonifizierung zwar informiert worden, spielt bei der Aktion aber keine aktive Rolle. Patrizia Nogler:

> „Das Ganze wurde in einem größeren Rahmen einer Sicherheitsüberprüfung organisiert und absolut nicht aus der Angst heraus, dass die Staatsanwaltschaft mithören könnte."

Die Amtsdirektorin erteilt den Auftrag an das österreichische Unternehmen Global Security aus Mödling. Das Spezialunternehmen arbeitet sich am Wochenende des 3. und 4. Dezember 2011 durch die Büros im Palais Widmann. Dass die Suche in Durnwalders Umgebung weit gründlicher durchgeführt wird, zeigt die Rechnung.

Hans Berger: Rechnung für die Wanzensuche an den Generalsekretär des Landes.

32.343,30 Euro kostet diese erste Säuberung. Genau ein Jahr später, am 4. und 5. Dezember 2012 wird die Aktion von „Global Security" wiederholt. Die Kosten diesmal: 17.774,90 Euro.

Während im Palais Widmann zum zweiten Mal an der Sicherheit des Landeshauptmanns gearbeitet wird, will sich ein weiterer Landesrat vor einem Lauschangriff schützen. Am selben Tag, am 5. Dezember 2012, gehen Vittorio Montibeller und seine Montipool im Assessorat von Thomas Widmann auf Wanzenjagd. Auch diesmal kommt der Kontakt auf Vermittlung von Carabinieri-General Franzoso zustande. Montibeller und sein Techniker Aldo Pedrotti untersuchen Widmanns Büro, das Büro seiner persönlichen Sekretärin, den Sitzungssaal und sogar die Toiletten.

Auch in diesem Fall wird eine frappierende zeitliche Nähe zwischen der Suche nach Abhörtechnik und einer Untersuchung durch die Staatsanwaltschaft augenscheinlich. 2012 ermitteln die beiden Staatsanwälte Igor Secco und Lorenzo Puccetti gegen Thomas Widmann. Am 14. März 2012 wird der Landesrat für Mobilität formell in das Ermittlungsregister eingetragen. Spätestens nach der Anhörung des grünen Landtagsabgeordneten Riccardo Dello Sbarba Anfang April 2012 weiß Widmann, dass die Staatsanwaltschaft gegen ihn eine Untersuchung eingeleitet hat. Neben einem halben Dutzend Verhören beschlagnahmt die Finanzwache im Mai und Juni 2012

Bankunterlagen von Thomas Widmann. Im September 2012 werden Dokumente in der Landesverwaltung und im Oktober 2012 in der Landesgesellschaft Business Location Südtirol (BLS) sichergestellt. Als die Sicherheitschecks bekannt werden, interviewe ich im Februar 2013 für die *Tageszeitung* Thomas Widmann. Auf die Frage, ob man die Aktion auch als Maßnahme gegen die Ermittlungen der Staatsanwaltschaft sehen kann, antwortet der Landesrat:

„Bei mir ganz sicher nicht. Es geht hier auch absolut nicht um mich oder was ich rede. Der Sicherheitscheck wurde auch nicht für mich oder für eines der anderen Regierungsmitglieder gemacht, sondern ausschließlich zum Schutz der Institution Land."

Heikle Abrechnung

Die Staatsanwaltschaft Bozen eröffnet im Februar 2013 zur Wanzenaffäre ein Ermittlungsverfahren. In dem Strafverfahren 1362/2012 geht es darum zu klären, ob die Sicherheitschecks legitim durchgeführt wurden oder ob sich die verwickelten Politiker des Amtsmissbrauchs schuldig gemacht haben.

Die Carabinieri-Sondereinheit ROS kommt in ihrem Abschlussbericht an Oberstaatsanwalt Guido Rispoli zu einem eindeutigen Schluss. Der einzige Sicherheitscheck, der ordnungsgemäß durchgeführt wurde, sind die beiden Bonifizierungen in den Amtsräumen von Landeshauptmann Luis Durnwalder. Diese Bonifizierung wurde vom zuständigen Organisationsamt des Landes vorgeschlagen, in Auftrag gegeben und auch bezahlt.

Bei den Säuberungsaktionen in den Büros von Hans Berger, Michl Laimer und Thomas Widmann hingegen kommt es zu einigen verwaltungsrechtlichen Verstößen.

Landesrat Hans Berger gibt bei seiner Einvernahme zu Protokoll, dass er sich nach dem Sicherheitscheck mit dem Carabinieri-General Italo Franzoso unterhalten habe. Dabei soll Franzoso dem SVP-Landesrat erklärt haben, dass solche Bonifizierungen durchaus zum Amtsgeschäft eines Politikers gehören und Berger die Rechnung durchaus nicht aus privater Tasche bezahlen müsse, sondern die Landesverwaltung die Kosten übernehmen solle.

Der Landeshauptmannstellvertreter will danach beim Generalsekretär des Landes Hermann Berger nachgefragt, und dieser soll grünes Licht gegeben haben. Am 16. November 2011 übermittelt Hans Berger an Vittorio Montibeller per E-Mail die Rechungsadresse des Landes. Als Betreff soll angegeben werden: *„Bonifica strutture provincali"*. Eine Woche später trudelt im Generalsekretariat des Landes die Rechnung Nummer 28/2011 ein. Darin rechnet die Agentur Montipool die Wanzensuche in Hans Bergers Büro vom 25. August 2011 ab. Die Kosten: 1.887,60 Euro. Aber auch Michl Laimer will die Kosten für die Wanzensuche in seinem Büro nicht selber tragen. Anfänglich gibt der Energielandesrat dem Trentiner Privatdetektiv als Rechnungsadresse seine private Anschrift in Dorf Tirol. Laimer dürfte danach aber mit Hans Berger geredet haben. Denn Vittorio Montibeller ändert auf Anfrage Laimers Ende November 2011 die Rechnungsadresse auf die Landesverwaltung um. So flattert im Dezember 2011 auch die Rechnung 37/2011 über 2.678,52 Euro ins Generalsekretariat des Landes. Das Problem dabei: Die zuständigen Ämter werden damit vor vollendete Tatsachen gestellt.

Nach einer Sitzung der Landesregierung im Dezember 2011 eröffnet Michl Laimer dem Generaldirektor der Landes Hermann Berger, dass er in seinem Büro von einer Spezialfirma einen Sicherheitscheck durchführen ließ und er das Ganze über das Land abrechnen will. Wenig später zieht dann Thomas Widmann nach. Der Landesrat erklärt dem verdutzten Berger, dass er vorhabe, ebenfalls einen solchen Check machen zu lassen, und über das Land abrechnen will. „Ich war fassungslos", schildert Generaldirektor Hermann Berger 13 Monate später vor den Ermittlern seine Reaktion. Berger nimmt sich bei seiner Aussage kein Blatt vor den Mund:

> „Die Prozedur, die die beiden Landesräte angewandt haben, ist nicht korrekt. Sollte es die Notwendigkeit eines Sicherheitschecks geben, muss mein Amt diesen anordnen und organisieren."

Auch Patrizia Nogler und Roman Sandri trauen ihren Augen nicht, als sie die drei Rechnungen von Berger, Laimer und Widmann auf ihrem Schreibtisch sehen. Die Direktorin des Organisationsamtes und der Chefökonom verweisen vor den Ermittlern darauf, dass es weder einen Auftrag noch einen Beschluss zu diesen Bonifizierungen gibt. Streng nach Gesetz kann das Land ohne formellen Auftrag des zuständigen Amtes eine Rechnung nicht bezahlen. Sandri und Nogler mahnen intern auch diese Unregelmäßigkeit an. Am Ende fällt das Generalsekretariat aber die Entscheidung.

„Die Aktionen wurden von ihnen in ihrer Funktion als Landesräte angeordneten und deshalb muss das Land auch für die Kosten aufkommen."

So rechtfertigt Hermann Berger bei seiner Zeugeneinvernahme die Bezahlung der Rechnungen durch das Land. Guido Rispoli sieht das anderes. Der Oberstaatsanwalt will Anklage gegen Hans Berger, Michl Laimer und Thomas Widmann wegen Amtsmissbrauchs erheben. Im August 2014 schließt die Staatsanwaltschaft die Ermittlungen ab. Rispoli will die drei Politiker nochmals zur Sache anhören. Alle drei machen von ihrem Recht Gebrauch, die Aussage zu verweigern. Noch im Herbst 2014 dürfte sich entscheiden, ob es auch in diesem Fall zu einem Gerichtsverfahren kommt.

Ein Zwischenstand

*„Die Angeklagten haben gezeigt,
dass sie sich für allmächtig hielten,
alle und alles nach eigenem
Belieben zu handhaben und zu
manipulieren."*

Richterin Carla Scheidle in der
Urteilsbegründung (April 2013)

Carla Scheidle (Bildmitte)

Die Aufarbeitung des SEL-Skandals vor Gericht nimmt ihren Anfang mit der Eingabe der Eisackwerk GmbH im Jänner 2010. Seitdem laufen die Ermittlungen, längst aufgeteilt in verschiedene Stränge. Seit 2012 stehen die Protagonisten in mehreren Verfahren vor Gericht. Nur einige wenige davon sind abgeschlossen. In manchen gibt es ein Urteil in erster Instanz, oder man steht kurz vor der Berufungsverhandlung. Andere Verfahren sind bei der Drucklegung des Buches noch im Gange oder müssen erst beginnen. In manchen Teilaspekten gehen die Ermittlungen weiter und dürften noch zu einigen Überraschungen führen. Wer das italienische Rechtssystem kennt, der weiß, dass es Jahre dauern wird, bis der gesamte Skandal gerichtlich aufgearbeitet ist. Deshalb kann man dieses Buch nur eine Art Zwischenstand beschreiben.

Das Schnellverfahren

Der bisher größte politische Prozess der jüngeren Südtiroler Geschichte dauert ganze 60 Minuten. Nur zehn davon gehen im Gerichtssaal über die Bühne. Die restlichen 50 Minuten verbringt der dreiköpfige Richtersenat im Beratungszimmer zur Urteilsfindung. Als Richterin Carla Scheidle und ihre beiden Beisitzerinnen Ulrike Ceresara und Maria Christina Erlicher am Donnerstag, dem 28. Februar 2013, kurz vor 10 Uhr den großen Verhandlungssaal betreten, glänzen Michl Laimer und Maximilian Rainer durch Abwesenheit. Der ehemalige SVP-Landesrat und der Ex-SEL-Generaldirektor haben schon lange vorher auf Anraten ihrer Verteidiger einen Sonderweg gewählt, den die italienische Strafprozessordnung vorsieht. Ende der Achtzigerjahre führt Italien nach angelsächsischem Vorbild eine neue Art des Verfahrens ein. In die italienische Prozessordnung wird der Antrag auf Strafzumessung aufgenommen, der 2003 nochmals gesetzlich reformiert wird. Der Antrag auf Strafzumessung ist ein besonderes Gerichtsverfahren, bei dem zwischen Anklage und Verteidigung ohne langem Prozess eine Art Kompromiss gesucht wird, wobei einerseits Anklagepunkte abgeschwächt werden und das Strafausmaß für die verbliebenen um ein Drittel reduziert wird;

andererseits nimmt der Angeklagte die reduzierte Strafe an und bekennt sich somit de facto auch schuldig. Der Antrag auf Strafzumessung muss dann vom Richtersenat bestätigt oder verworfen werden. In der Alltagssprache wird dieses besondere Verfahren als gerichtlicher Vergleich oder *patteggiamento* bezeichnet.

Hat Laimer-Verteidiger Domenico Aiello bei der Auseinandersetzung mit der ROS-Spitze im Frühjahr 2012 im Büro des Oberstaatsanwaltes noch selbstsicher gemeint, „ein Vergleich liegt nicht in unserer DNA", so ändert sich diese Strategie nach den erdrückenden Beweisen über den Austausch der SEL-Projekte bei allen 12 Großkraftwerken grundlegend. Als im Herbst 2012 vor dem Bozner Landesgericht der Prozess im Fall St. Anton beginnt, arbeiten die Anwälte Gerhard Brandstätter für Michl Laimer und Carlo Bertacchi für Maximilian Rainer längst auf einen gerichtlichen Vergleich hin. Im Fall St. Anton gelingt es der Verteidigung, einige Anklagepunkte der Staatsanwaltschaft abzuschwächen – etwa die Ereignisse um die Schottergrube von versuchter Erpressung in versuchte Nötigung umzuwandeln. Rainer und Laimer sind ursprünglich nur im Fall des Kraftwerks St. Anton wegen Amtsmissbrauchs, Wettbewerbsbeeinflussung und Nötigung angeklagt. Zum Prozessauftakt am 15. Oktober 2012 beantragt Oberstaatsanwalt Guido Rispoli dann aber die Ausweitung dieser Anklagepunkte auf alle 12 Großkraftwerke. Gleichzeitig erweitert Rispoli die Anklage um einen neuen Punkt: Betrug. Der Richtersenat gibt diesen Anträgen statt.

Am 9. November 2012 beantragen die Verteidiger vor Gericht die Strafzumessung: vier Jahre für Laimer, drei Jahre und neun Monate für Rainer.

Neben einer deutlichen Strafermäßigung hat der gerichtliche Vergleich nicht nur für die beiden Angeklagten einen entscheidenden Vorteil, sondern auch für die Landespolitik. Auf diese Weise kommt es zu keinem öffentlichen Hauptverfahren in dem die Fakten, Anklagen und Straftaten ausgebreitet werden. Zum einen bleiben damit einige der unerfreulichen Details unerwähnt, die in diesem Buch wiedergegeben werden. Zum anderen werden einige Fragen – etwa jene nach der politischen Verantwortung der Manipulationen – nicht öffentlich verhandelt und so leichter unter den Tisch gekehrt.

Die Urteilsverhandlung wird am 14. Jänner 2013 angesetzt. Da am 24. und 25. Februar 2013 in Italien und somit auch in Südtirol

Data Sent. 28.2.2013		N. 138/2013	Reg. Sent.
Dep. Il *10|0 4|13*		N. 509/2012	R.G.Dib.
Il Cancelliere		N. 7026/2011	RGNR PM
Cancelliere / Die Kanzleibeamtin Dott. Milena Pircher		N.	Camp.Pen.
Pz		Scheda	

REPUBBLICA ITALIANA
IN NOME DEL POPOLO ITALIANO
IL TRIBUNALE DI BOLZANO - SEZIONE PENALE

In composizione dei seguenti Magistrati:

dott. Carla Scheidle	Presidente est.
dott. Maria Cristina Erlicher	Giudice
dott. Ulrike Ceresara	Giudice

alla pubblica udienza del 28.02.2013 ha pronunciato la seguente

SENTENZA
DI APPLICAZIONE DELLA PENA EX ART. 444 C.P.P.

nel procedimento penale n. 509/12 R.G. DIB. nei confronti di:

1. LAIMER Michael Josef nato il 08.03.1965 a Monaco (D)

residente a: Tirolo (BZ), ▒▒▒▒▒▒▒▒

domicilio eletto: Bolzano, via Renon 4

difensori di fiducia: Avv. Gerhard BRANDSTÄTTER del Foro di Bolzano e Avv. Domenico AIELLO del Foro di Milano.

LIBERO CONTUMACE

2. RAINER Maximilian, nato il 20.12.1961 a Bolzano

residente a: Bressanone (BZ), ▒▒▒▒▒▒▒▒

domicilio eletto: Vipiteno (BZ), ▒▒▒▒▒▒▒▒

difensore di fiducia: Avv. Carlo BERTACCHI, del Foro di Bolzano.

LIBERO CONTUMACE

C. Scheidle

1

Urteil gegen Michl Laimer und Maximilian Rainer: Rechtskräftige Verurteilung.

Parlamentswahlen stattfinden, würde das Urteil gegen den SVP-Politiker mitten in den Wahlkampf fallen. Obwohl man die Vertagung anders begründet, ist das der eigentliche, durchaus nachvollziehbare Grund, warum das Gericht – auf Wunsch der Laimer-Verteidigung – die Urteilsfindung bis nach den Wahlen verschiebt.

Am 28. Februar 2013 verkündet die vorsitzende Richterin Carla Scheidle dann das Urteil: Michl Laimer wird zu zwei Jahren und acht Monaten, Maximilian Rainer zu zwei Jahren und sechs Monaten Freiheitsstrafe verurteilt. Zudem enthält der Vergleich eine Reihe von Nebenstrafen: Beide dürfen für die Dauer der Haft keinerlei öffentliche Ämter bekleiden. Ebenso dürfen beide drei Jahre lang keine Verträge mit der öffentlichen Hand abschließen. In der schriftlichen Urteilsbegründung, die 50 Tage später hinterlegt wird, heißt es:

„Zu den den beiden Angeklagten zur Last gelegten Fällen finden sich in den Ermittlungsakten ausreichend Beweise."

Das Urteil ist aber auch eine moralische Abrechnung. Michl Laimer und Maximilian Rainer werden von den drei Richterinnen für ihr Verhalten abgewatscht. So heißt es im Urteil wörtlich:

„Das widerrechtliche Verhalten der beiden Angeklagten ist als besonders schwer und verwerflich anzusehen. Beide Angeklagten – und dies gilt insbesondere und in noch höherem Ausmaß für den Angeklagten Laimer, der ein Landesrat der Autonomen Provinz Bozen war – haben nicht nur mit beeindruckender, extremer Ungeniertheit gehandelt, sondern – jenseits der präzisen strafrechtlichen Bestimmungen – auch alle moralischen und ethischen Regeln missachtet, die es öffentlichen Verwaltern auferlegen, ihr Verhalten an der institutionellen Verpflichtung, der Allgemeinheit mit Rechtschaffenheit, Korrektheit und Transparenz zu dienen, auszurichten, bei Beachtung des Grundsatzes der guten Führung und Unparteilichkeit der Verwaltung, folglich das erteilte Mandat oder Amt so auszuüben, dass Situationen und Verhaltensweisen vermieden werden, die dem Ansehen der öffentlichen Verwaltung schaden. Im Gegensatz dazu:
1) sind die Angeklagten im vorliegenden Fall im Widerspruch zu den elementaren Prinzipien der Moral, Ethik, Rechtschaffenheit und intellektuellen Redlichkeit vorgegangen;
2) haben die Angeklagten die primäre Verpflichtung, das öffentliche Interesse ehrenhaft, unparteilich und unter Beachtung der Gesetze zu verwalten, aufgegeben;

3) sind die Angeklagten zur Erreichung des gesteckten Zieles mit einer beeindruckenden Hartnäckigkeit, Entschlossenheit und Ungeniertheit vorgegangen, indem sie jegliche Skrupel oder Vorbehalte beiseite ließen, und haben durch ihr Verhalten gezeigt, dass sie sich für allmächtig hielten, also geglaubt haben, die Macht zu haben, alle und alles nach eigenem Belieben zu handhaben und manipulieren zu können, so als ob es für sie keine einzuhaltenden Regeln und Grenzen gäbe;

4) haben die Angeklagten eine besondere Geschicklichkeit und Verschlagenheit an den Tag gelegt, bei der Austüftelung der Vorgangsweise, mit welcher sie ihr widerrechtliches Ziel erreichen wollten, indem sie gemeinsam ein erprobtes System schufen, das durch die enge Überschneidung und Vermischung ihrer Rollen gekennzeichnet war, ein System, durch welches die SEL AG sich die am 31.12.2010 verfallenen und von der Autonomen Provinz Bozen ausgeschriebenen Kraftwerks-Konzessionen sichern konnte; dabei legten sie absolute Gleichgültigkeit gegenüber den Rechtsgütern des ordentlichen Funktionierens und der Unparteilichkeit der öffentlichen Verwaltung, sowie der Wettbewerbsfreiheit im Sinne einer fairen und freien Konkurrenz, an den Tag;

5) haben die Angeklagten das Vertrauen der Bürger in die öffentlichen Institutionen schwer beschädigt."

Im Urteil steht aber auch ein Satz, der für Michl Laimer und Maximilian Rainer noch schwerwiegende finanzielle Folgen haben wird.

„6) Sie haben in ökonomischer Hinsicht einen schweren Schaden gegenüber der Allgemeinheit und besonders gegenüber den unrechtmäßig ausgeschlossenen Konkurrenzunternehmen verursacht."

Damit ist klar, dass auf den SVP-Politiker und den Ex-Landesmanager Schadenersatzklagen in Millionenhöhe zukommen werden. Das Land hat sich mit einer Schadenersatzforderung – wenn auch widerwillig – im Februar 2013 in den Prozess eingelassen. Und die Eisackwerk GmbH will auf jeden Fall auf Schadenersatz klagen. Diese zivilrechtliche Klärung wird wohl noch ein Jahrzehnt in Anspruch nehmen.

Peinliches Nachspiel

In Sachen Konzessionsschwindel kommt es wenig später zu einem durchaus peinlichen Nachspiel. Während die Verteidigung bereits den gerichtlichen Vergleich aushandelt, kommt im Frühjahr 2013 zu Tage, dass Michl Laimer und Maximilian Rainer auch bei einem zwölften Kraftwerk geschwindelt haben. Auch bei der Vergabe der Konzession für das Kraftwerk Laas hat man am Karfreitag 2006 das ursprüngliche SEL-Projekt in Laimers Büro ausgetauscht. Weil die Angeklagten sich anscheinend aber nicht mehr daran erinnern und von sich aus nicht gestehen, kann man diese Straftat nicht mehr in den gerichtlichen Vergleich aufnehmen. So kommt es im November 2013 zu einem zweiten Vergleich. Michl Laimer und Maximilian Rainers Gesamtstrafen werden um je zwei Monate erhöht.

Nach dem italienischen Strafgesetz können Angeklagte nach ihrer Verurteilung ansuchen, ihre Haftstrafe als Alternative zum Gefängnis durch Sozialarbeit abzugelten, sofern die Freiheitsstrafe unter vier Jahren liegt. Laimers und Rainers Verteidigung setzt von Beginn an auf diese Möglichkeit. Der ursprüngliche Plan ist: Maximilian Rainer und Michl Laimer sollen diese Sozialarbeit in ihren familieneigenen Betrieben ableisten. Weil man aber merkt, dass diese Lösung zu einem Aufschrei in der Bevölkerung führen würde und vor allem das zuständige Überwachungsgericht hier nicht mitspielt, ändert man die Taktik.

Maximilian Rainer beginnt im Sommer 2014 mit seinem Sozialdienst im Haus der Solidarität in Brixen. Michl Laimer folgt wenig später: Der ehemalige Landesrat wird im Kloster Neustift den Geistlichen bei der Führung des Bildungszentrums und der Klosterbibliothek unter die Arme greifen. Beide arbeiten drei Stunden pro Woche. Zudem müssen sich der Ex-Landesrat und der Ex-Generaldirektor regelmäßig bei ihren Sozialbetreuern melden. Meldepflichtig ist auch ein etwaiger Wohnsitzwechsel. Für Auslandsreisen brauchen beide eine Genehmigung des Überwachungsgerichts.

Dieser alternative Strafvollzug führt im Fall Laimer und Rainer zu kontroversen Diskussionen in Südtirol. Der Volkszorn brandet aber bereits vorher noch einmal auf. Im Sommer 2013 enthüllt *Tageszeitung*-Chefredakteur Artur Oberhofer, dass Maximilian Rainer Arbeitslosengeld beantragt und fast ein Jahr lang auch bekommen hat.

Anfang Juni 2012 taucht Maximilian Rainer im Arbeitsvermittlungszentrum in Sterzing auf, um sich in die Arbeitslosenlisten einzutragen. So bekommt Rainer vom 8. Juli 2012 bis 8. Juni 2013 ein monatliches Arbeitslosengeld in Höhe von genau 979,98 Euro. Das Geld wird ihm vom Nationalinstitut für soziale Fürsorge (INPS) ausbezahlt. Gleichzeitig strengt der ehemalige Generaldirektor eine Millionenklage gegen seinen ehemaligen Arbeitgeber an. Ausgangspunkt dafür ist ein Zusatzvertrag zu Rainers Arbeitsvertrag, den Rainer und SEL-Präsident Klaus Stocker in aller Stille am 8. Jänner 2008 unterzeichnet haben. Der SEL-Präsident ließ sich von seinem Verwaltungsrat eine Vollmacht für diesen Vertragsabschluss geben – der damalige SEL-Verwaltungsrat bekommt den Zusatzvertrag aber nie zu Gesicht. In diesem Zusatzvertrag wird ein fixes Jahresgehalt für den SEL-Direktor von 205.000 Euro festgelegt. Dazu kommt noch eine variable Jahresvergütung, die laut Vertrag wie folgt aussieht:

„einen Anteil von 1 Prozent am konsolidierten Gewinn der SEL vor Steuern, einen weiteren Anteil von 1 Prozent am Gewinn vor Steuern der Gesellschaften, an denen die SEL direkt oder indirekt beteiligt ist und die nicht konsolidiert werden (nach Maßgabe des Anteils, den die SEL am betreffenden Unternehmen hält)."

Es ist keinesfalls ein Zufall, dass dieser Zusatzvertrag Anfang 2008 abgeschlossen wird. Zu diesem Zeitpunkt sind die diskreten Verhandlungen der SEL-Spitze mit den Stromriesen Edison und Enel bereits so weit gediehen, dass feststeht, dass man mit gemeinsamen Gesellschaften die Südtiroler Großkraftwerke übernehmen wird. Dass sich damit auch der Umsatz und Gewinn der SEL-Gruppe vervielfacht, ist selbstverständlich.

Die Auswirkungen dieser neuen Gesellschaften auf die SEL-Bilanz: Allein zwischen 2007 und 2008 verdoppelten sich Umsatz und Gewinn der SEL-Gruppe. Damit kommt der neue Vertrag mit Gewinnbeteiligung für Maximilian Rainer genau zum richtigen Zeitpunkt. Um wie viel Geld es dabei geht, wird anhand der konsolidierten SEL-Bilanz deutlich. Maximilian Rainer hat damit für das Jahr 2008 Anrecht auf zusätzliche 99.270 Euro. 2009 sind es 182.515 Euro, 2010 255.557 Euro und 2011 satte 239.448 Euro. Macht in vier Jah-

ren knapp 780.000 Euro, die Maximilian Rainer – laut Arbeitsvertrag – als Gewinnbeteiligung zustehen.
Dieses Geld wurde Rainer aber nie ausbezahlt. Deshalb klagt Maximilian Rainer 2013 vor dem Arbeitsgericht gegen seinen früheren Arbeitgeber SEL nicht nur wegen unrechtmäßiger Beurlaubung und Kündigung, sondern auch auf Auszahlung dieser vertraglich zugesicherten Prämie.
Das Verfahren ist bei der Drucklegung dieses Buches noch im Gang. Die Chancen, dass sich Maximilian Rainer durchsetzt, stehen nicht schlecht.

Steiniger Gerichtsweg

Auch der Fall um das Mittewalder Kleinkraftwerk Stein an Stein Italia ist inzwischen bei Gericht anhängig. Auch hier kommt es zu mehreren Prozessen auf verschiedenen Ebenen.
Im ersten Verfahren, dem sogenannten „Stein an Stein 1"-Prozess müssen sich Maximilian Rainer, Klaus Stocker und Franz Pircher wegen Amtsmissbrauchs und schweren Betrugs verantworten. Der ehemalige Präsident und der ehemalige Aufsichtsratsvorsitzende der SEL wählen dabei den Weg des verkürzten Verfahrens.
In verkürzten Verfahren fällt der Voruntersuchungsrichter aufgrund der Ermittlungsakten das Urteil. Der Vorteil für die Angeklagten: Auch in diesem Verfahrensweg wird die Strafe bis zu einem Drittel gesenkt und auch hier werden die Fakten nicht öffentlich im Gerichtssaal ausgebreitet. Voruntersuchungsrichter Carlo Busato verurteilt im Oktober 2013 Klaus Stocker und Franz Pircher wegen Betrugs zu je einem Jahr und acht Monaten bedingter Haft.
In der 80-seitigen Urteilsbegründung, die am 12. November 2013 hinterlegt wird, ist die Rede von einem „doppelten Spiel auf zwei getrennten Tischen", das die SEL-Verwalter durchgezogen haben. Zuerst habe man dem Verwaltungsrat mit einer Reihe von „falschen Argumenten" und „unvollständigen Informationen" vom Kauf des Kraftwerks in Mittewald abgeraten, um es wenig später – über die Firma Stein an Stein Italia, eine Bürgschaft von Klaus Stockers Bruder Rudolf Stocker und einen Treuhänder in Osttirol, hinter dem Franz Pircher steht – selbst zu erwerben.

Dass das Kleinkraftwerk in Mittewald auch für die SEL lukrativ gewesen wäre, daran besteht für Richter Carlo Busato kein Zweifel. Der Voruntersuchungsrichter kommt zu einem vernichtenden Schlussurteil:

„Man hat versucht, sich durch den Beschluss des Verwaltungsrats, der auf falschen und erlogenen Daten basierte, den Rücken für den Kauf des Kraftwerks freizuhalten. Der Beschluss war eine Fassade und eine Deckung für ein Spiel, das durch die Verwalter der SEL anderswo gespielt wurde. Gegen die Interessen der Landesgesellschaft und aus reinem wirtschaftlichen Kalkül."

Klaus Stocker und Franz Pircher haben gegen dieses Urteil berufen. Doch am 27. September 2014 bestätigt das Bozner Oberlandesgericht das Urteil erster Instanz. Wie bei den meisten Berufungsverfahren üblich, wird die Strafe für beide Angeklagte um zwei Monate gesenkt. Damit sind Klaus Stocker und Franz Pircher in zweiter Instanz wegen Betruges zu einem Jahr und sechs Monaten bedingter Haft verurteilt.

Maximilian Rainer, ebenfalls in diesem Verfahren angeklagt, lässt sich nicht auf ein verkürztes Verfahren ein. Er setzt sich bereits im Frühjahr 2013 von seinen Mitstreitern ab. In einer 24 Seiten langen schriftlichen Erklärung an die Staatsanwaltschaft belastet der ehemalige SEL-Generaldirektor seine Mitangeklagten Klaus Stocker und Franz Pircher schwer. Auch Michl Laimer wird von seiner langjährigen rechten Hand maßgeblich belastet.

Rainer selbst will in einem öffentlichen Verfahren die Richter und die Öffentlichkeit von seiner Unschuld überzeugen. Der Prozess beginnt vor dem Bozner Landesgericht im Dezember 2013 und ist bei Drucklegung dieses Buches noch im Gang.

Während dieses Verfahrens rekonstruieren die Ermittler und die Zeugen der Anklage die Geschichte um das Kraftwerk der Stein an Stein Italia in allen Details. Alle Beteiligten kommen ausführlich zu Wort. Auch Klaus Stocker und Franz Pircher, die sich einer Aussage entschlagen könnten, versuchen Maximilian Rainer zu entlasten.

Ein Höhepunkt ist das Erscheinen der Wiener Unternehmerin Petra Windt im Juni 2014. Windt, die bereits zwei Jahre zuvor im Rechtshilfeweg in Wien von Oberstaatsanwalt Guido Rispoli einvernommen

**An die Staatsanwaltschaft
beim Landesgericht Bozen**

Strafverfahren Nr. 8331/10 Allg.Reg. und 2696/12 Allg.Reg.

Sehr geehrter Herr Leitender Oberstaatsanwalt,

mit dem vorliegenden Schreiben möchte ich die mir bekannten Informationen, Geschehnisse und Vorgänge zum „Kleinwasserkraftwerk Mittewald" darlegen. Ich möchte aber vorausschicken, dass ich aus dem Gedächtnis nachvollziehe, zum Teil Ereignisse, die beinahe 7 Jahre (!) zurückliegen. Ich kann daher nicht ausschließen, dass ich die Dinge nicht vollständig, unzureichend oder sogar falsch nachvollziehe oder zusammenreihe, da ich über keine Unterlagen verfüge, auf die ich zur Kontrolle oder Wiederauffrischung meines Gedächtnisses zurückgreifen und auch keine involvierten Personen dazu befragen kann.

Hier ist nochmals anzuführen, dass mir unverständlich ist und sehr auffällig vorkommt, dass die Unterlagen zu besagtem Kleinwasserkraftwerk, die Herr Ing. Kager hausintern aufbewahrt hat, zum Teil fehlen oder nur spärlich vorhanden sind. Anfangs hatte er angeführt er habe sie nicht und nur durch Kontrolle Dritter konnten Teile des Archivs (u.a. bei ihm) gefunden werden.

Ich werde zudem versuchen, die Dinge in diesem Schreiben chronologisch zu ordnen, wobei es doch sicherlich einer Zusammenfassung bestimmter Sachverhalte zu einem zusammenhängenden Thema bedarf, um die Dinge nachvollziehbar zu schildern.

Angebot „Parcheggi Italia" - Erste Wienreise

Das Kleinwasserkraftwerk wurde der SEL AG Anfang 2005 zum Kauf angeboten. Hier beginnt schon ein entscheidender Moment in der ganzen Geschichte, denn man hat die Entwicklung der SEL AG und die anstehenden Aufgaben zu diesem Zeitpunkt zu berücksichtigen, um zu einer richtigen Einschätzung zu gelangen. Die SEL AG hatte damals nicht die Struktur und nicht die Personalstärke, die sie heute hat. Zudem hatte die SEL AG in dieser Zeit die „großen" Aufgaben, wie die Erarbeitung und Abgabe der Unterlagen für die neuen Konzessionen der ENEL-Kraftwerke und die DELMI-Operation (Einstieg in die Edison) zu schultern. In die großen Aufgaben war der Unterfertigte direkt eingebunden und darin operativ gefordert. Allein die lange Zeitspanne, die verging, bis die Bewertung effektiv durchgeführt wurde (Jahr

1

Schriftliche Stellungnahme von Maximilian Rainer: 24 Seiten an den Staatsanwalt.

wurde, versucht im Gerichtssaal, den Großteil ihrer damaligen Aussagen zurückzunehmen und Maximilian Rainer zu entlasten. Die Anhörung ist eine Gratwanderung zwischen Korrektur und falscher Zeugenaussage.

Petra Windt begründet die neue Version im Gerichtssaal mit einem interessanten Argument:

„Damals haben mir die Beamten das Büro und das Haus durchsucht und deshalb war ich etwas durcheinander."

Während ihrer Aussage wird aber das eigentliche Motiv dieses Gesinnungswandels deutlich. Petra Windt erklärt, dass sie inzwischen wieder 100 Prozent der Stein an Stein Italia GmbH halte. Sie habe die 30 Prozent von der EVB GmbH zurückgekauft. Die Wiener Unternehmerin hat damit ein Problem: Gibt sie vor Gericht zu, als eine Art Treuhänderin für Maximilian Rainer, Paul Schweitzer, Klaus Stocker oder Franz Pircher operiert zu haben, verliert sich nach dem geltenden Landesgesetz zur Treuhandoffenlegung ihre Konzession. Und damit das investierte Geld.

Maximilian Rainer entscheidet im Verfahren, sich einer Aussage zu enthalten. Er hat mit Carlo Bertacchi einen Topanwalt an seiner Seite, der geschickt versucht, das Anklagegebäude zu zertrümmern. Entscheidend in diesem Verfahren wird sein, ob und wie der dreiköpfige Richtersenat den Betrugsvorwurf bewerten wird.

Gleichzeitig spielt die Rainer-Verteidigung bewusst auf Zeit. Der mögliche Stein-an-Stein-Betrug verjährt voraussichtlich im Herbst 2015. Bis dahin wird der Fall kaum bis zur dritten Instanz ausjudiziert sein. Die Urteile in erster und eventuell auch zweiter Instanz sind nicht rechtskräftig.

Noch in diesem Jahr beginnt am Bozner Landesgericht der sogenannte „Stein an Stein 2"-Prozess. Angeklagt sind hier Maximilian Rainer, Michl Laimer, Klaus Stocker und Franz Pircher wegen Amtsmissbrauchs und Beihilfe dazu. Es geht in diesem Gerichtsverfahren um die Manipulationen des Wassernutzungsplans zum Vorteil der Stein an Stein Italia GmbH. Schon jetzt zeichnet sich ein langer und durchaus schwieriger Prozess ab, bei dem sich so mancher Politiker am Ende wider Willen im Zeugenstand wiederfinden könnte.

Nachwort: Der Stand der Dinge

Südtirols Energiepolitik gleicht einem Scherbenhaufen. Mit dem Urteil Nr. 138/2013 des Bozner Landesgerichts vom 28. Februar 2013 gegen Michl Laimer und Maximilian Rainer ist gerichtlich bewiesen und somit aktenkundig, dass bei der Vergabe von 13 Konzessionen für Großkraftwerke vonseiten der SEL geschwindelt wurde. Seitdem befindet sich Südtirols Landespolitik in einer Art Schockstarre. Über ein Jahr lang tut man so, als sei nichts passiert. Bereits im November 2012 hatte die alte Landesregierung den Verwaltungsrechtsexperten Giuseppe Caia als „Stromschlichter" eingesetzt. Caia soll Gespräche mit allen Betroffenen führen und klären, wie mit den erschwindelten Konzessionen umzugehen sei. Der Professor versucht in seinem Gutachten zwar mehrere Lösungsansätze aufzuzeigen, kommt am Ende aber zu keinem schlüssigen Ergebnis.

Aus dem Caia-Gutachten schustert die Landespolitik aber einen tollkühnen Plan zusammen. Es soll zu einer Neubewertung der Konzessionsansuchen kommen, wobei die SEL mit jenen Projekten und Unterlagen bewertet werden soll, die die Landesenergiegesellschaft ursprünglich im Dezember 2005 im Büro Laimer eingereicht hatte. Also jene Projekte, die vor dem Austausch der Unterlagen abgegeben wurden.

Man muss sich das vorstellen: Jemand schwindelt, betrügt und hintergeht seine Konkurrenten, kassiert jahrelang Millionen Euro – und dann soll er nach Aufdeckung des Schwindels eine zweite Chance bekommen.

Doch bei der Umsetzung dieses Planes gibt es ein Problem. Die Landesverwaltung hat die „ursprünglichen" SEL-Unterlagen nicht mehr. Sie existieren nur mehr als Word-Dateien im beschlagnahmten Computer von Maximilian Rainer. Niemand kann aber mit Sicherheit sagen, ob diese Umweltpläne wirklich jene sind, die die SEL am 30. Dezember 2005 abgegeben hat.

Die Landesverwaltung braucht also jemanden, der den Dateien amtlichen Charakter verleiht. Genau dieses amtliche Siegel will man sich im Frühjahr 2014 von der Staatsanwaltschaft geben lassen. Das

Rechtsamt des Landes ersucht die Carabinieri-Sondereinheit ROS, die Unterlagen offiziell dem Land zu übergeben. Weil den ROS-Beamten klar ist, welches Spiel hier gespielt wird, beharren sie darauf, dass in das Übergabeprotokoll ein Satz aufgenommen wird, der den Plan des Landes zunichtemacht: „Diese Dokumente haben keinerlei rechtliche Relevanz." Die Landesbeamten verfassen anfänglich auch ein Übergabeprotokoll, in dem dieser Satz vermerkt ist. Nachdem es von ROS-Leiter Michael Werner Senn unterzeichnet ans Land zurückgeschickt wird, verweigert aber die Leiterin des Rechtsamtes, Renate von Guggenberg, ihre Unterschrift. Man fertigt daraufhin ein neues Protokoll an, in dem der Satz jedoch fehlt. Nur auf Vermittlung von Oberstaatsanwalt Guido Rispoli unterzeichnet die ROS-Führung am Ende das geänderte Protokoll. Doch damit ist wenig getan. Denn Oberstaatsanwalt Guido Rispoli teilt inhaltlich die Meinung seiner Ermittler:

„Man kann darüber streiten, ob diese Bemerkung in einem Übergabeprotokoll stehen soll oder nicht. Sicher aber ist, dass diese Word-Dateien niemals eine rechtliche Relevanz für eine Konzessionsausschreibung haben können."

Damit wird klar, dass dieser Weg längst in eine Sackgasse geführt hat.

Der neue Landeshauptmann Arno Kompatscher setzt deshalb auf eine andere Lösung. Am 17. Oktober 2014 verabschiedet der Südtiroler Landtag ein Omnibusgesetz, in dem auch ein Gesetzespassus enthalten ist, der das Fundament einer neuen Südtiroler Energiepolitik sein soll. Der kurze Gesetzesartikel lautet wie folgt:

„Das Land beabsichtigt, den Elektrizitätssektor in Südtirol neu zu organisieren. Zu diesem Zweck fördert es die Gründung einer Kapitalgesellschaft mit ausschließlicher Beteilung der größten öffentlich-rechtlichen Körperschaften Südtirols, die durch Gesellschaften, an denen sie beteiligt sind, einschlägig tätig sind, und kann sich am Gesellschaftskapital der genannten Kapitalgesellschaft beteiligen oder an einer bereits bestehenden Gesellschaft teilhaben. Die Beteiligung kann auch mittels Gesellschaften erfolgen, deren gesamtes

Kapital letztendlich von den genannten Körperschaften gehalten wird. Das Land ist weiters zur Einbringung oder Abtretung von Aktien oder Anteilen von Gesellschaften, an denen es eine Beteiligung hält, ermächtigt. In Berücksichtigung der strategischen Bedeutung, welche die Reform für Südtirol einnimmt, zielt sie auf die Koordinierung und die effizientere Handhabung aus unternehmerischer Sicht der Tätigkeiten laut Artikel 1 des Dekrets des Präsidenten der Republik vom 26. März 1977, Nr. 235, in geltender Fassung; sie bewirkt, dass gegenüber der besagten Kapitalgesellschaft, sobald die formellen Abkommen oder die entsprechenden Beschlüsse der genannten öffentlichen Körperschaften vorliegen, die Inhaberschaft der vom Land oder den örtlichen Körperschaften ausgestellten Ermächtigungen und verwaltungsrechtlichen Konzessionen betreffend die verschiedenen Betriebszweige, die Gegenstand der Zusammenlegung infolge der genannten gesellschaftsrechtlichen Operationen sind, bestätigt wird beziehungsweise diese auf sie übertragen wird; weiters bewirkt sie den Abschluss eventueller laufender Verfahren."

Der unscheinbare Passus hat eine nachhaltige Wirkung und einen konkreten Hintergrund. Seit dem späten Frühjahr 2014 laufen Verhandlungen zwischen der SEL AG und der Etschwerke AG bzw. deren Eigentümern – die Provinz Bozen sowie die Gemeinden Bozen und Meran – über die Bildung eines gemeinsamen neuen Südtiroler Energiebetriebes.

Es soll keine wirkliche Fusion der beiden Unternehmen sein, sondern die Gründung einer neuen Gesellschaft. Diese Newco, also neu zu gründende Gesellschaft, übernimmt den Betrieb und die Kraftwerke der beiden Energieunternehmen.

Der Plan: Die Etschwerke AG soll mit 41,5 Prozent und die SEL AG mit 58,5 Prozent an der neuen Gesellschaft beteiligt sein, die Gremien sollen paritätisch besetzt werden. Das heißt: Der kommunale Energiebetrieb würde landesweit an Entscheidungsgewalt gewinnen. Mit dieser Lösung würde nicht nur ein Unternehmen entstehen, das am italienischen Energiemarkt unter den Top Ten mitspielt, sondern es könnten endlich jene Synergiepotenziale genutzt werden, die sich durch eine Zusammenarbeit der beiden Betriebe ergeben. Allein durch den Synergieeffekt geht man von einem Einsparungspotenzial in zweistelliger Millionenhöhe aus.

Das rechtliche Problem bei dieser Operation ist aber der unsichere Status der SEL-Konzessionen. Die Anwälte der Etschwerke AG verweisen darauf, dass sich die Etschwerke nicht an Konzessionen beteiligen können, die unrechtmäßig erworben wurden. Zuerst muss die Landesverwaltung die Konzessionsvergabe in Ordnung bringen, dann erst kann es zur Fusion bzw. Gründung der neuen Gesellschaft kommen.

Mit der im Oktober 2014 erlassenen Gesetzesbestimmung will man gleich mehrere Fliegen mit einer Klappe schlagen: Einerseits bestätigt das Land die vergebenen Konzessionen noch einmal, andererseits wird gesetzlich abgesichert, dass mit Bildung der neuen Südtiroler Energiegesellschaft alle schwebenden Verfahren erlöschen. Mit den Etschwerken würde man den gefährlichsten Konkurrent ins Boot holen.

Weil das Land natürlich nicht die Rechte Dritter beschneiden kann, zeichnet sich ab, dass die Eisackwerk GmbH jenes Kraftwerk erhält, das ihr nach dem Abschlussbericht der zuständigen Ämter bereits Ende 2009 zugesprochen werden sollte: das Kraftwerk St. Anton. Und die Enel? 40 Prozent des wesentlichen Teils jener Kraftwerke, welche die SEL in die neue gemeinsame Energiegesellschaft einbringen will, gehören bekanntlich dem italienischen Stromriesen. Durch die neue Gesellschaftsstruktur wird diese Beteiligung nicht angetastet.

Doch Südtirols Landespolitik arbeitet bereits an einer neuen Vision: dem Rückkauf der gesamten Enel-Anteile an jenen Kraftwerken, die heute von der SE Hydropower betrieben werden.

Die Enel-Führung hat dem Land vor einigen Wochen ihre Bereitschaft signalisiert, unter Umständen die Beteiligungen abzugeben. Bei Drucklegung des Buches waren diese Verhandlungen noch im Anfangsstadium. 2009 wurde der Wert des gesamten Kraftwerk-Paketes mit 850 Millionen beziffert. Demnach wird das Land rund 350 Millionen Euro für die SE Hydropower-Anteile der Enel ausgeben müssen. Gleichzeitig sollen die bestehenden Verträge zwischen SEL und Enel aufgelöst bzw. abgeändert werden.

Mit diesem Coup würden nicht nur endlich alle Steuern aus dem Stromgeschäft in den Südtiroler Landeshaushalt fließen, sondern Arno Kompatscher würde im ersten Regierungsjahr den gordischen Knoten des Konzessionsschwindels lösen und endlich dem Unterfangen deutlich näherkommen, das die frühere SEL-Führung bereits vor Jahren so großspurig als geglückt verkündet hatte: die Heimholung der Energie.

Der Scherbenhaufen, den Laimer, Rainer & Co hinterlassen haben, könnte dann langsam beseitigt werden.

Eppan, 1. November 2014

Anhang

Editorische Notiz

Seit 1988 arbeite ich als Journalist in Südtirol. Zuerst für die Wochen-zeitungen *FF* und *südtirol profil* und ab 1996 für die *Neue Südtiroler Tageszeitung* verfolge ich das politische Tagesgeschehen. Dabei habe ich die Gründung der SEL, die Entwicklung innerhalb der Landesenergiegesellschaft und den Ausbau der Südtiroler Energie-politik kritisch begleitet. In meiner Arbeit habe ich zudem den poli-tischen Werdegang der meisten Protagonisten des SEL-Skandals beobachtet. Aus diesem Fundus konnte ich beim Verfassen dieses Buches ausgiebig schöpfen.

Die Hauptquelle waren jedoch die offiziellen Gerichtsakten zu den teils abgeschlossenen, teils noch anhängigen Verfahren. Anhand der Ermittlungsberichte, der Akten der Staatsanwaltschaft, aber durch-aus auch anhand der Schriftsätze der Verteidigung und der Neben-kläger konnte ich die Vorgänge rekonstruieren. Dabei ist einiges eingeflossen, was noch in keinem Gerichtssaal zur Sprache gekom-men ist.

Die Verhandlungen im laufenden Stein-an-Stein-Prozess gegen Maxi-milian Rainer vor dem Bozner Landesgericht waren zudem ein will-kommener Anlass, die durch das Aktenstudium gewonnenen Er-kenntnisse und Eindrücke abzurunden und persönlich zu überprüfen.

Für dieses Buch habe ich im Sommer 2014 auch eine Reihe von Interviews und Gesprächen geführt. So etwa mit dem früheren SEL-Mitarbeiter Armin Kager, dem SEL-Juristen Bernd Platter, den beiden privaten Energieunternehmern Hellmuth Frasnelli und Karl Pichler sowie mit dem langjährigen Südtiroler Landeshauptmann Luis Durnwalder und Oberstaatsanwalt Guido Rispoli.

Dazu kommen noch über ein Dutzend Hintergrundgespräche mit Personen, die nicht genannt werden wollen. Diesem Wunsch wird hiermit entsprochen.

Danksagung

Danksagungen sind immer gefährlich. Es ist sicher, dass man jemanden vergisst, und dieser oder diese ist dann auch meist zutiefst beleidigt. Deshalb verzichte ich darauf, jemanden namentlich zu nennen.

Es sind viele Menschen, die dazu beigetragen haben, dass dieses Buch erscheinen konnte. Bekannte, Freunde und Mitstreiter, die mir mit kritischem Rat, wachem Auge und ihrem Fachwissen beigestanden sind. Danken möchte ich auch den unzähligen genannten und nicht genannten Gesprächspartnern sowie meinen Anwälten, die mir durch ihre professionelle Hartnäckigkeit hoffentlich die Aussicht ersparen, mein nächstes Buch im Gefängnis schreiben zu müssen. Danken möchte ich auch dem Verlag, der den Mut hat, ein solches Buch zu veröffentlichen und allen Mitarbeitern, die dafür gesorgt haben, dass Sie das Buch heute in den Händen halten können. Erlauben Sie mir eine Ausnahme: Der größte Dank gilt meiner Familie. Meiner Lebensgefährtin Johanna und unseren drei Kindern Jannis, Noemi und Julian, die es aushalten, dass da einer wochenlang hinter dem Computer sitzt.

Chronologie

21. November 1993 Michl Laimer wird mit 11.595 Vorzugstimmen für die SVP in den Südtiroler Landtag gewählt.

11. Februar 1994 Michl Laimer wird Landesrat und erhält das Ressort Wasserwirtschaft und Energie. Ab Juni 1996 wird Laimer auch Landesrat für Landschafts- und Naturschutz sowie für Umweltschutz.

Frühjahr 1994 Maximilian Rainer wird von Michl Laimer als persönlicher Referent eingestellt und später zum Ressortdirektor berufen.

November 1997 Die Parcheggi Italia Spa reicht beim Amt für Stromversorgung ein Projekt zur Erweiterung ihres Kleinkraftwerks in Mittewald ein.

5. November 1998 Die Südtiroler Elektrizitätsaktiengesellschaft SEL AG wird gegründet. Alleinverwalter wird Maximilian Rainer.

9. Juli 1999 Michl Laimer wird zum ersten SEL-Präsidenten ernannt, sein Ressortdirektor Maximilian Rainer wird Generaldirektor der Landesenergiegesellschaft.

20. September 2000 Der UVP-Beirat lehnt das Ansuchen der Parcheggi Italia Spa um Erweiterung des Mittewalder Kleinkraftwerks ab.

23. November 2000 In Bozen wird die Mega Srl gegründet. Das Unternehmen mit Sitz in Mailand gehört Michl Laimer, Maximilian Rainer und dem SEL-Berater Giuseppe Angiolini.

3. Juli 2001 Die beiden Bozner Wirtschaftsberater Paul Schweitzer und Günther Moling gründen die Müller Energie GmbH.

26. März 2002 Der Pfitscher SVP-Vizebürgermeister Peter Delueg, Josef Mair und Maximilian Rainer übernehmen die Müller Energie GmbH.

1. Juni 2002 Maximilian Rainer scheidet als Ressortdirektor aus und tritt seinen Job als Generaldirektor der SEL an.

25. November 2002 Maximilian Rainer gibt seine Beteiligung an der Müller Energie GmbH an seinen Bruder Alexander Rainer ab.

5. März 2004 Die Mega Srl wird aus dem Mailänder Handelsregister gestrichen.

22. April 2004 Aussprache zwischen dem Kleinkraftwerksbesitzer Luis Plunger, SEL-Präsident Klaus Stocker und SEL-Direktor Maximilian Rainer über eine Beteiligung an einem Großkraftwerk am Eisack.

17. Mai 2004 Die SEL reicht beim Amt für Stromversorgung das Projekt zur Errichtung eines Großkraftwerks am Eisack ein.

14. Juli 2004 Die Müller Energie GmbH erhält vom Land die Konzession für den Bau eines neuen Kraftwerks am Pfitscher Bach.

22. Dezember 2004 Die SEL gründet eine Tochtergesellschaft namens Eisack Energie AG, an der sich die Gemeinden Franzensfeste und Freienfeld beteiligen. Die Gesellschaft soll das Großkraftwerk am Eisack errichten und führen.

8. Februar 2005 Die Parcheggi Italia Spa schreibt 16 Unternehmen aus dem Energiebereich an, ob sie am Kauf des Mittewalder Kleinkraftwerks interessiert sind. Unter den adressierten Unternehmen ist auch die SEL.

22. Februar 2005 SEL-Direktor Maximilian Rainer meldet bei der Parcheggi Italia Spa schriftlich das Kaufinteresse am Mittewalder Kleinkraftwerk an.

Frühjahr 2005 Vertragliche Einigung zwischen der SEL-Spitze und der Familie Plunger auf Vermittlung von Landeshauptmann Luis Durnwalder.

1. April 2005 Der Südtiroler Landtag verabschiedet das Gesetz zur Vergabe von Stromkonzessionen in Südtirol.

2. Mai 2005 Zwei von der SEL beauftragte Gutachter sowie ein SEL-Ingenieur besichtigen das Kraftwerk in Mittelwald. Zum Mittagessen mit den Gutachtern erscheint auch Maximilian Rainer.

September 2005 Per Eildekret wird das Landesgesetz zum Wettbewerb um die 2010 auslaufenden Konzessionen für 17 Enel-Großkraftwerke erlassen.

28. September 2005 Drei Geschwister der Familie Hofer gründen in Bozen die Burgumer Energie GmbH. Unmittelbar nach der Gründung unterschreibt Benno Hofer eine Spezialvollmacht zugunsten von Paul Schweitzer, mit der er dem Wirtschaftsberater die Verfügungsgewalt über seine Anteile überträgt.

Herbst 2005 In Wien findet ein Treffen zum 25-jährigen Inskriptionsjubiläum an der Universität für Bodenkultur statt. Maximilian Rainer und die Wiener Unternehmerin Petra Windt sehen sich zum ersten Mal seit Jahren wieder.

29. November 2005 Hellmuth Frasnelli und Karl Pichler gründen die Eisackwerk GmbH.

27. Dezember 2005 Die Eisackwerk GmbH reicht beim Amt für Stromversorgung ein Konkurrenzprojekt zu dem von der SEL vorgelegten Großkraftwerk am Eisack ein.

30. Dezember 2005 Der letzte Einreichungstag für die Projekte zum Wettbewerb um die 17 Enel-Großkraftwerke: Alle Bewerber geben ihre Unterlagen beim Amt für Stromversorgung ab, nur die SEL hinterlegt ihre Unterlagen direkt im Büro von Landesrat Michl Laimer.

Frühjahr 2006 Maximilian Rainer und Petra Windt treffen sich mehrmals in Wien.

März 2006 Für den Bau des Großkraftwerks am Eisack werden insgesamt acht Konkurrenzprojekte eingereicht. Darunter eines der SEL, eines der SEL-Tochter Eisack Energie AG und eines der Eisackwerk GmbH.

15. März 2006 Maximilian Rainer bestätigt das Kaufinteresse der SEL am Kraftwerk der Parcheggi Italia Spa und vereinbart mit Besitzer Johann Breiteneder ein Treffen nach Ostern.

14. April 2006 An diesem Karfreitag tauschen Michl Laimer, Maximilian Rainer und ein SEL-Mitarbeiter die Unterlagen der SEL im Büro des Landesrates mit nachgebesserten Umweltplänen aus. Laimer hatte zuvor an Rainer die wichtigsten Daten der Konkurrenzprojekte übermittelt.

6. Juni 2006 Maximilian Rainer erteilt der Xelee Srl den Auftrag über eine Schätzung des „technischen Werts" der Mittewalder Kraftwerksanlagen.

9. Juni 2006 Johann Breiteneder und Maximilian Rainer treffen sich in Wien und einigen sich über die Verkaufsmodalitäten. Der SEL-Direktor erklärt, dass die Landesenergiegesellschaft oder „eine andere von ihm benannte Gesellschaft das Kraftwerk erwerben wird".

27. Juni 2006 Maximilian Rainer und Klaus Stocker lassen sich vom Wärter des Kraftwerks in Mittewald durch die Anlage führen.

24. November 2006 Der SEL-Verwaltungsrat beschließt, das Mittewalder Kleinkraftwerk nicht zu kaufen. Hauptargument ist der Preis, da Johann Breiteneder mehr verlangt, als es laut Xelee-Gutachten wert ist. Das Gutachten bekommt der Verwaltungsrat nicht zu Gesicht, weil es zu diesem Zeitpunkt noch gar nicht existiert.

12. Dezember 2006 Maximilian Rainer erklärt Johann Breiteneder in Wien, dass nicht die SEL das Mittewalder Kleinkraftwerk kauft, sondern die Wiener Stein an Stein Natur- und Systemsteinverlegungen GmbH und deren Besitzerin Petra Windt.

20. Dezember 2006 Petra Windt unterzeichnet in der Kanzlei eines Wiener Notars den Vorvertrag für den Kauf des Mittewalder Kleinkraftwerks. Am Tag darauf unterschreibt Johann Breiteneder. Petra Windt überweist daraufhin 100.000 Euro als Anzahlung an die Parcheggi Italia Spa.

22. Dezember 2006 Die Xelee Srl schickt einen ersten Entwurf seines Schätzgutachtens an Maximilian Rainer. Das Gutachten ist auf den 17. Juli 2006 rückdatiert.

21. Februar 2007 Petra Windt gründet in Bozen die Stein an Stein Italia GmbH. Vor der Firmengründung besucht sie Maximilian Rainer am SEL-Sitz. Wirtschaftsberater Paul Schweitzer legt der Wiener Unternehmerin eine Spezialvollmacht vor, mit der diese die Verfügungsgewalt über die Stein an Stein Italia in seine Hände legt.

12. April 2007 Der Verkauf des Mittewalder Kraftwerks wird abgeschlossen, die Stein an Stein Italia zahlt insgesamt 186.000 Euro. Am selben Tag unterschreibt Rudolf Stocker, der Bruder von SEL-Präsident Klaus Stocker, in Trient eine Bankbürgschaft für die Stein an Stein Italia.

10. Juli 2007 Der Osttiroler Wirtschaftsberater Martin Kofler gründet in Lienz die EVB Energie Verwaltungs- und Beteiligungs-GmbH.

31. August 2007 Die EVB erwirbt Anteile der Stein an Stein Italia GmbH.

3. Jänner 2008 Gründung der Biogas Wipptal GmbH. Die Gesellschaft gehört mehrheitlich der SEL sowie 29 Bauern aus dem Wipptal.

4. Februar 2008 Die Obermarbach KG von Hellmuth Frasnelli und Roland Rabanser sucht beim zuständigen Amt um die Erweiterung der Schottergrube Platari in der Gemeinde Prags an.

11. Juni 2008 Das Oberste Wassergericht in Rom gibt einer Klage der Eisackwerk GmbH gegen das Land Recht, wonach das Land beim Wettbewerb um die Enel-Konzessionen nicht den Verfahrensweg eingehalten hat.

8. August 2008 Die Stein an Stein Italia GmbH reicht beim Amt für Stromversorgung ein Projekt zur Erweiterung des Mittewalder Kraftwerks ein.

16. Oktober 2008 Die von der Erweiterung der Schottergrube Platari betroffenen Gemeinden Prags und Niederdorf bringen auf Nachfrage der zuständigen Landesämter keine Einwände vor.

1. Dezember 2008 Das Oberste Wassergericht legt die Urteilsbegründung im Fall Eisackwerk GmbH vor. Darin wird festgelegt, dass die Landesämter innerhalb eines halben Jahres das Bewertungsverfahren für die Konzessionen der Großkraftwerke durchführen müssen.

Winter 2008/2009 Josef Volgger, Maximilian Rainer und Petra Windt werden bei einem Pfitscher Bauern vorstellig, um einen Steinbruch am Pfitscher Bach zu erwerben. Der eigentliche Hintergrund: der Bau eines Kleinkraftwerks.

18. Februar 2009 Der UVP-Beirat gibt ein positives Gutachten zur Erweiterung der Schottergrube Platari.

6. April 2009 Die Anteile an der Burgumer Energie GmbH, über die Paul Schweitzer Verfügungsgewalt hat, gehen an das Veroneser Treuhandunternehmen AF Spa. Käufer und Treugeber ist Maximilian Rainer.

4. Mai 2009 Die Erweiterung der Schottergrube Platari steht auf der Tagesordnung der Landesregierung. Auf Antrag von Landesrat Michl Laimer wird die Entscheidung insgesamt sieben Mal vertagt.

13. Mai 2009 Der UVP-Beirat lehnt das Erweiterungsprojekt der Stein an Stein Italia GmbH für das Mittewalder Kraftwerk ab.

27. Mai 2009 Das Sekretariat des Landeshauptmannes schickt einen Vermerk an den zuständigen Amtsdirektor, in dem das negative UVP-Gutachten zerpflückt und um eine erneute Behandlung des Stein-an-Stein-Erweiterungsprojektes in der Amtsdirektorenkonferenz ersucht wird.

4. Juni 2009 Amtsdirektor Ernesto Scarperi antwortet Landeshauptmann Luis Durnwalder und schmettert die Einwände ab. Dabei weist er darauf hin, dass der Verfasser des Vermerks über interne Dokumente verfügt, die dieser nicht haben dürfte.

Maximilian Rainer gibt seine Anteile an der Burgumer Energie GmbH an seinen Bruder Alexander Rainer weiter, der damit die Treugeberschaft in Verona übernimmt.

8. Juni 2009 Das Amt für Stromversorgung übermittelt die Abschlussberichte für die Kraftwerke Lana, Mühlbach, St. Anton, St. Pankraz und St. Walburg an den zuständigen Landesrat Michl Laimer.

23. Juni 2009 Die Stein an Stein Italia GmbH reicht bei der Landesregierung Rekurs gegen die Ablehnung der Erweiterung ein.

29. Juni 2009 Die Landesregierung genehmigt den Entwurf zum Wassernutzungsplan. Maximilian Rainer hat vorher eine neue Passage in den Plan einfließen lassen, die die Erweiterung des Stein-an-Stein-Kraftwerks ermöglicht.

Die Erweiterung der Schottergrube Platari lehnt die Landesregierung ab.

22. Juli 2009 Der UVP-Beirat behandelt den Stein-an-Stein-Rekurs und bestätigt seine ursprüngliche Ablehnung. Die Dienststellenkonferenz schlägt der Landesregierung die Abweisung des Rekurses vor.

24. August 2009 Die Landesregierung nimmt den Rekurs der Stein an Stein Italia GmbH an und genehmigt damit die Erweiterung des Mittewalder Kleinkraftwerks.

Juli/August 2009 Es kommt zu zwei Treffen zwischen Michl Laimer und Roland Rabanser, Partner von Hellmuth Frasnelli in der Obermarbach KG. Laimer erklärt dabei offen: Frasnelli soll sein Konzessionsansuchen für das Kraftwerk St. Anton zurückziehen, nur dann würde die Landesregierung die Erweiterung der Schottergrube Platari genehmigen.

3. September 2009 Das Amt für Stromversorgung übermittelt die Abschlussberichte für die Kraftwerke Kardaun, Waidbruck, Laas, Lappach, Mühlwald, Sarntal, Schnals und Töll an Landesrat Michl Laimer.

23. September 2009 Der Obermarbach KG wird der Landesregierungsbeschluss zugestellt, mit dem die Erweiterung der Schottergrube Platari abgelehnt wird.

29. September 2009 Die SEL scheidet aus der Biogas Wipptal GmbH aus.

15. Oktober 2009 Die Eisackwerk GmbH stellt den Mitgliedern der Landesregierung eine sogenannte Inverzugsetzung zu. Sie kündigt eine Schadenersatzklage in Millionenhöhe an, wenn die Landesregierung nicht innerhalb November die Konzession für das Kraftwerk Mühlbach vergibt.

12. Oktober 2009 Roman Harald Olaf Dinslage gründet die 3B Biogas Bauüberwachungs- und Betriebs-UG mit Sitz in Potsdam.

22. Oktober 2009 In der *Tageszeitung* erscheint der Artikel „Mittewalder Mosaik", der die Geschichte des Mittewalder Kraftwerks und der Stein an Stein Italia GmbH zum ersten Mal ans Licht bringt.

8. November 2009 Michl Laimer lädt erneut in sein Privathaus zur Aussprache bezüglich der Platari-Schottergrube. Er fordert erneut, dass Hellmuth Frasnelli das Konzessionsansuchen zurücknehmen soll. Der Unternehmer lehnt ab.

15. November 2009 Es kommt zu einem weiteren Treffen in Michl Laimers Privathaus. Der Landesrat legt nun ein anderes Angebot vor: Frasnelli soll sein Ansuchen für das Kraftwerk Mühlbach zurückziehen, dann bekommt er die Konzession für das Kraftwerk St. Anton.

16. November 2009 Die Landesregierung spricht die Konzession für das Kraftwerk Mühlbach der Eisackwerk GmbH zu. Der Beschluss wird mit nur zwei Stimmen gefasst. Ein Landesrat stimmt dagegen, fünf Mitglieder der Landesregierung enthalten sich der Stimme.

2. Dezember 2009 Gründung der Bioenergie Pfitsch GmbH durch private Gesellschafter. Größter Einzelgesellschafter ist die Potsdamer 3B Biogas Bauüberwachungs- und Betriebs-UG. Die verdeckten Mehrheitseigner der Bioenergie Pfitsch GmbH sind Josef Volgger und Franz Pircher.

15. Dezember 2009 Der SEL-Verwaltungsrat beschließt, Rekurs gegen die Vergabe der Konzession für das Kraftwerk Mühlbach an die Eisackwerk GmbH beim Obersten Wassergericht einzureichen.

28. Dezember 2009 SEL-Generaldirektor Maximilian Rainer beauftragt Mitarbeiter, einen Vermerk zu schreiben, in dem detailliert ausgeführt wird, warum das SEL-Projekt für St. Anton besser ist als jenes der Eisackwerk GmbH. Auf dieser Grundlage verfasst Rainer ein einseitiges „Argumentarium", das die Schlussfolgerung zusammenfasst. Rainer speichert die Dokumente auf einen Stick und übergibt diesen Michl Laimer.

30. Dezember 2009 Die Landesregierung vergibt die Konzessionen von elf Großkraftwerken. Neun davon gehen an die SEL, eine an die SEL-Tochter Hydros GmbH und eine an die Etschwerke AG. Obwohl das Kraftwerk St. Anton laut Abschlussbericht der zuständigen Ämter an die Eisackwerk GmbH geht, dreht Michl Laimer in der Regierungssitzung anhand eines Promemorias den Beschluss zugunsten der SEL um. Laimers Promemoria ist Wort für Wort mit Rainers Argumentarium identisch.

8. Jänner 2010 Die Eisackwerk GmbH hinterlegt bei der Bozner Staatsanwaltschaft eine detaillierte Eingabe gegen die Landesregierung.

10. Jänner 2010 Oberstaatsanwalt Guido Rispoli eröffnet den Ermittlungsakt 229/10 gegen „Durnwalder Alois + 6".

15. Jänner 2010 Protestbrief von zehn Pfitscher Bauern an die SVP-Spitze und die Landesregierung, in dem die Hintergründe zur Bioenergie Pfitsch GmbH dargelegt werden.

Jänner 2010 Karolina Thaler, ehemalige Sekretärin im Amt für Stromversorgung, nimmt Kontakt mit dem SVP-Abgeordneten Arnold Schuler auf und erklärt ihm, dass die SEL am 30. Dezember 2010 bei ihr nur die Gesuche abgeben hat, alle dazugehörigen Unterlagen aber im Büro von Michl Laimer hinterlegt wurden.

1. Februar 2010 Beamte der Finanzwache beschlagnahmen im Amt für Stromversorgung die Unterlagen zur Vergabe der Konzessionen für die Großkraftwerke. Dabei finden sie einen Aktenvermerk der Spitze des Landesamtes, in dem festgehalten wird, dass die SEL-Unterlagen erst im Mai 2006 ins Amt für Stromversorgung gebracht wurden.

8. Februar 2010 Maximilian Rainer schreibt einen Brief an Sepp Noggler, in dem er den Vinschger SVP-Abgeordneten der üblen Nachrede rund um die Abgabe der SEL-Unterlagen 2005 beschuldigt, ihm rechtliche Schritte androht und eine Aussprache mit der SVP-Spitze verlangt.

10. März 2010 Karolina Thaler sagt vor den Beamten der Gerichtspolizei aus und bestätigt dabei die Ungereimtheiten bei der Gesuchsabgabe der SEL am 30. Dezember 2005.

13. April 2010 Der SVP-Landtagsabgeordnete Sepp Noggler will in einer Anfrage an den Landtag wissen, ob bei der Abgabe der SEL-Unterlagen Ende 2005 alles mit rechten Dingen zugegangen sei.

4. Mai 2010 Landesrat Michl Laimer antwortet mit zwei Zeilen auf die Noggler-Anfrage. Es sei alles rechtens.

Mai 2010 Hellmuth Frasnelli und seine Partner gründen das Tochterunternehmen Eisackwerk Mühlbach GmbH.

16. Juni 2010 Hans Unterholzner, Amtsdirektor im Amt für Stromversorgung, bestätigt bei seiner Anhörung in der Staatsanwaltschaft die Lagerung der SEL-Unterlagen in Laimers Büro.

27. Oktober 2010 Das Verwaltungsgericht Bozen hebt den Beschluss auf, mit dem die Landesregierung die Erweiterung der Schottergrube Platari abgelehnt hat.

12. November 2010 Die beiden freiheitlichen Landtagsabgeordneten Thomas Egger und Roland Tinkhauser machen bei der Staatsanwaltschaft Bozen eine Eingabe zu den Treuhandbeteiligungen im Südtiroler Energiesektor.

1. Jänner 2011 Die ehemaligen Enel-Kraftwerke gehen in die Hände der neuen Konzessionäre über.

7. April 2011 Michl Laimer kauft Anteile der IFA Energy GmbH, die zwei Photovoltaik-Parks bei Ravenna besitzt und betreibt. Die Beteiligung läuft verdeckt über die Veroneser Treuhandgesellschaft AF Spa.

14. Juli 2011 Der Südtiroler Landtag genehmigt das Landesgesetz Nr. 9, mit dem die Pflicht zur Offenlegung von Treuhandbeteiligungen eingeführt wird.

25. August 2011 Landesrat Hans Berger lässt seine Diensträume nach Wanzen und Abhörtechnik absuchen.

29. August 2011 Die SVP beschließt auf einer Klausurtagung, dass alle Mandatare eine Ehrenerklärung abgeben müssen, dass sie nicht als Treugeber fungieren. Alle SVP-Abgeordneten geben diese Erklärung ab. Auch Michl Laimer.

9. September 2011 Energielandesrat Michl Laimer stellt auf einer Pressekonferenz die Ergebnisse der Offenlegungsoffensive vor. Als Treugeber bei der Burgumer Energie GmbH scheinen Alexander Rainer und Josef Volgger auf, also der Bruder und ein Freund von Maximilian Rainer. Bei der Stein an Stein Italia GmbH herrscht noch Klärungsbedarf.

27. September 2011 Der Verwaltungsrat der SE Hydropower GmbH beschließt, die Güter der Eisackwerk GmbH bis zu einem Wert von 4,5 Millionen Euro beschlagnahmen zu lassen.

14. Oktober 2011 Michl Laimer wird offiziell in das Ermittlungsregister der Staatsanwaltschaft Bozen eingetragen. Es geht um die Manipulationen bei der Vergabe der Kraftwerkskonzession St. Anton sowie um versuchte Erpressung bei der Schottergrube Platari.

21. Oktober 2011 Beamte der Carabinieri-Sondereinheit ROS durchsuchen das Büro von Landesrat Michl Laimer und beschlagnahmen zwei Diensthandys und den Computer des SVP-Politikers.

26. Oktober 2011 Michl Laimer verkauft seine Treugeberbeteiligung an der IFA Energy GmbH.

4. November 2011 Die Diensträume von Michl Laimer werden auf Abhörtechnik untersucht. Die Techniker gehen davon aus, dass in Laimers Büro eine Wanze installiert ist.

12. November 2011 Guido Rispoli beantragt die Archivierung des Verfahrens gegen die gesamte Landesregierung. Gegen Michl Laimer wird die Anklage auf versuchte Erpressung im Amt ausgeweitet.

18. November 2011 ROS-Beamte durchsuchen die SEL-Direktion und beschlagnahmen Handy und Dienstcomputer von Maximilian Rainer sowie des SEL-Chefingenieurs und des Chefsekretariats.

Dezember 2011 Die Landesregierung genehmigt die Erweiterung der Schottergrube Platari.

Dezember 2011 Die Bioenergie Pfitsch GmbH wird aufgelöst.

29. Dezember 2011 Oberstaatsanwalt Guido Rispoli verhört Michl Laimer und Maximilian Rainer.

Hellmuth Frasnelli wird eine Klageschrift zugesandt, in der die SE Hydropower GmbH im Dringlichkeitswege die Beschlagnahme der Güter der Eisackwerk Mühlbach GmbH verlangt.

5. Jänner 2012 Das Gericht gibt der Eingabe der SE Hydropower GmbH Recht und verfügt die Beschlagnahme der Eisackwerk-Güter bis zu einem Wert von 4,5 Millionen Euro.

Jänner 2012 Georg Fuga, Jurist und ehemaliger Mitarbeiter im Amt für Stromversorgung, weist gegenüber Vorgesetzten auf angebliche Unregelmäßigkeiten bei der Ausarbeitung der Wettbewerbsunterlagen zur Konzessionsvergabe der 12 Großkraftwerke hin: Der Anwalt der Eisackwerk GmbH soll daran mitgewirkt haben.

23. Jänner 2012 Georg Fuga schildert Landesrat Michl Laimer seine Entdeckung. Dieser zeichnet das 40-minütige Gespräch ohne Wissen Fugas auf.

16. Februar 2012 Abschluss der Ermittlungen im Fall St. Anton.

20. Februar 2012 Die Grünen hinterlegen im Landtag einen Misstrauensantrag gegen Michl Laimer. Der Antrag wird von der gesamten Opposition mitunterzeichnet.

24. Februar 2012 Die *Tageszeitung* berichtet exklusiv über das Auftauchen des Kronzeugen Georg Fuga und dessen Enthüllungen. Michl Laimer spricht von einer massiven Wettbewerbsverzerrung durch die Eisackwerk GmbH.

27. Februar 2012 Die Landesregierung beschließt die Schlichtung des Arbeitsstreites mit Georg Fuga und den Rückzug eines entsprechenden Rekurses am Oberlandesgericht. Michl Laimer beteiligt sich an der Beschlussfassung.

Anfang Mai 2012 Die Laimer-Verteidigung beanstandet, dass die Ermittler im Amt für Stromversorgung nur einen Teil der Daten beschlagnahmt haben. Auf Antrag der Anwälte Domenico Aiello und Gerhard Brandstätter wird daraufhin der gesamte Computer des betroffenen Sachbearbeiters sichergestellt.

7. Mai 2012 Die Anwälte von Michl Laimer hinterlegen bei Gericht einen Verteidigungsschriftsatz, in dem unter anderem die Zeugenaussagen von Georg Fuga sowie Vorhaltungen gegen die Ermittler enthalten sind.

8. Mai 2012 Abstimmung über den Misstrauensantrag gegen Michl Laimer im Landtag. Der Antrag wird mit 20 Nein- und 14 Ja-Stimmen abgewiesen. Die SVP-Redner im Landtag verweisen auf die Unschuldsvermutung.

11. Mai 2012 Oberstaatsanwalt Guido Rispoli gibt bekannt, dass er gegen Michl Laimer Anklage wegen Amtsmissbrauch, Wettbewerbsbeeinflussung, Falschbeurkundung, Offenbarung und Nutzung von Amtsgeheimnissen und versuchter Erpressung im Amt erheben und die Eröffnung des Hauptverfahrens beantragen wird.

Zwei Stunden später erklärt Michl Laimer seinen Rücktritt als Landesrat.

28. Juni 2012 Der Voruntersuchungsrichter entscheidet, dass im Fall St. Anton das Hauptverfahren gegen Michl Laimer und Maximilian Rainer eingeleitet wird.

9. August 2012 Der Rechtsanwalt der Eisackwerk GmbH hinterlegt bei Gericht einen Schriftsatz mit dem Hinweis, dass die Umweltpläne der SEL nachträglich geändert wurden. Die Nebenkläger hatten dies beim Vergleich der im Amt für Stromversorgung (auf Antrag der Laimer-Verteidigung) sichergestellten Dateien entdeckt.

24. September 2012 Das Land leitet ein Verfahren gegen die Eisackwerk Mühlbach GmbH zum Widerruf der Konzession für das Kraftwerk Mühlbach ein. Die Verdacht: eine Treuhandfirma soll Anteile halten.

27. September bis 1. Oktober 2012 SEL-Mitarbeiter bestätigen bei ihrer Anhörung, dass man 2006 die SEL-Umweltpläne überarbeitet und am Karfreitag 2006 im Büro von Michl Laimer ausgetauscht hat.

3. Oktober 2012 Die *Tageszeitung* berichtet unter dem Titel „Aktion Ostertausch" erstmals detailliert über die neuen Ermittlungen und die Beweise, dass Michl Laimer und Maximilian Rainer bei allen Kraftwerken geschwindelt haben.

4. Oktober 2012 Die EDV-Spezialisten der Carabinieri-Sondereinheit ROS legen dem Oberstaatsanwalt einen Zwischenbericht vor, der die Manipulationen vonseiten der SEL bei allen Kraftwerken bestätigt.

10. Oktober 2012 Michl Laimer tritt als Landtagsabgeordneter zurück.

15. Oktober 2012 Prozessauftakt im Fall St. Anton. Die Staatsanwaltschaft beantragt die Ausweitung der Anklagepunkte auf die anderen 11 Großkraftwerke.

9. November 2012 Die Verteidiger beantragen vor Gericht die Strafzumessung: zwei Jahre und acht Monate für Michl Laimer, zwei Jahre und sechs Monate für Maximilian Rainer.

30. November 2012 Die Landesagentur für Umwelt archiviert das Verfahren gegen die Eisackwerk Mühlbach GmbH.

5. Dezember 2012 Landesrat Thomas Widmann lässt seine Amtsräume auf Wanzen durchsuchen. Auch gegen Widmann laufen seit Frühjahr 2012 Ermittlungen der Bozner Staatsanwaltschaft.

16. Jänner 2013 Oberstaatsanwalt Guido Rispoli eröffnet ein Ermittlungsverfahren zu den Antiabhörmaßnahmen der Mitglieder der Landesregierung und deren Bezahlung durch Steuergelder.

28. Februar 2013 Urteilsspruch im Prozess um die manipulierten Kraftwerkskonzessionen: zwei Jahre und acht Monate für Michl Laimer, zwei Jahre und sechs Monate für Maximilian Rainer.

11. April 2013 Maximilian Rainer hinterlegt eine schriftliche Erklärung bei der Staatsanwaltschaft. Darin belastet er seine Mitangeklagten Klaus Stocker, Franz Pircher und Michl Laimer schwer.

11. Oktober 2013 Klaus Stocker und Franz Pircher werden im verkürzten Verfahren im Fall Stein an Stein wegen Betrugs zu je einem Jahr und acht Monaten bedingter Haft verurteilt.

22. November 2013 Michl Laimer und Maximilian Rainer stehen im Betrugsfall des Kraftwerks Laas erneut vor Gericht. Der ausgehandelte Vergleich vom Februar 2013 wird um weitere zwei Monate Haft erhöht.

2. Dezember 2013 Vor dem Bozner Landesgericht beginnt der Prozess um das Stein-an-Stein-Italia-Kraftwerk gegen Maximilian Rainer.

4. Februar 2014 Die Dienststellenkonferenz der Umweltämter lehnt neun Kraftwerksprojekte am Pfitscher Bach ab und erteilt nur dem Projekt von Josef Volgger, Markus Tötsch und Karl Holzer ein positives Gutachten zur Errichtung eines mittleren Kraftwerks.

13. März 2014 Gründung der Kajoma GmbH, die die Konzession für den Bau des Kraftwerks am Pfitscher Bach übernimmt. Anteilseigner und Ziele der Kajoma sind fast identisch mit jenen der Bioenergie Pfitsch GmbH.

19. September 2014 Vor dem Oberlandesgericht Bozen beginnt das Berufungsverfahren gegen Klaus Stocker und Franz Pircher um das Stein-an-Stein-Kraftwerk.

22. September 2014 Vor dem Bozner Landesgericht beginnt der sogenannte Stein-an-Stein-2-Prozess, in dem es um die Manipulation des Wassernutzungsplanes und die Erweiterung des Mittewalder Kleinkraftwerks geht. Angeklagt sind Michl Laimer, Maximilian Rainer, Klaus Stocker und Franz Pircher.

Personenregister

Achammer, Philipp 5, 7, 92
Adami, Sergio 63
Adami, Vito 68
Aiello, Domenico 303, 321, 323ff.,
    334, 355, 380
Altmann, Werner 129
Amort, Luis 39
Anhaus, Evi 67
Angiolini, Giuseppe 42ff., 372
Ausserer, Alexander 256
Ausserhofer, Esther 237f., 240
Atzwanger, Michael 338

Battisti-Matscher, Wilfried 22
Beikircher, Stefan 193, 308
Berger, Hans 164, 206, 213, 241f.,
    244ff., 257, 264f., 280, 292f.,
    343ff. 348ff., 379
Berger, Hermann 63, 79, 206, 306,
    313, 317, 319, 322, 342, 351f.
Bersani, Pierluigi 26
Bertacchi, Carlo 355, 364
Biddiri, Mauro 22
Brandstätter, Gerhard 30, 91, 157,
    215, 219, 272ff., 303, 315, 324f.,
    336f., 342, 347, 355, 380
Breiteneder, Johann (Junior) 15, 112,
    114, 116, 118ff., 122, 127ff., 136,
    271, 374
Breiteneder, Johann (Senior) 112
Busato, Carlo 361f.

Callegari, Enrico 30
Calò, Pietro 206f.
Carminati, Roberto 56, 58, 100
Carmignola, Giorgio 148, 164
Carnielli, Giorgio 39
Cattani, Lorenzo 63
Cavagnolo, Gilfredo 63
Cebaro, Rudolf 57
Ceresara, Ulrike 354
Ciechi, Patrizia 236
Comperini, Michele, 67f.

Comploj, Lodovico 246
Corona, Luca 73, 81f., 209, 300,
    315, 319, 326
Corti, Paolo 221
Costa, Norbert 57
Crepaz, Walter 49, 133f., 137f.,
    181f., 185, 211, 236f., 244, 280,
    284, 288, 338

Dall'Ò, Norbert 254
Dissertori, Astrid 69f., 80
Dello Sbarba, Riccardo 215f., 219,
    226, 349
Delueg, Peter 45, 372
Dejori, Margareth 246
De Pascalis, Mauro 304
De Rossi, Fabio 236
Della Chiesa, Carlo Alberto 344
Dinslage, Roman Harald Olaf
    285ff., 377
Dorfer, Heinrich 23f.
Durnwalder, Luis 6, 8f., 24, 27ff.,
    55, 57ff., 64, 66, 92, 101, 103,
    108f., 116, 127, 140, 155ff., 164,
    180, 206f., 213, 219, 242, 253,
    258ff., 263, 273f., 279f., 292ff.,
    331, 337, 348, 350, 373, 376, 378

Ebner, Michl 25, 36, 249, 257ff.
Ebner, Toni 36, 259
Egartner, Christian 294
Egger, Thomas 223f., 245, 265, 293,
    379
Engl, Günther 132
Engl, Othmar 132
Erlicher, Maria Christina 354

Falkner, Peter 140ff.
Faller, Klaus 57
Fischler, Franz 116
Ferrari, Karl 30f., 71
Flaim, Cinzia 164, 173f., 188ff., 195,
    209, 310, 312, 316ff.

Inhalt